Religion und Gesellschaft

Religion und Gesellschaft

Sinnstiftungssysteme im Konflikt

Herausgegeben von
Friedrich Wilhelm Graf und Jens-Uwe Hartmann

DE GRUYTER

ISBN 978-3-11-058125-6
e-ISBN (PDF) 978-3-11-058261-1
e-ISBN (EPUB) 978-3-11-058132-4

Library of Congress Control Number: 2019946497

Bibliografische Information der Deutschen Nationalbibliothek
Die Deutsche Nationalbibliothek verzeichnet diese Publikation in der Deutschen Nationalbibliografie; detaillierte bibliografische Daten sind im Internet über http://dnb.dnb.de abrufbar.

© 2019 Walter de Gruyter GmbH, Berlin/Boston
Druck und Bindung: CPI books GmbH, Leck
Umschlagabbildung: jessicahyde / iStock / Getty Images Plus

www.degruyter.com

Inhaltsverzeichnis

Vorwort —— 1

Friedrich Wilhelm Graf
Einleitung —— 3

Monika Wohlrab-Sahr
Umkämpfte Säkularität – Streit um die Grenzen der Religion —— 21

Horst Dreier
Recht und Religion: Zur (Un-)Möglichkeit religiös-weltanschaulicher Neutralität des Staates —— 49

Christoph Türcke
Blasphemie und Aufklärung —— 83

Hans G. Kippenberg
Die globale Ermächtigung aktiver Religiosität durch das Allgemeine Menschenrecht —— 93

Sebastian Schüler
„In der Welt, nicht von der Welt" – Simmels Konflikttheorie und die Dynamiken religiöser Vergesellschaftung am Beispiel des evangelikalen Kreationismus —— 119

Gudrun Krämer
Spannungsfelder: Der Islam, die Muslime und die säkulare Moderne —— 145

Mathias Rohe
Islam in den säkularen Rechtsstaaten Europas —— 167

Micha Brumlik
Die Siedler – ein Fall von jüdischem Fundamentalismus —— 189

Angelika Malinar
Indiens „säkulare" Religion: Nationalistische Deutungen des Hinduismus —— 201

Armin Nassehi
Geschlecht, Geschlechtlichkeit, Religion. Woran liegt die Sexbesessenheit des Religiösen? —— 229

Sabine Maasen
Die Transzendenz der Technik – die Immanenz der Religion: Das Beispiel Digitalisierung —— 237

Ursula Roth
Kirchliche Praxis als Akt religiöser Positionierung. Das Beispiel Bestattung —— 255

Magnus Striet
Menschenrechtsdiskurse und die Transformation der europäischen Katholizismen —— 271

Personenregister —— 283

Vorwort

Mit Blick auf die verheerenden islamistischen Anschläge in Paris bat die Bayerische Staatsregierung die Bayerische Akademie der Wissenschaften im Frühjahr 2015 um politische Beratung in Fragen moderner Religionsdeutung. Dabei sollte es auch um eine verstärkte Aufklärung der breiteren Öffentlichkeit über aktuelle religiöse Strömungen und Auseinandersetzungen gehen. Die Unterzeichnenden entschieden sich deshalb dafür, in einer Vortragsreihe die mit neueren religiösen Bewegungen verbundenen Konfliktpotentiale sowie die vielfältigen, aber immer auch umkämpften Wechselwirkungen zwischen Religionskulturen und anderen gesellschaftlichen Sphären wie insbesondere dem politischen System in den Blick zu nehmen.

Dass religiöse Akteure in vielen modernen Gesellschaften trotz aller Säkularisierung weiterhin eine starke kulturelle Prägekraft entfalten, ist in den letzten dreißig Jahren weltweit immer wieder sichtbar geworden. Vor allem außerhalb Europas entwickeln religiöse Akteure verstärkt große Mobilisierungskraft, erzeugen mit ihren Sinnangeboten, Weltdeutungen und Heilsversprechen aber auch zahlreiche und oft sehr hart ausgetragene Konflikte. Dabei zeigt sich deutlich die elementare Ambivalenz des Religiösen. Religion kann zur inneren Integration von Gesellschaften beitragen und politische Institutionen stärken. Sie kann aber auch Polarisierungstendenzen zwischen den unterschiedlichen Glaubensgemeinschaften und ethnischen Gruppen verschärfen sowie die Exklusion der jeweils Anderen, Fremden begründen und fördern. Keineswegs nur im modernen politischen Islam mit seinen Konzepten des „Heiligen Krieges" oder des religiös fundierten „Islamischen Staates", sondern auch in anderen Religionsgemeinschaften, etwa in einigen außereuropäischen Christentümern, lässt sich neue Glaubensgewalt beobachten. Konzepte des „Heiligen Krieges" wurden nicht nur in den Religionsgeschichten der Juden und Christen tradiert, sondern ebenso in denen der Hindus, und spielen in den Selbstdeutungen mancher Gläubiger hier noch immer eine bestimmende Rolle. Zu den normativen Konflikten, die religiöser Glaube in der Moderne erzeugt, gehören zudem die immer neuen Spannungen zwischen den starken emotionalen wie kognitiven Bindungen an den je eigenen Gott einerseits und säkularen Wissensordnungen andererseits, etwa die elementaren Antagonismen zwischen einer allein göttlicher Wahrheit verpflichteten Glaubensgewissheit und durch methodischen Zweifel wie skeptisches Infragestellen geprägter wissenschaftlicher Vernunft. Indem der freiheitliche Rechtsstaat in seinen Verfassungen Religions- und Gewissensfreiheit als ein vorstaatliches Grundrecht institutionalisiert, ermöglicht er die freie Entfaltung ganz unterschiedlicher religiöser Weltdeutungen und Orientierungssysteme, gibt so aber, paradox genug, auch religiösen Akteuren Raum, die die Geltung staatlichen Rechts aufgrund ihres „göttlichen Rechts" in Frage stellen und das Gewaltmonopol des Staates mit Unbedingtheitspathos bestreiten. Deshalb haben sich auch die Spannungen zwischen religiösen Gewissheiten und positivem Recht seit den 1980er Jahren in vielen Gesellschaften dramatisch verschärft. Dies legte es nahe, sich exemplarisch auf die hohe Vielfalt neuer religiöser Konfliktpotentiale zu konzentrieren. Die für zahllose Menschen weithin ungebrochene Faszinationskraft religiösen Glaubens und der mit ihm verbundenen rituellen Praktiken hat eben auch ihre Schattenseiten. Diese muss auszuleuchten versuchen, wer die Konfliktdynamiken starker Gläubigkeit um eines möglichst friedlichen, gewaltfreien Zusammenlebens der vielen verschieden Glaubenden und Lebenden willen begrenzen will.

Wir danken dem Bayerischen Staatsministerium für Wissenschaft und Kunst für die Unterstützung der Vortragsreihe „Religion und Gesellschaft: Sinnstiftungssysteme im Konflikt", die vom Juli 2015 bis zum Oktober 2017 in den Räumen der Bayerischen Akademie der Wissenschaften stattfand.

München, 1. Mai 2019   Friedrich Wilhelm Graf und Jens Uwe Hartmann

Friedrich Wilhelm Graf
Einleitung

Zu einem repräsentativen Sammelband, der 1913 ein „Gesamtbild der Kulturentwicklung" entwerfen sollte, steuerte der damals in der Theologischen wie Philosophischen Fakultät der Heidelberger Universität lehrende protestantische Theologe und Kulturphilosoph Ernst Troeltsch eine kurze Skizze der religiösen Lage im frühen 20. Jahrhundert bei. Gut hundert Jahre später sind die von ihm gestellten Fragen noch immer von hoher Aktualität. „Wohin bewegt sich die Entwicklung und welches ist die Bedeutung der Religion in unsrer heutigen Kultur, d. h. in der Kultur der [...] europäisch-amerikanischen Gesellschaft?", hatte Troeltsch zunächst gefragt.[1]

In seinem Versuch, bestimmende Entwicklungstendenzen von Religion in der Moderne zu erfassen, verwies er mit Nachdruck auf die komplexen methodologischen Probleme, mit denen jeder Religionsanalytiker unausweichlich konfrontiert sei. Wer Religion zu deuten versuche, dürfe sich angesichts der „ungeheueren extensiven und intensiven Ausdehnung dieses Lebensgebietes" nicht auf einzelne Ereignisse oder „Begebnisse" konzentrieren, sondern müsse dem „Zuständlichen" gerecht zu werden versuchen, „das sich langsam wandelt und das auf diesem Gebiete noch zäher ist als auf irgendeinem anderen". Man müsse solche „Zuständlichkeiten in ihren großen historischen Gründen und in ihren tatsächlichen Lagerungen" zu erfassen suchen, um dann mit Blick auf „Einzelbegebnisse" einerseits „das Ganze" erleuchten zu können und andererseits das je Besondere „aus dem Zusammenhang des Ganzen verständlich" zu machen. Ohne einen ausgeprägten Sinn für das Historische und die bleibende Prägekraft uralter Traditionen lasse sich Religion in der Moderne nicht angemessen deuten. Denn viele Religionsgemeinschaften wie etwa die christlichen Kirchen oder Synagogengemeinden seien Traditionsmächte.

Hinzu komme ein weiteres, besonders schwieriges Problem: Mit „dem religiösen Leben" habe es „die Bewandtnis, daß seine eigentlichen Leistungen und Kräfte im Verborgenen spielen. Was an Kraft, Glaube, Heroismus oder an Sentimentalität, Weichheit, Selbsttäuschung, Wahn und Sehnsucht in den Herzen der Masse sich bildet, Kraft oder Unkraft der religiösen Entwicklung, Zweifel, Lauheit, Gleichgültigkeit oder beharrlich feste Lebensregelung und konventionelle

---
[1] Ernst Troeltsch, „Religion". In *Das Jahr 1913. Ein Gesamtbild der Kulturentwicklung*, hg. von David Sarason. Leipzig, Berlin: B. G. Teubner, 1913, 533–549, hier 533. Auch die folgenden Zitate stammen aus diesem Text.

Gemütsruhe: alles das kommt nur sehr indirekt zum Ausdruck." Zwar lasse sich gerade in modernen Gesellschaften viel religiöse „Betriebsamkeit" beobachten, etwa von Seiten kirchlicher Akteure oder anderer Vertreter organisierter Religion. Aber es sei nur sehr schwer abzuschätzen, inwieweit dies überhaupt für das religiöse Leben der Gegenwart repräsentativ sei. „Die Betriebsamkeit der Kirchen und Vereine oder der Kirchenfeinde und Konfessionslosen, die laute Streit- und Kampfliteratur ist vielleicht nur die Äußerung eines kleinen, aber geschäftigen und die Presse beherrschenden Kreises." Gerade religiös Entscheidendes wie Glaubensgewissheit, Gottesbilder und Heilsvorstellungen sei weithin nicht transparent, auch wenn es „unendlich viel wichtiger" als die öffentlich bekundete und institutionell verfasste Religion sei. Wenn der Glaube an Gott (oder genauer: an einen Gott oder an viele Götter) den Menschen in seinem Innersten bestimmt, metaphorisch formuliert: im Herzen trifft, lässt er sich nur sehr schwer prägnant erfassen. Dieses Problem der „unsichtbaren Religion" – der Begriff wurde von Thomas Luckmann geprägt[2] – betrifft gerade den Versuch, fromme Gewissheiten und Heilserwartungen zu erkennen. Welche Begriffe sind dazu überhaupt geeignet? Wer Religion verstehen will, muss der elementaren Tatsache gerecht zu werden versuchen, dass religiöses Bewusstsein in seiner Konzentration auf Innerlichkeit, Seelenheil und Jenseitshoffnung oft opak ist.

Als drittes Problem der Deutung von Religion in der Moderne identifizierte Troeltsch die elementaren Schwierigkeiten, religiösen Wandel zu erfassen. „Insbesondere entziehen alle erst werdenden religiösen Bewegungen und Umstimmungen sich der Beobachtung; sie beginnen im Stillen, hängen vom Einfluß allgemeinster und unmeßbarster Zeiteinflüsse ab und treten erst nach einiger Sammlung und Konzentration zutage." Interpretationen religiösen Wandels, die sich an linearen Entwicklungsmodellen orientierten oder gar mit teleologischer Begrifflichkeit operierten, könnten den tatsächlichen Veränderungen frommer Mentalitäten, Ideenwelten und Praktiken nicht gerecht werden. Denn man habe in den unendlich differenzierten Lebenswelten des Religiösen gar „nicht logisch berechenbare organische Entwicklungen" vor sich, „wo die logische Konsequenz einmal begonnener Gedanken deren weitere Entfaltung zum voraus erraten und ergrübeln ließe". Religiöser Glaube sei nun einmal zutiefst irrational. „Vielmehr haben wir es auf diesem Boden des Stimmungs- und Gefühlslebens mit den plötzlichen Umkippungen zu tun, aus dem radikalen Individualismus in mystische Einheitsideen, aus dem Rationalismus in Gefühlsleben, aus dem Historismus in die Stimmungs- und Phantasiereligion, aus dem Religionsüberdruss in die religiöse Sehnsucht und umgekehrt. In diesem kompliziertesten, den verschiedensten

---

2 Thomas Luckmann, *The Invisible Religion*. New York: Macmillan, 1967.

Einflüssen ausgesetzten und mit den Irrationalitäten des Gefühlslebens gesättigten Bereiche gibt es eben nur bis zu einem gewissen Grade die logische Dialektik sich entwickelnder Ideen." Die Komplexität des Religiösen in der Moderne werde dadurch noch gesteigert, dass Religion hier zwar eine relativ autonome Kultursphäre sei, sie aber zugleich durch Entwicklungen in gesellschaftlichen Sphären, etwa in Politik und Ökonomie, vielfältig mitbestimmt werde. Troeltsch sprach hier von „Abhängigkeiten" des Religiösen „von zahllosen sich kreuzenden Einflüssen der Gesamtlage" und wies auf die prägende Bedeutung von „psychologisch, aber nicht logisch verständlichen Kontrastbedürfnisse[n]" hin. „Dazu kommt die ungeheure Festigkeit der Institutionen, Dogmen, Schlagworte und Kulte, unter deren Hülle sich oft die neuen Bewegungen kaum erkennbar als Umdeutungen und Umstimmungen vollziehen und vollziehen müssen, so daß scheinbar äußerlich alles beim alten ist und innerlich doch die tragende Gesinnung sich gewandelt hat. Es sind oft Wandlungen von überraschender Plötzlichkeit, bei denen freilich nur die Offenbarung eine plötzliche ist, während die inneren Gründe langsam im Stillen und in der Tiefe sich gebildet haben." Alte Riten und Symbole können einen grundlegend neuen Bedeutungsgehalt gewinnen, und religiöse Heilsvorstellungen wandeln sich auch gemäß der Sehnsüchte und Hoffnungen, die die Frommen aufgrund ihrer je eigenen Lebensumstände haben. Weil in den Heiligen Schriften gerade der großen monotheistischen Religionsfamilien Judentum, Christentum und Islam der eine Gott – so unterschiedlich er jeweils auch vorgestellt werden mag – als Gesetzgeber auftritt, der die Menschen auf die treue Beobachtung der von ihm verkündeten moralischen Normen, Gebote und Weisungen verpflichtet, sind Glaubensvorstellungen hier oft sehr eng mit Vorstellungen guten Lebens oder idealer Lebensführung verknüpft. So beeinflusst Religion mehr oder minder stark auch die in einer Gesellschaft herrschende Moral, wird dann aber zugleich auch vom allgemeinen ‚Wertewandel' mit bestimmt. Selbst wenn eine bestimmte Religionsgemeinschaft versucht, die eigenen Gläubigen in einer Art Gegengesellschaft zu vergemeinschaften, in der allein die überkommenen religiösen Normen gelten sollen, vermag sie sich doch nur sehr selten den Einflüssen der sie umgebenden Gesellschaft zu entziehen. Religiöses Bewusstsein wandelt sich oft auch unter einem Anpassungsdruck von außen.

In der Gegenwart lassen sich zahlreiche Gestalten politisierter Religion beobachten, keineswegs nur im politischen Islam bzw. Islamismus, sondern auch in diversen Strömungen des evangelikalen Protestantismus, in orthodoxen Judentümern oder im Hindu-Nationalismus. Auch mit Blick auf die Deutungschancen politisierter Religion ist die Erinnerung an einen Klassiker kulturwissenschaftlich inspirierter Religionsforschung wie Troeltsch hilfreich. In seiner erwähnten Analyse verwies er mit Blick auf die methodischen Probleme der Erfassbarkeit religiösen Bewusstsein auch auf „die zahllosen äußeren Verbindungen des Religiösen mit dem Nicht-Religiösen". „Das ‚Rein-Religiöse' existiert nur für den Theoretiker und für wenige innerlich tief empfindende Seelen. Auf dem Markt des Lebens gibt es kein Interesse, das nicht durch Verkoppelung mit der Religion geschützt und gestärkt würde, und wenig Religionshass, der nicht in der Religion eigentlich andre, vor ihr wirklich oder angeblich geschützte Dinge hasste." Es ist eine sehr voraussetzungsreiche und epistemologisch anspruchsvolle Herausforderung, die „Verbindungen" des genuin Religiösen mit höchst weltlichen Absichten und Interessen auf trennscharfe Begriffe bringen zu wollen. Die Akteure organisierter Religion, etwa die Klerikereliten von Religionsgemeinschaften, haben immer auch ökonomische Interessen und verfolgen oft sehr zielstrebig die Absicht, ihr Symbolkapital gewinnorientiert zu akkumulieren und es dann in Finanzkapital zu tauschen. Auch streben sie nicht selten nach Macht und Einfluss, suchen durch Autoritätskult und Seelenkontrolle die Gläubigen zu steuern und wollen den Repräsentanten des politischen Systems normative Vorgaben für ihre Politik machen, also Herrschaft ausüben – selbst wenn sie nicht direkt hierokratische, d. h. von ihnen selbst ausgeübte politische Herrschaft im Namen gottgewollter „Theokratie" empfehlen. In dieser elementaren Verwobenheit des Religiösen mit ökonomischen Interessen oder politischen Machtansprüchen lässt sich in aller Regel gar nicht genau erkennen, ob denn wirklich der religiöse Glaube oder aber das Interesse an Geld und Macht für das Denken und Handeln eines religiösen Akteurs bestimmt ist. Dies gilt analog auch für die Selbstdeutungen und politischen Absichten entschiedener Gegner aller Religion. Auch sie verfolgen in den von ihnen selbst als Eintreten für Emanzipation und Aufklärung geführten Kulturkämpfen gegen die Macht der Kleriker – Antiklerikalismus ist gerade in den dominant katholischen Gesellschaften Europas eine wichtige Signatur der modernen europäischen Religionsgeschichten seit dem frühen 19. Jahrhundert[3] – höchst weltliche Interessen. Zudem gilt: „Auch die reine Irreligiosität ist selten; was sich dafür ausgibt, ist oft nur eine negative, suchende, unbefriedigte Religiosität".[4] Wer Religion in der Moderne erfassen will, muss deshalb die zahlreichen Konflikte zwischen den Frommen einerseits und ihren religionskritischen Gegnern andererseits auch mit Blick auf die Frage erkunden, inwieweit Glaubenskritik ihrerseits von religiösen Motiven inspiriert ist.

---

3 Dazu siehe Lisa Dittrich, *Antiklerikalismus in Europa. Öffentlichkeit und Säkularisierung in Frankreich, Spanien und Deutschland (1848–1914)*, Religiöse Kulturen im Europa der Neuzeit, Band 3. Göttingen: Vandenhoeck & Ruprecht, 2014.
4 Troeltsch, „Religion", 534.

Das „religiöse Feld" (Pierre Bourdieu) moderner pluralistischer Gesellschaften ist nicht nur durch hohe Heterogenität, sondern auch durch vielfältige Konflikte bestimmt. Dabei geht es nicht allein um Auseinandersetzungen zwischen miteinander konkurrierenden religiösen Akteuren, etwa Rivalitäten um potentielle Anhänger oder Streit um das Recht auf Sichtbarkeit im öffentlichen Raum. Sehr harte Kämpfe zwischen den Vertretern unterschiedlicher Glaubensgemeinschaften und auch den jeweiligen Gläubigen entzünden sich zudem daran, dass in den Heiligen Schriften vieler Religionen, gerade auch der drei großen monotheistischen Religionsfamilien, diskriminierende Zerrbilder Andersgläubiger gezeichnet werden. Im Tanach, also in den Heiligen Schriften der Juden, die die Christen das Alte Testament nennen, finden sich zahlreiche negative Stereotype all derer aus der Umwelt des antiken Israels, die an viele Götter glauben und ihre Götter in Statuetten und Kultfiguren sinnlich anschaulich machen. Analog kennt das Neue Testament vehemente antijüdische Polemik, ist die neue und damals noch junge Religion der Christusgläubigen um ihrer behaupteten Eigenständigkeit willen doch unausweichlich auf eine Unterscheidung und Abgrenzung von der Schwesterreligion der Juden angewiesen. Auch mit Blick auf den Islam, den jüngsten der drei großen Monotheismen, lässt sich dieser Zwang zur Begründung oder Stärkung der eigenen kollektiven Glaubensidentität durch Abgrenzung und Diskriminierung der Andersgläubigen, speziell der Juden und Christen, beobachten: Im Koran finden sich zahlreiche abwertende Aussagen über Juden und Christen, um den eigenen Anspruch zu rechtfertigen, die reinste, konsequenteste Gestalt des Glaubens an den *einen* Gott zu sein. Juden werden hier mit Tieren gleichgesetzt und als Affen sowie Schweine geschmäht. Mittelalterliche Christen nahmen dieses Motiv später auf und visualisierten ihre oft gewaltsame Herabwürdigung der Juden in Bildern von der ‚Judensau' – ein Motiv, das sich auch in den Texten der Reformatoren des 16. Jahrhunderts, speziell bei Luther, vielfach findet. Da in den Heiligen Schriften der Juden, Christen und Muslime nicht selten auch die Vorstellung von Gottes Hass gegen das Böse fixiert wurde und in der immer neuen Auslegung dieser Texte durch die Kleriker ein bis in die unmittelbare Gegenwart hinein wirkendes Nachleben hatte und noch hat, konnten besonders Fromme, sich ihrem Gott ganz nahe fühlende und für die Durchsetzung seines unbedingten Willens kämpfende Gläubige sich dazu ermächtigt sehen, um Gottes Hass gegen das Böse willen die Vernichtung der vielen Bösen zu betreiben: also derer, die anders, falsch oder gar nicht glauben. „Glaubenshass", d.h. Hass aus genuin religiösen Motiven, ist auch in den Religionsgeschichten der Moderne eine ganz starke Produktivkraft der Mobilisierung hoch erregbarer und tatbereiter Frommer, die in einer Welt der Sünde nur das heilige Mandat Gottes erfüllen wollen. Das daraus nicht nur zahllose Distinktionskämpfe in Wort und Schrift resultieren, sondern auch brutale, zerstörerische

Religionsgewalt sich von Gott selbst – d.h. den jeweiligen Vorstellungen von Gottes Willen – legitimiert sieht, bedarf seit dem 11. September 2001 keiner weiteren Erläuterung.

Aufregung, Exaltation, Verachtung und Hass prägen nicht nur die Konflikte zwischen den Gläubigen unterschiedlicher Religionen, sondern auch die vielen Auseinandersetzungen innerhalb einzelner Religionsgemeinschaften – dafür sei exemplarisch nur auf die oft aggressiv ausgetragenen kircheninternen Kulturkämpfe zwischen entschieden traditionalistischen katholischen Klerikern und Laien einerseits und bewusst liberalen, an modernistischen Überlieferungen sich orientierenden Reformkatholiken andererseits verwiesen. Auch hier lassen sich semantische Muster und Praktiken der Exklusion und Abwertung des jeweils Andersdenkenden bzw. Andersgläubigen beobachten, die, weit über bloße Gesprächsverweigerung hinaus, darauf zielen, diesem Anderen das Recht abzusprechen, legitim noch Mitglied der eigenen Glaubensgemeinschaft zu sein: Er oder sie wird zum Häretiker erklärt. In der Gegenwart werden konfessionsinterne Kulturkämpfe nicht selten heftiger und brutaler geführt als die Kulturkämpfe zwischen Protestanten und Katholiken in den gemischt-konfessionellen europäischen Gesellschaften des 19. und frühen 20. Jahrhunderts.

Zur Signatur modernitätsspezifischer Religionskonflikte gehören zudem die zumeist sehr polemisch ausgetragenen Streitigkeiten zwischen den frommen Vertretern wissenschaftskritischer oder wissenschaftsfeindlicher religiöser Weltbilder und den Repräsentanten einer szientischen Rationalität, die Fortschritte des wissenschaftlichen Erkennens möglichst schnell in neue diagnostische Verfahren und therapeutische Praktiken umzusetzen sucht. So sind Biopolitik und Bioethik in den letzten vierzig Jahren zu neuen, hart umkämpften Feldern des uralten Konflikts zwischen Glauben und Wissen geworden. Auch die oft umstrittene Einführung neuer Technologien und die damit verbundenen Kontroversen um die Chancen einer realistischen Technikfolgenabschätzung haben religiöse Akteure in den letzten Jahrzehnten immer wieder dazu genutzt, ihren Glauben an konstitutive, gottgegebene Grenzen des Menschen als des vornehmsten, aber nun einmal endlichen Geschöpfs gegen ein ihren Augen falsches, weil in sündhafte Hybris und radikale Selbstermächtigung des Menschen führendes ‚Menschenbild' zu artikulieren.

Es ist eine Trivialität zu sagen, dass in allen europäischen Gesellschaften religiöse Vielfalt deutlich zugenommen hat. Aber es wäre falsch, solche Pluralität für grundlegend neu zu halten. Auch hier kann die Erinnerung an die Klassiker kulturwissenschaftlicher Religionsforschung in der Moderne um 1900 – neben Ernst Troeltsch sind für den deutschen Sprachraum insbesondere Rudolf Otto, Georg Simmel und Max Weber zu nennen – dazu dienen, die mit dem Blick auf den modernitätsspezifischen religiösen Pluralismus sich stellenden

Erkenntnisprobleme genauer zu bestimmen. In der „chaotische[n] Zerspaltenheit unsres Religionswesens" hatte Troeltsch die „größte Schwierigkeit" für jede auf Generalisierung, d. h. Verallgemeinerbarkeit zielende Erfassung des Religiösen in der Moderne gesehen. Verliert Religion in der Moderne an Relevanz? Oder behält sie in neuer Weise jene Bedeutung für Kultur und Gesellschaft, die sie in traditionalen, vormodernen Gesellschaften einst hatte? Kann sie in der Moderne gar ihre gesamtgesellschaftliche Relevanz noch steigern? Troeltsch insistierte darauf, dass sich solche Fragen nicht mit irgendeinem Anspruch auf allgemeine Geltung beantworten lassen. Bestimmte Religionskulturen können sich unter dem Druck des schnellen gesellschaftlichen Wandels und hier insbesondere der krisenreichen, traditionelle Lebensweisen zerstörenden kapitalistischen Transformation der Ökonomie erschöpfen. Andere vermögen in solchen Prozessen an Attraktivität und Mobilisierungskraft zu gewinnen. Troeltsch selbst sah nicht nur die Lage der großen Kirchen im Deutschen Reich sehr kritisch, sondern betonte auch die elementaren Spannungen zwischen religiösem Glauben (und dem mit ihm jeweils verbundenen Gemeinschaftsethos) und dem Austrag antagonistischer Interessen, wie er für moderne von Konkurrenz und individualistischer Selbstbestimmung geprägte Gesellschaften grundlegend sei. „Die Intensität des modernen Lebenskampfes läßt es zu der Ruhe und Stille nicht kommen, die die Voraussetzung für religiöses Leben ist, und die erschöpften Sinne suchen andere Erholungsmittel." Die Lage der Religion in der Moderne lasse sich immer nur mit Blick auf bestimmte Religionsgemeinschaften oder Glaubensbewegungen erkunden. In seinem Überblick suchte er neben den beiden großen Volkskirchen, in seinen Augen „Beharrungsmächten", deshalb „nicht nur eine unübersehbare Fülle großer, kleiner und kleinster kirchlicher Gruppenbildungen" einschließlich der orthodoxen Kirchen zu erfassen, sondern auch den Entwicklungen im deutschen Judentum und den diversen „religiösen Bewegungen außerhalb des Christentums" wie den Freidenkern, Monisten und der sich in Kulturbünden organisierenden „Bayreuther Gemeinde" Richard Wagners gerecht zu werden. Zudem suchte Troeltsch die „fremden Religionen des Ostens" in seine Analyse einzubeziehen, wirkten sie „in Wahrheit schon lange auch auf uns zurück durch Literatur und Philosophie". „Indische Mystik und buddhistischer Pessimismus sind tief eingedrungen in die abendländische Literatur. Der Seelenwanderungsglaube hat bei uns in der Theosophie geradezu eine zahlreiche Religionsgemeinde erzeugt." Auch die in der Gegenwart durch neue Kommunikationsmedien wie insbesondere das Internet massiv verstärkte und sich weiter beschleunigende weltweite Zirkulation religiöser Ideen und Praktiken ist insoweit kein neues Glaubensphänomen. Austausch religiöser Symbole, Glaubensideen und ritueller Praktiken über die Grenzen einzelner Religionskulturen hinweg lässt sich schon seit dem 17. Jahrhundert und besonders intensiv dann im 19. und frühen 20. Jahrhundert beobachten. Auch hier bedarf es historischer Perspektiven, um aktuelle Entwicklungen in der Globalisierung von Glaubensvorstellungen angemessen deuten zu können.

Seit der kritischen Relativierung klassischer Säkularisierungstheorien streiten Religionswissenschaftler, Historiker und jüdische wie christliche Theologen über analytische Leitbegriffe zur Erschließung der Religionsgeschichten der europäischen Moderne. Der Begriff ‚modern', der sich in deutschsprachigen theologischen Texten bereits seit dem späten 18. Jahrhundert nachweisen lässt, war schon im 19. Jahrhundert selbst Gegenstand kontroverser religiöser wie theologischer Interpretation. In religiösen Diskursen und in akademisch-theologischen Debatten stand er für tiefgreifende Wandlungsprozesse, die von den einen als religiös illegitim verdammt und verworfen, von anderen aber als Chance zur Realisierung elementarer Intentionen ihrer Glaubensüberlieferung gefeiert und unterstützt wurden. Seit dem späten 19. Jahrhundert wurde der substantivierte Begriff „die Moderne" im religionshistorischen wie theologischen Diskurs zumeist mit kapitalistischer Industrialisierung, dem Auseinandertreten von Staat und Gesellschaft, politischer Demokratisierung, umfassendem sprachlichen Wandel sowie der funktionalen Differenzierung relativ autonomer Kultursphären und den damit verbundenen Prozessen der Transformation und Neukonstitution des Religiösen als einer symbolischen Deutungskultur oder Lebenswelt eigener Art assoziiert. Die Vielfalt der semantischen Verknüpfungen lässt erkennen, dass die Zeitgenossen „die Moderne" seit ca. 1780 als eine religionshistorische Epoche deuteten, die sich analytisch prägnant von früheren Phasen der neueren europäischen Religionsgeschichte wie etwa dem sog. „Konfessionellen Zeitalter" oder der „Frühen Neuzeit" abgrenzen lässt. Als ein entscheidendes – möglicherweise das entscheidende – Strukturmerkmal der europäischen Religionsgeschichten der Moderne seit 1800 galt dabei die Beschleunigung des religiösen Wandels mit der Erosion traditioneller religiöser Selbstdeutungen und Praktiken einerseits und der Durchsetzung neuer Glaubensgewissheiten und Lebensformen andererseits. Die entscheidende Signatur modernitätsspezifischen religiösen Wandels ist ein neuer Pluralismus der Sinndeutungen, mit dem sich sowohl massive Individualisierungsschübe sowie neue Konflikte zwischen und innerhalb der Konfessionen bzw. Religionsgemeinschaften als auch Kulturkämpfe zwischen den Vertretern überkommener religiöser Deutungskulturen und den Repräsentanten spezifisch moderner Deutungsperspektiven der Wissenschaften oder wissenschaftsgestützten „Weltanschauungen" verbinden. Religion wird seit dem frühen 19. Jahrhundert verstärkt polymorph, vielgestaltig, und die mit dieser neuen Vielfalt verbundenen Konflikte wirkten häufig religiös mobilisierend, förderten also religiöse Dynamik und Wandel. Dies gilt, wie viele der nun kurz vorzustellenden Beiträge dieses Bandes zeigen, auch für die Gegenwart.

Die Soziologin Monika Wohlrab-Sahr, Professorin für Kultursoziologie im Institut für Kulturwissenschaften der Universität Leipzig, die mit Monografien zur Konversion deutscher und nordamerikanischer Christen zum Islam[5] sowie zum religiösen Wandel in den neuen Bundesländern[6] auch einem größeren bildungsbürgerlichen Publikum bekannt geworden ist, skizziert zunächst die Schwächen der klassischen Säkularisierungsthese, derzufolge Religion in der Moderne durch Privatisierung geprägt sei. Mit Autoren wie José Casanova[7] verweist sie auf die vielfältigen Formen der Präsenz von Religion im öffentlichen Raum diverser Gegenwartsgesellschaften und die daraus immer wieder resultierenden normativen Konflikte. Gerade im Wissen um die bleibende Relevanz des Religiösen werde an vielen Orten über dessen Grenzen gestritten. „Es wird darüber verhandelt, wo die Religion sein soll und wo nicht, wie sie sich zeigen darf, und in welcher Form es vielleicht ‚zu viel' ist." Zugleich lasse sich umgekehrt auch viel Streit darüber beobachten, wo eine genuin religiöse Sphäre von außen verletzt werde, d. h. etwa wo „bestimmte Äußerungen oder Handlungen religiöse Empfindlichkeiten in unzulässiger Weise zu treffen scheinen". Die Leipziger Religionswissenschaftlerin warnt vor Eingriffen in fundamentale Freiheitsrechte und sucht zu zeigen, dass sich die Antagonismen zwischen dem Schutz religiöser Empfindungen einerseits und den Grundrechten auf Meinungsfreiheit und Freiheit der Kunst nur in immer neu zu führenden Aushandelungsprozessen aufheben lassen. Angesichts der neuen religiösen Vielfalt und der damit verbundenen Konflikte gelte: „Sensibilität für Differenz und für Empfindlichkeiten, Zurückhaltung bei allzu schnellen Generalisierungen sind sicher ein Gebot der Stunde."

In einer viel beachteten gewichtigen Monographie hat Horst Dreier, Ordinarius für Rechtsphilosophie, Staats- und Verwaltungsrecht in der Juristischen Fakultät der Julius-Maximilians-Universität Würzburg, 2018 den säkularen Staat als einen „religiösen Freiheitsgewinn" und mit prägnanten juristischen Begriffen, aber auch viel historischem Sinn die „Kontroversen" um das Konzept der „religiös-weltanschaulichen Neutralität des Staates" nachgezeichnet.[8] In seinem Beitrag „Recht und Religion: Zur (Un-)Möglichkeit religiös-weltanschaulicher

---

5 Monika Wohlrab-Sahr, *Konversion zum Islam in Deutschland und den USA*. Frankfurt a. M., New York: Campus, 1999.
6 Monika Wohlrab-Sahr, Uta Karstein, Thomas Schmidt-Lux, *Forcierte Säkularität. Religiöser Wandel und Generationendynamik im Osten Deutschlands*. Frankfurt a. M., New York: Campus, 2009.
7 José Casanova, *Public Religions in the Modern World*. Chicago: University of Chicago Press, 1994.
8 Horst Dreier, *Staat ohne Gott. Religion in der säkularen Moderne*. München: C. H. Beck, 2018, bes. 9–17, 95–139. Siehe auch schon: Ders., *Säkularisierung und Sakralität. Zum Selbstverständnis des modernen Verfassungsstaates*, mit Kommentaren von Christian Hillgruber und Uwe Volkmann, Fundamenta Juris Publici, Band 2. Tübingen: Mohr Siebeck, 2013.

Neutralität des Staates" führt er den Nachweis, dass dem Neutralitätsgebot in der Verfassungsordnung des Grundgesetzes eine „Schlüsselrolle" zukomme: „Denn es markiert die Sinnmitte der rechten Verortung der Religion in einem pluralen und freiheitlichen Gemeinwesen." Trotz aller Kritik, wie sie insbesondere von religiös konservativen, oft auch dezidiert antiliberalen religiösen Akteuren und ihren juristischen Fürsprechern oft formuliert wurde, kann Dreier überzeugend zeigen, dass das Gebot religiös-weltanschaulicher Neutralität recht verstanden „allen systematischen Einwänden standhält". Allerdings werde es wegen der sich weiter beschleunigenden Pluralisierung des „religiösen Feldes" und sich vielfältig verschärfender religionspolitischer Konflikte in der Zukunft wohl verstärkt auf die Probe gestellt werden.

Der Philosoph Christoph Türcke, der von 1995 bis 2014 an der Hochschule für Grafik und Buchkunst in Leipzig lehrte, nimmt einen zentralen religionspolitischen Konflikt der Gegenwart in den Blick: In den letzten Jahren haben Gläubige ganz unterschiedlicher Herkunft Künstlern und Karikaturisten, Theaterregisseuren und Schauspielern immer wieder vorgeworfen, in blasphemischer, gotteslästerlicher Absicht Heiliges in den Schmutz zu ziehen und so ihre religiösen Gefühle zu verletzen. Türcke zeigt nun zunächst die elementare Ambivalenz ‚religiöser Emotionen', die ein „ganzes Register" sehr unterschiedlicher Gefühlszustände umfassen: „vom finstersten Opferschauder bis in die zarten Höhen der Mystik". Im Unterschied zu traditionalen Gesellschaften, in denen es immer viel Blasphemie, vor allem in Kriegen durch die zerstörerische Gewalt der Sieger gegen die Heiligtümer der Besiegten oder durch Verhöhnung der Rituale jeweils Andersgläubiger gegeben habe, lasse sich in der Moderne nun auch Verhöhnung der Religion als solcher beobachten – und zwar im 17. Jahrhundert zunächst gar nicht „triumphierend von außen", sondern „nur subversiv von innen" und dies „natürlich nur heimlich und anonym". Schon bei Hiob oder bei frühen islamischen Mystikern findet sich, wie Türcke zeigt, viel religiös motivierte Blasphemie. Diese ist insoweit ein ungleich vielschichtigeres, für sehr unterschiedliche Deutungen offenes Phänomen, als oft gesehen wird. Mit Blick auf die Karikaturenkonflikte der Gegenwart, in denen sich islamistische Akteure durch Mohammed-Karikaturen so sehr beleidigt fühlten, dass sie, keineswegs nur im Fall „Charlie Hebdo", die Ehre des Propheten durch mörderische Gewalt zu verteidigen und bekräftigen versuchten, empfiehlt der Leipziger Philosoph bekräftigen versuchten, empfiehlt der Leipziger Philosoph Nachdenklichkeit und vor allem Takt. Zu beachten sei zunächst eine elementare Asymmetrie: „Westliche und islamische Kultur verhalten sich verschieden zu ihren je eigenen Grundtabus". Islamischen Kulturen sei jene lange Tradition aufklärerischer Religionskritik fremd, wie sie für europäische Gesellschaften seit der Aufklärung des 17. und 18. Jahrhunderts in Wort, Schrift und Bild kennzeichnend sei. Den Propheten selbst mit „Ironie und Spott zu umgeben", sei in islamischen Kulturen bisher nur von ganz wenigen gewagt worden – „und das auch nur schriftlich, nicht in bildlicher Karikatur". Westliche Akteure müssten für eine visuelle Prophetenkritik ungleich weniger „Selbstüberwindung" aufbringen als religionsdistanzierte oder glaubenskritische Muslime. So wirft Türcke den Karikaturisten und Redakteuren von „Charlie Hebdo" vor: „Sie taten nichts Ungesetzliches, aber etwas ungeheuer Taktloses. Es ist eben nicht gleichgültig, wer Mohammed karikiert." Mit Blick auf die polyethnischen und mulitreligiösen Gesellschaften insbesondere Europas und die mit solcher Vielfalt sei es real oder potentiell verbundene Konfliktdynamik klagt Türcke deshalb von allen Akteuren eine leider selten gewordene Tugend ein: „Fingerspitzengefühl für die Kategorie Takt".

Die seit den späten 1980er Jahren immer wieder beobachtete „Wiederkehr der Götter"[9] hat im akademischen Religionsdiskurs ganz unterschiedliche Erklärungen gefunden. So ist, um nur ein Beispiel zu nennen, darauf hingewiesen worden, dass die verstärkte Präsenz von eingewanderten Muslimen auch christliche Bürgerinnen und Bürger zu verstärkter oder erneuter Reflexion ihrer Glaubensbindungen und die bleibende Prägekraft christlicher Tradition motiviert hat. Der Bremer Religionswissenschaftler Hans Kippenberg, der nach Professuren an der Reichsuniversität Groningen und an der Universität Bremen seit 2005 als Weisheitsprofessor für Vergleichende Religionswissenschaft an der Jacobs University Bremen lehrt, macht in diesen Debatten um die Renaissance religiöser Orientierungen in den vermeintlich säkularen Gesellschaften des Westens eine ebenso eigensinnige wie originelle Sichtweise geltend: Mit Blick auf die Kodifizierung allgemeiner Menschenrechte, in denen das Grundrecht auf Religions- und Gewissensfreiheit eine entscheidende, wenn nicht zentrale Rolle spielt, sucht er zu zeigen, dass die Garantie von vorstaatlichen Rechten selbst die Stärkung gelebter Religion fördert.

Der an der Universität Leipzig lehrende Religionswissenschaftler Sebastian Schüler zeichnet am Beispiel des nordamerikanischen evangelikalen Kreationismus die Konfliktdynamiken zwischen religiösen Weltbildern und wissenschaftlicher Rationalität nach; für seine Deutung stützt er sich auf die Konflikttheorie Georg Simmels und deutet ‚Konfliktpotenzial' deshalb als „die soziale Produktivität beziehungsweise die soziale Funktion von Konflikten". Indem er im Wissen um die große Vielfalt evangelikaler Denominationen, Kirchen, Bewegungen und subkultureller Lebenswelten danach fragt, „wer diese evangelikalen Christen eigentlich sind" und Gründe für ihre außerordentlichen Erfolge zu benennen

---

9 Zu dieser Formel siehe Friedrich Wilhelm Graf, *Die Wiederkehr der Götter. Religion in der modernen Kultur*. München: C. H. Beck, 2004$^{1-3}$, Taschenbuchausgabe: München 2007.

sucht, will er zugleich ihre spezifische „soziale Identität" bestimmen. Dabei sucht er die These zu entfalten, „dass die moderne evangelikale Identität nicht nur ein Produkt der Moderne selbst darstellt, sondern darüber hinaus erst in der Vergesellschaftung ihres Konfliktpotenzials konstituiert wird". Mit religionsökonomischen Begriffen zeigt er zudem, wie bestimmte kreationistische Angebote in einem umkämpften Glaubensmarkt etabliert werden müssen. Hoch professionellen Organisationen sei es zunehmend gelungen, ihren jeweiligen Marken einen erlebnishaften Charakter zu geben. „Erst durch diese Konfliktdynamiken konnte das Konfliktfeld stärker in das Bewusstsein der Öffentlichkeit rücken und den Konflikt gesellschaftlich stabilisieren. Beide Konfliktparteien konnten durch die Wechselwirkungen und das jeweilige Branding ihrer Position profitieren."

Im gelehrten Religionsdiskurs der letzten dreißig Jahre hat vor allem die Einwanderung von Menschen aus dominant muslimischen Gesellschaften nach Europa hohe Aufmerksamkeit gefunden. Die daraus resultierenden Spannungen werden besonders in den Beiträgen von Gudrun Krämer und Mathias Rohe in den Blick genommen. Gudrun Krämer, die seit 1996 als Leiterin des Instituts für Islamwissenschaften an der Freien Universität Berlin lehrt, sucht mit Blick auf die von ihr betonte innere Vielfalt des Islam gerade in der Moderne eine Reihe von Thesen zu erläutern: Weder ließen sich Muslime allein durch den Islam definieren. Noch erschöpfe sich dieser in seinem normativen Fundament, also in Koran, Sunna und Scharia. Die gerade von europäischen und nordamerikanischen Kritikern oft behauptete Einheit von Religion und Staat diene nur als „Kampfbegriff", aber nicht als „Beschreibung historischer Gegebenheiten und künftiger Orientierungschancen". Unter islamischen Vorzeichen sei durchaus eine säkulare Ordnung möglich, wenn denn „Säkularität" anders als „Säkularismus" „innerhalb gewisser Grenzen religiöse Praxis im öffentlichen Raum" zulasse. Die unübersichtliche Komplexität der Verhältnisse macht Gudrun Krämer an einem Beispiel deutlich, das in der westlichen Literatur nur selten eine Rolle spielt: „die Islamisierung von Wissenschaft, Kultur und Recht *nach* einer Phase der Säkularisierung und die sprunghafte Ausdehnung ‚islamischer' Medien, einer ‚islamischen' Konsum-, Unterhaltungs- und Massenkultur, eines ‚islamischen' Marktes sowie nicht zuletzt ‚islamischer Formen' der moralischen und ökonomischen Selbstoptimierung, für die sich im globalen Vergleich keine Entsprechung findet" – diese Arten der Islamisierung wiesen weit über die Politisierungsprozesse in einem dezidiert politischen Islam bzw. den politischen Islamismus hinaus.

Der Rechts- und Islamwissenschaftlicher Mathias Rohe, Inhaber des Lehrstuhls für Bürgerliches Recht, Internationales Privatrecht und Rechtsvergleichung an der Friedrich-Alexander-Universität Erlangen-Nürnberg, hatte 2016 eine gewichtige „Bestandsaufnahme" über den „Islam in Deutschland" publiziert.[10] In seinem Beitrag über den „Islam in den säkularen Rechtsstaaten" fasst der exzellente Kenner des islamischen Rechts[11] die zentralen Ergebnisse und Thesen seiner Monographie noch einmal prägnant zusammen. Rohe bietet „eine Systematisierung der unterschiedlichen Ebenen, auf denen der Islam für europäische Rechtsordnungen relevant wird". Nach einem historisch informierten Überblick über die relevanten Fakten und deren nicht selten umstrittene Wahrnehmung skizziert er die unterschiedlichen Modelle der Säkularität des Staates in Europa gerade mit Blick auf das Grundrecht auf Religionsfreiheit und analysiert mit Bezug auf das deutsche Religionsverfassungsrecht dann Konflikte um Moscheebau und religiöse Kleidung wie insbesondere das Kopftuch. Auch beschreibt Rohe muslimische Haltungen zu den rechtlichen Rahmenbedingung der Präsenz von Muslimen in den europäischen Gesellschaften. Gegen all jene, die ‚den Islam' für aufklärungsresistent und demokratiefeindlich halten, insistiert Rohe darauf, dass der Islam „nicht im strukturellen Gegensatz zum säkularen demokratischen Rechtsstaat" stehe. Denn die Positionen muslimischer Extremisten seien unter den europäischen und speziell auch deutschen Muslimen nicht mehrheitsfähig. Im Kampf gegen den antidemokratischen politischen Islamismus, der den Rechtsstaat bedroht und den gesellschaftlichen Frieden unterminiert, setzt Rohe auf „eine breite Koalition der Gutwilligen", die gegen die pauschalisierende und oft abwertende Subsumtion des Einzelnen unter ein Kollektiv das Individuum in seinen Rechten und Pflichten ernst nimmt sowie Menschen an ihren Worten und Taten, nicht aber an den je eigenen Vorurteilen misst. Rohe ist davon überzeugt, dass diese „Koalition der Gutwilligen" die Mehrheit der Bevölkerungen Europas repräsentiere – auch wenn sie noch größer werden könnte und sollte.

Spätestens seit dem 11. September 2001, aber auch unter dem Eindruck der politischen Erfolge der „Christian Right" in den USA hat sich die Aufmerksamkeit akademischer Religionsdeuter immer wieder auf die diversen Ausprägungen eines religiösen „Fundamentalismus", also besonders stark bindender, extrem autoritärer und dezidiert antiliberaler Glaubenspraktiken gerichtet. Die diversen Ausprägungen eines jüdischen „Fundamentalismus" haben demgegenüber deutlich geringeres Interesse gefunden, obwohl sie gerade zum Verständnis der Innenpolitik Israels und der Konfliktdynamiken im Nahen Osten von hoher Bedeutung sind. So will Micha Brumlik, bis zu seiner Emeritierung 2013 Professor im Fachbereich Erziehungswissenschaften der Johann Wolfgang Goethe-Universität in Frankfurt am Main und seitdem Senior Adviser am Zentrum Jüdische Studien Berlin-Brandenburg, am Beispiel der israelisch-jüdischen

---

10   Mathias Rohe, *Der Islam in Deutschland. Eine Bestandsaufnahme.* München: C. H. Beck, 2016.
11   Mathias Rohe, *Das islamische Recht. Geschichte und Gegenwart.* München: C. H. Beck, 2011³.

Siedlerbewegung „Gusch Emunim" die mit dem jüdischen Fundamentalismus verbundenen politischen Gefahren beschreiben. Nach religionstheoretischen Überlegungen zur Unterscheidung „guter" und „schlechter" Religionen sowie einer näheren Erläuterung des „Fundamentalismus"-Begriffs skizziert er zunächst die zentralen Akteure des Fundamentalismus jüdischer Siedler in der West Bank. Auch erläutert er die sozialen Trägerschichten der Siedlungsbewegung und die theologischen Theorien, aus denen die Siedler den Anspruch ableiteten, dass Ostjerusalem, Hebron und das Westjordanland jene Gebiete seien, die Gott seinem Volke versprochen habe und die es deshalb besiedeln müsse. Die Folge der Siedlungspolitik sei „nichts anderes als auf Dauer gestellte organisierte Friedlosigkeit".

Politisierte Religion wird im neueren europäischen Religionsdiskurs zumeist mit dem politischen Islam bzw. gewaltbereiten Islamismus assoziiert. Auch finden die politischen Programme der „Christian Right" in den USA einige gelehrte Aufmerksamkeit. Darin spiegelt sich auch eurozentrische Befangenheit. Doch politisierte Religion ist ein globales Phänomen, das sich in vielen modernen oder sich modernisierenden Gesellschaften schon seit Langem, in Europa etwa seit der „Sattelzeit" (Reinhart Koselleck) um 1800, beobachten lässt. Angelika Malinar, die seit 2009 als Professorin für Indologie an der Universität Zürich lehrt, stellt die nationalistische Politisierung des Hinduismus in Indien, der mit Blick auf die Bevölkerungszahl größten Demokratie der Welt, seit den 1980er Jahren vor. Sie verweist auf gewalttätige Attacken von Hindu-Nationalisten gegen die Anhänger von als „fremd" behaupteten anderen Religionen wie dem Islam und dem Christentum und deutet den Hindu-Nationalismus in einer historischen Perspektive sowohl als Resultat von Kolonialismus und Modernisierungsprozessen als auch als Reaktion darauf. Zugleich lasse er sich als ein Projekt der Uniformierung der religiösen Traditionen des Hinduismus mit genuin modernen Begriffen und Instrumenten verstehen; Angelika Malinar macht diese Modernität vor allem an den Widersprüchen und Ambiguitäten des Hindu-Nationalismus sowie an der kulturalistisch fundierten Mitgliedschaft in der einen Hindu-Nation, in der „ein kulturell-religiös definiertes ‚Hindu-Sein' als Norm des ‚Indisch-Seins' durchzusetzen" versucht werde.

Armin Nassehi, Inhaber eines Lehrstuhls für Soziologie an der Ludwig-Maximilians-Universität München, will in seinen bewusst experimentellen Überlegungen eine Antwort auf die Frage geben, warum gerade Geschlechtlichkeit und Sexualität für religiöse Regulierung besonders attraktiv sind. Dazu operiert er mit der vor allem von Niklas Luhmann begrifflich entfalteten Grundunterscheidung von ‚Wahrnehmung' und ‚Kommunikation', erlaube diese Differenz es doch, eine gewisse Verwandtschaft zwischen Religion und Sexualität zu sehen. Informiert auch durch eine kritische Lektüre aktueller Gender-Debatten, insbesondere der gewichtigen Arbeiten Judith Butlers, über „Gender trouble",[12] und mit Blick auf queerfeministische Theorien des Begehrens macht Nassehi das besondere Interesse religiöser Akteure an Kontrolle des Körperlich-Sinnhaften fest. Religion deutet er als eine spezifische Form der „Realitätsverarbeitung, deren Bezugsproblem die Unbeobachtbarkeit der Welt ist, die Unverfügbarkeit des Selbst und der Welt, auch die Unmöglichkeit, als Teil des Ganzen den Sinn des Ganzen zu entdecken". So tendiert Religion notorisch zur Wildheit, zu Ekstase und zum Rekurs auf innere göttliche Berufungen, also auf Nicht-Wahrnehmbares. Gerade damit stehen Religionen unter dem Zwang, in ihrem je besonderen Eigensinn „durch Regulierung und Ordnungsstiftung Verfügbarkeiten in eine unverfügbare Welt hineininterpretieren" zu müssen. Sexualität dürfte dabei eine besonders relevante Provokation darstellen, verweist sie doch auf ein Begehren, das im Kontakt mit einem anderem (oder auch dem eigenen) Körper stets einen Überschuss entwickelt, der durch sinnhafte Kommunikation gar nicht einzuholen ist.

Sabine Maasen, die in der School of Governance der Technischen Universität München den Friedrich Schiedel-Stiftungslehrstuhl für Wissenschaftssoziologie innehat, will in einer diskursanalytisch geprägten Perspektive einen neuen Blick werfen auf „die konstitutive Transzendenz der Technik". Nicht nur werde über „die kulturelle Aufnahme und Verarbeitung neuer Techniken" schon seit der Antike in Zustimmung wie Kritik in religiösen Sprachspielen diskutiert. In den vielfältigen Interaktionen zwischen Religion und Technik erwiesen sich religiöse Praktiken vielmehr selbst auch als eine „Kulturtechnologie", die es erlaube, sich in der Immanenz der jeweils gegebenen Welt über Transzendentes zu verständigen. Mit Niklas Luhmann bestimmt Sabine Maasen Religion als eine kulturelle Praxis, die „in der Immanenz unserer technomorphen Kultur die Differenz von verfügbar/unverfügbar oder Immanenz/Transzendenz artikulierbar" mache. Indem sie die Einheit von Immanenz und Transzendenz in der Immanenz zum Ausdruck bringe, verweise sie auf alle Phänomene, die sich als unverfügbar darstellten, und könne alle „Irritationen durch Neues in der Gesellschaft", etwa durch neue Technologien, beobachten und behandeln. Am Beispiel der alle Lebensbereiche seit 1990 durchdringenden „digitalen Revolution" zeigt Sabine Maasen, wie Religion als Kulturtechnologie für neue Technologien „Passageriten" bereitstellt: „Durch vertraute religiöse Motive werden Chancen und Risiken (noch) unbekannter Techniken und ihre (noch) unbekannten Implikationen verarbeitet". Zugleich wird das weltweite Netz, das mit seiner Allwissenheit und Allgegenwärtigkeit oft als gottähnlich imaginiert wird, selbst zu einem Ort religiöser Kommunikation und digitaler Spiritualität. Da neue Technologien per definitionem, eben als Innovationen, das jeweils Vorfindliche transzendieren, verweisen

---

12 Judith Butler, *Das Unbehagen der Geschlechter*. Frankfurt a. M.: Suhrkamp, 1991.

sie, so Maasen, konstitutiv auf Transzendenz, sodass Technikgestaltung „von Religion, der Virtuosin im Feld der Transzendenz", „eine Menge lernen" könne – gerade dann, wenn umgekehrt auch die Religion zu Lernprozessen imstande sei und sich etwa von der „Technikfolgenabschätzung einen unerschrockeneren Umgang mit Deutungsvielfalt" abzuschauen imstande sei.

Die protestantische Theologin Ursula Roth, Professorin für Praktische Theologie im Fachbereich Evangelische Theologie der Goethe-Universität in Frankfurt am Main, wirbt nicht nur für ein neues Verständnis der überkommenen Thanato- bzw. Trauerkultur, sondern entfaltet auch eine deutliche Kritik des binnenkirchlichen Zuschnitts christlicher Bestattungsfeiern, die, so ihre Beobachtungen auf Münchner Friedhöfen, oft von einer „Wir-Christen-Semantik" geprägt seien. Bestattungsansprachen zielten in der Regel darauf ab, „Hörerinnen und Hörern ein spezifisches Verständnis vom Tod und von dessen Bedeutung für das Leben plausibel zu machen". Indem der Prediger dabei Grenzlinien zwischen Christen und Gläubigen markiere, ließen sich in der herrschenden kirchlichen Bestattungspraxis immer wieder „‚kleine', unspektakuläre Formen von Konfliktdynamik" beobachten. Gerade ob der „Gegenüberstellung eines gelebten Christentums einerseits und einer agnostisch, atheistisch geprägten, rein diesseitig orientierten Haltung andererseits" sei die kirchliche Bestattungskultur als eine durchaus Konflikte spiegelnde „Praxis im Konfliktfeld der unterschiedlichen in einer Gesellschaft wirksamen Sinndeutungssysteme" zu verstehen.

Renaissancen des Religiösen und die bleibende kulturelle Prägekraft überkommener religiöser Bindungen schließen es nicht aus, dass altehrwürdige religiöse Institutionen in der Gegenwart tiefgreifende, vielleicht gar existenzbedrohende Krisen zu bewältigen haben. „Selbst das Amt des Bischofs von Rom schlingert seit dem plebiszitären Pontifikat Karol Wojtylas von einer Krise in die andere", hat der Würzburger Staatsrechtslehrer Florian Meinel soeben festgestellt.[13] Der in der Universität Freiburg lehrende Fundamentaltheologe Magnus Striet, der den christlichen Glauben in konstruktiver Fortschreibung der kritizistischen Philosophie Immanuel Kants und der nachkantischen Idealisten mit hoher gedanklicher Stringenz als eine Religion individueller Freiheit deutet, führt diese Krise des Lehramts vor allem auf dessen notorischen Antimodernismus zurück. Am Beispiel moderner Menschenrechtsdiskurse macht Striet die bleibende Ambivalenz des römischen Lehramts gegenüber dem zentralen Prinzip der Moderne, dem Recht des Individuums auf Selbstbestimmung, transparent. Nach einer kurzen Genealogie des modernen Menschenrechtsdenkens und einer Kritik überkommener katholischer Naturrechtsvorstellungen mit ihrer Fixierung auf ein

---

13 Florian Meinel, *Vertrauensfrage. Zur Krise des heutigen Parlamentarismus*. München: C. H. Beck, 2019, 211.

„göttliches Gesetz" entfaltet er die These, dass das allmähliche Einsickern eines normativ behaupteten Menschenrechtsdiskurses in die europäischen Katholizismen zur Auflösung jenes „langen Schattens" geführt habe, der seit dem 19. Jahrhundert und hier speziell seit dem I. Vatikanischen Konzil auf dem Katholizismus gelegen habe. Zwar hielten auch die Päpste der jüngsten Vergangenheit wie insbesondere Johannes Paul II. und Benedikt XVI. an einer entschieden kritischen Grundhaltung gegen den Kern des modernen Freiheitsdenkens, die Autonomie des individuellen Subjekts, fest. Aber „der lehramtlich verordnete Antimodernismus", der schon früher die diversen katholischen Milieus nur partiell zu prägen vermochte, habe nur „die Oppositionshaltung" verstärkt, die „ganze Milieus gegen das Lehramt" eingenommen hätten und weiter einnähmen. Ohne jeden Anspruch auf Kathederprophetie wagt Streit denn auch die Prognose: „Nicht damit zu rechnen ist, dass die Phantasie einer sich homogen unter einem päpstlichen Diktat versammelnden Masse jemals Wirklichkeit werden wird."

Ernst Troeltsch hat seinen Überblick über die religiöse Lage der Gegenwart 1913 selbst als ein „Kaleidoskop" bezeichnet. Mehr noch gilt dies für den vorliegenden Band, in dem Sinndeutungskonflikte und Weltanschauungskämpfe in ganz unterschiedlichen Religionskulturen in den Blick genommen werden. Aber in der Fülle des Differenten zeigt sich nicht nur die hohe Komplexität der Religionsthematik, sondern bestätigt sich auch Troeltschs Einsicht, dass ganz unterschiedliche Ideen, Interessen und Sehnsüchte mit uralten religiösen Symbolen verknüpft werden können – wodurch das Religiöse in durchaus moderner Weise vitalisiert und gestärkt wird.

Monika Wohlrab-Sahr
Umkämpfte Säkularität – Streit um die Grenzen der Religion

1 Warum über die Grenzen der Religion reden?

Warum soll man über die Grenzen der Religion reden in einer Zeit, in der doch so oft – und von prominenter Seite – vom Gegenteil die Rede zu sein scheint? Von der Entsäkularisierung der Welt,[1] der postsäkularen Gesellschaft,[2] von der Wiederkehr der Götter[3] oder gar der Rache Gottes?[4] Ist es nicht die nachhaltige, überraschende und bisweilen erschreckende Präsenz des Religiösen, über die zu reden wäre? Haben wir uns nicht getäuscht mit unserer Annahme, wir lebten in einer säkularen Gesellschaft und der Rest der Welt würde das bald auch von sich sagen?

Manches spricht für diese Skepsis.

Wenn etwas in den letzten Jahrzehnten seine Selbstverständlichkeit verloren hat, sind es die klassischen Thesen über Modernisierung und Säkularisierung. Seit langem erschüttert sind die Annahmen, dass sich über kurz oder lang nicht nur westliche Konzepte der Marktwirtschaft, der Demokratie und des Rechts verbreiten würden, sondern es auch zu ähnlichen Formen gesellschaftlicher Organisation und persönlicher Werthaltung kommen würde. Dazu gehörte auch die Annahme, dass Religion weitgehend auf den Bereich des Privaten beschränkt sein würde.[5]

---

1 Peter L. Berger (Hg.), *The Desecularization of the World: The Resurgence of Religion in World Politics*. Washington: Eerdmans Publishing Co., 1999.
2 Jürgen Habermas, „Religion in der Öffentlichkeit. Kognitive Voraussetzungen für den ‚öffentlichen Vernunftgebrauch' religiöser und säkularer Bürger". In ders., *Zwischen Naturalismus und Religion*. Frankfurt a. M.: Suhrkamp, 2005, 119–154.
3 Friedrich Wilhelm Graf, *Die Wiederkehr der Götter. Religion in der modernen Kultur*. München: C. H. Beck, 2004.
4 Gilles Kepel, *Die Rache Gottes. Radikale Moslems, Christen und Juden auf dem Vormarsch*. München: Piper, 1991.
5 Vgl. dazu vor allem die Arbeiten Ingleharts zum Wertewandel. So z. B. Ronald Inglehart, *Modernisierung und Postmodernisierung. Kultureller, wirtschaftlicher und politischer Wandel in 43 Gesellschaften*. Frankfurt a. M.: Campus, 1998. Allerdings werden in neuerer Zeit dauerhafte kulturelle Unterschiede in Rechnung gestellt. So etwa in Ronald Inglehart, Wayne E. Baker, „Modernization, Cultural Change, and the Persistence of Traditional Values". *American Sociological Review* 65 (2000), 19–51.

Wenn von Modernisierung die Rede war, war Säkularisierung immer mitgedacht: ein Bedeutungsverlust des Religiösen im Persönlichen wie in der Öffentlichkeit; die Unterscheidung zwischen der Religion und anderen gesellschaftlichen Sphären – z. B. der Politik, dem Recht, der Bildung – und schließlich: die Privatisierung der Religion, ihre Beschränkung auf den Bereich der Familie und des persönlichen Lebens.[6] In der Zwischenzeit hat sich auch in den Sozialwissenschaften die Überzeugung durchgesetzt, dass diese Prozesse nicht notwendig miteinander verbunden sind, dass etwa Staat und Kirche getrennt sein können, Religion aber gleichwohl im öffentlichen Leben und in der Politik präsent ist;[7] und dass die Situation in den westlichen Ländern, insbesondere in Europa, nicht den Ton angibt für Entwicklungen in anderen Teilen der Welt.[8] (West-)Europa wird bisweilen sogar als Ausnahme von der Regel betrachtet, nicht mehr als deren Prototyp.[9]

Aber nicht nur sozialwissenschaftliche Deutungen sind erschüttert und erscheinen uns heute oft merkwürdig unzeitgemäß. Auch unser Alltag und das, was aus anderen Teilen der Welt über die Medien in ihn hineingetragen wird, spricht eine andere Sprache: Terroristische Angriffe im Namen einer Weltreligion; die unübersehbare Präsenz islamisch geprägter Kleidung in Universitäten und in den Fußgängerzonen deutscher und europäischer Städte. Aber auch: schwarz-rot-goldene Kreuze auf den Demonstrationen von PEGIDA und ihren Ablegern, und – jedenfalls in Leipzig – Kirchenlieder bei den Gegendemonstranten. Nach den Attentaten auf die Satire-Zeitschrift Charlie Hebdo „Prayers for Paris" im Internet. Auseinandersetzungen um Gebetsräume an deutschen Universitäten und um die Begrüßung per Handschlag an Schweizer Schulen. Das Punkgebet der Gruppe „Pussy Riot" in der Christ-Erlöser-Kirche in Moskau mit gravierenden Folgen für die Aktivistinnen. Wochenlanger, heftiger Streit um ein Holzkreuz *vor*

---

6 So in einer früheren, zum ‚Klassiker' gewordenen Arbeit: Peter L. Berger, *Zur Dialektik von Religion und Gesellschaft. Elemente einer soziologischen Theorie*. Frankfurt a. M.: Fischer, 1988.
7 Programmatisch formuliert wurde dies in: José Casanova, *Public Religions in the Modern World*. Chicago: University of Chicago Press, 1994.
8 Dies konzedieren auch Vertreter der ‚klassischen' Säkularisierungsthese. So etwa Steve Bruce „What the Secularization Paradigm really says". In *Religiosität in der säkularisierten Welt*, hg. von Manuel Franzmann, Christel Gärtner und Nicole Köck. Wiesbaden: VS Verlag für Sozialwissenschaften, 2006, 39–48, hier 47: „Far from seeing the past and present secularization of western Europe as some template from which we can predict the futures of societies in the Third World, I fully agree with Gellner, who argued that the combination of circumstances that allowed the rise of liberty and prosperity in the West was so rare as to be unlikely to be repeated elsewhere in the same shape."
9 Vasilios Makrides, „Religion in Contemporary Europe in the Context of Globalization". In *Religion, Globalization, and Culture*, ed. by Peter Beyer and Lori Beaman. Leiden, Boston: Brill, 2007, 549–570, hier 565.

dem polnischen Parlament, das an die Toten des Flugzeugabsturzes von Katyn erinnern sollte. Auseinandersetzungen auch um das Kruzifix *im* polnischen Parlament. Polizisten, die an einem französischen Strand eine Frau zwingen, Teile ihrer Kleidung abzulegen, weil sie nicht mit den Regeln der Laicité vereinbar scheint. Ein Streit um die Knabenbeschneidung in der deutschen Öffentlichkeit, vor Gerichten und im Parlament. Ein muslimisches Gebet am Ende der Verleihung des Friedenspreises des deutschen Buchhandels. Und so weiter. Religion ist scheinbar überall.

Manche triumphieren, weil sie schon immer zu wissen glaubten, dass Säkularisierungsannahmen einer Verwechslung von Form und Inhalt unterlagen. Dass die Religion nur unsichtbar geworden,[10] aus der Aufmerksamkeit verschwunden war, und dass sie jetzt in neuer Form zurückkehrt in die Sichtbarkeit.

Warum also über die Grenzen des Religiösen reden? Eine vorläufige Antwort ist: All diese Beispiele zeigen, dass Religion nach wie vor relevant ist; vor allem aber wird an ihnen deutlich, dass an vielen Orten über ihre Reichweite und Grenzen heftig gestritten wird. Religion ist nicht einfach ‚überall' und ‚immer' da: Es wird darüber verhandelt, wo sie sein soll und wo nicht, wie sie sich zeigen darf, und in welcher Form es vielleicht ‚zu viel' ist. Und umgekehrt: Es wird auch darüber gestritten, wo das Territorium der Religion verletzt wird, wo man sich ‚von außen' nicht in den Bereich der Religion einmischen soll, wo bestimmte Äußerungen oder Handlungen religiöse Empfindlichkeiten in unzulässiger Weise zu treffen scheinen, wo sie Grenzen verletzen, im Wortsinn ‚zu weit gehen'. Und wie wir wissen, sind gerade solche Grenzverletzungen oft besonders wirkmächtig. Aber daran, dass Grenzen als verletzt wahrgenommen und verteidigt werden, merkt man doch, dass es diese Grenzen gibt. Um diese Grenzen geht es, wenn ich von Säkularität rede.

2 Säkularität: Differenzierungen, Grenzziehungen, Relationen

Wenn ich Säkularität in den Fokus rücke, geht es mir also um Grenzziehungen gegenüber der Religion, um Differenzierungen, um die Einhegung des Religiösen, aber auch um eine Demarkation von Grenzen, die vom Religiösen ausgeht

---

10 Die These von der „unsichtbaren Religion", die nicht verschwindet oder abnimmt, sondern nur ihre Sozialgestalt verändert, geht zurück auf: Thomas Luckmann, *Die unsichtbare Religion*. Frankfurt a. M.: Suhrkamp, 1991. An diese These schließt an: Hubert Knoblauch, *Populäre Religion. Auf dem Weg in eine spirituelle Gesellschaft*. Frankfurt a. M.: Campus, 2009. Aus säkularisierungstheoretischer Perspektive kritisch dazu: Detlef Pollack, *Säkularisierung – ein moderner Mythos? Studien zum religiösen Wandel in Deutschland*. Tübingen: Mohr Siebeck, 2003.

gegenüber dem anderen, Nichtreligiösen. Es geht um die Unterscheidung von Befugnissen und Zuständigkeiten, um die Markierung von Ansprüchen und Kompetenzen. Es geht um die Abgrenzung von Orten und Zeiten, das Markieren von Regeln und Erwartungen, und auch: um den Verweis auf Gefühlslagen und die Grenzen des für sie Erträglichen. Und dabei geht es natürlich immer auch um die *Beziehungen* zwischen Religiösem und Nicht-Religiösem.

Säkularität – so wie ich es verwende[11] – meint daher nicht *die Abwesenheit* des Religiösen und auch nicht die feinsäuberliche Trennung zwischen religiösen und säkularen Bereichen. Es meint vielmehr die kulturell, symbolisch und institutionell verankerten *Formen konzeptioneller Unterscheidung* zwischen Religiösem und Nicht-Religiösem, sowie die institutionellen Arrangements der *Differenzierung zwischen Religion und anderen gesellschaftlichen Sphären und Handlungsbereichen*.[12] Dies geschieht nicht ein für alle Mal, sondern unterliegt Aushandlungen, Verschiebungen, Neujustierungen. Und ist Gegenstand von „Grenzstreitigkeiten".

Wenn etwa der ägyptische muslimische Intellektuelle Jamāl al-Bannā (1920–2013) in einer Zeitungskolumne im Jahr 2006 dafür plädiert hat, milde zu urteilen, wenn junge, nicht verheiratete Paare sich küssen, und wenn er diese und andere Positionen damit begründet, dass es kein Leben ohne Religion, aber auch kein Leben allein mit Religion gäbe, dann handelt es sich um einen Akt der Grenzziehung und in diesem Sinne um die vorsichtige Markierung von Säkularität. Die Religion ist offenbar nicht für alles zuständig. Sport, Spiel und Amüsement – aber zumindest ansatzweise auch die Erotik – werden hier offenbar als weltliche ‚Affären' angesehen, die die Religion nicht unbedingt regeln, in die sie nicht unbedingt eingreifen muss. Die lautstarke Kritik, die diese Äußerung hervorgerufen hat, spricht dafür, dass er damit in bestimmten religiösen Kreisen ein Tabu verletzt hat.[13]

Indem über die eine Seite etwas ausgesagt wird, wird auch über die andere Seite etwas gesagt oder wird sie als andere Seite mit hervorgebracht: Der Anthropologe Talal Asad[14] hat sich dieser gleichzeitigen Konstitution des Religiösen und des Säkularen gewidmet. Religion auszugrenzen als etwas Bestimmtes, das

---

11 Diese Begriffsverwendung ist Grundlage der Arbeit im Rahmen der Kollegforschergruppe „Multiple Secularities: Beyond the West, Beyond Modernities", die seit April 2016 an der Universität Leipzig besteht und von der DFG gefördert wird: https://www.multiple-secularities.de/.
12 Zu diesem Konzept: Monika Wohlrab-Sahr, Marian Burchardt, „Multiple Secularities: Toward a Cultural Sociology of Secular Modernities". *Comparative Sociology* 11 (2012), 875–909.
13 Siehe Daniel Kinitz, „Deviance as a Phenomenon of Secularity. Islam and Deviants in Twentieth-century Egypt. A Search for Sociological Explanations". In *Multiple Secularities Beyond the West. Religion and Modernity in the Global Age*, hg. von Marian Burchardt, Matthias Middell, Monika Wohlrab-Sahr. Boston: De Gruyter, 2015, 97–119.
14 Talal Asad, *Formations of the secular*. Stanford: Stanford University Press, 2003.

seinen eigenen Regeln folgt, impliziert gleichzeitig die Ausgrenzung von etwas, für das die Religion nicht zuständig ist. Und umgekehrt: Die Definition eines Bereichs als „säkular" bestimmt gleichzeitig das, was diesem Säkularen als etwas anderes, Religiöses gegenübergestellt wird. Mit dem Konzept der Säkularität versuche ich solche Akte der Unterscheidung und Grenzziehung zu erfassen. Das heißt, es geht mir nicht um die inhaltliche Beschreibung und Definition der Seite *jenseits* des Religiösen, sondern es geht mir zunächst um die *Unterscheidung* als solche. Im Unterschied zu Asad allerdings gehe ich davon aus, dass es solche oder vergleichbare Unterscheidungen – mehr oder weniger explizit, unterschiedlich begründet und in verschiedener Weise angefochten – in allen modernen und oft auch schon in vormodernen Gesellschaften gibt, und dass es sie auch außerhalb des Westens oft schon gegeben hat, ehe dieser seine säkular-religiöse Unterscheidung ins Spiel brachte.[15]

Eine solche Markierung der Ränder des Religiösen, eine solche Einhegung, aber damit gleichzeitig auch Profilierung des Religiösen ist mit dem, was wir als Modernität oder Moderne verstehen, untrennbar verbunden. Anders formuliert: Es kann keine Modernität geben, wenn Religion überall ist und überall Deutungsmacht beansprucht. Und es ist ein Angriff auf dieses Prinzip der Modernität, wenn solche Grenzziehungen grundsätzlich bestritten werden.

Aber Grenzen des Religiösen waren auch schon vor der Epoche seit etwa 1800 da, die als Moderne zu bezeichnen wir uns angewöhnt haben. Selten programmatisch formuliert und wohl auch nicht im breiten Sinne gesellschaftsfähig, aber doch von Gruppen und Einzelnen vertreten. Bisweilen auch von institutionellen Protagonisten praktiziert und in Anspruch genommen. Die Beispiele, an die man hierbei denken kann, sind vielfältig: Formen der Klassifikation und Unterscheidung; Formen der Arbeitsteilung, bei denen die Religionsausübung auf spezifische Orte begrenzt bleibt, und das Wirken des Priesters, Schamanen oder Rabbis sich auf bestimmte Funktionen beschränkt; aber auch Formen der Skepsis, des Spotts oder der Kritik. Oder – aus der anderen Perspektive betrachtet – Formen der Unterscheidung, bei denen für das Religiöse innere und äußere Räume reklamiert werden, die dem Zugriff entzogen sind. Solche Elemente von Grenzziehung finden sich durchaus auch früher. Im frühen Buddhismus in Japan wurden die Herrschaftsbereiche des Kaisers und des Buddhas voneinander abgegrenzt,[16] und auch das frühe Christentum unterscheidet bekanntlich zwischen der Loyalität gegenüber dem Kaiser und derjenigen gegenüber Gott: eine

---

15 Christoph Kleine, „Zur Universalität der Unterscheidung religiös/säkular. Eine systemtheoretische Betrachtung." In *Religionswissenschaft. Ein Studienbuch*, hg. von Michael Stausberg. Berlin: De Gruyter, 2012, 65–80.
16 Christoph Kleine, „Säkulare Identitäten im ‚Zaubergarten' des vormodernen Japan? Theore-

Unterscheidung, die in der Geschichte des Christentums folgenreich sein sollte. Im frühen Islam nach Mohammed werden verschiedene Formen des Rechts unterschieden, und auch hier fallen religiöses Recht[17] und Politik sowie generell Staat und Religion nicht in eins.[18] Auch wenn diese Unterscheidungen nicht identisch sind mit dem, was wir heute unter Säkularität verstehen, zeigen sie doch, dass auch in der Vormoderne Religion nicht einfach allumfassend präsent und zuständig war.[19]

Aber auch, wenn es solche Grenzziehungen schon in der Vormoderne gab, werden sie als gesellschaftliche Norm verankert erst mit dem, was wir Moderne nennen. Nun werden sie institutionalisiert und auf Dauer gestellt: in Verfassungen, in denen die Trennung von Staat und Kirche und die Religionsfreiheit des Einzelnen garantiert wird; in „Trennungsgesetzen", die eine säkulare Bildung verankern; und in Formen des Rechts, das sich von religiösen Vorgaben löst. Grenzziehungen dieser Art verbinden sich mit Leitideen,[20] unter deren Dach sich Gruppen und Bewegungen sammeln können, und die zum Motto werden beim Versuch ihrer Durchsetzung und bei der Verteidigung gegenüber Angriffen. Diese Entwicklung verläuft in verschiedenen Teilen der Welt nicht gleich: Sie wird dominant in den Ländern des Westens, wenn auch in sehr unterschiedlicher Weise. Sie kann sich, wie in den USA, aus dem Versuch begründen, die Religion des Einzelnen vor dem Zugriff des Staates zu schützen, aber auch aus dem Anliegen, die Macht der Religionsgemeinschaften zu begrenzen und dem Einzelnen das Recht zu verschaffen, die Religion zu kritisieren, zu wechseln oder sich ihrer zu entledigen. Sie kann sich aus dem Motiv speisen, verschiedenen religiösen Gruppen ein friedliches Zusammenleben zu ermöglichen, und den Staat in gleicher Distanz zu diesen Religionsgemeinschaften zu halten, wie in Indien. Sie kann im Namen der Rationalität vorangetrieben werden und das Religiöse als das Irrationale diskreditieren, wie in vielen kommunistischen Staaten, aber auch in Teilen

---

tische Überlegungen auf vormoderner Basis". In *Säkularität in religionswissenschaftlicher Perspektive*, hg. von Peter Antes und Steffen Führding. Göttingen: Vandenhoeck & Ruprecht, 2013, 109–130.

17 Andrew F. March, „What can the Islamic Past Teach Us about Secular Modernity?". *Political Theory* 43 (2015), 838–849.
18 Siehe z. B. Sherman A. Jackson, „The Islamic Secular". *American Journal of Islamic Social Sciences* 34 (2017), 1–31; Neguin Yavari, *Advice for the Sultan. Prophetic Voices and Secular Politics in Medieval Islam*. Oxford: OUP, 2014; und schon früh: Ira M. Lapidus, „The Separation of State and Religion in the Development of Early Islamic Society". *International Journal of Middle East Studies* 6 (1975), 363–385.
19 Anders argumentiert Charles Taylor, der davon ausgeht, dass in archaischen Gesellschaften Religion „everywhere" gewesen sei: Charles Taylor, *A Secular Age*. Cambridge u. a.: Belknap Press, 2007, hier 15.
20 Wohlrab-Sahr und Burchardt, „Multiple Secularities", 876, 881 ff.

der europäischen Aufklärungs- und Revolutionsgeschichte. Sie kann aber auch die verfasste Religion auf einen Bereich der Gesellschaft begrenzen und damit Raum eröffnen für eigensinnige Entwicklungen der Wissenschaft, der Kunst, der Erziehung – und im Gegenzug auch im Bereich des Religiösen, so wie wir es ebenfalls aus der europäischen Geschichte kennen.[21] Säkularität speist sich nicht überall aus demselben Motiv, und bei ihrer Institutionalisierung kommt es zu Bündnissen, bei denen die Partner mit diesem Anliegen ganz unterschiedliche Motivlagen und Interessen verbinden. Insbesondere die Auseinandersetzungen um Verfassungen sind dafür instruktiv. In den USA etwa kam es zu einem Bündnis zwischen religiösen Sekten, die sich vor staatlicher Einmischung schützen wollten, und Säkularisten, die die Macht der Religion zu begrenzen suchten.[22] Und auch in Indien war es ein Bündnis aus Religiösen und religionskritischen Rationalisten, das schließlich die besondere Form der indischen Säkularität in der Verfassung verankerte.[23]

Was ich hier vorschlage, ist ein Perspektivwechsel gegenüber dem nach wie vor schwelenden Streit zwischen Verfechtern der Säkularisierungsthese und solchen, die die immerwährende oder erneute Vitalität oder öffentliche Präsenz des Religiösen stark machen. Es geht mir nicht vorrangig um ein „nicht mehr" oder um ein „weniger" an Religion. Es geht mir auch nicht darum zu behaupten, Moderne und Religion seien nicht miteinander vereinbar, und das eine würde immer zu Lasten des anderen gehen.

Mich interessieren die Grenzverhandlungen, Grenzverschiebungen und Grenzkämpfe in Lebenswelten und Gesellschaften, die sich primär *nicht mehr* als religiös verstehen, in denen Religion aber gleichwohl – als Teil der eigenen Geschichte und des kulturellen Erbes, als Glaubensüberzeugung eines mehr oder weniger großen Teils der Bevölkerung, als weitgehend selbstverständliche und vielfach im öffentlichen Leben verankerte Rolle der großen Kirchen und schließlich auch als Religion von Zuwanderern – präsent ist. Gesellschaften, in denen – so ist mit Habermas[24] festzuhalten – allerdings aufgrund der Irritationen, die mit globaler Verflechtung und Migration einhergehen, das säkulare Selbstverständnis seine Selbstverständlichkeit verloren hat. Die Grenzstreitigkeiten, die wir heute beobachten, haben mit dem Verlust dieser Selbstverständlichkeit zu tun.

---

21 Ebd., 892 ff.
22 Tisa Wenger, „The God-in-the-Constitution Controversy: American Secularisms in Historical Perspective". In *Comparative secularisms in a global age*, hg. von Lynn E. Cady, Elizabeth Shakman Hurd. New York: Palgrave Macmillan, 2010, 87–105.
23 Rochana Bajpai, „The conceptual vocabularies of secularism and minority rights in India". *Journal of Political Ideologies* 7 (2002), 179–197.
24 Habermas, „Religion in der Öffentlichkeit", 124, 146 f.

Auch das ist ein Grundzug von Modernität, die, wie Franz-Xaver Kaufmann hervorgehoben hat, genuin verbunden ist mit Veränderlichkeit und Kontingenz:[25] dem Bewusstsein, dass die Verhältnisse nicht so sein müssen, wie sie sind, dass sie auch anders möglich sind. Der Dynamik dieser Grenzstreitigkeiten will ich im Folgenden nachgehen.

3 Streit um die Grenzen der Religion

3.1 Religionslosigkeit und Kontingenz

Die wesentliche Frage ist also heute nicht die nach mehr oder weniger Religion, nach ihrem Niedergang oder ihrer ewigen Anwesenheit. Die entscheidende Frage – das sollten die Beispiele zeigen – ist die nach der Reichweite und den Grenzen der Religion und nach der Verhältnisbestimmung zwischen Religiösem und Nicht-Religiösem. Hier finden die aktuellen Auseinandersetzungen statt – mit neuer Heftigkeit vor verändertem Hintergrund. Zu diesem Hintergrund gehört unter anderem, dass die konfessionslosen und oft auch nicht mehr religiös orientierten Bevölkerungsteile zumindest in Europa längst keine kleinen Minderheiten mehr sind. Aus den ehemals durch eine Konfession dominierten oder konfessionell geteilten Staaten sind Länder geworden, in denen die nichtreligiösen Personengruppen eine starke Rolle spielen. Das Selbstverständnis dieses Teils der Bevölkerung kristallisiert sich nicht selten an liberaler Lebensführung und Individualisierung, an Selbstbestimmung auch in sexueller Hinsicht und an der Stellung der Frau. Sogar in den USA hatte die Bevölkerung, die sich keiner religiösen Gemeinschaft zuordnete, im Jahr 2012 einen Umfang von etwa 20 Prozent, 25 Jahre früher waren es lediglich 7 Prozent.[26] Anders als in Europa handelt es sich dort allerdings bisher eher um eine Entfremdung von den Kirchen als um eine Abwendung von der Religion an sich oder vom Glauben an Gott.

Auch wenn man sich über die Reichweite von Säkularisierungsthesen und über damit verbundene Prognosen zu Recht streiten mag: Zumindest für viele westeuropäische Länder, aber durchaus auch darüber hinaus sind Säkularisierungsprozesse evident.[27] Der Einfluss der Kirchen auf Fragen der Lebensführung

---

25 Franz-Xaver Kaufmann, *Religion und Modernität. Sozialwissenschaftliche Perspektiven*. Tübingen: J. C. B. Mohr (Paul Siebeck), 1989.
26 Michael Hout, Claude S. Fischer, „Explaining Why More Americans Have No Religious Preference: Political Backlash and Generational Succession, 1987–2012". *Sociological Science* 1 (2014), 423–447.
27 Detlef Pollack, Gergely Rosta, *Religion in der Moderne. Ein internationaler Vergleich*. Frankfurt a. M.: Campus, 2015.

und auf die Sozialisation ihrer Mitglieder ist in den westeuropäischen Ländern deutlich zurückgegangen. Man denke nur daran zurück, in welchem Maße die traditionelle Arbeitsteilung zwischen den Geschlechtern, die Beschränkung von Sexualität auf die Ehe zwischen Mann und Frau und die Erschwernis der Ehescheidung lange Zeit auch christlich begründet wurden. Das Geschlechterverhältnis, die Haltung zur Sexualität und zum Zusammenleben vor der Ehe, die Einstellung zu Verhütungsmitteln und nicht zuletzt zur Homosexualität haben sich massiv verändert. Dazu kommt: Die Kirchenmitgliedschaft insbesondere unter den jüngeren, einkommensstarken Teilen der Bevölkerung ist zurückgegangen. Der konfessionslose und überwiegend auch nichtreligiöse Bevölkerungsteil – beides nicht ganz deckungsgleich – macht in Deutschland etwa ein Drittel der Bevölkerung aus,[28] in Frankreich oder in den Niederlanden sind es noch mehr. Unter denen, die sich noch den Kirchen zuordnen, wächst der Teil derer, deren Religiosität mit den christlichen Glaubensüberzeugungen nur noch marginal übereinstimmt. Religionssoziologen sprechen von diffuser Spiritualität.[29]

Diese sich verändernde Komposition religiös gebundener und nicht gebundener Bevölkerungsteile verstärkt einen Effekt, den Charles Taylor für die Moderne, die er als „secular age" bezeichnet, als Veränderung der „conditions of belief"[30] beschrieben hat: Religion wird begründungspflichtig, d. h. sie legitimiert sich nicht mehr vorrangig aus einer unhinterfragten Tradition, die von Generation zu Generation weitergegeben wird. Sie ist eine Option neben anderen geworden, und Verweise auf religiöse Pflichten oder religiöse Traditionen verstehen sich längst nicht mehr von selbst. Wie wenig selbstverständlich die Bezugnahme auf eine religiöse Tradition heute noch ist, hat die Auseinandersetzung um die rituelle Beschneidung muslimischer und jüdischer Knaben in Deutschland gezeigt. Während Repräsentanten des Judentums auf die unverbrüchliche Verbindung zwischen ihrer Religion und dem Ritus der Beschneidung, der für sie den Bund mit Gott repräsentiert, verwiesen,[31] forderten die Kritiker dezidiert die Reform dieser Tradition und setzten die Beschneidung mit einer Menschenrechtsverletzung gleich.[32] Die politische Entscheidung, die Beschneidung von Jungen in die Verantwortung der Eltern zu legen, hat unter diese Auseinandersetzung zwar

---

28 Monika Wohlrab-Sahr, „Das stabile Drittel: Religionslosigkeit in Deutschland". In *Woran glaubt die Welt? Analysen und Kommentare zum Religionsmonitor 2008*, hg. von der Bertelsmann Stiftung. Gütersloh: Verlag Bertelsmann-Stiftung, 2009, 151–168.
29 David Voas, Mark Chaves, „Is the United States a Counterexample to the Secularization Thesis?". *American Journal of Sociology* 121 (2016), 1517–1556, hier 1524.
30 Taylor, *Secular Age*, 20 f., 539 ff.
31 Felicitas Heimann-Jelinek, Cilly Kugelmann, im Auftrag der Stiftung Jüdisches Museum Berlin (Hg.), *Haut ab! Haltungen zur rituellen Beschneidung*. Göttingen: Wallstein, 2014.
32 Siehe dazu Tilman Jens, *Der Sündenfall des Rechtsstaats. Eine Streitschrift zum neuen Religions-*

einen vorläufigen Schlussstrich gezogen, konnte aber das Problem, dass der Bezug auf eine religiöse Tradition nicht mehr aus sich heraus überzeugt, nicht aus der Welt schaffen. Der Verweis auf die heilige Tradition konkurriert längst mit anderen – insbesondere menschenrechtlichen – Formen der Sakralisierung.[33]

Aber es ist wohl eher eine Minderheit, für die aus der Begründungspflicht der eigenen Religiosität ein im protestantischen Verständnis reflektiertes Bekenntnis erwächst. Vielmehr wird die Haltung der Indifferenz gegenüber religiösen Fragen zu einer verbreiteten Position, die neben der erregten Diskussion über anstößig gewordene Traditionen, denen man sich selber nicht (mehr) verbunden fühlt, existiert.[34] Zudem finden sich in Europa zunehmend eklektische Mischungen von Versatzstücken verschiedener Religionen, vorzugsweise durchsetzt mit Elementen asiatischer Religiosität, etwa mit Vorstellungen von Wiedergeburt. Eine Durchsetzung mit Elementen des Islams findet man eher nicht.

Um es zusammenzufassen: Neben und in den Kirchen finden wir also zunehmend diffuse, synkretistische Formen der Religiosität, die Gruppe der religiös Indifferenten wächst, und wachsende Teile der Bevölkerung in den westlichen Ländern sind religiös nicht (mehr) gebunden und verstehen sich häufig auch nicht (mehr) als religiös. Insgesamt eine Lagerung, die – zumindest gilt dies für Westeuropa – gegenüber jeder Form stark artikulierter Religiosität eher Distanz erwarten lässt, und aus der sich die nicht selten skandalisierende Kritik an als problematisch empfundenen Formen religiöser Traditionalität speist.

3.2 Die Religiosität von Migranten und das Kopftuch als negatives Totem

Die stärkere Präsenz von Migranten und ihre nach außen hin sichtbare, oft auch konservative Form der Religiosität irritiert das säkulare Selbstverständnis der Bevölkerungsmehrheit in vielen westeuropäischen Gesellschaften. Das gilt nicht allein für Muslime, wenngleich diese aus verschiedenen Gründen stärker im Fokus stehen. Es gilt auch für die aus den Ländern der ehemaligen Sowjetunion zugewanderten Juden, die bisweilen die Mehrheit in den jüdischen Gemeinden

---

kampf. Aus gegebenem Anlass. Gütersloh: Gütersloher Verlagshaus, 2013; Bruno Köhler, „Keine Beschneidung der Menschenrechte von Jungen", https://manndat.de/gewalt-gegen-maennern/keine-beschneidung-der-menschenrechte-von-jungen.html (zuletzt aufgerufen am 1.2.2018); „Beschneidung und Menschenrechte": https://www.beschneidung-von-jungen.de/home/beschneidung-und-recht/beschneidung-und-menschenrechte.html (zuletzt aufgerufen am 1.2.2018).
33 Siehe dazu Hans Joas, *Die Sakralität der Person. Eine neue Genealogie der Menschenrechte.* Frankfurt a. M.: Suhrkamp, 2011.
34 Siehe zu dieser Gemengelage Ingolf U. Dalferth, *Transzendenz und säkulare Welt. Lebensorientierung an letzter Gegenwart.* Tübingen: Mohr Siebeck, 2015.

ausmachen und dort das orthodoxe Judentum wiederbeleben oder es für sich neu entdecken;[35] es gilt für aus Osteuropa zugewanderte Christen, die neben der Orthodoxie auch ein konservatives, evangelikales Christentum repräsentieren. Und es gilt für relevante Teile der muslimischen Gemeinden.

Globale religiöse Bewegungen sind real oder über die Medien im Bewusstsein präsent. Dazu kommt zunehmend und vieles andere überlagernd: der islamistische Terror. Das alles ist es, was Jürgen Habermas zur Rede von der postsäkularen Gesellschaft veranlasst hat: die Irritation der selbstverständlichen Annahme, dass man in einer säkularen Gesellschaft lebt und sich darüber mit dem Rest der Gesellschaft einig ist.[36] Habermas meinte damit nicht, dass Säkularität verschwunden sei; verschwunden ist vielmehr die Beruhigung, man befinde sich im Hinblick auf den Umgang mit Religion unter seinesgleichen.

Die Irritationen durch diese Herausforderungen werden immer wieder an der Front der Geschlechterverhältnisse ausgetragen. Dies ist unabhängig von der Frage, wie weit die sexuelle Selbstbestimmung oder die Gleichheit der Frau etwa in Deutschland bzw. unter kulturell Deutschen tatsächlich realisiert sind. Dieser bisweilen vorgebrachte Einwand greift meines Erachtens nicht. Natürlich gibt es auch unter katholischen, evangelischen oder konfessionslosen Deutschen viele, die Homosexuelle verachten oder die der Frau gemäße Rolle zuhause bei den Kindern, in der Versorgung der Familie und der Pflege des Heims sehen. Dennoch sind sexuelle Selbstbestimmung und die Gleichheit der Frau zu auch rechtlich verankerten Prinzipien geworden, die sich nicht mehr einfach hintergehen lassen. Es liegt ein Meilenstein zwischen einer Situation, in der Politiker ihre Homosexualität verbergen mussten und ihr Amt riskierten, wenn sie ‚geoutet' wurden, und einer, in der offen Homosexuelle hohe politische Ämter innehaben können. Dass mit Angela Merkel eine Frau einer der einflussreichsten Regierungschefs der Welt ist, dass der ehemalige deutsche Bundespräsident mit seiner Lebensgefährtin in seinem Amtssitz wohnte, obwohl er von seiner früheren Frau nicht offiziell geschieden war, dass der französische Präsident mit einer deutlich älteren Frau verheiratet ist, dass ein Homosexueller deutscher Außenminister sein konnte, der gelegentlich bei offiziellen Anlässen mit seinem Partner auftrat, dass mit Gerhard Schröder ein mehrfach Geschiedener Bundeskanzler werden und mit Alice Weidel eine offen lesbische Frau Spitzenkandidatin der rechtspopulistischen AfD sein konnte – diese und viele weitere Beispiele zeigen, in welchem Maße die Geschlechternormen in Bewegung gekommen sind.

---

35 Melanie Eulitz, „Religiöse Pluralität in der jüdischen Gemeinde Ostdeutschlands". In *Religiöse Gegenwartskultur. Zwischen Integration und Abgrenzung*, hg. von Aleksandra Lewicki u. a. Berlin: LIT, 2012, 173–188.
36 Habermas, „Religion in der Öffentlichkeit", 124, 146 f.

Die verbreitete Praxis mag an vielen Stellen noch eine andere sein, aber es ist doch erstaunlich, was innerhalb einer relativ kurzen Zeitspanne an Veränderung geschehen und offenbar weitgehend akzeptiert ist.

Wohl auch deshalb haben die Ereignisse in der Kölner Silvesternacht 2015/16 einen so sensiblen Punkt getroffen, weil sie die empfindlichen Grenzen zwischen einer selbstbestimmten Libertinage, die auch Teil dieses Liberalisierungsprozesses ist, und verächtlicher und gewalttätiger Verobjektivierung eingerissen haben.

Die Stellung der Frau und die sexuelle Selbstbestimmung sind zu Kristallisationspunkten der neuen Lage geworden. Entsprechend wird all das, was das Gegenteil zu signalisieren scheint, zum negativen Bezugspunkt. Ohne Zweifel verbindet sich dies an vielen Stellen mit einer Angst vor dem Fremden, mit Xenophobie und auch mit Rassismus. Darauf zu reduzieren ist es freilich nicht.

Der Soziologe Émile Durkheim ging davon aus, dass Gesellschaften ihr Heiliges in einer Art Totem verehren und in dessen Anbetung sich selbst als Gesellschaft sakralisieren.[37] Hans Joas hat – im Anschluss an das, was Durkheim bereits voraussah – darauf hingewiesen, dass dieses Heilige in den westlichen Gesellschaften heute als Sakralisierung der Person[38] (ihrer individuellen Freiheiten, Menschenrechte, Menschenwürde und Unverfügbarkeit) in Erscheinung tritt. Ich würde hinzufügen, dass wir es daneben auch mit einem negativen Totem[39] zu tun haben, an dem sich das Unbehagen an der *Infragestellung dieser sakralisierten individuellen Freiheiten* kristallisiert: Das Kopftuch, der Tschador oder Niqab, der Burkini und besonders die Burka – allgemeiner: die weitgehende Verhüllung des weiblichen Kopfes, Gesichts oder Körpers – scheinen dieser Vorstellung individueller Freiheit diametral gegenüberzustehen. Sie werden somit zum negativen Bezugspunkt, zum Symbol all dessen, was gegen die Sakralisierung individueller Freiheit zu verstoßen scheint. Der verhüllte weibliche Körper wird zum Symbol der Unfreiheit.

Natürlich ist die Praxis komplexer als diese Deutungen: Im Gegenzug zum dominanten Tenor, der die Verhüllung mit Unfreiheit und Zwang freisetzt, gibt es natürlich auch eine freie Entscheidung, sich zu verhüllen. Besonders deutlich wird dies am Phänomen von Konvertitinnen, die die Burka in Europa wohl

---

37 Émile Durkheim, *Die elementaren Formen des religiösen Lebens*. Frankfurt a. M.: Suhrkamp, 1994, 283 ff.; dazu auch Hans Joas, *Die Macht des Heiligen. Eine Alternative zur Geschichte von der Entzauberung*. Frankfurt a. M., 2017, 111 ff.
38 Joas, *Macht des Heiligen*; sowie ders., *Sakralität der Person*.
39 Monika Wohlrab-Sahr, „Das Kopftuch als negatives Totem". In *intervalle. Lebensaspekte der Moderne. Wissenschaftlich-literarisches Hörbuch*, hg. von cultiv – Gesellschaft für internationale Kulturprojekte. Dresden: Voland & Quist, 2005.

stärker ins Bewusstsein bringen als Frauen aus Afghanistan oder Pakistan. Hier wird ein Kleidungsstück gewählt, das anderswo aufgezwungen wird oder Teil einer nicht hintergehbaren Kleiderordnung ist. Auch in der Türkei und unter jungen Türkinnen in Europa zeigte sich die Praxis eines selbstbewussten und reflektierten Gebrauchs des Kopftuchs, die sich von dessen traditionalem Gebrauch, aber auch von seiner laizistisch begründeten Ablehnung, etwa bei den eigenen Müttern, absetzte.[40] Zudem endet jeder Versuch, andere über ihre Unfreiheiten zu belehren, wie es die Debatten um die Burka oder das Kopftuch fast zwangsläufig mit sich bringen, ohnehin in Paradoxien, Demütigungen oder Widerstand.

Gleichzeitig befremdet eine queer-feministische Position, wie sie von Judith Butler vorgetragen wurde: Butler setzte im Zusammenhang mit der Frage, ob das Tragen von Burkas in Schulen erlaubt sein solle, in ihrer Kritik jedweder Bekleidungsverbote die Burka sowohl mit der jüdischen Kipa als auch mit anderen Formen weiblicher Kopfbedeckung gleich und diskutierte an ihr alle möglichen Bedeutungen. Die des gesellschaftlichen oder männlichen Zwangs und der sie begleitenden Mythen sparte sie jedoch aus: „But in actuality, the burka as well as the yarmulke have different meanings. It can be a sign of private faith; it can be a way of signifying a certain belonging to community; the burka can be a way of negotiating shame and sexuality in a public sphere, or preserving a woman's honor, and even a way of resisting certain western modes of dress that signify a full encroachment of fashion and commodity dress that signifies the cultural efforts to efface Islamic practice."[41] Diese Beschreibung setzt nicht nur unterschiedliche Formen der teilweisen oder vollständigen Bedeckung von Kopf, Gesicht und Körper – mit zweifellos sehr unterschiedlichen Außenwirkungen und Implikationen für die persönliche Interaktion – gleich, sondern blendet auch die Geschichte des Kampfes um diese Kleidungsstücke aus. Besonders deutlich sind diese Kämpfe in der Geschichte des Irans zu beobachten, in der sich Entschleierungserlasse (1936 von Schah Reza Pahlavi verfügt), die brutal durchgesetzt wurden, ebenso finden wie Verhüllungsvorschriften (seit Chomeini), deren staatliche und vigilante Durchsetzung nicht weniger brutal war.[42] Es fin-

---

40 Siehe dazu u. a. Nilüfer Göle, *Republik und Schleier. Die muslimische Frau in der modernen Türkei*. Berlin: Babel, 1995.
41 Judith Butler, „Feminism should not resign in the Face of such Instrumentalization. Interview by Renate Solbach". *IABLIS. Jahrbuch für europäische Prozesse*, 2006, 2: https://themen.iablis.de/2006/butler06.html (zuletzt aufgerufen am 1.2.2018).
42 Dazu: Sana Chavoshian, „Secular Atmospheres: Unveiling and Urban Space in early 20th Century Iran". *Historical Social Research*, Sonderheft *Muslim Secularities*, hg. von Markus Dressler, Armando Salvatore und Monika Wohlrab-Sahr, 2019 (im Erscheinen).

den sich hier aber auch diverse Formen des Unterlaufens solcher Verordnungen. Allerdings ging es im Iran nie um einen Gesichtsschleier oder eine Burka.

In unterschiedlicher Weise sind diese Formen weiblicher Bekleidung Symbole für Grenzziehungen, die sich am Körper manifestieren und die gleichzeitig etwas über Geschlechtergrenzen aussagen: Es sind Symbole für Innen-Außen-Grenzen, Grenzen zwischen Privatem und Öffentlichem, Intimem und Zugänglichem, Verborgenem und Vorzeigbarem, Öffnung und Schließung.

Natürlich hat Kleidung immer eine Funktion der Grenzziehung, und die Verschiebung von Grenzen – insbesondere durch Rocklängen und Dekoletés sowie, dem entgegengesetzt, durch die Einebnung der Unterschiede zwischen männlich und weiblich konnotierter Kleidung – sorgte und sorgt immer wieder für eine gewisse Aufregung. Nicht zuletzt in religiösen Kontexten, auch in christlichen, gab es spezielle Normierungen der Kleidung insbesondere von Frauen: Widerstände etwa gegen das Tragen von Hosen oder kurzen Röcken. Allerdings sind solche religiös motivierten Bekleidungsvorschriften heute in den westlichen Ländern in den großen Kirchen so gut wie nicht mehr anzutreffen und auf kleinere Religionsgemeinschaften, etwa die Zeugen Jehovas oder die Amish, begrenzt. Die Kleiderordnungen sind überwiegend durch Moden und durch den Markt diktiert, und damit kontingent. Sie sind säkular geworden. Insofern wirken starke religiöse Kleidervorschriften befremdlich, noch dazu solche, die den Kopf oder gar das Gesicht betreffen, das in hohem Maße Individualität repräsentiert. Dies gilt insbesondere dann, wenn sie sich mit einer klaren Markierung von Geschlechterdifferenz verbinden, die die Sichtbarkeit des weiblichen Körpers erheblich stärker begrenzt als die des männlichen und die so in hohem Maße Ungleichbehandlung signalisiert. Dass sich damit in den tradierten religiösen Deutungen Vorstellungen von der verführerischen Kraft weiblicher Haare (nicht aber der männlichen) verbinden, denen – so wird gleichzeitig insinuiert – die Männer gleichsam ‚wehrlos' und nicht Herr ihrer Triebe ausgesetzt scheinen, dürfte den meisten, die sich an Formen der Verhüllung stoßen, nicht bewusst sein. Dass die Formen der Verhüllung Frauen einem besonderen Regime unterwerfen, das jenseits des Diktats der Mode liegt, auch wenn diese die konkrete Form der Verhüllung natürlich mitprägt, liegt jedoch auch für den Alltagsbetrachter auf der Hand.

Es frappiert, wenn solche Differenzierungen in den intellektuellen Debatten außen vor bleiben. Die Diskussion scheint nur noch in Lagern möglich. Wer, wie Judith Butler, aus vielleicht guten Gründen gegen die rechtliche Sanktionierung von Formen der Verhüllung argumentiert, kann diese selbst offenbar nur noch als Spielarten freier Wahl beschreiben. Dabei wird zwischen islamischem Kopftuch, jüdischer Kipa und Burka kein Unterschied mehr gemacht. Alles andere wird dann im Gegenzug zur staatlichen, säkularistischen Gewalt. Wer umgekehrt, wie

Alice Schwarzer, für die Sanktionierung von Verhüllungen eintritt, kann offenbar nicht mehr erkennen, dass sie damit auch etwas unter Umständen Gewähltes untersagt. Und dass sie, darin ist Judith Butler Recht zu geben, damit dem Zwang der Verhüllung andernorts noch einen weiteren Zwang hinzufügt. Wo daher die eine Seite dazu tendiert, im Namen der Freiheit den Zwangscharakter der Verhüllung zu unterschlagen, vergisst die andere, die im Namen der Freiheit für Zwangsmittel plädiert, dass diese auch Freiwilliges sanktionieren oder schlicht den Zwang unter ein anderes Motto stellen. Ein Ausweg ist nicht einfach zu finden.

Dieser heftige Kampf um das, was ich das negative Totem der Verhüllung genannt habe, mit oft paradoxen Ergebnissen, kommt meines Erachtens in einem Straßenkunstwerk des britischen Künstlers Phlegm sehr gut zum Ausdruck, das 2014 auf dem Boulevard St. Laurent in Montréal zu sehen war. Ich kenne keine Interpretation dieses Kunstwerks durch den Künstler selbst, aber es fängt den hier fast wütend erscheinenden Versuch der Freilegung einer ‚orientalisch' verhüllten Frau, und der Paradoxien, die diese Freilegung zeitigt, meines Erachtens sehr gut ein. Zutage tritt hier im Zuge der hämmernden Bearbeitung eine andere, strengere Form der Verhüllung, die der Uniformierung der im Minirock agierenden Bearbeiterin gleichwohl frappierend ähnlich ist. Man kann aus Kunst keine wissenschaftlichen oder politischen Positionen ableiten. Aber die Paradoxien der „Freilegung" werden darin sehr anschaulich.

Abb. 1: Streetart des britischen Künstlers Phlegm, Boulevard St. Laurent, Montréal. Foto: Monika Wohlrab-Sahr, September 2014.

In dem Maße, wie Symbole zu negativen Totems werden, werden sie aber – im Gegenzug – auch attraktiv für diejenigen, die sich unterprivilegiert und ausgeschlossen fühlen. Es ist das, was wir derzeit mit Bezugnahmen auf den Islam beobachten. Ich habe vor längerer Zeit im Zusammenhang mit der Konversion zum Islam im Hinblick auf einen bestimmten Typus von „symbolischer Emigration und symbolischem Kampf"[43] gesprochen. Der Islam fungiert bei der Gruppe von Konvertiten, die diesem Typus entsprechen, als Kontrastprinzip gegenüber dem Umfeld, in dem sie leben, dem sie sich aber entfremdet fühlen. Die symbolische Emigration beinhaltet eine paradoxe Verbindung von Präsenz und sichtbarer Distanzierung. Ich glaube, dass diese Bezeichnung und das damit verbundene Muster sich durchaus übertragen lassen auf die Abwendung und die Wut junger Maghrebiner in den Pariser Vororten, und – ganz anders gelagert – junger Deutscher, die mit dem Islamischen Staat liebäugeln oder sich mit ihm gewalttätig verbinden. Es würde eine eigene Abhandlung erfordern, sich mit diesen Dynamiken und dem, was ihnen zugrunde liegt an Ausgrenzung oder Entfremdung, Selbstausgrenzung und aggressiver Wendung, genauer zu befassen. Aber sie sind Teil der Gemengelage, mit der wir es heute zu tun haben.

Die neue Sichtbarkeit der Migrantenreligionen, insbesondere des Islam, über Moscheen und Kopftücher ist mit der Aufladung der islamischen Zeichen zum negativen Totem in der Zwischenzeit scheinbar untrennbar verschmolzen. Die islamistische Gewalt trägt dazu erheblich bei, erzeugt diese Verbindung aber wohl nicht erst. So scheint das eine immer schon für das andere zu stehen: Das Kopftuch oder der Burkini werden dann immer schon als Zeichen für die Abwendung gelesen, gelten immer schon als Zeichen für die Gefahr. Die Gründe dafür gilt es noch näher auszuloten.

3.3 Institutionell entbettete Religion

Die religiösen Ausdrucksformen, die im säkularen Umfeld zum Stein des Anstoßes werden, sind nicht einfach „fremde", ungewohnte und im Inhalt oft konservative Formen der Religiosität. Darüber hinaus haben wir es heute mit einem neuen Typus von religiösem Ausdruck zu tun, den ich als institutionell *entbettete Religion* bezeichnen möchte. Dabei nehme ich Bezug auf den Begriff der ‚Entbettung', den Anthony Giddens[44] als einen der Grundmechanismen der

---

43 Monika Wohlrab-Sahr, *Konversion zum Islam in Deutschland und den USA*. Frankfurt a. M.: Campus, 1999, 291 ff.
44 Anthony Giddens, *The Consequences of Modernity*. Cambridge: Polity Press, 1990, 21 ff.

Moderne bezeichnet hat. Allerdings führe ich ihn in eine etwas andere Richtung weiter und ich beziehe ihn – anders als Giddens – auf Religion.[45]

Mit Entbettung (disembedding) bezeichnete Giddens die Herauslösung sozialer Beziehungen aus der Unmittelbarkeit lokaler Interaktionskontexte und deren zeitlicher und räumlicher Verankerung. In gewisser Weise sind natürlich alle Formen funktionaler Differenzierung und Organisationsbildung immer schon Formen der Entbettung, die vom Hier und Jetzt unmittelbarer Face-to-face-Interaktion abstrahieren und anonyme Transaktionen über zeitliche und räumliche Distanzen hinweg überhaupt erst möglich machen.[46] In gewisser Weise ist das, was Giddens beschreibt, ein Modus, der lange vor der Moderne beginnt, der aber in ihr in besonderer Weise entwickelt wird, so dass ein großer Teil unserer sozialen Beziehungen und Transaktionen den von ihm beschriebenen „entbetteten" Charakter hat. Wir setzen Vertrauen in abstrakte Werte (in Form von Geld, Aktien oder gar Bitcoins) und in anonyme Expertise, die wir selbst nicht überblicken und beurteilen können. Vertrauen ist dann vor allem Institutionenvertrauen (in Organisationen, Währungen, Banken, Gütesiegel u. a. m.), nicht primär Vertrauen in eine verlässlich erscheinende, persönlich bekannte Person. Auch Kirchen und andere religiöse Verbände als nicht selten weltweit agierende und bürokratisch verfasste Organisationen stehen insofern für solche Formen der Entbettung.

Gleichzeitig kann man jedoch fragen, ob die Mechanismen der „Entbettung" für den Fall der Religion jemals vollständig zugetroffen haben. Religionen sind – trotz aller Institutionalisierung – doch immer auch gemeinschaftlich organisiert: Face-to-face-Kontakte in Gemeinden, der direkte persönliche Kontakt mit der Pfarrerin, dem Rabbi, dem Priester oder Imam spielen hier eine wesentliche Rolle. Insofern ist das Vertrauen in die Organisation hier sehr stark über Personenvertrauen vermittelt.

---

45 Auch Charles Taylor spricht in *A Secular Age*, 146 ff. vom „great disembedding", das sich bei ihm jedoch auf die Veränderungen, die mit der sog. Achsenzeit eintreten, bezieht: das weltweit in verschiedenen religiösen Traditionen zu konstatierende Aufkommen starker Transzendenz/Immanenz-Unterscheidungen, das einen scharfen Kontrast zur ,frühen' oder ,archaischen' Religion bildet, in der – so Taylor – der Mensch mehrfach „eingebettet" war: in die Gesellschaft, den Kosmos und das Göttliche. Die Unterscheidung zwischen Transzendenz und Immanenz bringt einen Riss in dieses Gefüge, mit weitreichenden Konsequenzen. Es handelt sich, wie Ian Hunter zu Recht gesagt hat, um eine philosophische Geschichte, „in which a lost normative order with a metaphysical character supplies the hermeneutic key to a single general history of secularization". Ian Hunter, „Charles Taylor's A Secular Age and Secularization in Early Modern Germany". *Modern Intellectual History*, 8, 3 (2011), 621–646, hier 627.

46 In diesem Sinne – mit Bezug auf die Ökonomie – wurde der Begriff von Karl Polanyi eingeführt: Karl Polanyi, *The Great Transformation: The Political and Economic Origins of Our Time*. Boston, MA: Beacon Press, 2001 [1944].

Umgekehrt gilt aber auch, dass wir – im christlichen Kontext in besonderer Weise – auch in Organisationen bzw. Institutionen vertrauen, die wir für verlässlich halten. Zu diesem Institutionenvertrauen gehört in den europäischen Ländern nicht nur, dass die Kirchen als solche dieses Vertrauen genießen, so dass man davon ausgeht, dass die in ihrem Auftrag handelnden Personen diesem Vertrauen gerecht werden. Dazu gehört auch, dass diese Institution und ihre Vertreter eingebunden sind in eine konfessionalisierte Religionskultur und die mit ihr verbundenen Staat-Kirche-Verhältnisse. Das impliziert dann letztlich auch ein (unterstelltes) Einverständnis mit den Grenzziehungen zwischen Staat und Kirche. Ein Pfarrer, der an einer staatlichen Schule Religion unterrichtet, wird bestimmte Grenzen im Umgang mit den Schülern, aber auch in seiner Stellung zu politischen Fragen wahren, das kann man gleichsam von ihm ‚erwarten'. Auch seine gegebenenfalls vorhandenen missionarischen Ambitionen wird er an diesem Ort zurücknehmen. Und wenn er all dies nicht tut, wird sich der Zorn nicht nur gegen ihn, sondern gegen die Institution als Ganze richten.

Insofern kommt es also über Organisationen und die sie repräsentierenden Personen auch zu einer Wiedereinbettung (reembedding). In manchen Bereichen unseres Lebens, insbesondere im Bereich der Wirtschaft, der Technik, der Medien, und zunehmend auch des Rechts ist die Entbettung relativ weit fortgeschritten. Im Bereich der Religion hatte sie bisher ihre Grenzen. Vertrauenswürdige, durch Personen repräsentierte Institutionen spielen hier eine wichtige Rolle. Oder umgekehrt: Das Vertrauen wird den Personen entgegengebracht, weil hinter ihnen als verlässlich angesehene Institutionen stehen.

Genau an dieser Stelle setzt die Änderung ein, die ich als eine neue Form des „disembedding" bezeichne: die institutionelle Entbettung des Religiösen. Damit meine ich, dass das Staats-Kirchen-Gefüge der Nachkriegszeit, das in den europäischen Staaten sehr unterschiedliche Ausprägungen fand, heute das Bild der Religion nicht mehr hinreichend bestimmt. Die Staats-Kirchen-Regelungen haben Ansprüche und Aufgaben der Religionsgemeinschaften, insbesondere der christlichen Kirchen, definiert und diese damit gleichzeitig eingehegt, ihren Einfluss reguliert und limitiert. Insofern sind diese Regelungen, bei aller Privilegierung, die damit verbunden war, immer auch Formen der Grenzziehung.

Es entsteht nun zum einen ein Problem, wenn neue Religionsgemeinschaften hinzukommen, die an diesem Gefüge nicht mitgebaut haben, und auf die dieses Gefüge nicht passt. Zum Beispiel, weil sie keine Kirchenstruktur mit entsprechenden kirchenähnlichen Organisationen haben und keine Mitgliedschaftsverhältnisse, wie wir sie von den Kirchen kennen. Es gibt eine breite Diskussion über die Nachteile dieser später Gekommenen und über die Möglichkeiten, ihre Nachteile zu kompensieren. Und es gibt Versuche, die neuen Religionen in dieses Gefüge der Staat-Kirche-Regelungen einzupassen, sie in gewisser Weise zu verkirchlichen. Beispiele dafür sind der islamische Religionsunterricht an deutschen Schulen und die Ausbildung zu Imamen oder islamischen Religionslehrern an deutschen Universitäten. Diese Versuche sind Ausdruck des Pfades, der sich in der Verhältnisbestimmung zwischen dem Religiösen und dem Säkularen in der Bundesrepublik ausgebildet hat. Für die Religion ist ein bestimmter Ort an staatlichen Bildungseinrichtungen vorgesehen, dafür muss sie aber in gewisser Weise „ausgerichtet" werden. Nicht alles kann hier integriert werden. Eine Religion, die an staatlichen Schulen und Hochschulen gelehrt wird, muss kompatibel sein mit den Anforderungen einer säkularen Einrichtung und einer säkular gewordenen Gesellschaft. Es wundert nicht, dass dieser Versuch nicht ohne Reibungen verläuft. Die Ausbildungsgänge in islamischer Theologie sind hier gleichsam ein Labor, in dem die Erweiterung des Staats-Kirchen-Gefüges auf eine Religion, die nicht kirchlich verfasst ist, wie der Islam, geprobt wird.

In gewisser Weise reagiert aber die Ausbildung islamischer Religionslehrer und Imame an deutschen Universitäten auch auf ein Problem, das sich vorher im Zusammenhang mit dem Religionsunterricht schon stellte. Nämlich die besorgte Frage, wer eigentlich die Gruppen sind, die hier auftreten und die für den Islam zu stehen beanspruchen. Wen repräsentieren sie unter den Muslimen in Deutschland? Diese Frage stellte sich für die nichtmuslimische Bevölkerung ebenso wie für die muslimischen Migranten. Wie vertrauenswürdig sind diese Personen, die beanspruchen, die Muslime oder ‚den Islam' zu repräsentieren? Man kann sagen: Es fehlte hier das *Institutionenvertrauen*, das Hintergrundvertrauen, das gegenüber den Kirchen als Organisationen ausgebildet werden konnte, und das von daher die einzelne Amtsperson erst einmal mit einem Vertrauensvorschuss versieht. Die Institutionalisierung islamischer Theologie an deutschen Universitäten ist in gewisser Weise ein Versuch, dieses Institutionenvertrauen über einen anderen Weg herzustellen, indem der islamische Religionslehrer dann durch eine bestimmte universitäre Ausbildung legitimiert ist.[47]

Daneben gibt es jedoch noch ein weiteres Problem: Neben diesem Versuch der Institutionalisierung entlang des Pfades etablierter Formen der Verhältnisbestimmung zwischen Religiösem und Säkularem hat man es in der Öffentlichkeit immer wieder mit religiösen Akteuren zu tun, bei denen oft nicht klar ist, für wen sie sprechen und durch wen sie legitimiert sind. Das ist der Kern dessen, was ich mit ‚institutionell entbetteter Religion' meine: Wir haben es heute an vielen Stellen mit selbstermächtigten Vertretungsansprüchen, Geltungsansprüchen und Ansprüchen auf legitime Sprecherschaft zu tun. Ein Teil dessen artikuliert

---

47 Allerdings kommt das Problem durch die Hintertür wieder ins Spiel: etwa wenn – in Parallele zu den Regelungen der Staats-Kirchen-Verträge – die türkische Religionsbehörde bei Besetzungen von Lehrstühlen für Islamische Theologie ein Mitspracherecht hat.

sich vor Gericht,[48] anderes artikuliert sich im öffentlichen Raum, in Schulen, Betrieben, Universitäten. Bisweilen handelt es sich um einzelne Akteure, bisweilen agieren Menschenrechtsorganisationen stellvertretend für diese. Die Anlässe sind Legion: die Verletzung religiöser Gefühle durch religionskritische oder als blasphemisch empfundene Äußerungen, das Verbot bestimmter Kleidung – wie etwa in Frankreich die Burka – das Einfordern bestimmter Verhaltensweisen, wie etwa das Schütteln der Hände zur Begrüßung – wie etwa in der Schweiz –, das Gewähren oder Versagen von Gebetsräumen und die Art von deren Nutzung in öffentlichen Gebäuden, die Verteidigung traditioneller ritueller Praktiken, wie etwa der Beschneidung.

Hubert Knoblauch hat die „populäre Religion" als neue Sozialform des Religiösen bezeichnet und meint damit die individuelle Suche nach Spiritualität jenseits der großen Religionsgemeinschaften.[49] In gewisser Weise ist auch das ein Phänomen der „Entbettung", wenn beim Pilgern, Yoga oder anderen spirituellen Ausdrucksformen der Anschluss an die großen Religionsgemeinschaften nur noch lose gegeben ist und damit auch deren Regulierung der Inhalte der spirituellen Suche weitgehend entfällt.

In den Auseinandersetzungen um Grenzen und Reichweite des Religiösen allerdings zeigt sich die institutionelle Entbettung auf andere Weise: in Formen der Sprecherschaft, des Anmeldens von Ansprüchen und der Problematisierung des Verhaltens anderer. Hier geht es nicht vorrangig um spirituelle Ausdrucksweisen, hier wird um Grenzen und Grenzverschiebungen gestritten. Gerade weil sich die Entbettung hier in selbstermächtigten Forderungen und Problematisierungen zeigt, die tendenziell auf Verrechtlichung zielen, wird die Frage, wie diese einzuschätzen sind, wofür und für wen sie stehen, zum Problem.

Korrespondierend damit formuliert sich ein pauschales Unbehagen, zunehmend auch auf der Straße. In verschiedenen Ländern Europas zeigt sich dies etwa, wenn es um die Beschwörung der Gefahr einer ‚Islamisierung unserer Kultur' oder gar um die Bedrohung des Abendlandes geht.[50] So etwa bei der entsprechend benannten PEGIDA und ihren Vorläufern oder Geschwisterverbänden in den Niederlanden, in der Schweiz oder in Österreich. Wenn ich hier von institutionell entbetteter Religion spreche, heißt das, dass diese Aktivitäten nicht

---

48 Matthias Koenig, „Governance of religious diversity at the European Court of Human Rights". In *International Approaches to Governing Ethnic Diversity,* hg. von Jane Bolden, Will Kymlicka. Oxford: Oxford University Press, 2015, 51–78.
49 Hubert Knoblauch, *Populäre Religion*.
50 Diese Formel, die zum Namensgeber der rechtspopulistischen PEGIDA-Bewegung wurde, wurde meines Wissens zuerst von dem niederländischen Politiker Pim Fortuyn gebraucht: Pim Fortuyn, *Tegen de islamisering van onze cultuur: Nederlandse identiteit als fundament*. Amsterdam: A. W. Bruna, 1997.

einfach auf die Interessen kirchlicher Institutionen zuzurechnen sind. Ganz im Gegenteil: Sie stehen oft in direktem Dissens zu diesen. Zwar gibt es bei PEGIDA einen Anteil evangelikaler Akteure. Aber auch diese Gruppen stehen heute überwiegend im Dissens mit den Landeskirchen. Mehrheitlich mögen Fragen der Religion irrelevant sein bei diesen Akteuren, was schon ihr dominantes Auftreten im Osten Deutschlands nahelegt. Gleichwohl bemühen sie die negative islamische Referenz, das negative Totem, um darunter alles Mögliche zu versammeln. Das Totem funktioniert eben auch dort, wo es nicht mit gelebter Religiosität unterfüttert ist. Auch das ist ein Teil der „Entbettung", die Anthony Giddens in den Blick genommen hat: dass symbolische Zeichen (wie in diesem Fall etwa das Kopftuch, das Bild einer Moschee oder das Kreuz) aus ihrem Referenzrahmen herausgelöst werden können und die Zugehörigkeit zu einer Bewegung oder auch nur eine diffuse Übereinstimmung mit dem oder Ablehnung dessen, was das Symbol anzeigt, markieren. Die Aufkleber mit durchgestrichenen Moscheen, wie sie etwa von „Pro Deutschland" verwendet werden, sind ein Beispiel für solche zu einer simplen Botschaft verdichteten Ablehnungen.

3.4 Religiöse Selbstermächtigung und religiöse öffentliche Intellektuelle

Der Islamwissenschaftler Reinhard Schulze hat im Hinblick auf die islamische Welt vor längerer Zeit von der Selbstermächtigung des Subjekts und von der Entwertung traditioneller religiöser Autoritäten gesprochen.[51] Die Kompetenz der Koranauslegung findet nicht mehr vorrangig in den islamischen Ausbildungsstätten statt, sondern hat sich längst ins Internet verlagert. Mit etwas Vergleichbarem haben wir es heute auch bei uns zu tun. Religiöse Bezüge und Deutungen sind zunehmend aus der Verfügungsmacht und Interpretationsmacht der Religionsgemeinschaften herausgelöst und werden auf der Straße, im Internet und vor Gerichten zu Waffen im Kampf um Reichweite und Grenzen des Religiösen.

Im Grunde wäre diese entkonfessionalisierte, entbettete Religionskultur die Stunde der öffentlichen religiösen Intellektuellen, die sich außerhalb der religiösen Organisationen und Verbände oder auch aus diesen heraus zu Wort melden. Öffentliche Intellektuelle sind institutionalisierte Formen der Selbstermächtigung, oft ohne organisatorische Rückendeckung. An die Stelle des Institutionenvertrauens tritt hier das Vertrauen in das persönliche Charisma des Intellektuellen, in dessen Glaubwürdigkeit und Authentizität.

---

51 Reinhard Schulze, „Islamistischer Terrorismus und die Hermeneutik der Tat". *Konfliktfeld Islam in Europa*, Soziale Welt – Sonderband 17, hg. von Monika Wohlrab-Sahr und Levent Tezcan. Göttingen: Nomos, 2007, 75–110.

Daniel Kinitz hat in seiner Studie über den Säkularismusdiskurs im modernen Ägypten auf die wichtiger werdende Rolle muslimischer Intellektueller in der modernen Öffentlichkeit hingewiesen, die zu den Gelehrten in Differenz treten, sie aber im öffentlichen Diskurs auch unterstützen können. Jedenfalls sind im Zuge dieser Differenzierung von Sprecherpositionen Gelehrte keine exklusiven Vertreter des Islam mehr: „Notable Gelehrsamkeit lässt sich zwar noch pflegen, verfügt aber in einer massenmedial vermittelten Öffentlichkeit nicht über strukturell abgesicherte Deutungshoheit".[52] Schon im Zusammenhang mit seiner Untersuchung zur Islamischen Weltliga hatte Reinhard Schulze diese zwei Sprecherpositionen – den Gelehrten und den Intellektuellen – unterschieden.[53] Damit entstehen einerseits neue Möglichkeiten des Austauschs zwischen Intellektuellen unterschiedlicher Religionen. Aber insbesondere mit der Verbreitung der neuen Medien kommt es auch zu einer weitgehenden Fragmentierung islamischer Autorität[54] und einer entsprechenden Pluralisierung und Konkurrenz von Sprecherpositionen.

Auch in Europa positionieren sich islamische Intellektuelle – mit unterschiedlichen Agenden. Tarik Ramadan war lange Zeit ein prominentes Beispiel dafür, mit Ausstrahlung in ganz Europa, wenn auch in der Positionierung hoch umstritten. In Deutschland gibt es wenige, die als Kandidaten für diese Rolle in Frage kämen. Einer davon ist sicher Navid Kermani, der sich neben seiner Tätigkeit als Islamwissenschaftler und Publizist zu einem öffentlichen religiösen Intellektuellen entwickelt und damit offenkundig eine Lücke schließt. Er freilich nimmt dezidiert eine Sprecherposition ein, die zu islamistischen Positionen in Widerspruch tritt und ist in dieser Hinsicht in der politischen Öffentlichkeit der Bundesrepublik hoch willkommen. Große Aufmerksamkeit fanden seine Rede im Bundestag zur Feierstunde „65 Jahre Grundgesetz" im Jahr 2014,[55] seine Ansprache bei der Trauerkundgebung für die Opfer der Pariser Anschläge in Köln ein Jahr später,[56] die Verleihung des Friedenspreises des deutschen Buchhandels an

---

52 Daniel Kinitz, *Die andere Seite des Islam. Säkularismus-Diskurs und muslimische Intellektuelle im modernen Ägypten*. Berlin, Boston: De Gruyter, 2018, 281.
53 Reinhard Schulze, *Islamischer Internationalismus im 20. Jahrhundert. Untersuchungen zur Geschichte der islamischen Weltliga*. Leiden: Brill 1990.
54 Dale F. Eickelman, James P. Piscatori, *Muslim Politics*, second Paperback Edition, with a new Preface. Princeton: Princeton University Press, 2004, 131 ff.; Humeira Iqtidar, *Secularizing Islamists? Jama'at-e-Islami and Jama'at-ud-Da'wa in Urban Pakistan*. Chicago, London: University of Chicago Press, 2011.
55 https://www.bundestag.de/dokumente/textarchiv/2014/-/280688 (zuletzt aufgerufen am 4.2.2018).
56 http://www.navidkermani.de/media/raw/CharlieCologne.pdf (zuletzt aufgerufen am 4.2.2018).

ihn ebenfalls 2015, mit einer viel beachteten Rede bei der Preisverleihung,[57] und zuletzt – 2017 – die Verleihung des NRW-Staatspreises,[58] bei der er dezidiert als öffentlicher Intellektueller gewürdigt wurde.

Das von ihm am Ende der Verleihung des Friedenspreises des deutschen Buchhandels gesprochene islamische Gebet hatte aber auch etwas von einer Symbolhandlung, die deutlich machte, dass Kermani hier als *religiöser* Intellektueller auftrat. Und gleichzeitig war es, was das Verhältnis zwischen Religiösem und Säkularem angeht, eine Grenzverschiebung: Ein religiöses Ritual wurde in einen säkularen Raum integriert und verwandelte damit diesen Raum für den Moment in einen religiösen. Wenn es auch ein inklusives Ritual war, das Nichtreligiöse und anders Religiöse dezidiert miteinschloss, blieb der Aufruf zum Gebet doch eine religiöse Symbolhandlung.

3.5 Die Grenzenlosigkeit der Referenzen

In einer Situation institutionell entbetteter Religion laufen die *alten Regulierungs- und Legitimationsmuster*, mit denen bisher der Umgang mit dem Anderen bewältigt wurde, ins Leere. Dazu gehören auch Bezugnahmen auf Prinzipien der Toleranz und auf Menschenrechte.[59] In der Anmeldung von Ansprüchen wie auch in der Abwehr vermeintlicher Bedrohungen werden heute grenzenlose Bezüge nach innen wie nach außen erkennbar. Wenn etwa gerade auf internationaler Ebene immer stärker auf die *Verletzung religiöser Gefühle* bei bestimmten Formen des Spotts, der Karikatur oder der Kritik verwiesen wird, ist die Referenz nach innen zunehmend grenzenlos. Was als Verletzung persönlich empfunden wird, ist nicht zu objektivieren und damit auch in der Abwehr des Verletzenden potentiell grenzenlos. Die Gerichte tun sich mit dieser Gedankenfigur verständlicherweise schwer und suchen nach Handfesterem, Objektivierbarerem. Gleichwohl spielt der Verweis auf verletzte religiöse Gefühle eine zunehmend wichtigere Rolle gerade in der internationalen rechtlichen und menschenrechtli-

---

57 http://www.friedenspreis-des-deutschen-buchhandels.de/819312/ (zuletzt aufgerufen am 4.2.2018).
58 http://www.deutschlandfunk.de/nrw-staatspreis-an-navid-kermani-der-abend-der-brueckenbauer.1773.de.html?dram:article_id=401742 (zuletzt aufgerufen am 4.2.2018).
59 Siehe dazu Matthias Koenig, *Menschenrechte*, Campus Einführungen. Frankfurt a. M.: Campus, 2005.

chen Diskussion.⁶⁰ Saba Mahmood⁶¹ hat in diesem Zusammenhang – bezogen auf die Veröffentlichung der Mohammed-Karikaturen – von einer ‚moralischen Verletzung' gesprochen, bei der es um weit mehr gehe als um die Frage eines Gesetzesverstoßes, dem auf rechtlicher Ebene zu begegnen sei. Die moralische Verletzung betreffe die Person als ganzes: „The notion of moral injury I am describing no doubt entails a sense of violation, but this violation emanates not from the judgement that the law has been transgressed but that one's being, grounded as it is in a relation of dependency with the Prophet, has been shaken. For many Muslims, the offence the cartoons committed was not against a moral interdiction […] but against a structure of affect, a habitus, that feels wounded. This wound requires moral action, but the language of this wound is neither juridical nor that of street protest because it does not belong to an economy of blame, accountability, and reparations."⁶²

Nun soll nicht bestritten werden, dass es unter Muslimen die von Mahmood beschriebene Form des moralischen Verletztseins gegeben hat, so wie es in anderen Religionsgemeinschaften Gläubige gibt, die einen auf die Religion gemünzten Spott oder auch die Ehe für Homosexuelle in eben dieser fundamentalen Weise als moralische Verletzung empfinden. Problematisch ist aber, darauf hat Andrew March in seinem luziden Kommentar hingewiesen, dass Mahmood diese eine Reaktion pauschal für Muslime reklamiert, so als stünden diesen keine anderen – diskursiven, strategischen, intellektuell-distanzierten oder ideologischen – Reaktionsweisen zur Verfügung. Darüber hinaus problematisiert er das Ansinnen, die Denkfigur der moralischen Verletzung zum Argument im politischen Diskurs zu machen, denn dass jemand moralisch verletzt sei, mache seine Position noch nicht „richtig". Problematisch wird diese Perspektive insbesondere dann, wenn aus dieser Annahme der besonderen Verletzlichkeit von Muslimen politische und rechtliche Konsequenzen gezogen werden sollen, die europäischen Öffentlichkeiten dahingehend zu verändern, dass derartige Verletzungen ausbleiben.⁶³ Die sozialwissenschaftliche Interpretin macht sich damit faktisch zur Bündnispartnerin identitärer Politik.⁶⁴

---

60 Barbara Rox, *Schutz religiöser Gefühle im freiheitlichen Verfassungsstaat?*. Tübingen: Mohr Siebeck, 2012.
61 Saba Mahmood, „Religious Reason and Secular Affect: An Incommensurable Divide?". *Critical Inquiry* 35 (2009), 836–862, hier 848 f. Kritisch dazu: Andrew March, „Speaking about Muhammad, Speaking for Muslims". *Critical Inquiry* 37 (2011), 806–821.
62 Mahmood, „Religious Reason and Secular Affect", 848 f.
63 Andrew March, „Is Critique secular? Poppies and Prophets". *The Immanent Frame*, März 2011, http://blogs.ssrc.org/tif/2011/03/17/poppies-and-prophets/?disp=print (letzter Zugriff am 4.2.2018).
64 Vgl. ebd.

Schließlich, und das führt zurück zum Beginn dieses Textes, verweist March auf die unwiderruflich veränderte Rolle der Religion: „The problem is not that our liberal, secular societies cannot recognize and appreciate *religious* pain (if anything religion is still assumed to be a more authentic reason for moral consideration than many secular convictions, at least in the United States), it is that subjectively felt religious pain is no longer a trump card in a world that takes race, gender, ethnicity, and class as equally important sources of identity and moral motivation."[65]

Mahmood selbst plädierte nicht für eine Lösung über den Weg von Blasphemie-Gesetzen, sie ließ die Antwort auf die Frage nach der Umsetzung ihrer Forderungen offen. Im Bereich der internationalen Menschenrechts-Debatte sind solche Umsetzungen allerdings gefordert worden. Wie Barbara Rox[66] in ihrer verfassungsrechtlichen Studie zeigt, finden Verweise auf die *Verletzung religiöser Gefühle* vor allem über die Rechtsprechung des Europäischen Gerichtshofes für Menschenrechte und ähnlich gelagerte Vorstellungen von Menschenrechtsverletzungen durch die *Diffamierung von Religionen* vor allem über die Resolutionen der Menschenrechtskommission der Vereinten Nationen und des UN-Menschenrechtsrates Eingang in die juristische Debatte. Bei der Diffamierung von Religionen ging es dabei ursprünglich um die Diffamierung des Islam, eingebracht als Entwurf für eine UN-Resolution im Jahr 1999 durch Pakistan im Auftrag der Organization of the Islamic Conference (jetzt Organization of Islamic Cooperation),[67] dann allerdings ausgeweitet auf die Diffamierung von Religionen allgemein. In den entsprechenden Resolutionen wird verlangt, es müsse die „,Diffamierung von Religionen', insbesondere die Diffamierung des Islam, *als solche* entschieden bekämpft werden".[68] Dabei kommt es, so Rox, zu einer Ausweitung von physischen auf psychische Übergriffe bis hin zu einer „Vergiftung des Klimas", zu der dann auch die „vorsätzliche Bildung negativer Vorurteile gegenüber Religionen, ihren Anhängern und *Heiligen* (!) in Medien, Politik und Gesellschaft mit der damit verbundenen absichtsvollen Provokation"[69] gehört. Im Zuge dessen kommt es auch zu einer zunehmenden Gleichsetzung von Rassendiskriminierung und Diffamierung von Religionen, von Rassenhass und religiösem Hass. Diese Parallelisierung von Rasse und Religion entspricht der Argumentationslinie von Saba Mahmood, wonach der Spott über den Propheten Muslime in ihrem habituellen Kern moralisch verletze.

---

65 March, „Speaking about Muhammad", 819.
66 Rox, *Schutz religiöser Gefühle im freiheitlichen Verfassungsstaat?*.
67 Ebd., 313.
68 Ebd., 319.
69 Ebd., 318.

Nun wird man nicht bestreiten können, dass es vor dem Hintergrund islamistischer Gewalt in verschiedenen Kontexten zu einer stereotypen Diffamierung des Islam und von Muslimen an sich kommt. Dass hier in der gesellschaftlichen und wissenschaftlichen Debatte Umsicht und Differenzierung und in den entsprechenden Situationen Widerspruch nötig ist, steht außer Frage. Komplizierter wird es allerdings, wenn hier Verrechtlichungen gefordert werden, die auf der Ebene des gesellschaftlichen *Klimas* angesiedelt sind, und bei denen es um Verbote von Äußerungen geht, die dieses Klima zu Ungunsten der entsprechenden Gruppen beeinflussen könnten. Hier ist die juristische Debatte in der Bundesrepublik wohl zu Recht misstrauisch, und auch bei den UN-Resolutionen zu „Defamation of Religions" schwinden die Zustimmungsraten.[70] Eingriffe in fundamentale Freiheitsrechte zum Zwecke der Herstellung gesellschaftlicher Toleranz gegenüber muslimischen Minderheiten zu fordern, ist aus dieser Perspektive ein gefährliches Unterfangen. Dass solche Resolutionen von Ländern wie Pakistan eingebracht werden, in denen der Blasphemie-Vorwurf lebensgefährlich ist, sollte zusätzlich zu denken geben. Auch hier zeigt sich, dass die Auseinandersetzung um Blasphemie keine abstrakt moralisch-philosophische ist, sondern von Akteuren mit starken Interessen vorangetrieben wird. Damit ist die Auseinandersetzung nicht hinfällig, aber man wird sich an ihr nicht mehr naiv, nur mit guten Absichten gewappnet, beteiligen können. Derselbe Vorbehalt gilt dann aber zwingend auch gegenüber dem von manchen Vertretern der christlichen Parteien in der Bundesrepublik geforderten pauschalen Schutz der Religion vor dem Spott Andersmeinender.

Im Übrigen liegt auch die unter Studierenden und kritischen gesellschaftlichen Gruppen zunehmend verbreitete Gleichsetzung von Islamfeindlichkeit und Rassismus letztlich in der Logik dieser ‚pädagogisierenden' Intervention in gesellschaftliche Freiheiten. Die Aktivisten würden sich wohl selbst nicht in einem Boot mit den Repräsentanten ‚starker' Blasphemie-Gesetze sehen. Aber die Verwischung von Unterschieden zwischen Rasse und Religion; rassistischem Übergriff und Verletzung religiöser Gefühle; Hassrede und Spott; Angriff auf den öffentlichen Frieden und Angriff auf die Religion an sich; Angriff auf Personen, denen etwas heilig ist, und Angriff auf ein Heiliges – all dies führt nicht nur zu einer Verunklarung von Phänomenen und Begriffen, sondern auch zu einer diffusen Pädagogisierung und Verrechtlichung der öffentlichen Sphäre. In dieser Stimmung, die vordergründig auf Akzeptanz und Toleranz zielt, können starke religions-politische Akteure mitschwimmen und ihre Interessen verfolgen. Dass Juristinnen hier wachsam sind, und dass die Institution des Verfassungs-

---

70 Ebd., 349.

rechts gegenüber „klimatischen" Verhältnissen relativ unempfindlich ist, muss Sozialwissenschaftler beruhigen. Zumindest kurzfristig.[71]

Die Beispiele zeigen, dass das Spektrum der Forderungen und Klagen, die von unterschiedlichsten Sprechern in einer im religiösen Bereich institutionell entbetteten Situation vorgebracht werden, in zweierlei Hinsicht ‚grenzenlos' sind. Auf der einen Seite stehen Verweise auf die Verletzung religiöser Gefühle, für die es keine klaren Kriterien geben kann, und die entsprechend auch auf ein gesellschaftliches „Klima" zielen. Die andere Seite des Spektrums markieren Verweise auf Bedrohungen „der Kultur" oder „der Zivilisation". Auf europäischen Straßen oder in nur dem Namen nach freiheitlichen Bewegungen wird die Islamisierung unserer Kultur beschworen. Und auf internationaler Ebene – etwa im Rahmen der Vereinten Nationen – beschwören Länder wie Russland oder Pakistan den Schutz traditioneller Werte. In all diesen Kontexten werden Menschenrechte aufgerufen: der Schutz traditioneller Werte als notwendige Voraussetzung für die Verteidigung der Menschenrechte; die Verletzung religiöser Gefühle als Angriff auf die Menschenrechte. Die Orientierung an Menschenrechten und an Toleranz, die im Rahmen kultureller oder auch interreligiöser Begegnung Leitlinien zu bieten schienen, drohen diese Orientierungsfunktion zu verlieren. Sie sind längst zur Waffe geworden im Kampf um Dominanz und um die Grenzverschiebung zwischen Religiösem und Säkularem, aber auch zwischen einem liberal verstandenen und einem konservativen Bezug auf Religion. Die Verletzung von Menschenrechten wird angeprangert, um andere Menschenrechte zu begrenzen. Der Schutz religiöser Empfindung steht gegen Meinungsfreiheit und Freiheit der Kunst, der Schutz der Kultur und traditioneller Werte steht gegen das Recht auf Selbstbestimmung, vor allem in sexueller Hinsicht. Die Orientierungsfunktion dieser Bezüge, die im Rahmen zivilgesellschaftlicher Aktivitäten, auch des interreligiösen Dialogs so wichtig sind, scheint längst eingebüßt.

4 Die ruhigen Zeiten sind vorbei

Aufgrund der hier als „institutionell entbettet" beschriebenen religiösen Situation sind Konflikte um Säkularität, sind Konflikte um die Grenzen des Religiösen schwer zu lösen und Lösungen schwer auf Dauer zu stellen. Deshalb werden uns diese Konflikte wohl auf Dauer begleiten.

---

71 Siehe dazu auch meine Ausführungen zur Blasphemie, aus denen hier eine Passage übernommen ist: Monika Wohlrab-Sahr, „Blasphemie und verletzte religiöse Gefühle – Positionierungen im Kampf um Grenzen und Reichweite der Religion". In *Blasphemie und religiöse Identität in der pluralen Gesellschaft. Christliche und islamische Perspektiven*, EZW-Texte, hg. von Friedmann Eißler. Berlin 2018 (im Erscheinen).

Es gibt aus dieser Lage keinen Ausweg. Weder gibt es einen Weg zurück zur unhinterfragten Geltung des Bezugs auf religiöse Traditionen, Vorschriften und Empfindlichkeiten. Die postsäkulare Gesellschaft ist gleichzeitig eine postreligiöse.[72] Es gibt aber auch keinen Weg zurück in den unterstellten Common Sense sich als säkular verstehender Gesellschaften mit ihren eingehegten Religionsgemeinschaften, denen man in vieler, wenn auch nicht in jeder Hinsicht, glaubte trauen zu können. Die Welt ist auch bei uns angekommen, nicht erst in Gestalt der Flüchtlinge. Und weil sie sich nicht in Richtung einer allgemeinen Säkularisierung entwickelt hat, werden uns die Kämpfe um Grenzziehungen zwangsläufig weiter begleiten. Die ruhigen Zeiten sind vorbei.

Sensibilität für Differenz und für Empfindlichkeiten, Zurückhaltung bei allzu schnellen Generalisierungen sind sicher ein Gebot der Stunde. Wer allerdings glaubt, sie zu Gesetzen politischer oder moralischer Art machen zu können, untergräbt Freiheitsrechte und Freiheiten des Diskurses ebenso wie diejenige, die bestimmte Formen der Verhüllung pauschal verbieten will. Aufmerksamkeit für Grenzkämpfe und Grenzverschiebungen im religiös-säkularen Verhältnis und für deren Folgen freilich scheint dringend geboten.

---

72 Hans-Joachim Höhn, *Postsäkular. Gesellschaft im Umbruch – Religion im Wandel.* Paderborn: Schöningh, 2009.

Horst Dreier
Recht und Religion: Zur (Un-)Möglichkeit religiös-weltanschaulicher Neutralität des Staates

Die Veranstalter der Vortragsreihe haben mir in großzügiger Weise allein das Thema Recht und Religion vorgegeben, ohne jede weitere Spezifizierung oder Eingrenzung. Damit öffnen sich die Tore für eine enorme Themenvielfalt. Man könnte ja zum Beispiel über das Recht *der* Religionen, insbesondere der Kirchen sprechen – also das Kirchenrecht behandeln. Ein ganz anderer, aber gewiss ebenso reizvoller Gegenstand wäre das religiöse Recht im Allgemeinen und Modelle theokratischer Herrschaft im Besonderen. Auch Recht *als* Religion wäre bei allfälligen Tendenzen zur Sakralisierung des Rechts gewiss ein spannendes Thema. Doch dies alles lasse ich beiseite und konzentriere mich auf einen ganz bestimmten Aspekt des Themensegments Recht *für* die Religionen, also die Frage nach den rechtlichen Vorgaben für die Religion und ihre Ausübung. Warum ich aus diesem immer noch weiten Feld gerade das Neutralitätsgebot ausgewählt habe, hat seinen Grund in dessen überragender Bedeutung für unser freiheitlich-liberales Verständnis moderner, säkularer Staatlichkeit. Damit sind wir schon mitten im Thema.

1 Das Konzept religiös-weltanschaulicher Neutralität des Staates

Dem Gebot religiös-weltanschaulicher Neutralität des Staates kommt in der grundgesetzlichen Verfassungsordnung eine Schlüsselrolle zu. Denn es markiert die Sinnmitte der rechten Verortung der Religion in einem pluralen und freiheitlichen Gemeinwesen.[1] Im Neutralitätsgebot laufen wesentliche historische Entwicklungslinien und zentrale verfassungsrechtliche, aber auch politisch-

---

[1] Siehe Stefan Huster, *Die ethische Neutralität des Staates*. Tübingen: Mohr Siebeck, 2002, 23: „staatliche Neutralität als verfassungstheoretischer und verfassungsrechtlicher Schlüsselbegriff". Der Terminus „Schlüsselbegriff" begegnet schon bei Peter Häberle, *Verfassung als öffentlicher Prozeß. Materialien zu einer Verfassungstheorie der offenen Gesellschaft*. Berlin: Duncker & Humblot, 1978, 608 ff.; siehe noch Klaus Schlaich, „Art. Neutralität (II. Innerstaatlich)". *Evangelisches Staatslexikon*, Band 2. Stuttgart: Kreuz Verlag, 3. Aufl. 1987, 2239–2244, hier 2242: „Schlüsselbegriff" im Staatskirchenrecht; Michael Droege, „Art. Neutralität". *Evangelisches Staatslexikon*. Stuttgart: Kohlhammer, Neuausgabe (= 4. Aufl.) 2006, 1620–1624, hier 1623: „Kernelement des Verhältnisses von Kirche und Staat"; Gerhard Czermak, *Religions- und Weltanschauungsrecht*,

philosophische Begründungsmuster zusammen. Für das Verständnis der Stellung und des Stellenwerts der Religion ist es von herausragender Relevanz. Im Folgenden sei zunächst die verfassungsrechtliche Grundlage des Neutralitätsgebotes referiert (1.1), dann sein wesentlicher Gehalt extrahiert (1.2), seine Genese rekapituliert (1.3) und schließlich seine Gestalt konturiert (1.4).

1.1 Grundlage: Verfassungsrechtliche Verankerung

Im Text des Grundgesetzes finden sich Wendungen wie religiöse oder weltanschauliche Neutralität nicht.[2] Aber das ist unschädlich. Auch der Begriff „Repräsentation" ist dem Grundgesetz fremd, und dennoch sind wir uns einig, dass Repräsentation ein wichtiges und unentbehrliches Element unserer demokratischen Ordnung ist. Im Falle der religiös-weltanschaulichen Neutralität kommt hinzu, dass Judikatur und Literatur diesen Grundsatz in überzeugender und allgemein konsentierter Weise aus einer Art von Gesamtschau mehrerer grundgesetzlicher Normen hergeleitet haben.[3] Er wird üblicherweise als „objektiv-rechtliche Kehrseite" der Religionsfreiheit[4] begriffen und bezeichnet, als andere Seite der

---

Eine Einführung. Berlin, Heidelberg: Springer, 2008, Rn. 159: „Zentralbegriff des Religionsverfassungsrechts"; Stefan Mückl, „Grundlagen des Staatskirchenrechts". In *Handbuch des Staatsrechts der Bundesrepublik Deutschland*, Band 7, hg. von Josef Isensee, Paul Kirchhof. Heidelberg: C. F. Müller, 3. Aufl. 2009, § 159 Rn. 1–131, hier 67: „Elementarprinzip des Staatskirchenrechts".
2 Richtig Julian Krüper, „Die grundrechtlichen Grenzen staatlicher Neutralität. Zum Inhalt eines Verfassungsprinzips – aus Anlass des ‚Kopftuchstreits'". *Jahrbuch des öffentlichen Rechts der Gegenwart* 53 (2005), 79–110, hier 80: kein „verfassungsrechts*textliches* Prinzip" (Hv. i. O., H. D.).
3 Hingegen ist ohne große Gefolgschaft geblieben der Vorstoß, den Begriff wegen seiner Mehrdeutigkeit und seiner unterschiedlichen Auslegung gänzlich zu verabschieden: Frank Holzke, „Die ‚Neutralität' des Staates in Fragen von Religion und Weltanschauung". *Neue Zeitschrift für Verwaltungsrecht* 21 (2002), 903–913.
4 So Stefan Korioth, „Freiheit der Kirchen und Religionsgemeinschaften". In *Handbuch der Grundrechte in Deutschland und Europa*, Band 4, hg. von Detlef Merten, Hans-Jürgen Papier. Heidelberg: C. F. Müller, 2011, § 97 Rn. 1–76, hier 6; ähnlich Martin Morlok, „Art. 4". In *Grundgesetz-Kommentar*, Band 1, hg. von Horst Dreier. Tübingen: Mohr Siebeck, 3. Aufl. 2013, Art. 4 Rn. 1–192, hier 161: „Sie ist das notwendige Gegenstück auf Seiten des Staates zur religiösen und weltanschaulichen Freiheit der Bürger." Ähnlich auch Stefan Muckel, „Schutz von Religion und Weltanschauung". In *Handbuch der Grundrechte in Deutschland und Europa*, Band 4, hg. von Detlef Merten, Hans-Jürgen Papier. Heidelberg: C. F. Müller, 2011, § 96 Rn. 1–105, hier 29: „Durch das Neutralitätsprinzip […] wird dem Staat die objektiv-rechtliche Verpflichtung auferlegt, sich inhaltlich nicht auf die Seite einer bestimmten Religion oder Weltanschauung zu stellen." Ferner Ludwig Renck, „Religionsfreiheit und das Bildungsziel der Ehrfurcht vor Gott". *Neue juristische Wochenschrift* 42 (1989), 2442–2445, hier 2444: Neutralität sei „das notwendige und unumgängliche Korrelat der Religionsfreiheit."

Medaille sozusagen,⁵ bildet aber durchaus einen eigenen verfassungsrechtlichen Maßstab und stellt keine unnötige Verdoppelung dar.⁶

Für die verfassungsrechtliche Herleitung ist kanonisch geworden eine Sentenz des Bundesverfassungsgerichts aus dem Jahr 1965. In dem Urteil heißt es:

> „Das Grundgesetz legt durch Art. 4 Abs. 1, Art. 3 Abs. 3, Art. 33 Abs. 3 sowie durch Art. 136 Abs. 1 und 4 und Art. 137 Abs. 1 WRV in Verbindung mit Art. 140 GG dem Staat als Heimstatt aller Staatsbürger ohne Ansehen der Person weltanschaulich-religiöse Neutralität auf. Es verwehrt die Einführung staatskirchlicher Rechtsformen und untersagt auch die Privilegierung bestimmter Bekenntnisse [...]."⁷

Das ist über Jahrzehnte hinweg bis heute Grundlage der Judikatur gewesen und geblieben.⁸ Die Anhäufung von nicht weniger als sechs unterschiedlichen Normen mag auf den ersten Blick etwas unübersichtlich erscheinen. Doch zeigt eine nähere Betrachtung, dass sie auf verschiedene Teilgehalte des Neutralitätsprinzips verweisen, die ihr Zentrum im Identifikationsverbot⁹ finden.

---

5 Hierzu Ernst-Wolfgang Böckenförde, *Der säkularisierte Staat. Sein Charakter, seine Rechtfertigung und seine Probleme im 21. Jahrhundert*. München: Carl Friedrich von Siemens Stiftung, 2007, 12 ff.; Martin Morlok, „Art. 140". In *Grundgesetz-Kommentar*, Band 3, hg. von Horst Dreier. Tübingen: Mohr Siebeck, 3. Aufl. 2018, Art. 140 Rn. 1–55, hier 35; Jürgen Habermas, „Einleitung". In ders., *Zwischen Naturalismus und Religion*. Frankfurt a. M.: Suhrkamp, 2005, 9; Horst Dreier: „Säkularisierung des Staates am Beispiel der Religionsfreiheit". *Rechtsgeschichte* 19 (2011), 72–86, hier 74. – Nicht zu übersehen ist freilich, dass es Staaten gibt, die ihren Bürgern umfassende Glaubensfreiheit gewähren und dennoch eine Staatskirche bzw. Staatsreligion kennen (z. B. Dänemark, England, Norwegen); treffender Hinweis bei Holzke, „Die ‚Neutralität' des Staates in Fragen von Religion und Weltanschauung", 909.

6 Siehe aber Christoph Möllers, „Religiöse Freiheit als Gefahr?". In *Veröffentlichungen der Vereinigung der Deutschen Staatsrechtslehrer* 68 (2009), 47–93, hier 58: „Reflexfigur". Das stuft das Gebot zu niedrig bzw. als zu unbedeutend ein; kritisch wie hier Hans Michael Heinig, „Verschärfung der oder Abschied von der Neutralität? Zwei verfehlte Alternativen in der Debatte um den herkömmlichen Grundsatz religiös-weltanschaulicher Neutralität". *Juristenzeitung* 64 (2009), 1136–1140, hier 1140.

7 Entscheidung des Bundesverfassungsgerichts (BVerfGE) 19, 206 (216). Ständige Rechtsprechung (St. Rspr.): siehe etwa E 33, 23 (28); 93, 1 (16 f.); 108, 282 (299 f.); 123, 148 (178); 138, 296 (338 f.).

8 Siehe etwa eine Entscheidung aus dem Jahre 2009 (BVerfGE 123, 148 [178]): „Aus dem Grundsatz der religiösen und weltanschaulichen Neutralität des Staates, der sich aus einer Zusammenschau der Art. 4 Abs. 1, Art. 3 Abs. 3, Art. 33 Abs. 3, Art. 140 GG in Verbindung mit Art. 136 Abs. 1, Abs. 4 und Art. 137 Abs. 1 WRV ableiten lässt, folgt, dass der Staat auf eine am Gleichheitssatz orientierte Behandlung der verschiedenen Religions- und Weltanschauungsgemeinschaften zu achten hat [...]. Wo er mit Religionsgesellschaften zusammenarbeitet oder sie fördert, darf das nicht zu einer Identifikation mit bestimmten Religionsgesellschaften oder einer Privilegierung bestimmter Bekenntnisse führen [...]."

9 Grundlegend Herbert Krüger, *Allgemeine Staatslehre* (1964). Stuttgart: Kohlhammer, 2. Aufl. 1966, 178 ff.

1.2 Gehalt: Identifikationsverbot

Dieses Identifikationsverbot weist erstens eine ganz fundamentale institutionelle Komponente auf,[10] nämlich die Trennung von Staat und Religion, die ihren knappsten Ausdruck in den Worten „Es besteht keine Staatskirche" (Art. 137 Abs. 1 WRV) gefunden hat.[11] Jede Form institutioneller Verklammerung staatlicher und kirchlicher Institutionen ist damit prinzipiell ausgeschlossen. Der Staat hat seinen Ort weder *in* der Kirche (Kirchenregiment) noch *über* der Kirche (als Staatsaufsicht). Es besteht ein allgemeines Einmischungs- oder Interventionsverbot,[12] was Kooperation nicht ausschließt.

Sodann der zweite, der freiheitliche Aspekt: Religion und Weltanschauung (die man immer als gleichberechtigt geschützte dazuzählen muss) sind Grundrechte und als solche Sache der Bürger. Dafür steht der Verweis auf Art. 4 GG und auf Art. 136 Abs. 4 WRV, wonach niemand zu einer kirchlichen Handlung oder Feierlichkeit oder zur Teilnahme an religiösen Übungen gezwungen werden darf. Und da hier das Prinzip grundrechtlicher Freiheit herrscht, darf der religiös-weltanschauliche Staat „den Glauben oder Unglauben seiner Bürger nicht bewerten"[13] – genauso wenig, wie er die freie Meinungsäußerung, die künstlerische oder wissenschaftliche Tätigkeit der Bürger bewerten darf. Der Staat darf nicht

---

[10] Ähnlich wie hier die Unterscheidung von zwei Verfahrensmodi zur Verwirklichung des Ziels gleicher Religions- und Gewissensfreiheit bei Jocelyn Maclure, Charles Taylor, *Laizität und Gewissensfreiheit*. Berlin: Suhrkamp, 2011, 29 ff. (Laizität bedeutet in diesem Buch soviel wie Säkularität, Gewissensfreiheit soviel wie Religionsfreiheit); ihnen zufolge besteht der erste Modus in der organisatorischen Trennung von Kirche und Staat, der zweite in der Neutralität des Staates gegenüber Religion und Weltanschauung. Siehe dazu auch Bijan Fateh-Moghadam, *Die religiös-weltanschauliche Neutralität des Strafrechts. Zur strafrechtlichen Beobachtung religiöser Pluralisierung*. Habilitationsschrift, Ms. 2014, 147.

[11] Dazu Martin Morlok, „Art. 140/137 WRV". In *Grundgesetz-Kommentar*, Band 3, hg. von Horst Dreier. Tübingen: Mohr Siebeck, 3. Aufl. 2018, Art. 140/137 WRV Rn. 1–145, hier 16 ff.; Mückl, „Grundlagen des Staatskirchenrechts", § 159 Rn. 61 ff.

[12] BVerfGE 105, 279 (294): untersagt ist die „Regelung genuin religiöser oder weltanschaulicher Fragen", die „parteiergreifende Einmischung in die Überzeugungen, die Handlungen und in die Darstellung Einzelner oder religiöser und weltanschaulicher Gemeinschaften". Siehe auch Böckenförde, *Der säkularisierte Staat*, 13: Die Religion werde vom Staat freigegeben: „Ihre Zulassung, Organisation und Ausübung ist keine staatliche Angelegenheit mehr, wird auch vom Staat nicht gelenkt und dirigiert; der säkularisierte Staat verzichtet [...] auf jedwede Form von Religionshoheit".

[13] BVerfGE 12, 1 (4); s. auch E 102, 379 (397): es ist ihm „verwehrt, Glauben und Lehre als solche zu bewerten"; E 105, 279 (294 f.): „Weder dürfen von ihm bestimmte Bekenntnisse – etwa durch Identifikation mit ihnen – privilegiert noch andere um ihres Bekenntnisinhalts willen – beispielsweise durch Ausgrenzung – benachteiligt werden." Siehe noch BVerfGE 41, 65 (84); 138, 296 (339).

Partei ergreifen, sich nicht inhaltlich mit einer bestimmten Religion oder Weltanschauung identifizieren. In der Verlängerung dieses Gedankens treten dann drittens die gleichheitsrechtlichen Normen auf den Plan, denen zufolge etwa die Innehabung bestimmter Rechte oder der Zugang zu einem öffentlichen Amt unabhängig vom religiösen oder weltanschaulichen Bekenntnis ist (Art. 3 Abs. 3, 33 Abs. 3 GG; Art. 136 Abs. 1 WRV). Freiheits- und Gleichheitsaspekte greifen ineinander. Eng verbunden mit beiden Aspekten ist der Gedanke der Äquidistanz, den der Staat zu den verschiedenen Religionen und Weltanschauungen halten muss. Räumt er im Unterschied zu strikt laizistischen Systemen den Religionen öffentliche Wirkungsmöglichkeiten ein oder stellt ihnen entsprechende Foren zur Verfügung, so muss er hier wie insbesondere bei direkten Fördermaßnahmen auf strikte Gleichbehandlung achten.[14] Das Neutralitätsgebot ist privilegienfeindlich und dient der Entfaltung der Religions- und Weltanschauungsfreiheit aller Bürger.

Ganz generell bringt das Identifikationsverbot über die genannten Teilgehalte hinweg zum Ausdruck, dass der Staat selbst nicht auf einer bestimmten metaphysischen Wahrheit oder bestimmten transzendenten religiösen bzw. weltanschaulichen Anschauungen aufruht. „Der Staat verzichtet auf religiöse Legitimation".[15] Er ist ein säkularer Staat. So wenig es eine Staatsreligion gibt, so wenig gibt es eine Staatsweltanschauung.[16] Schon Robert von Mohl hatte vermerkt, dass geistliche und religiöse Zwecke „außerhalb des Befugnißkreises des Rechtsstaats" lägen.[17] Der liberale Staat erhebt keine Wahrheitsansprüche, sondern Geltungsansprüche,[18] die keiner über- oder außerweltlichen Beglaubi-

---

14 BVerfGE 123, 148 (178): „Wo er [scil.: der Staat] mit Religionsgesellschaften zusammenarbeitet oder sie fördert, darf das nicht zu einer Identifikation mit bestimmten Religionsgesellschaften oder einer Privilegierung bestimmter Bekenntnisse führen [...]."
15 Czermak, Religions- und Weltanschauungsrecht, Rn. 166. Siehe auch Mückl, „Grundlagen des Staatskirchenrechts", § 159 Rn. 61: „Der Staat ist in seiner rechtlichen Grundlegung wie Verfassung ausschließlich säkular."
16 Siehe Mückl, „Grundlagen des Staatskirchenrechts", § 159 Rn. 65 m. w. N.; ders., „Säkularer Staat und Religion. Zum staatskirchenrechtlichen Prinzip der Säkularität". In Gelebte Wissenschaft. Geburtstagssymposion für Alexander Hollerbach zum 80. Geburtstag, hg. von Gerhard Robbers. Berlin: Duncker & Humblot, 2012, 35–77, hier 68 f. – Vgl. noch unter 2.2.
17 Robert von Mohl, Das Staatsrecht des Königreichs Württemberg, Band 1. Tübingen: Laupp, 1829, 9.
18 Klaus Ferdinand Gärditz, „Säkularität und Verfassung". In Verfassungstheorie, hg. von Otto Depenheuer, Christoph Grabenwarter. Tübingen: Mohr Siebeck, 2010, § 5 Rn. 17 f., 28; Horst Dreier, Säkularisierung und Sakralität. Zum Selbstverständnis des modernen Verfassungsstaates (mit Kommentaren von Christian Hillgruber und Uwe Volkmann). Tübingen: Mohr Siebeck, 2013, 34. Siehe auch Mückl, „Säkularer Staat und Religion", 41: Der entscheidende Punkt der Trennung von Staat und Kirche liege darin, „daß der Staat nicht mehr die Wahrheits- und die Kirche nicht mehr die Machtfrage" stellt.

gung oder Rückversicherung, keiner Verankerung in einem höheren Prinzip oder einer höheren Instanz bedürfen, sondern sich auf die immanente Legitimität des demokratischen Verfassungsstaates gründen. Dieser baut auf Legalität, nicht auf Moralität. Er darf vor allem auch nicht den Anschein vermitteln, er identifiziere sich mit einer bestimmten Religion oder Weltanschauung, was für die staatliche Präsentation religiöser Symbole von Bedeutung ist.

1.3 Genese: Durchsetzung der Religionsfreiheit

Das umfassende Neutralitätsgebot ist in gewisser Weise der Endpunkt einer längeren Entwicklung, die man mit den konfessionellen Bürgerkriegen und den aus ihnen erwachsenen religionsrechtlichen Regeln beginnen und mit den umfassenden Garantien von Glaubens-, Gewissens- und Kultusfreiheit in der Weimarer Reichsverfassung enden lassen kann. Doch steht es – die Reichsebene einmal außer Betracht gelassen – wohlgemerkt nicht am Anfang des staatsrechtlichen Säkularisierungsprozesses, sondern an seinem Ende.[19] Waren doch die Anfänge im Augsburger Religionsfrieden von 1555 und im Westfälischen Frieden knapp einhundert Jahre später durchaus bescheiden: reichsrechtliche Anerkennung erst von zwei, später dann von drei christlichen Konfessionen, wobei die Wahl zwischen ihnen nicht etwa den Untertanen zufiel, sondern aufgrund des sog. ius reformandi dem jeweiligen Landesherrn zustand, in dessen Territorium somit lange Zeit strikte konfessionelle Homogenität herrschte. Religionsfreiheit bestand in der Religionshoheit und war ein Hoheitstitel: also Glaubensfreiheit nicht *gegen* die Obrigkeit, sondern *der* Obrigkeit. Erst in einem langen historischen Prozess pluralisierte sich die religiöse Landschaft, wurden Glaube und Konfession von einem Staatsattribut zu einem subjektiven Grundrecht der Bürger. Wichtige Etappen auf diesem Weg markierten zweifelsohne das Allgemeine Preußische Landrecht von 1794 sowie die Paulskirchenverfassung von 1848/49, auch wenn diese nicht in Kraft trat. Obwohl die Preußische Verfassung von 1850 bereits die Freiheit des religiösen Bekenntnisses und der Vereinigung zu Religionsgesellschaften proklamierte und keine Staatsreligion mehr kannte, wurde doch die christliche Religion bei den Einrichtungen des Staates „zugrundegelegt", wie es in Art. 14 etwas dunkel hieß. Und auch wenn im Kaiserreich von 1871 alle aus der Verschiedenheit der religiösen Bekenntnisse hergeleiteten Beschränkungen der bürgerlichen und staatsbürgerlichen Rechte aufgehoben waren, so fehlte es doch

---

[19] Zum Folgenden ausführlicher Horst Dreier, *Staat ohne Gott. Religion in der säkularen Moderne*. München: C. H. Beck, 2018, 63 ff.

an einer „*reichs*rechtlichen Sicherung der religiösen Vereinigungsfreiheit",[20] sodass einige Länder an dem Genehmigungsprinzip festhielten; des Weiteren blieb es bei der „durchweg theistischen, also religiösen Prägung aller Eidesformeln, die für alle, auch für diejenigen obligatorisch waren, welche die Anrufung Gottes überhaupt und bei diesem Anlaß (Eid) als Gewissenszwang empfanden";[21] schließlich hielt man an der „Erstreckung der Schulpflicht auf den Religionsunterricht" fest: Weder hatten die Eltern einen Anspruch auf Befreiung ihrer Kinder noch hatten die Lehrer das Recht, die Erteilung des religiösen Unterrichts abzulehnen.[22] Mit alledem machte erst die Weimarer Reichsverfassung Schluss. Hier schließt das Grundgesetz an, das nun explizit dem religiösen Bekenntnis das weltanschauliche an die Seite stellt.

Man kann diese Arbeit der Jahrhunderte als eine Lerngeschichte und als einen Ausdifferenzierungsprozess von Religion und Politik begreifen, der erfahrungsgesättigt zu der Einsicht führt, dass dem Staat als einer säkularen Institution in Bezug auf glaubensbezogene Wahrheitsfragen schlicht die Kompetenz fehlt. Plurale Religionsfreiheit und Neutralität des Staates führen zur Ausklammerung der Wahrheitsfrage. Der freiheitliche Verfassungsstaat überwindet die divergenten Wahrheitsansprüche der religiösen Gruppen und den daraus resultierenden Streit nicht durch strikte konfessionelle Homogenität, sondern durch Zulassung von Glaubensvielfalt bei gleichzeitiger Distanzierung von den unterschiedlichen Antworten auf die Wahrheitsfrage. Dabei spricht er der Religion nicht das Wahrheitspotential *ab* – er spricht es nur keiner bestimmten Religion *zu*. Der Clou der Entwicklung liegt darin, dass die Ausdifferenzierung der Sphären die Religion nicht etwa schwächt, sondern zu ihrer Stärkung als Glaubensmacht führen kann. Mit dem säkularen Staat ist daher keineswegs ein erster Schritt in Richtung Religionslosigkeit getan. Denn gerade weil umfassende Religionsfreiheit gewährt wird, ist insbesondere den Glaubensgemeinschaften breiter Raum zur Entfaltung, zur hör- und sichtbaren Praxis, auch zur Einmischung in öffentliche Angelegenheiten gegeben. Der Staat perhorresziert Religion nicht, ordnet sie aber der Sphäre der Gesellschaft zu. Sie ist nicht länger Fixpunkt und Legitimationsanker politischer Herrschaft, sondern Gegenstand privaten Glaubens und Handelns. Martin Heckel hat es als dogmatisch wie rechtshistorisch springenden Punkt bezeichnet, dass Säkularisierung „nicht zur Religionsbekämpfung, sondern zum Schutz der religiösen Selbstbestimmung der Religionsgemeinschaften und ihrer

---

20 Gerhard Anschütz, „Die Religionsfreiheit". In *Handbuch des Deutschen Staatsrechts*, Band 2, hg. von Gerhard Anschütz, Richard Thoma. Tübingen: J. C. B. Mohr (Paul Siebeck), 1932, § 106 (675–689, hier 680) – Hv. i. O., H. D.
21 Anschütz, „Die Religionsfreiheit", 680.
22 Ebd., 680.

Anhänger" geschah.²³ Der entsprechenden Vielfalt und Pluralität trägt das Neutralitätsgebot Rechnung.²⁴ Je stärker sich dieses religiöse Feld nun pluralisiert und zerklüftet, je heterogener und vielfältiger die Gemeinschaften werden und je unterschiedlicher sie sich gebärden, desto wichtiger wird der Neutralitätsgrundsatz. Er hat in den letzten Jahrzehnten noch an Bedeutung gewonnen.²⁵ Mit den Worten des Bundesverfassungsgerichts: „In einem Staat, in dem Anhänger unterschiedlicher religiöser und weltanschaulicher Überzeugungen zusammenleben, kann die friedliche Koexistenz nur gelingen, wenn der Staat selbst in Glaubens- und Weltanschauungsfragen Neutralität bewahrt".²⁶

1.4 Gestalt: Begründbarkeitsneutralität

Doch was bedeutet nun diese Neutralität genau? Zwar sind die genannten Grundsätze und Teilgehalte in ihrem Kern weitgehend unstreitig. Das liegt aber vor allem daran, dass sie in dieser Allgemeinheit und Abstraktionshöhe kaum angefochten werden und bei konkreten Fallkonstellationen (Kruzifix, Kopftuch) die grundrechtliche Sichtweise dominiert.²⁷ Daher ist etwas konkreter zu fragen, welche Anforderungen das Neutralitätsgebot insbesondere für die allgemeine Recht-

---

23 Martin Heckel, „Zur Zukunftsfähigkeit des deutschen ‚Staatskirchenrechts' oder ‚Religionsverfassungsrechts'?". *Archiv des öffentlichen Rechts* 134 (2009), 309–390, hier 367. – Klar ist somit, dass „das Neutralitätsgebot nicht auf eine laizistische Zurückdrängung der Religion aus der öffentlichen Sphäre in den Privatbereich zielt" (Fateh-Moghadam, *Die religiös-weltanschauliche Neutralität des Strafrechts*, 150); deutlich auch Mückl, „Säkularer Staat und Religion", 55 ff.; sowie Böckenförde, *Der säkularisierte Staat*, 13: „Aber die Religion wird vom säkularisierten Staat keineswegs negiert oder beiseite gestellt."
24 Muckel, „Schutz von Religion und Weltanschauung", § 96 Rn. 29: „Die staatliche Neutralität trägt der Vielfalt religiöser Überzeugungen Rechnung und ermöglicht dem Staat, gegenüber und in einer religiös und weltanschaulich geprägten Gesellschaft seine spezifischen Aufgaben wahrzunehmen, ohne Spannungen unter den Anhängern verschiedener Bekenntnisse hervorzurufen."
25 Morlok, „Art. 140", Art. 140 Rn. 37: der Neutralitätsgrundsatz habe „in einer ausdifferenzierten, durch pluralistische Auffächerung gekennzeichneten Gesellschaft noch gesteigerte Bedeutung gewonnen".
26 BVerfGE 105, 279 (295) mit Hinweis auf E 93, 1 (16 f.). Siehe auch Morlok, „Art. 4", Art. 4 Rn. 161: „Staatliche Neutralität wirkt integrativ und ist angesichts einer weitgehenden Pluralisierung in den Überzeugungen der Bürger eine funktionale Voraussetzung dafür geworden, dass der Staat Heimstatt aller Bürger sein kann."
27 Das ist insofern bedauerlich, als die Konzentration auf die positive und die negative Religionsfreiheit oftmals in die Irre führt, weil hier problematischerweise „Belastungen" konstatiert oder auch manchmal nur konstruiert werden müssen, auf die es gar nicht ankäme, wenn man sich auf die objektive Rechtspflicht zur Neutralität konzentrieren würde; hinzu tritt die Problematik einer jeden „Abwägung". Zu diesen Fragen ausführlich Dreier, *Staat ohne Gott*, 135 ff.

setzung entfaltet. Was heißt es konkret, das Recht dürfe aus Neutralitätsgründen „keinen religiösen oder weltanschaulichen Vorstellungen verpflichtet sein und keine solchen Gehalte umfassen"?[28] Muss hier die Auswirkung der gesetzlichen Regeln für alle betroffenen Gruppen gleich sein, muss also Wirkungsneutralität herrschen? Oder genügt das, was man vor allem in der politischen Philosophie unter dem Stichwort der Begründungsneutralität entwickelt hat? Und zeitigt das Gebot Folgen für die Ordnung des politischen Entscheidungsprozesses, legt es diesem sozusagen Zügel an?

a) Die erste Frage wird unisono und richtig in der Weise beantwortet, dass die Neutralität nicht und niemals als Auswirkungsneutralität gefasst werden kann.[29] Dass sich Rechtsnormen auf verschiedene Sachverhalte und Personen unterschiedlich auswirken, ist ebenso evident wie unvermeidlich. Auch Normen, die die Lebenspraxis gläubiger Menschen betreffen, können und werden ungleiche Wirkungen zeitigen, weil sie mit der einen Religion kompatibler sind als mit der anderen. Gesetzliche Tatbestände lassen sich nicht so fassen, „dass sie auf die Praktiken aller Religionen gleich gut anwendbar sind".[30] Es ist „nicht möglich, das Gemeinwesen auf eine Weise einzurichten, die allen Überzeugungen und Lebensformen in gleicher Weise entspricht", weil jede Regelung wie auch jede Nichtregelung „auf irgendeine Lebensform eine vorteilhafte oder nachteilige Wirkung ausüben" kann.[31]

Die Vorstellung einer Wirkungsneutralität arbeitet aber nicht nur mit irrealen Annahmen – sie negiert auch das Wesenselement der Demokratie, den Kampf um die Mehrheit für bestimmte Vorstellungen zur Gestaltung der gesamtgesellschaftlichen Ordnung. Die hinter den konkurrierenden Parteien stehenden oder auch explizit gemachten Welt- und Lebensentwürfe werden sich im Erfolgsfalle in entsprechende rechtliche Regelungen umsetzen, die wiederum die gesellschaftlichen Gruppen einschließlich der religiösen und weltanschaulichen Milieus

---

28 Zitat: Muckel, „Schutz von Religion und Weltanschauung", § 96 Rn. 29. Ähnliche Wendung bei Morlok, „Art. 140", Art. 140 Rn. 38, der davon spricht, „daß das Recht selbst keinen religiösen oder weltanschaulichen Vorstellungen verpflichtet ist und keine solchen Gehalte umfaßt".
29 Statt vieler Christian Waldhoff, *Neue Religionskonflikte und staatliche Neutralität. Erfordern weltanschauliche und religiöse Entwicklungen Antworten des Staates?*, Gutachten D zum 68. Deutschen Juristentag. München: C. H. Beck, 2010, 45 ff.; Stefan Huster, *Der Grundsatz der religiösweltanschaulichen Neutralität des Staates – Gehalt und Grenzen. Vortrag gehalten vor der juristischen Gesellschaft zu Berlin am 19. Mai 2004*. Berlin: De Gruyter Recht, 2004, 11 ff.; Czermak, *Religions- und Weltanschauungsrecht*, Rn. 170; siehe noch Maclure, Taylor, *Laizität und Gewissensfreiheit*, 93 ff., 96 ff.
30 Treffend Möllers, „Religiöse Freiheit als Gefahr?", 79.
31 Huster, *Der Grundsatz der religiös-weltanschaulichen Neutralität des Staates – Gehalt und Grenzen*, 13 (erstes Zitat), 12 (zweites Zitat).

unterschiedlich treffen.³² Neutralität meint nicht Wertungsaskese, Inhaltsleere oder Gleichgültigkeit. Jede Rechtsordnung, auch und gerade eine demokratische,³³ beruht auf bestimmten sozialen, kulturellen und ideellen Grundlagen und nimmt implizit oder explizit zu Wert-, Weltanschauungs- und Religionsfragen Stellung.³⁴ Die vielfältige Prägung unseres Rechts durch das Christentum ist ein herausragendes Beispiel dafür.³⁵ Kurz: Eine Wirkungs- oder Ergebnisneutralität ist weder möglich noch erstrebenswert.

b) Weil dem so ist, kommen politische Philosophie (Rawls) und beträchtliche Teile der Staatsrechtslehre darüber überein, dass – lediglich – Begründungsneutralität verlangt werden kann.³⁶ Gängiger Rede zufolge soll sie beinhalten, dass die Rechtfertigung von Normen an öffentlich kritisierbare und vor allem akzeptierbare Geltungsansprüche gebunden ist.³⁷ Der weltanschaulich neutrale

---

32 Vielleicht ein Beispiel: Gezielte und breitgestreute Fördermaßnahmen zur Berufstätigkeit von Frauen (angefangen vom Girls' Day über spezifische Förderungen in Wirtschaft und Universität bis hin zu Kitaplatz-Garantien und Erziehungsjahren) dürften an Familien weitgehend vorbeigehen, in denen ein religiös und kulturell geprägtes traditionelles Bild von der Frau als Ehe- und Hausfrau dominiert. – Siehe auch den Hinweis bei Maclure, Taylor, *Laizität und Gewissensfreiheit*, 25 f.: Ein Staat, der die kritische Autonomie der Schüler fördert, macht es Eltern schwer(er), ihren Kindern ein doktrinäres Glaubenssystem zu vermitteln.

33 Also kann die Antwort auf die rhetorische Frage, ob eine demokratische Ordnung neutral sein kann (Christoph Möllers, „Grenzen der Ausdifferenzierung. Zur Verfassungstheorie der Religion in der Demokratie". *Zeitschrift für evangelisches Kirchenrecht* 59 [2014], 115–140, hier 117), natürlich nur negativ ausfallen. Klar und deutlich Maclure, Taylor, *Laizität und Gewissensfreiheit*, 26: Sie betonen, dass eine gewisse „Voreingenommenheit zugunsten bestimmter Grundwerte *konstitutiv* für liberale Demokratien" sei und „die Neutralität des demokratischen und liberalen Staates *per definitionem* nicht absolut sein" könne: „Insofern der Staat neutral gegenüber den Glaubens- und Wertesystemen der Bürger ist, *verteidigt* er ihre Gleichheit sowie ihre Freiheit, ihre eigenen Zwecke zu verfolgen. Der Staat ergreift demnach Partei für die Gleichheit und Autonomie der Bürger, indem er es ihnen freistellt, ihren eigenen Lebensplan und ihre eigene Lebensweise zu wählen. Auf diese Weise können Gläubige und Atheisten ihren eigenen Vorstellungen gemäß leben, ohne ihr eigenes Weltbild den jeweils anderen aufzwingen zu dürfen." (Hv. i. O., H. D.)

34 So Waldhoff, *Neue Religionskonflikte und staatliche Neutralität*, 48. Siehe auch (in kompakter Zusammenfassung) Stefan Huster, „Gleichheit statt Freiheit. Die Verschiebung der Argumentationsgewichte im Religionsverfassungsrecht unter Bedingungen des Pluralismus". In *Religionsverfassungsrechtliche Spannungsfelder*, hg. von Hans Michael Heinig, Christian Walter. Tübingen: Mohr Siebeck, 2015, 203–230, hier 216 ff.

35 Dazu nur Dreier, *Säkularisierung und Sakralität*, 43 ff.; Mückl, „Säkularer Staat und Religion", 50 ff.

36 Eine besonders gründliche und ausführliche Darstellung bietet Huster, *Die ethische Neutralität des Staates*, 98 ff., 652 ff. mit umfänglichen Nachweisen; sehr eingehend auch Fateh-Moghadam, *Die religiös-weltanschauliche Neutralität des Strafrechts*, 100 ff., 122 ff., 154 ff., 450 ff.

37 Repräsentativ insofern Thomas Gutmann u. a., „Einleitung". In *Von der religiösen zur säkularen Begründung staatlicher Normen. Zum Verhältnis von Politik und Religion in der Philosophie*

Staat müsse sich auf Gründe beschränken, die jedem ohne Rekurs auf religiöse Erfahrungen oder Glaubensüberzeugungen einsichtig zu machen sind. Besonders kompakt ist das von Jürgen Habermas unter Rekurs auf und Aufnahme von zentralen Elementen der Rawls'schen Theorie des politischen Liberalismus formuliert worden:

> „Das Grundrecht der Gewissens- und Religionsfreiheit ist die angemessene Antwort auf die Herausforderungen des religiösen Pluralismus. So kann nämlich auf der Ebene des sozialen Umgangs der Staatsbürger das Konfliktpotential entschärft werden, das auf der kognitiven Ebene zwischen den existentiell relevanten Überzeugungen von Gläubigen, Andersgläubigen und Ungläubigen uneingeschränkt fortbesteht. Für eine gleichmäßige Gewährleistung der Religionsfreiheit ist nun der säkulare Charakter des Staates zwar eine notwendige, aber keine zureichende Bedingung. [...] Wenn sich das Prinzip der Toleranz vom Verdacht einer repressiven Festlegung *der Grenzen* der Toleranz befreien soll, verlangt die Definition dessen, was noch und was nicht mehr toleriert werden kann, einleuchtende Gründe, die von allen Seiten gleichermaßen akzeptiert werden können. Faire Regelungen können nur zustande kommen, wenn die Beteiligten lernen, auch die Perspektiven der jeweils anderen zu übernehmen. Insofern bietet sich die deliberativ verfasste demokratische Willensbildung als geeignetes Verfahren an. [...] Die Bedingungen für die gelingende Teilnahme an der gemeinsam ausgeübten Praxis der Selbstbestimmung definieren die Staatsbürgerrolle: Die Bürger sollen sich, trotz ihres fortdauernden Dissenses in Fragen der Weltanschauung und der religiösen Überzeugung, als gleichberechtigte Mitglieder ihres politischen Gemeinwesens gegenseitig respektieren; und auf dieser Basis staatsbürgerschaftlicher Solidarität sollen sie in Streitfragen eine rational motivierte Verständigung suchen – sie schulden einander gute Gründe".[38]

Wenn man darunter nicht allein die selbstverständliche Abwehr bewusster Diskriminierung religiöser oder weltanschaulicher Positionen versteht,[39] dann drängt sich mit Macht die Frage auf, wer hier eigentlich wem in einem konkreten politischen Gemeinwesen eine Begründung wofür schuldet. Allgemeiner gesagt:

---

der Neuzeit und in rechtssystematischen Fragen der Gegenwart, hg. von Thomas Gutmann u. a. Tübingen: Mohr Siebeck, 2012, 1–32, hier 22 ff.; kritische Rekonstruktion bei Möllers, „Grenzen der Ausdifferenzierung", 118 ff.

38 Jürgen Habermas, „Religion in der Öffentlichkeit". In ders. *Zwischen Naturalismus und Religion. Philosophische Aufsätze*, Frankfurt a. M.: Suhrkamp, 2005 (2. Aufl. 2013), 119–154, hier 125 ff. Auf Seite 127 heißt es: „Erst mit der Ausdifferenzierung einer nach eigenen Normen begründeten und sich selbst bestimmenden Assoziation von freien und gleichen Bürgern entsteht die Bezugsbasis für einen öffentlichen Gebrauch der Vernunft: die Bürger rechtfertigen ihre politischen Stellungnahmen im Lichte (einer begründeten Interpretation) geltender Verfassungsgrundsätze voreinander. [...] Bürger eines demokratischen Gemeinwesens schulden sich reziprok Gründe, weil nur dadurch politische Herrschaft ihren repressiven Charakter verlieren kann." Siehe auch ebd., 140.

39 So die Kurzbestimmung bei Huster, *Der Grundsatz der religiös-weltanschaulichen Neutralität des Staates – Gehalt und Grenzen*, 13.

Hat die Forderung der politischen Philosophie nach guten Gründen, die wir angeblich einander schulden und die wir angeblich in einer säkularen Sprache zum Ausdruck bringen müssen, irgendetwas mit den Funktionsimperativen einer freiheitlichen Demokratie, die im Großflächenstaat notwendig eine Parteiendemokratie ist, zu tun? Denn in einer liberalen Demokratie schulden politisch aktive Bürger einander im Grunde gar nichts. Es ist ihr gutes Recht, ihre womöglich noch so borniereten Interessen völlig diskursfrei zu vertreten und zu verfolgen. Rechtsetzung ist im Wesentlichen Produkt von politischem Wettbewerb und Mehrheitsentscheidungen.[40] Der Demokratie wohnt unweigerlich ein voluntaristisches Element inne.[41] In einer demokratischen Ordnung ist es „völlig ausreichend, ohne Angabe von Gründen, also idiosynkratisch, zu entscheiden und so politische Mitentscheidung mit Diskursverweigerung zu kombinieren. Das Grundgesetz normiert keine deliberative Demokratie und damit auch keine Pflicht, nachvollziehbare Gründe für politische Entscheidungen zu geben".[42] Pointiert gesagt: Die guten Gründe, die die politische Philosophie fordert, sind die demokratischen Mehrheiten, die für ihre Entscheidungen keine weiteren mehr vorbringen müssen. Demokratie beruht auf Mehrheit, nicht auf Wahrheit. Der demokratische Wettbewerb hat nicht die Gestalt eines philosophischen Oberseminars.

Jedenfalls verfassungsrechtlich schuldet der Gesetzgeber nichts als das Gesetz selbst.[43] Begründungsneutralität kann daher nur bedeuten, dass sich Gründe finden lassen, die dem Neutralitätsgebot gerecht werden,[44] nicht jedoch, dass

---

40 Siehe nur die einschlägige Wendung in der frühen Judikatur des Bundesverfassungsgerichts: Demokratie als „rechtliche Herrschaftsordnung auf der Grundlage der Selbstbestimmung des Volkes nach dem Willen der jeweiligen Mehrheit" (BVerfGE 2, 1 Leitsatz 2).
41 Dazu (jeweils m. w. N.) Horst Dreier, „Demokratische Repräsentation und vernünftiger Allgemeinwille. Die Theorie der amerikanischen Federalists im Vergleich mit der Staatsphilosophie Kants". *Archiv des öffentlichen Rechts* 113 (1988), 450–483, hier 482 f.; Klaus Meßerschmidt, *Gesetzgebungsermessen*. Berlin: Berlin Verlag Spitz, 2000, 808 ff.
42 Möllers, „Religiöse Freiheit als Gefahr?", 58, Anm. 58. Zur Begründung eingehender Christoph Möllers, *Die drei Gewalten. Legitimation der Gewaltengliederung in Verfassungsstaat, europäischer Integration und Internationalisierung*. Weilerswist: Velbrück Wissenschaft, 2008, 63 ff.; zustimmend Heinig, „Verschärfung der oder Abschied von der Neutralität?", 1138.
43 Dazu zusammenfassend Christian Waldhoff, „‚Der Gesetzgeber schuldet nichts als das Gesetz'. Zu alten und neuen Begründungspflichten des parlamentarischen Gesetzgebers". In *Staat im Wort. Festschrift für Josef Isensee*, hg. von Otto Depenheuer u. a. Heidelberg, München: C. F. Müller, 2007, 325–343, hier 325 ff.
44 Siehe auch die Wendung in BVerfGE 88, 203 (252): Das Lebensrecht des Ungeborenen gelte „unabhängig von bestimmten religiösen oder philosophischen Überzeugungen, über die der Rechtsordnung eines religiös-weltanschaulich neutralen Staates kein Urteil zusteht." – Beispiel für eine Verbotsnorm, die sich allein „aus ‚uralten kultischen Vorstellungen', aus ‚rational nicht

solche Gründe in den Beratungen und Entscheidungsprozeduren auch tatsächlich vorgebracht werden. Auf die Begründbarkeit, nicht auf reale Begründung oder Nichtbegründung kommt es an. Das lässt auch erkennen, dass das Neutralitätsgebot ein verfassungsrechtlicher Maßstab ist, der beispielsweise in einer verfassungsgerichtlichen Überprüfung an Normen oder staatliche Handlungen angelegt wird – nicht anders als bei einer Prüfung anhand der Grundrechte oder des Rechtsstaatsprinzips.

c) Entgegen den Stimmen prominenter Autoren der politischen Philosophie reguliert und restringiert das Neutralitätsgebot daher nicht den politischen Entscheidungsprozess. Anders als Rawls und Habermas meinen, bedürfen religiöse Bezüge nicht einer Übersetzung, bevor sie Eingang in die politische Debatte finden[45] – offenbar, weil sie ohne eine solche Übersetzung als untauglich für den politischen Diskurs angesehen werden. Hier geht es also, wie man treffend angemerkt hat, „im Namen staatlicher Neutralität nicht um den Schutz von Minderheiten, sondern um den Ausschluss bestimmter Beiträge vom demokratischen Diskurs".[46] Das aber ist einer freiheitlichen Demokratie zutiefst fremd. Denn diese beruht ja gerade auf dem Gedanken eines freien Austauschs der Meinungen, einem Pluralismus der Werthaltungen, Interessen und Standpunkte – und zwar ganz gleich, ob diese einen „Rationalitätstest" bestehen würden oder nicht.[47] Der offene Prozess politischer Willensbildung in der Demokratie lässt

---

enthüllbaren Auffassungen' oder sonst aus metaphysischen Gründen oder bestimmten religiös-kirchlichen Regeln" herleitete, für die sich aber „keine rationalen" bzw. keine „sachliche[n], verstandesmäßig faßbare[n] Gründe" finden ließen, sodass es von daher verfassungsrechtlich keinen Bestand haben konnte: BVerfGE 36, 146 (163) – Eheverbot der Geschlechtsgemeinschaft.
45 Siehe wiederum Habermas, „Religion in der Öffentlichkeit", 127 f.: „Politiker und Beamte innerhalb der staatlichen Institutionen" seien darauf „verpflichtet, Gesetze, Gerichtsentscheidungen, Verordnungen und Maßnahmen ausschließlich in einer allen Bürgern gleichermaßen zugänglichen Sprache zu formulieren und zu rechtfertigen"; 129: „So verletzt die Zulassung religiöser Rechtfertigungen im Prozess der Gesetzgebung [...] das Prinzip [der Trennung von Staat und Kirche, H. D.] selbst." 140: „Illegitim ist der Verstoß gegen das Prinzip der weltanschaulich neutralen Ausübung politischer Herrschaft, wonach alle mit staatlicher Gewalt durchsetzbaren politischen Entscheidungen in einer Sprache *formuliert* sein müssen und *gerechtfertigt werden können*, die allen Bürgern gleichermaßen zugänglich ist." (Hv. i. O., H. D.)
46 Möllers, „Grenzen der Ausdifferenzierung", 121.
47 Einmal ganz abgesehen von der Frage, warum eigentlich bestimmte politische Programme, bestimmte ökonomische Lehren oder bestimmte philosophische Konzeptionen von vornherein „rationaler" sein sollen als bestimmte Überzeugungen religiöser Gruppen. Und: Soll die Übersetzungsnotwendigkeit eigentlich auch für Weltanschauungen gelten, etwa den Marxismus-Leninismus in seiner kruden Variante aus der Zeit Stalins? Kritisch wie hier Heinig, „Verschärfung der oder Abschied von der Neutralität?", 1138; Möllers, „Grenzen der Ausdifferenzierung", 122 f.

prinzipiell jeden Beitrag zu[48] – die verschrobenste philosophische Spekulation ebenso wie völlig weltfremde ökonomische Theorien, esoterische ökologische Thesen und eben ohne Weiteres auch dezidiert religiöse Positionen. Jeder Blick auf den Stimmzettel für Bundes- oder Landtagswahlen zeugt von dieser Vielfalt, über die kein Philosophenkönig zu Gericht sitzt. Der Grundsatz demokratischer Gleichheit sichert allen Bürgern Mitwirkungsmöglichkeiten bei der Gestaltung des politischen Gemeinwesens zu. Er ist strikt formal zu begreifen, Differenzierungen und Abstufungen sind ihm fremd. Denn Wesen und Wert der Demokratie liegen eben gerade darin, dass sie den politischen Willen eines jeden Bürgers gleich einschätzt[49] – ganz unabhängig davon, ob sich dieser aus religiösen oder profanen Quellen speist.

Das alles gilt auch nicht nur für die Vorformung der politischen Willensbildung in der gesellschaftlichen Sphäre,[50] sondern genauso für Diskussionen und Beschlussfassungen im Parlament. Auch hier darf jeder Standpunkt geäußert werden, gleichviel, ob er philosophischer, ökonomischer, ökologischer, religiöser, weltanschaulicher oder sonstiger Provenienz ist. Die andersartige Position von Jürgen Habermas[51] kulminiert in seiner geradezu grotesken Forderung, die Geschäftsordnung des Parlaments müsse dessen Präsidenten ermächtigen, „religiöse Stellungnahmen oder Rechtfertigungen aus dem Protokoll zu streichen".[52] Nicht weniger absurd erscheint, dass er es als „interessante Frage" betrachtet, „inwieweit sich Kandidaten im Wahlkampf als religiöse Personen zu erkennen

---

48 Abgesehen von den Elementen der streitbaren (wehrhaften, militanten) Demokratie, wie sie in Art. 9 Abs. 2, 18 und 21 Abs. 2 GG Gestalt gewinnen.
49 So heißt es in einem der Klassikertexte zur Demokratietheorie: „Demokratie schätzt den politischen Willen jedermanns *gleich* ein, wie sie auch jeden politischen Glauben, jede politische Meinung, deren Ausdruck ja nur der politische Wille ist, gleichermaßen achtet. Darum gibt sie jeder politischen Überzeugung die gleiche Möglichkeit, sich zu äußern und im freien *Wettbewerb* um die Gemüter der Menschen sich geltend zu machen." Hans Kelsen, *Vom Wesen und Wert der Demokratie*. Tübingen: J. C. B. Mohr (Paul Siebeck), 2. Aufl. 1929, 101 (Hv. i. O., H. D.).
50 Hier will Habermas sozusagen „großzügig" zulassen, dass die Bürger ihre politischen Stellungnahmen und Überzeugungen noch in einer religiösen Sprache formulieren, auch wenn sie dafür keine Übersetzungen finden (Habermas, „Religion in der Öffentlichkeit", 133 ff.).
51 Ebd., 133 f.: Die strikte Forderung nach Begründung politischer Stellungnahmen unabhängig von religiösen oder weltanschaulichen Überzeugungen könne sich „nur an die Politiker richten, die innerhalb der staatlichen Institutionen der Pflicht zu weltanschaulicher Neutralität unterliegen, also an alle, die öffentliche Mandate einnehmen oder dafür kandidieren"; 137: „Allerdings bilden die institutionellen Schwellen zwischen der ‚wilden' politischen Öffentlichkeit und den staatlichen Körperschaften Filter, die aus dem Stimmengewirr der öffentlichen Kommunikationskreisläufe nur die säkularen Beiträge durchlassen."
52 Ebd., 137.

geben oder gar [!] als solche bekennen dürfen".[53] Im freiheitlichen Verfassungsstaat ist das keine Frage, sondern eine offenkundige Selbstverständlichkeit. Da es auf sie also nur eine Antwort gibt, ist sie noch nicht einmal interessant.

Fazit: Das Neutralitätsgebot führt weder zur Notwendigkeit einer „Übersetzung" religiöser Beiträge in eine säkulare Sprache noch zu deren Ausschluss aus dem gesamtgesellschaftlichen Diskurs oder der parlamentarischen Beratung und Entscheidung. Die für alle geltenden Gesetze müssen allerdings so beschaffen sein, dass sie nicht bestimmte Glaubenssätze einer Religion oder Weltanschauung voraussetzen oder allein zu deren Durchsetzung dienen. Neutralität heißt insofern nicht, dass die Autoren der Normen diese Begründungsleistung selbst erbringen müssten, sondern allein, dass eine solch allgemein einsehbare Begründung möglich ist.

2 Einwände gegen das Konzept

Auch ein in dieser Weise gefasstes Neutralitätsgebot stößt ungeachtet seiner verfassungsrechtlichen Verankerung immer wieder auf zentrale und systematische Einwände, von denen drei genannt seien.

2.1 Der Einwand evidenter Nichtgeltung

Nicht selten wird die Geltung des Neutralitätsgebotes mehr oder minder rundheraus mit dem Hinweis auf bestimmte andere Normen, auch und gerade des Verfassungsrechts, negiert. Die Rechtsordnung, so das Argument, lege selbst Zeugnis davon ab, dass es kein derartiges Gebot kenne. Das lässt sich – wenn man nicht gleich ganz pauschal die Neutralität zum Mythos erklärt[54] – in dem Satz bündeln: Ein Staat, der den Sonntag als Tag der Arbeitsruhe und der seelischen Erhebung gesetzlich schützt, kann evidenterweise nicht als religiös neutral gelten.[55] Ähnlich gelagert sind allfällige Hinweise auf den Religionsunterricht als ordentliches Schulfach gemäß Art. 7 Abs. 3 GG oder auf den Status mancher Religionsgesellschaften als Körperschaften des öffentlichen Rechts gemäß Art.

---

53 Ebd., 134, Anm. 32. – Auch die Antwort auf die Frage, ob es legitim sei, „dass sich demokratische Mehrheiten auch religiöser Elemente bedienen" (Gutmann, u. a., „Einleitung", 27), sollte eigentlich klar und deutlich ausfallen.
54 Karl-Heinz Ladeur, Ino Augsberg: „Der Mythos vom neutralen Staat". *Juristenzeitung* 62 (2007), 12–18.
55 Siehe Möllers, „Religiöse Freiheit als Gefahr?", 57.

137 Abs. 5 WRV. So problematisch diese Normen nun auch erscheinen mögen, wenn man sie als Abstriche von einem idealen oder reinen „Modell" staatlicher Neutralität begreift – das Neutralitätsgebot als einen verfassungsrechtlichen Maßstab treffen die Hinweise nicht. Denn selbst wenn man in ihnen punktuelle Ausnahmen von einem prinzipiellen Gebot sieht,[56] so ist entscheidend, dass diese ihrerseits in der Verfassung verankert sind. Deren Normen sind nun aber, wenn man einmal von der Ewigkeitsklausel des Art. 79 Abs. 3 GG absieht, allesamt prinzipiell gleichen Ranges. So kann in der Privilegierung des Sonntags oder des grundgesetzlich vorgesehenen Religionsunterrichts kein „Verstoß" gegen ein Gebot oder gar dessen „Widerlegung" liegen,[57] das seinerseits aus einer Zusammenschau mehrerer Normen der gleichen Verfassungsordnung abgeleitet wird. Das Neutralitätsgebot ist eben, verfassungsrechtlich betrachtet, keine Meta- oder Übernorm, an der andere Regelungen und Garantien des Grundgesetzes gemessen werden könnten.[58] „Die Verfassung darf sich ‚Neutralitätsverstöße' erlauben, da es keinen ihr vorgelagerten verfassungs*rechtlich* relevanten Neutralitätsbegriff geben kann".[59]

Im Übrigen sei zumindest als Merkpunkt darauf hingewiesen, dass schon die Annahme einer „Durchbrechung"[60] eines allgemeinen Grundsatzes der Neutralität zugunsten spezieller Regelungen nicht über jeden Zweifel erhaben erscheint.

---

56 Die Rede ist dann meist von „Durchbrechungen" des Prinzips (vgl. Anm. 60) oder von legitimem „Sonderrecht" (so Gärditz, „Säkularität und Verfassung", § 5 Rn. 34).
57 Ausdrücklich BVerfGE 125, 39 (84): „Denn die Verfassung selbst unterstellt den Sonntag und die Feiertage, soweit sie staatlich anerkannt sind, einem besonderen staatlichen Schutzauftrag und nimmt damit eine Wertung vor, die auch in der christlich-abendländischen Tradition wurzelt und kalendarisch an diese anknüpft."
58 Statt vieler Waldhoff, *Neue Religionskonflikte und staatliche Neutralität*, 43 ff., insb. 45: „Die staatliche Neutralität ist keine Meta- oder Übernorm, die sogar der Verfassung vorgelagert wäre und der für die Auslegung und Anwendung der Verfassung Leitlinien entnommen werden könnten." Siehe auch Heinig, „Verschärfung der oder Abschied von der Neutralität?", 1140, mit der Warnung vor einer „gefährlichen Verselbständigung des Neutralitätsparadigmas gegenüber den Einzelnormen, die dieses tragen." Eine solche methodologische (und terminologische) Vorsicht ist auch das eigentliche Anliegen von Holzke, „Die ‚Neutralität' des Staates in Fragen von Religion und Weltanschauung", siehe insb. 910.
59 So Waldhoff, *Neue Religionskonflikte und staatliche Neutralität*, 44. Siehe auch Bernd Grzeszick, „Verfassungstheoretische Grundlagen des Verhältnisses von Staat und Religion". In *Staatskirchenrecht oder Religionsverfassungsrecht?*, hg. von Hans Michael Heinig, Christian Walter, Tübingen: Mohr Siebeck, 2007, 131–162, hier 146: „Die Neutralität des Staates ist nur ein durch Auslegung einzelner Verfassungsrechtssätze gebildeter Grundsatz und vermag deshalb entgegenstehende Verfassungsnormen mit nicht neutralem Regelungsgehalt nicht vollständig zu überspielen."
60 Statt vieler Renck, „Religionsfreiheit und das Bildungsziel der Ehrfurcht vor Gott", 2445 zu Art. 7 Abs. 3 GG, Art. 140 GG iVm Art. 137 Abs. 5 u. 7 WRV: „Diese Durchbrechungen des Prinzips stellen indes [...] nur Ausnahmen dar". Siehe auch Czermak, *Religions- und Weltanschauungsrecht*,

Der Sonntagschutz ist beispielsweise einer rein säkularen Rechtfertigung zugänglich,[61] sodass sich – wie bei anderen Rechtsfiguren auch – die Motivation seiner Genese von der Legitimation seiner heutigen Geltung entkoppeln lässt. Und den Religionsunterricht muss man nicht zwingend als Ausnahme vom Neutralitätsgebot interpretieren, sondern kann ihn durchaus als dessen Ausprägung verstehen, weil der Staat zwar verpflichtet wird, Religionsunterricht als ordentliches Lehrfach anzubieten, er sich aber bei der Einrichtung gegenüber den Religionsgemeinschaften neutral zu verhalten hat und einzelne Bekenntnisse nicht privilegieren darf. Weil der Unterricht inhaltlich nach den Grundsätzen der Religionsgemeinschaften erteilt wird, ist eine Identifizierung des Staates mit bestimmten Glaubenssätzen ausgeschlossen.[62] Desgleichen wäre beim Status als Körperschaft des öffentlichen Rechts darauf hinzuweisen, dass dieser wiederum prinzipiell allen Religionen und kraft expliziter verfassungsrechtlicher Anordnung auch den Weltanschauungen offensteht (arg. Art. 137 Abs. 7 WRV). Eine offenkundige Privilegierung bildet insofern nur die Fixierung des status quo für die christlichen Großkirchen (Art. 137 Abs. 5 WRV). Letztlich kommt es auf diese Feinheiten verfassungsrechtlicher Dogmatik aber schon wegen des allgemeinen normenhierarchischen Arguments nicht an. Im Ergebnis bleibt festzuhalten, dass

---

Rn. 165: „Bereichsausnahme vom Trennungsgebot", der aber sogleich darauf hinweist, dass die Möglichkeit bei Erfüllung bestimmter formaler Anforderungen auch anderen Religions- und Weltanschauungsgemeinschaften frei steht; zahlreiche weitere Nachweise für die Redeweise von Durchbrechungen bei Holzke, „Die ‚Neutralität' des Staates in Fragen von Religion und Weltanschauung", 908. – Kritisch zur Terminologie Hermann Weber, „Schule, Staat und Religion". *Der Staat* 8 (1969), 493–512, hier 496, 511 f.; Martin Morlok, „Neutralität des Staates und religiöser Radikalismus". In *Weltanschauliche Neutralität, Meinungsfreiheit, Sicherungsverwahrung*, hg. von Johannes Masing, Olivier Jouanjan. Tübingen: Mohr Siebeck 2013, 3–20, hier 11.
61 Siehe Martin Morlok, „Art. 140/139 WRV". In *Grundgesetz-Kommentar*, Band 3, hg. von Horst Dreier. Tübingen: Mohr Siebeck, 3. Aufl. 2018, Art. 140/139 WRV Rn. 1–32, hier 10; Heinig, „Verschärfung der oder Abschied von der Neutralität?", 1140; Maclure, Taylor, *Laizität und Gewissensfreiheit*, 67, 88 ff.; Mückl, „Säkularer Staat und Religion", 52 f. In BVerfGE 125, 39 (79 ff.) werden auf S. 80 f. sowohl die sozialen wie die spezifisch religiösen Aspekte hervorgehoben, um resümierend festzuhalten (S. 81): „Art. 139 WRV ist damit ein religiöser, in der christlichen Tradition wurzelnder Gehalt eigen, der mit einer dezidiert sozialen, weltlich-neutral ausgerichteten Zwecksetzung einhergeht."
62 Zu diesem Punkt schon früh Weber, „Schule, Staat und Religion", 511 f.; siehe nun Frauke Brosius-Gersdorf, „Art. 7". In *Grundgesetz-Kommentar*, Band 1, hg. von Horst Dreier. Tübingen: Mohr Siebeck, 3. Aufl. 2013, Art. 7 Rn. 1–138, hier 88 m. w. N.; ferner Muckel, „Schutz von Religion und Weltanschauung", § 96 Rn. 30: Die Garantien des Religionsunterrichts und der Militärseelsorge seien „wegen ihrer grundsätzlichen Offenheit gegenüber jeder Form von Religion und Weltanschauung nicht als Durchbrechungen, sondern als Bestätigung und Ausdruck des Grundsatzes der religiös-weltanschaulichen Neutralität zu begreifen". Dezidiert gegen eine solche Sichtweise Holzke, „Die ‚Neutralität' des Staates in Fragen von Religion und Weltanschauung", 906 f.

Hinweise auf den gesetzlichen Sonntagsschutz oder den Religionsunterricht die Geltung des Neutralitätsgebotes nicht zu erschüttern vermögen.

2.2 Der Einwand des Selbstwiderspruchs

Der Einwand des Selbstwiderspruches setzt deutlich grundsätzlicher an. Er rekurriert darauf, dass das Grundgesetz selbst ja seinerseits eine durchaus gehaltvolle Ordnung mit dezidierten normativen Fixierungen errichtet – man denke nur an die grundlegenden Verfassungsprinzipien wie Rechtsstaat, Demokratie und Sozialstaat oder an die zentrale Rolle der Grundrechte.[63] Wenn er diese Bestimmungen als fundamental setze und vielleicht sogar zu einem bestimmten Menschenbild verdichte, dann – so das Argument – sei das keineswegs neutral, vielmehr liege darin letztlich selbst eine Weltanschauung.[64] Doch verkennt dieser Einwand den Unterschied zwischen einer Weltanschauung und einer freiheitlichen Staatsordnung. Das Grundgesetz unterscheidet sich vom Absolutismus und Wertobjektivismus religiöser Heilslehren schon dadurch, dass es sich zur eigenen Relativität bekennt.[65] Es stellt gerade keine „säkularisierte Heilsordnung"[66] dar und versteht den Staat, wie es das Verfassungsgericht einmal sehr schön formuliert hat, nicht als „Hüter eines Heilsplans",[67] weil ihm jede Heilsgewiss-

---

63 Im Überblick Horst Dreier, „Grundlagen und Grundzüge staatlichen Verfassungsrechts: Deutschland". In *Handbuch Ius Publicum Europaeum*, Band 1, hg. von Armin von Bogdandy, Pedro Cruz Villalón, Peter M. Huber. Heidelberg: C. F. Müller, 2007, § 1 Rn. 1–151, hier 93 ff., 104 ff., 116 ff., 133 ff.; vgl. zu diesem Punkt auch oben bei und in Anm. 33.
64 So Christian Hillgruber, *Staat und Religion. Überlegungen zur Säkularität, zur Neutralität und zum religiös-weltanschaulichen Fundament des modernen Staates*. Paderborn u. a.: Schöningh, 2007, 52 f.; ähnlich Christian Polke, *Öffentliche Religion in der Demokratie. Eine Untersuchung zur weltanschaulichen Neutralität des Staates*. Leipzig: Evangelische Verlagsanstalt, 2009, 131, 137, der von „weltanschauungsaffinen Zügen" spricht.
65 Das Grundgesetz überhöht seine eigenen normativen Fixierungen nicht, stellt sie auch nicht als absolut wahr, sondern als geltend (und einige Festlegungen sogar in nicht unproblematischer Weise als ewig geltend) dar, verleiht ihnen aber keinen Wahrheits- oder Sinnstiftungsanspruch.
66 Robert Leicht, „Das Grundgesetz – eine säkularisierte Heilsordnung?". *Aus Politik und Zeitgeschichte*, B 2–3/1974, 3–8, hier 3 ff. – Siehe noch Droege, „Art. Neutralität", 1623: „Der Staat hat aus sich heraus keine eigene Weltanschauung, keine religiöse Überzeugung, keinen Glauben. Weltanschauung und Religion werden ihm erst zur Aufgabe, weil und soweit seine Bürger religiöse und weltanschauliche Überzeugungen bilden, ihnen gemäß handeln und entsprechende Bedürfnisse an den Staat herantragen." Schlaich, „Art. Neutralität", 2243: „Der freiheitlichen Demokratie fehlt es an der Verbindlichkeit einer bestimmten weltanschaulichen Grundlage."
67 BVerfGE 42, 312 (332). Siehe auch Josef Isensee, „Staat und Verwaltung". In *Handbuch des Staatsrechts der Bundesrepublik Deutschland*, Band 1, hg. von Josef Isensee, Paul Kirchhof. Heidelberg: C. F. Müller, 1987, § 13 Rn. 1–174, hier 59.

heit fehlt. Denn die freiheitliche Demokratie muss sich den Worten des Gerichts aus der KPD-Verbotsentscheidung zufolge „zu der Auffassung bekennen, dass es im Bereich der politischen Grundanschauungen eine beweisbare und unwiderlegbare Richtigkeit nicht gibt".[68] Deswegen kann die unbedingte Loyalität der Bürger zu dieser freiheitlichen Ordnung nicht im Rechtssinne eingefordert und auch nicht verlangt werden, dass die Bürger sich mit den grundlegenden Prinzipien der Verfassung in positiver Weise identifizieren.[69] Rechtsgehorsam muss genügen.

Das ist die eine fundamentale Differenz. Die zweite betrifft den unterschiedlichen thematischen Einzugsbereich. Denn bei dem Ensemble verfassungsrechtlicher Garantien und Prinzipien, die den modernen Verfassungsstaat kennzeichnen, handelt es sich nicht um bestimmte Formen der Welt- und Letzterklärung. Genau so lassen sich aber Religion und Weltanschauung charakterisieren – bei aller Problematik einer Definition auf diesem Gebiet.[70] So erblickt das Bundesverwaltungsgericht darin „eine mit der Person des Menschen verbundene Gewißheit über bestimmte Aussagen zum Weltganzen sowie zur Herkunft und zum Ziel des menschlichen Lebens";[71] spricht man in der Theologie von einer „Totalbestimmung der menschlichen Existenz und Lebensführung" und von „Gewißheiten über die Bestimmung der Welt und des menschlichen Daseins in ihr";[72] verankert man im Verfassungsrecht das Schutzgut des Art. 4 GG in umfassender „Sinn- und Selbstorientierung".[73] Der freiheitliche Verfassungsstaat kann und will aber keine Gewissheitsaussagen über – im wahrsten Sinne des Wortes – Gott und die Welt treffen. Er ist keine sinnstiftende Instanz. Er sieht von einer

---

68 BVerfGE 5, 85 (224).
69 BVerfGE 124, 300 (320). Dazu näher Horst Dreier: „Der freiheitliche Verfassungsstaat als riskante Ordnung". *Rechtswissenschaft* 1 (2010), 11–38, hier 21 ff., 28 ff.; Böckenförde, *Der säkularisierte Staat*, 35 f.
70 Siehe etwa Werner Heun, „Die Begriffe der Religion und Weltanschauung in ihrer verfassungshistorischen Entwicklung". *Zeitschrift der Savigny-Stiftung für Rechtsgeschichte. Kanonistische Abteilung* 117 (2000), 334–366; rechtsvergleichend Christian Walter, *Religionsverfassungsrecht. In vergleichender und internationaler Perspektive*. Tübingen: Mohr Siebeck, 2006, 204 ff.
71 Entscheidung des Bundesverwaltungsgerichts (BVerwGE) 90, 112 (115); ähnlich schon BVerwGE 89, 368 (370): „Gedankensysteme [...], die sich mit einer Gesamtsicht der Welt oder doch mit einer Gesamthaltung zur Welt bzw. zur Stellung des Menschen in der Welt befassen".
72 Zitate: Polke, *Öffentliche Religion in der Demokratie*, 58, 120. Siehe auch Eilert Herms, „Die weltanschaulich/religiöse Neutralität von Staat und Recht in sozialethischer Sicht (2001)". In *Politik und Recht im Pluralismus*, hg. von Eilert Herms. Tübingen: Mohr Siebeck, 2008, 170–194, hier 173: „Inbegriff von Überzeugungen über Ursprung, Verfassung und Bestimmung des menschlichen Daseins in der Welt".
73 Morlok, „Art. 4", Art. 4 Rn. 45; eingehend Heun, „Die Begriffe der Religion und Weltanschauung in ihrer verfassungshistorischen Entwicklung", 357 ff.

Totalbestimmung des Menschen gerade ab und spricht genau umgekehrt diesem das Recht auf freie Sinnsuche zu.[74] Zentrales Ziel der Grundrechtsdemokratie ist gerade die Freiheit ihrer Bürger und deren „Selbstbestimmung über den eigenen Lebensentwurf und seinen Vollzug".[75] Die Normen der Verfassung dienen dazu, diesem Ziel möglichst nahe zu kommen: durch die Garantie individueller Freiheitsrechte, durch die demokratische Legitimation und die rechtsstaatliche Limitation des Staatshandelns. Wenn diese höchst anspruchsvolle Aufgabe gelingt, sind die fundamentalen Sinnfragen noch gar nicht angesprochen, für die die großen Religionen und Weltanschauungen ihre unterschiedlichen Antworten bereithalten, sind die größten Themen menschlicher Existenz noch gar nicht berührt: die Liebe, das Glück, der Tod.[76]

2.3 Der Einwand des Definitionszwanges

Der dritte und letzte hier zu behandelnde Einwand bezieht sich auf den Umstand, dass der zur Neutralität verpflichtete Staat sich genötigt sieht zu definieren, was Religion, was Weltanschauung ist. Die Religionswissenschaftlerin Astrid Reuter erblickt darin ein unentrinnbares Dilemma mit destruktiven Konsequenzen für die Vorstellung einer neutralen Haltung des Staates. Das Dilemma ist ihr zufolge sogar ein doppeltes:

> „Denn nicht nur ist der säkulare Staat auf einen Begriff von Religion als *negativer* Bezugskategorie angewiesen; um Religionsfreiheit rechtlich zu garantieren, muß er auch *positiv* bestimmen, was Religion ist bzw. sein soll. Eben damit überschreitet er seine – durch Selbstverpflichtung auf Säkularität begrenzten – Kompetenzen und begibt sich in ein Dilemma: Er kann sich als säkularer Staat nur um den Preis der Übertretung des Säkularitätsprinzips konstituieren, und er kann auch Religionsfreiheit rechtlich nur garantieren, wenn er seine auf ‚weltliche' Angelegenheiten begrenzten Kompetenzen überschreitet. Im Zuge dieser unvermeidlichen Kompetenzüberschreitung verstößt der säkular verfasste Staat aber nicht nur

---

74 BVerfGE 41, 29 (50): „Der ‚ethische Standard' des Grundgesetzes ist vielmehr die Offenheit gegenüber dem Pluralismus weltanschaulich-religiöser Anschauungen [...]". Fateh-Moghadam, *Die religiös-weltanschauliche Neutralität des Strafrechts*, 126: „Der säkulare Rechtsstaat beteiligt sich nicht am Wettbewerb der religiös-weltanschaulichen Konzeptionen, er nimmt keine eigene Position ein [...]".
75 BVerfGE 63, 343 (357); ähnlich E 60, 253 (268).
76 Heinrich Meier, Gerhard Neumann (Hg.), *Über die Liebe. Ein Symposion* (2001). München, Zürich: Piper, 4. Aufl. 2010; Heinrich Meier (Hg.), *Über das Glück. Ein Symposion* (2008). München, Zürich: Piper, 2. Aufl. 2010; Friedrich Wilhelm Graf, Heinrich Meier (Hg.), *Der Tod im Leben. Ein Symposion* (2004). München, Zürich: Piper, 5. Aufl. 2010.

gegen das Säkularitätsprinzip. Er greift auch in die Religionsfreiheit ein, die er – nicht zuletzt vermittels säkularer Selbstbegrenzung – rechtlich zu garantieren verspricht."⁷⁷

Der Staat werde dadurch, dass er bestimmte Handlungsformen und Gruppen als religiöse begreift, andere hingegen nicht, selbst „unvermeidlich auch zu einem Akteur innerhalb des religiösen Feldes. [...] Er kann sich als säkular nur um den Preis des Verstoßes gegen das Prinzip der Säkularität konstituieren. Und er kann auch Religionsfreiheit nur um den Preis eines Verstoßes gegen das Recht auf Religionsfreiheit garantieren."⁷⁸ Noch entschiedener und kategorischer heißt es wenig später:

> „Er [scil.: der Staat, H. D.] muss nicht nur bestimmen, was Religion und also durch das Recht auf Religionsfreiheit geschützt ist. Er muss diese Bestimmung sogleich so vornehmen, dass die religiösen Freiheitsrechte *aller* potentiellen Rechtsträger *gleichermaßen* geschützt werden. Dabei verwickelt er sich zwingend in Selbstwidersprüche: Er bekennt sich zur Freiheit der Religion, bestimmt aber die Grenzen des religiösen Feldes und gibt so den diskursiven Rahmen vor, in dem Religion überhaupt erst als Religion identifizierbar und gesellschaftlich verhandelbar wird. Damit greift er unmittelbar in die Dynamik des religiösen Feldes und also in das Selbstbestimmungsrecht der Religionen ein. [...] Denn jede Definition ist nicht nur inklusiv, sondern unvermeidlich auch exklusiv. [...] Der säkulare Staat überschreitet mithin unvermeidlich und dauerhaft seine durch die Verpflichtung auf eine *säkulare* Freiheits- und Gleichheitsordnung eingeschränkten Kompetenzen."⁷⁹

Das sind so harte und im Grunde vernichtende Worte, dass sie den Verfassungsrechtler dazu nötigen, sein Instrumentarium noch einmal zu sondieren und sich seines analytischen Zugriffs zu versichern.

Dem Ausgangspunkt der Problemanalyse ist auch aus verfassungsrechtlicher Sicht durchaus zuzustimmen. Dieser ist zwar trivial, aber wichtig: Wenn man sich auf Grundrechte stützen will, dann muss man wissen, was diese schützen

---

77 Astrid Reuter, „Säkularität und Religionsfreiheit – ein doppeltes Dilemma". *Leviathan* 35 (2007), 178–192, hier 181.
78 Ebd., 183.
79 Ebd., 187. In dem insgesamt ziemlich redundanten Text heißt es wenig später (188 f.) nochmals: „Er [scil.: der Staat, H. D.] arbeitet also an der Begrenzung des religiösen Feldes: Er grenzt die einen ein und die anderen aus. Darüber hinaus behält er sich vor, die Religionsfreiheit auch derjenigen einzuschränken, die er prinzipiell als religiös und schutzbedürftig anerkennt [...]. Solche Einschränkungen basieren auf Bewertungen der Lebensführung und der Vorstellungen derer, die in der säkularen Freiheits- und Gleichheitsordnung grundsätzlich als religiös anerkannt werden; sie stellen daher einen Eingriff in das Selbstbestimmungsrecht der Religionen dar. [...] Diesem Dilemma kann der säkulare Staat nicht entrinnen: Er sucht mit den Mitteln des (Religions-)Rechts die Freiheit und Gleichheit der Religionen zu garantieren und übt doch mit eben diesen Mitteln unweigerlich Macht aus über die Religionen."

und was nicht. Die Garantien der Kunst- oder Wissenschaftsfreiheit in Art. 5 Abs. 3 des Grundgesetzes etwa können nur greifen, wenn die in Rede stehenden Betätigungen oder Produkte als künstlerische bzw. wissenschaftliche zu charakterisieren sind – und nicht als kommerzielle Industrieerzeugnisse oder als bloße Werbeprospekte.[80] Nichts anderes gilt für die Frage, was unter Presse, was unter Wohnung, was unter Eigentum im Sinne des Grundgesetzes zu verstehen ist. Grundrechtsdogmatisch gesprochen: Wir müssen in einem ersten Schritt den Schutzbereich, also die thematische Reichweite eines jeden Grundrechts bestimmen.[81] Nichts anderes gilt für die individuelle Religionsfreiheit, die gegebenenfalls von Gewissensfreiheit, Meinungsfreiheit oder vielleicht auch nur von allgemeiner Handlungsfreiheit abzugrenzen ist.

Doch – dies der zentrale Widerspruch gegen den vorgebrachten Einwand – bedeutet Definition nicht sogleich Intervention und zwingenden Distanzverlust. Wenn bereits die Definition von Religion eine Verletzung säkularer Neutralität darstellen würde, dann müsste eine Definition von Presse die Pressefreiheit und eine Definition von Kunst die Kunstfreiheit verletzen. Davon kann aber nicht ernsthaft die Rede sein. Mit der Einstufung bestimmter Werke als Kunst und ihrer Abgrenzung von bestimmten anderen geistigen oder sonstigen Produkten ist noch nicht zwingend ein staatliches Kunstrichtertum etabliert. Gleiches gilt für die Bestimmung dessen, was als Religion und was vielleicht nur als persönliche Selbstverwirklichung im Sinne einer bestimmten Körperkultur oder Meditationstechnik einzustufen ist.[82] Auch das hat kein staatliches Glaubensrichtertum zur Folge. Hier wie dort werden nur die thematischen Einzugsbereiche der Grundrechtsgarantien ausgelotet. Dass es dabei zu schwierigen Zuordnungsfragen kommen kann, versteht sich.[83] Zu bestreiten ist allein, dass bereits mit

---

80 Instruktiv für die Wissenschaftsfreiheit BVerfGE 90, 1 (11 ff., 14 ff.): Es ging um die Frage einer Grundrechtsverletzung des Beschwerdeführers, dessen Buch „Wahrheit für Deutschland" von der Bundesprüfstelle für jugendgefährdende Schriften indiziert worden war. Das Verfassungsgericht billigt die Entscheidung des Bundesverwaltungsgerichts, wonach das Buch nicht in den Schutzbereich der Wissenschaftsfreiheit falle, stellt aber eine Verletzung der Meinungsfreiheit fest.
81 Näher zu den grundrechtsdogmatischen Aspekten und Operationen Horst Dreier, „Vorbemerkungen vor Artikel 1 GG". In *Grundgesetz-Kommentar*, Band 1, hg. von Horst Dreier, Tübingen: Mohr Siebeck, 3. Aufl. 2013, Vorbemerkungen vor Artikel 1 GG, Rn. 1–160, hier 119 ff.
82 Beispiel: BVerwGE 82, 76 (78) – Transzendentale Meditation.
83 Eher allgemeine Umschreibungen finden sich in: BVerfGE 12, 1 (4); 41, 29 (50); 83, 341 (Leitsatz 1; 353); 138, 296 (329 f., Rn. 86) m. w. N.; siehe auch Entscheidung des Bundesarbeitsgerichts (BAGE) 79, 319 (338). – Konkret wird das etwa bei der Einordnung der Scientology Church: vgl. Hamburg Urteil des Oberverwaltungsgerichts vom 17. Juni 2004 – 1 Bf 198/00, juris, Rn. 46 ff.; bestätigend BVerwG, abgedruckt in *Deutsches Verwaltungsblatt* 121 (2006), 387–390, hier 388: Die Frage, ob

dem Akt der Zuordnung von Lebenssachverhalten zu bestimmten Normen eine Verletzung staatlicher Neutralität vorliegt.

Freilich schlummert in diesem unausweichlichen Definitionserfordernis die Gefahr einer gewissen Parteilichkeit der Begriffsbestimmung. Es gibt – wie bei jeder Norm – ein gewisses Missbrauchspotential. Dem beugen allerdings drei Elemente vor.

Das erste und wohl wichtigste Remedium besteht darin, die in Rede stehenden Zentralbegriffe (Glauben, Religion, Bekenntnis, Religionsgesellschaften, weltanschauliche Vereinigungen etc.) möglichst allgemein und formal zu bestimmen,[84] um auf diese Weise nicht von vornherein bestimmte Formen auszuscheiden.[85] Darum hat sich das Bundesverfassungsgericht im Einklang mit der Lehre seit Jahrzehnten bemüht. Als jüngeres Beispiel mag die Entscheidung zur Einstufung der Zeugen Jehovas als Körperschaft des öffentlichen Rechts gelten.[86]

Zweitens kommt dem Selbstverständnis[87] des Gläubigen und seiner Religions- oder Weltanschauungsgemeinschaft zentrale Bedeutung zu. Da es keine objektiven Kriterien für wahren und falschen Glauben gibt, spielt der „Sinnhorizont des Gläubigen"[88] eine wichtige Rolle. Allerdings reicht die bloße Behauptung eines religiösen Bezuges nicht aus, sondern bedarf der Plausibilisierung.[89] Diese fällt naturgemäß dort leichter, wo Religionsgemeinschaften einen festen

---

es sich bei Scientology um eine Weltanschauungs- oder um eine Religionsgemeinschaft handelt, durfte offen gelassen werden.

84 Statt vieler Mückl, „Grundlagen des Staatskirchenrechts", § 159 Rn. 88 ff. („Gehalt und Bestimmungsmacht über den Begriff der Religionsgemeinschaft"), insb. Rn. 89: „Der säkulare und religiös-weltanschaulich neutrale Staat kann ausschließlich die Überprüfung dafür in Anspruch nehmen, ob sich eine Gemeinschaft zu Recht mit dem ‚säkularen Mantelbegriff' der Religionsgemeinschaft umgibt. Inhaltliche und bekenntnisorientierte Bewertungen sind schlechthin unzulässig."

85 Die Wissenschaftsfreiheit bietet eine gute Parallele. Auch hier gibt es kein Definitionsverbot, allerdings auch keine Verpflichtung auf ein bestimmtes Wissenschaftskonzept oder eine Wissenschaftstheorie, sondern eine offene, formale Bestimmung: als „geistige Tätigkeit mit dem Ziele, in methodischer, systematischer und nachprüfbarer Weise neue Erkenntnisse zu gewinnen" (BVerfGE 35, 79 [113]). Vgl. dazu Gabriele Britz, „Art. 5 III (Wissenschaft)". In *Grundgesetz-Kommentar*, Band 1, hg. von Horst Dreier. Tübingen: Mohr Siebeck, 3. Aufl. 2013, Art. 5 III (Wissenschaft), Rn. 1–105, hier 18 ff.

86 BVerfGE 102, 370.

87 Grundlegend zu diesem Kriterium für die Gesamtheit grundrechtlicher Normen Martin Morlok, *Selbstverständnis als Rechtskriterium*. Tübingen: Mohr Siebeck, 1993.

88 Morlok, „Art. 4", Art. 4 Rn. 60.

89 Morlok, „Art. 4", Art. 4 Rn. 60, 92. Aus der Judikatur mit gleicher Stoßrichtung BVerfGE 83, 341 (353); 138, 296 (329 f.). Für den Bereich der Wissenschaftsfreiheit ganz ähnlich BVerfGE 90, 1 (12): „Aus der Offenheit und Wandelbarkeit von Wissenschaft [...] folgt aber nicht, daß eine Veröffentlichung schon deshalb als wissenschaftlich zu gelten hat, weil ihr Autor sie als

und dokumentierten Normenbestand aufweisen, wie das etwa im katholischen Kirchenrecht, dem *Corpus Iuris Canonici*, der Fall ist. Freilich darf denjenigen Gläubigen, die bestimmte Lehrsätze ihrer Kirche nicht teilen oder ihrem Handeln einen Glaubensbezug beimessen, den ihre Kirche als neutral behandelt, der Rekurs auf Art. 4 GG nicht von vornherein abgeschnitten werden.[90] Auch hierfür kennt die Spruchpraxis der Gerichte einschlägige Fälle.[91]

Schließlich ist drittens daran zu erinnern, dass das Grundgesetz religiöses und weltanschauliches Bekenntnis gleichberechtigt nebeneinander- und damit normativ gleichstellt. Das entlastet bei der Beantwortung der zuweilen schwierigen Frage, ob eine Organisation als Religionsgesellschaft oder als Weltanschauungsvereinigung anzusehen ist.[92] Denn der grundgesetzliche Status ist weitgehend der gleiche, wie Art. 137 Abs. 7 WRV noch einmal unmissverständlich klarstellt.

Im Ergebnis bleibt also festzuhalten, dass die Notwendigkeit der Definition von Religion, Glaube oder Weltanschauung den Staat nicht zwingend in ein Dilemma und zur Überschreitung seiner säkularen Grenzen führt. Vielmehr gilt: Nur was sich definieren lässt, lässt sich auch schützen.[93]

---

wissenschaftlich ansieht oder bezeichnet. Denn die Einordnung unter die Wissenschaftsfreiheit [...] kann nicht allein von der Beurteilung desjenigen abhängen, der das Grundrecht für sich in Anspruch nimmt."

90 Das ist in der Literatur nicht gänzlich unumstritten: vgl. etwa Möllers, „Religiöse Freiheit als Gefahr?", 75, Anm. 169. Wie hier etwa Maclure, Taylor, *Laizität und Gewissensfreiheit*, 107 f., und deutlich Muckel, „Schutz von Religion und Weltanschauung", § 96 Rn. 66. Die dogmatische Alternative besteht darin, die entsprechenden Handlungen unter den Schutz der Gewissensfreiheit zu stellen; die Schutzintensität bleibt gleich.

91 BVerfGE 33, 23 (29 f.) – Eideszwang; E 104, 337 (345 ff.) – Schächten.

92 Eine Unterscheidung wird also weitgehend entbehrlich: Morlok, „Art. 4", Art. 4 Rn. 58; Holzke, „Die ‚Neutralität' des Staates in Fragen von Religion und Weltanschauung", 904; Walter, *Religionsverfassungsrecht*, 213. Dazu, dass die Grenzen zwischen Religion und Weltanschauung auch deswegen verschwimmen, weil die Differenz von Transzendenz und Immanenz letztlich als Unterscheidungsmerkmal nicht weiterhilft: Muckel, „Schutz von Religion und Weltanschauung", § 96 Rn. 61.

93 In Anlehnung an Adolf Arndt, „Umwelt und Recht". *Neue Juristische Wochenschrift* 19 (1966), 25–28, hier 28.

3 Exemplarische Problemfelder

3.1 Verfassungszuträglichkeit als Bewertungskriterium?

Auch wenn der Einwand des Definitionszwanges nicht durchschlägt, kommt ihm doch zumindest der Status einer Problemanzeige zu. Denn unschädlich für das Neutralitätskonzept bleibt die unausweichliche Notwendigkeit einer Definition nur, wenn diese hinlänglich allgemein und inhaltlich neutral gefasst wird. Dem entsprach die frühe Judikatur des Bundesverfassungsgerichts nicht, der zufolge das Grundgesetz nicht jeden Glauben schütze, sondern nur denjenigen, der sich „bei den heutigen Kulturvölkern auf dem Boden gewisser übereinstimmender sittlicher Grundanschauungen im Laufe der geschichtlichen Entwicklung herausgebildet" habe.[94] Doch hat es diesen Kulturvorbehalt (auch als Kulturadäquanzklausel bezeichnet) schon bald und ganz zu Recht wieder aufgegeben.[95] Es sind seither einige formale Merkmale, die den Schutzbereich der Religionsfreiheit bestimmen und insbesondere von bestimmten individuellen Glaubens- und Gewissensinhalten abgrenzen.

Freilich sind in jüngerer Zeit in der Literatur wieder Stimmen erklungen, die zu einer Abkehr von einer rein formalen Begriffsbestimmung der Religionsgesellschaften aufrufen und für eine Rückkehr zu wertender Ungleichbehandlung plädieren. Dabei geht es um nichts Geringeres als die Auslotung der folgenden grundsätzlichen Frage: Sollte es für das Verhältnis des Staates zu den Religionsgemeinschaften eine Rolle spielen, ob und inwieweit diese dem Bestand und der Entwicklung des freiheitlichen Gemeinwesens zuträglich sind – oder ob sie ihm fremd, ja womöglich ablehnend gegenüberstehen?

Besonders offensiv hat diese Frage Paul Kirchhof bei den „Essener Gesprächen zum Thema Staat und Kirche" im Jahre 2004 bejaht. Schon der Titel seines Vortrages „Die Freiheit der Religionen und ihr unterschiedlicher Beitrag zu einem freien Gemeinwesen" lässt die Richtung erahnen.[96] Ausgangspunkt ist die These, es sei „für den Staat wesentlich, ob die Kirchen zum Krieg oder zum

---

94 BVerfGE 12, 1 (4). Dazu und zum baldigen Wandel näher Martin Borowski, *Die Glaubens- und Gewissensfreiheit des Grundgesetzes*. Tübingen: Mohr Siebeck, 2006, 421 ff.
95 In BVerfGE 41, 29 (50) heißt es nach ausdrücklicher Zurückweisung der oben genannten Formel (allerdings ohne Ausweis, dass die Wendung einem früheren Beschluss des Gerichts entstammt): „Der ‚ethische Standard' des Grundgesetzes ist vielmehr die Offenheit gegenüber dem Pluralismus weltanschaulich-religiöser Anschauungen [...]. In dieser Offenheit bewährt der freiheitliche Staat des Grundgesetzes seine religiöse und weltanschauliche Neutralität." Zum Wandel der Judikatur auch Fateh-Moghadam, *Die religiös-weltanschauliche Neutralität des Strafrechts*, 144 (allerdings ohne Belege).
96 Paul Kirchhof, „Die Freiheit der Religionen und ihr unterschiedlicher Beitrag zu einem freien

Frieden auffordern, ob sie ihre Mitglieder einen Fanatismus oder eine Kultur des Maßes lehren, ob sie die Verfassungsprinzipien von Rechtsstaat, Demokratie und Sozialstaatlichkeit zurückweisen oder aber anerkennen." (110) Daraus wird ein Auftrag an den Staat „zur freiheitsstützenden Intervention mit freiheitskonformen Mitteln" (111) gefolgert. Dem Staat könne und dürfe es daher nicht gleichgültig sein, dass „die eine Religion ihren Mitgliedern empfiehlt, demokratische Wahl- und Mitwirkungsrechte wahrzunehmen, eine andere Religion hingegen ihren Mitgliedern die Teilnahme an demokratischen Wahlen untersagt" (114). Gleiches gelte für die Gleichberechtigung der Geschlechter: Wenn die eine Religion „die Gleichheit jedes Menschen betont und insbesondere die Gleichberechtigung von Mann und Frau fordert, eine andere von der Frau ein lebenslanges Dienen erwartet, verhilft die eine Religion der Gleichberechtigung zur tatsächlichen Wirkung, während die andere diese behindert" (114). Diese Differenzen sollen dem Autor zufolge Folgen zeitigen: „Die These, wegen der gleichen Religionsfreiheit für jedermann müsse der Staat religiöse Äußerungen und Institutionen in allen ihren Wirkungen gleich behandeln, ist deshalb falsch." (115) Entscheidend sei der Punkt, der zum letztlich ausschlaggebenden Beitragsgedanken zurückführt: „Auch die staatliche Förderung von Religion und Kirchen durch Finanz-, Organisations- und personelle Hilfen [...] unterscheidet nach der Gemeinschaftserheblichkeit kirchlicher Tätigkeit." (116) Verallgemeinert: „Der Staat darf für die Förderung [...] unterscheiden, welche kirchlichen Lehren und Lebensformen seine Kultur historisch entfaltet haben und gegenwärtig stützen, welche Religionen ihn anregen und bereichern, aber auch welche Lehren ihn in seiner Verfaßtheit verändern wollen." (116)

Der Sache nach handelt es sich hier in gewisser Weise um eine Revitalisierung der alten Kulturadäquanzformel, weswegen die Literatur das hier in Rede stehende Problem zuweilen unter dem Stichwort Kulturvorbehalt abhandelt.[97] Gleichviel, ob diese terminologische Einordnung zutrifft: Es wird jedenfalls einer rechtlich folgenreichen Differenzierung zwischen kulturadäquaten und kultur-

---

Gemeinwesen." In *Religionen in Deutschland und das Staatskirchenrecht*, Essener Gespräche, Band 39. Münster: Aschendorff, 2005, 105 ff.; die im folgenden Haupttext eingeklammerten Seitenzahlen beziehen sich auf diese Abhandlung. – Siehe auch schon frühere Beiträge mit gleicher Stoßrichtung: Paul Kirchhof, „Die Kirchen als Körperschaften des öffentlichen Rechts". In *Handbuch des Staatskirchenrechts der Bundesrepublik Deutschland*, Band 1, hg. von Joseph Listl, Dietrich Pirson. Berlin: Duncker & Humblot, 2. Aufl. 1995, 650–687, hier 666 ff.; ders., „Der Beitrag der Kirchen zur Verfassungskultur der Freiheit". In *Festschrift für Martin Heckel zum siebzigsten Geburtstag*, hg. von Karl-Hermann Kästner, Knut Wolfgang Nörr, Klaus Schlaich. Tübingen: Mohr Siebeck, 1999, 775–797, hier 786 ff.

97 Waldhoff, *Neue Religionskonflikte und staatliche Neutralität*, 48 ff.; Heinig, „Verschärfung der oder Abschied von der Neutralität?", 1139.

fremden Religionen das Wort geredet. Und auch wenn der Islam mit keiner Silbe erwähnt wird, so ist doch klar, wer mit den Beispielen neben den Zeugen Jehovas vor allem gemeint ist.

Nun steht Kirchhof mit dieser Position nicht völlig allein,[98] ist aber weit überwiegend und zu Recht auf Ablehnung gestoßen.[99] In der Tat muss man feststellen, dass mit der Realisierung derartiger Thesen die Axt an das Neutralitätsgebot gelegt würde. Hier werden Religionen einer Ungleichbehandlung unterworfen je nachdem, ob man sie als gemeinschaftszuträglich oder -abträglich einstuft. Es geschieht also genau das, was nach den grundsätzlichen Bestimmungen zum Identifikationsverbot gerade ausgeschlossen sein soll: Religionen sehen sich einer Bewertung durch den Staat ausgesetzt. Des Weiteren wird verkannt, dass die Freiheit der Religionen und die Neutralität des Staates gerade auf dem Ausschluss irgendwelcher Nützlichkeitserwägungen gründen. Der Staat hat hier keine Noten zu vergeben und keine buchhalterischen Bilanzen aufzumachen, sondern muss die verschiedenartige Entfaltung des Sinnsystems „Religion" hinnehmen – dies im Übrigen im eigenen Interesse wie in dem der Religionsgesellschaften selbst.[100] Zutreffend wurde schon bei der Diskussion des Kirchhofschen Vortrages festgestellt, dass die Umsetzung seiner Vorschläge eine Revolution

---

98 In der Stoßrichtung ganz ähnlich, wenngleich mit zuweilen anderer argumentativer Nuancierung: Arnd Uhle, *Freiheitlicher Verfassungsstaat und kulturelle Identität*. Tübingen: Mohr Siebeck, 2004, 454 ff.; Karl-Heinz Ladeur, Ino Augsberg, *Toleranz – Religion – Recht. Die Herausforderung des „neutralen" Staates durch neue Formen von Religiosität in der postmodernen Gesellschaft*. Tübingen: Mohr Siebeck, 2007, 84 ff.; Hillgruber, *Staat und Religion*, 67 ff. – Zur Kritik an Ladeur, Augsberg etwa die Rezension von Hans Michael Heinig: „Rezension zu Karl Heinz Ladeur/Ino Augsberg: Toleranz–Religion–Recht. Die Herausforderungen des ‚neutralen' Staates durch neue Formen von Religiosität in der postmodernen Gesellschaft, Tübingen 2007". *Zeitschrift für evangelisches Kirchenrecht* 56 (2011), 94–96, hier 96: „Hier finden sich unnötig pauschalierende Aussagen über den Islam, mangelnder rechtsdogmatischer Feinschliff und am Ende läuft das Ganze auf ein ziemlich schlichtes Hierarchisierungsmodell heraus, wie es schon längere Zeit auch andere Autoren vorlegen."
99 Siehe nur Waldhoff, *Neue Religionskonflikte und staatliche Neutralität*, 48 ff.; Christian Walter, „Das Böckenförde-Diktum und die Herausforderungen eines modernen Religionsverfassungsrechts." In *Religion–Recht–Republik. Studien zu Ernst-Wolfgang Böckenförde*, hg. von Hermann-Josef Große Kracht und Klaus Große Kracht. Paderborn: Schöningh, 2014, 185–198, hier 191 f.; Korioth, „Freiheit der Kirchen und Religionsgemeinschaften", § 97 Rn. 11 (ohne explizite Nennung Kirchhofs): „So ließe sich etwa die Förderung der christlichen Großkirchen nicht mit dem Argument rechtfertigen, sie besäßen für die Staats- und Gesellschaftsordnung als moralische Instanzen eine tragende Rolle; dies liefe auf die Etablierung einer Staatskirche hinaus, der Art. 140 GG in Verbindung mit Art. 137 Abs. 1 WRV entgegensteht. Unzulässig wäre auch ihre Bevorzugung allein wegen ihrer traditionellen Bedeutung." Eindeutig ablehnend auch Heinig, „Verschärfung der oder Abschied von der Neutralität?", 1139.
100 Werner Heun, „Diskussionsbemerkung". In *Essener Gespräche*, Band 39, 133 f., hier 134.

des gegenwärtigen Religionsverfassungsrechts bewirken würde.[101] Dem ist im Grunde nichts hinzuzufügen. Etwas spitz ließe sich vielleicht noch die Frage anschließen, wie hoch denn die Beitragsdividende der christlichen Kirchen für die Befestigung der Grundrechtsdemokratie in der Weimarer Republik oder in den frühen Jahren des Bundesrepublik, insbesondere vor dem II. Vaticanum, ausgefallen wäre – oder ob es hier womöglich noch Rückforderungen gibt. Und spitz hat ein protestantischer Theologe mir gegenüber einmal gesprächsweise angemerkt, Kirchhofs Konzept würde in Saudi-Arabien gewiss großen Beifall finden.

3.2 „Ehrfurcht vor Gott" als schulisches Erziehungsziel?

Das gilt möglicherweise auch für das Erziehungsziel der Ehrfurcht vor Gott, wenn man unter Gott allein Allah zu verstehen hätte. Zweifelsohne hatten allerdings die Väter und Mütter der Verfassungen mehrerer Bundesländer (Baden-Württemberg, Bayern, Nordrhein-Westfalen, Rheinland-Pfalz und das Saarland)[102] den christlichen Schöpfergott im Sinne, demgegenüber Ehrfurcht zu haben sie als schulisches Erziehungsziel verankerten. Dass diese in den Verfassungen der neuen Bundesländer nicht auffindbaren Normen unter Rechtfertigungsdruck gegenüber dem grundgesetzlichen Neutralitätsgebot geraten würden, ist offensichtlich. Unisono bezeichnet man sie in der einschlägigen Literatur als die problematischsten und umstrittensten aller Erziehungsziele.[103] Wie groß dieser Druck ist, mag man an den teilweise recht verschwurbelten Interpretationen und inhaltlichen Umschreibungsversuchen ablesen. Beim Ehrfurchtsgebot

---

101 Heun, „Diskussionsbemerkung", 133; kritisch auch Hermann Weber, „Diskussionsbemerkung". In *Essener Gespräche*, Band 39, 125 f.
102 Art. 12 Abs. 1 Baden-Württembergische Verfassung: „Die Jugend ist in der Ehrfurcht vor Gott […] zu erziehen."; Art. 131 Abs. 2 Bayerische Verfassung: „Oberste Bildungsziele sind Ehrfurcht vor Gott […]"; Art. 7 Abs. 1 Nordrhein-Westfälische Verfassung: „Ehrfurcht vor Gott […] ist vornehmstes Ziel der Erziehung."; Art. 33 Rheinland-Pfälzische Verfassung: „Die Schule hat die Jugend zur Gottesfurcht […] zu erziehen."; Art. 30 Saarländische Verfassung: „Die Jugend ist in der Ehrfurcht vor Gott […] zu erziehen."
103 Siehe Markus Möstl, „Art. 131". In *Verfassung des Freistaates Bayern*, hg. von Josef Franz Lindner, Markus Möstl, Heinrich Amadeus Wolff. München: C. H. Beck, 2009, Art. 131 Rn. 10; Max-Emanuel Geis, „Art. 131". In *Die Verfassung des Freistaates Bayern. Kommentar*, hg. von Theodor Meder, Winfried Brechmann, Andreas Funke. Stuttgart u. a.: Boorberg, 5. Aufl. 2014, Art. 131 Rn. 7; Manuel Kamp, „Art. 7". In *Die Landesverfassung Nordrhein-Westfalens. Kommentar*, hg. von Andreas Heusch, Klaus Schönenbroicher. Siegburg: Reckinger, 2010, Art. 7 Rn. 36; Ulrike Brink, „Art. 33". In *Verfassung für Rheinland-Pfalz*, hg. von Lars Brocker, Michael Droege, Siegfried Jutzi. Baden-Baden: Nomos, 2014, Art. 33 Rn. 21.

handele es sich um eine „Verweisung auf ein Anthropologicum ersten Ranges […], nämlich einer spiritualisierenden numinosen Transzendentalverweisung bzw. einer transzendentalen Ethisierung"[104] – was auch immer das nun heißen mag. Etwas konkreter wird es, wenn man zum Behufe der Rettung dieser Bestimmungen vor dem Verdikt ihrer Verfassungswidrigkeit auch deistische Gottesauffassungen[105] bzw. „Götter anderer Religionen und sogar nicht-personale Gottesauffassungen"[106] als einbegriffen ansehen will. Am Ende schrumpft die Ehrfurcht vor Gott zu einer „Transzendenzmetapher".[107] Doch auch bei dieser fast schon wagemutigen Deutung bleibt doch im Kern das Ziel der staatlichen Erziehung auf eine jenseitige, höhere Ordnung bestehen, darauf, dass es etwas Höheres als den Menschen gibt.[108] Selbst eine derart reduzierte Aussage überschreitet die staatliche Kompetenz, weil sie zum Beispiel eine konsequent materialistische, rein immanente Weltanschauung ausschließt.[109] Solange also irgendwelche sachlichen Seins- und Sinnaussagen mit dem Ehrfurchtsgebot ver-

---

104 Jörg-Detlef Kühne, „Art. 7". In *Die Verfassung des Landes Nordrhein-Westfalen*, hg. von Gregor Geller, Kurt Kleinrahm, Alfred Dickersbach. Göttingen: Schwartz, 3. Aufl., 2. Ergänzungslieferung 1994, Art. 7 Anm. 4 a) aa) (13 f.).
105 Kühne, „Art. 7", Art. 7 Anm. 4 a) aa) (S. 14). Jörg Ennuschat, „Art. 7". In *Kommentar zur Verfassung des Landes Nordrhein-Westfalen*, hg. von Wolfgang Löwer, Peter J. Tettinger. Stuttgart: Boorberg, 2002, Art. 7 Rn. 23, sieht außer dem christlichen Gottesverständnis auch das islamische und jüdische als umfasst an.
106 Kamp, „Art. 7", Art. 7 Rn. 37. Ähnlich Thomas Holzner, „Art. 131". In ders. (Hg.) *Verfassung des Freistaates Bayern unter besonderer Berücksichtigung der Staats- und Kommunalverwaltung. Kommentar*. Wiesbaden: Gemeinde- und Schulverlag Bavaria, 2014, Art. 131 Rn. 12 (S. 774). Siehe noch Rolf Grawert, „Art. 7 der Verfassung von Nordrhein-Westfalen". In *Praxis der Kommunalverfassung*, Band A 3 NW, Anm. 4 zu Art. 7 der Verfassung von Nordrhein-Westfalen (Stand: September 2015): Es könne nicht der Gott einer bestimmten Glaubensrichtung gemeint sein; die Norm diskriminiere „weder den Islam noch den Deismus oder Naturreligionen, den Atheismus [!], Agnostizismus [!] oder den Buddhismus." Dass die Rede von Gott auch Atheismus und Agnostizismus umfassen soll, scheint kaum noch nachvollziehbar.
107 Kamp, „Art. 7", Art. 7 Rn. 37.
108 So die Aussage des FDP-Abgeordneten Krekeler im Verfassungsausschuss des Landes Nordrhein-Westfalen: Hinweis darauf bei Kühne, „Art. 7", Art. 7 Anm. a) aa) (S. 14); Kamp, „Art. 7", Art. 7 Rn. 37.
109 Deswegen hilft es auch nicht weiter, wenn konstatiert wird, dass die „in dem Bildungsziel ‚Ehrfurcht vor Gott' zum Ausdruck kommende ‚Überwindung materialistischen Geistes' sowie die Anerkennung des Geistig-Spirituellen und Wertschätzung transzendenter Ideen grundsätzlich als positiv zu bewerten" sei (so Geis, „Art. 13", Art. 131 Rn. 9; Anm. fortgelassen, H. D.). Denn auf die Bewertung als positiv durch den Kommentator kommt es nicht an. Vielmehr gilt: Wenn die Ehrfurcht vor Gott als verbindliches Verfassungsgebot formuliert wird, steht es dem staatlichen Identifikationsverbot entgegen. Gleiches gilt für die Aussage, das Erziehungsziel wolle „vor einem rein materialistischen Denken bewahren" (Ennuschat, „Art. 7", Art. 7 Rn. 26).

knüpft werden,[110] dürfte dieses auf dem Prüfstand der weltanschaulich-religiösen Neutralität kaum bestehen können.

So bleiben im Grunde nur zwei Rettungsstrategien: dem Erziehungsziel der Ehrfurcht vor Gott jeglichen christlichen, theologischen oder philosophischen Sinn auszutreiben oder ihm jegliche Verbindlichkeit abzusprechen. Für beide Strategien lassen sich einschlägige Judikate anführen.

Der Bayerische Verfassungsgerichtshof etwa hat in merkwürdig schlingernden Begründungsversuchen einerseits konstatiert, Ehrfurcht vor Gott könne nicht für alle verbindlich sein und auch nicht durch die Schule verbindlich gemacht werden; die Schüler dürften „weder rechtlich noch faktisch dem Zwang ausgesetzt werden, das von ihnen abgelehnte Erziehungsziel der Ehrfurcht anzuerkennen".[111] Andererseits hat es aber daraus nicht den Schluss gezogen, dass die Bestimmung gegenstandslos oder nichtig sei.[112] Demgemäß haben wir eine angeblich objektiv geltende und als solche verbindliche Norm der Bayerischen Verfassung vor uns, deren Inhalt aber nur so vermittelt werden darf, dass er nicht für alle verbindlich ist.[113] Wie das „Kunststück zu bewerkstelligen ist, zugleich zur Ehrfurcht vor Gott zu erziehen und nicht zu erziehen", zeigt das Gericht nicht auf.[114] Wenn eine Norm ihren Aussagegehalt ebenso verbürgen soll wie

---

110 Konsequent insofern Brink, „Art. 33", Art. 33 Rn. 22: Letztlich könne nicht mehr als Toleranz und Respekt verlangt werden; damit bleibe dann für ein separates Erziehungsziel der Gottesfurcht neben den anderen (Nächstenliebe, Achtung und Duldsamkeit) praktisch kein Raum mehr. – Hinweis auf die Strategie restriktiver Auslegung auch bei Frank Hennecke, „Art. 33". In *Verfassung für Rheinland-Pfalz. Kommentar*, hg. von Christoph Grimm, Peter Caesar. Baden-Baden: Nomos, 2001, Art. 33 Rn. 22: Das Erziehungsziel der Gottesehrfurcht sei „interpretativ zurückgenommen und zu einem allgemein-sittlichen Anspruch abstrahiert worden". Misslungener Versuch einer Rettung der Norm bei Aufrechterhaltung normativer Bindung unter fehlgehendem Verweis auf Art. 7 Abs. 3 GG und den Kulturföderalismus: Ennuschat, „Art. 7", Art. 7 Rn. 29 ff.
111 Entscheidung des Bayerischen Verfassungsgerichtshofes (BayVerfGHE) 41, 44 (48). Die sehr kritische Analyse des Urteils von Renck, „Religionsfreiheit und das Bildungsziel der Ehrfurcht vor Gott", 2242 ff., deckt dessen argumentative Schwächen schonungslos, aber im Kern absolut berechtigt auf. Wenig überzeugend hingegen Hans-Martin Pawlowski, „Ehrfurcht vor Gott als schulisches Erziehungsziel in Bayern. Besprechung zu BayVerfGH, Entsch. v. 02.05.1988". *Neue Juristische Wochenschrift* 42 (1989), 2240–2242, der das fragliche Erziehungsziel nur noch als Unterrichtsgegenstand und als Hinweis auf die Herkunft des bayerischen Staates einordnen will.
112 Es hätte beispielsweise sagen können, bei der Ehrfurcht vor Gott handele es sich nur um eine „unverbindliche deklamatorische Wendung" (so Renck, „Religionsfreiheit und das Bildungsziel der Ehrfurcht vor Gott, 2245).
113 Kritik auch bei Rupert Stettner, Art. „131". In *Die Verfassung des Freistaates Bayern*, hg. von Hans Nawiasky, München: C. H. Beck, Losebl., Art. 131 (2003), Rn. 26.
114 Zitat: Renck, „Religionsfreiheit und das Bildungsziel der Ehrfurcht vor Gott", 2242; siehe auch ebd., 2445. Schlicht konstatierend hingegen Pawlowski: „Ehrfurcht vor Gott als schulisches Erzie-

dessen Nichtverbindlichkeit, hat sie offenkundig keine regulative Wirkung mehr. In diesem Fall sollte man sie besser gleich abschaffen.[115]

Die zweite Strategie setzt nicht auf eine Reduktion des Geltungsmodus, sondern auf eine Veränderung des Normsubstrats. Den einschlägigen Bestimmungen werden sozusagen ihre Glaubenszähne gezogen, indem man sie gleichsam abpuffert und herunterdimmt zu allgemeinen Kulturwerten. Dafür muss zumeist eine Entscheidung des Bundesverfassungsgerichts von 1975 herhalten, in der es um die Zulässigkeit der christlichen Gemeinschaftsschule in Baden-Württemberg ging, in der die Schüler „auf der Grundlage christlicher und abendländischer Bildungs- und Kulturwerte" erzogen werden sollten. Das Verfassungsgericht hatte seinerzeit in durchaus zustimmungswürdiger Weise argumentiert, dass sich hier die „Bejahung des Christentums in den profanen Fächern [...] in erster Linie auf die Anerkennung des prägenden Kultur- und Bildungsfaktors, wie er sich in der abendländischen Geschichte herausgebildet hat", beziehe, jedoch „nicht auf die Glaubenswahrheit".[116] Doch scheint mir diese interpretative Transformation nicht mehr angängig, wenn die geforderte Ehrfurcht vor Gott in Rede steht. Denn dann geht der originäre religiöse Gehalt der Rede von Gott verloren.[117] Gerade so argumentiert aber das Bundesverwaltungsgericht in seinem Urteil zum islamischen Kopftuch.[118] Mit recht summarischem Blick auf die einschlägigen Regelungen in der baden-württembergischen Verfassung meint es, diese bezögen

---

hungsziel in Bayern", 2241: das Ehrfurchtsgebot stelle sich „nur als eine tatsächliche Gegebenheit dar – ohne normativen Charakter".

115   Siehe auch die Kritik bei Hennecke, „Art. 33", Art. 33 Rn. 6: „Nähme man sie [die Erziehungsziele, H. D.] aber wörtlich und machte man sie im konkreten Schulunterricht zum Erziehungsprogramm, würde in der Tat die Grenze der weltanschaulichen Neutralität des Staates berührt und wohl auch überschritten." Die andere Möglichkeit sieht Hennecke, ebd., Rn. 7, darin, dass im Unterricht die Erziehungsziele nicht praktisch umgesetzt werden: „dann realisiert sich eine etwaige ‚Verfassungswidrigkeit' nicht und die Verfassungstatbestände verflüchtigen sich zu einem allgemeinen, aber wirkungslosen Rahmen."

116   Zitate: BVerfGE 41, 29 (52). Hierzu und zu den Parallelentscheidungen vom gleichen Tage (BVerfGE 41, 65; 41, 88) eingehend Alexander Hollerbach, „Das Staatskirchenrecht in der Rechtsprechung des Bundesverfassungsgerichts (II)". *Archiv des öffentlichen Rechts* 106 (1981), 218–283, hier 259 ff.; knapp, aber präzise Hermann Weber, „Anmerkung zu: BVerfG, Beschl. v. 17.12.1975 – I BvR 63/68 (Simultanschule)". *Juristische Schulung* 16 (1976), 462–464.

117   Das wird regelmäßig verwischt dadurch, dass man unter der Hand aus der (konkreten) „Ehrfurcht vor Gott" eine (unspezifische) „Bejahung des Christlichen" macht und diese Bejahung dann mit Rekurs auf die Entscheidungsserie des Bundesverfassungsgerichts aus dem Jahre 1975 (BVerfGE 41, 29; 41, 65; 41, 88) für verfassungsmäßig erklärt wird. Ein Beispiel für viele: Klaus Braun, „Art. 12". In ders. (Hg.) *Kommentar zur Verfassung des Landes Baden-Württemberg*. Stuttgart: Boorberg, 1984, Art. 12 Rn. 16. Die Berücksichtigung des Traditionsgutes des Christentums ist aber etwas ganz anderes als die Vermittlung einer persönlichen Haltung wie der Gottesfurcht.

118   BVerwG, Urteil v. 24.6.2004, abgedruckt in: *Juristenzeitung* 59 (2004), 1178–1181, hier 1181 re.

sich „auf christliche Tugenden und nicht auf spezielle Glaubensinhalte".[119] Aber speziell Ehrfurcht ist eine Haltung, die sich nicht so einfach wie beispielsweise der Gedanke der Hilfe für den Nächsten säkular übersetzen lässt. Kurios wird es im Übrigen, wenn in der Entscheidung die Beschwörung der „aus der Tradition der christlich-abendländischen Kultur hervorgegangene[n] Wertewelt" direkt in die ersten vier Artikel des Grundgesetzes mündet: in die Anerkennung der unverfügbaren Menschenwürde, der allgemeinen Handlungsfreiheit, der Gleichheit aller Menschen und Geschlechter sowie der Glaubensfreiheit.[120] Die Geschichte des Christentums wird so zu einer Art Vorgeschichte des Grundgesetzes. Das hat weder das Christentum verdient noch ist damit unserer Verfassung gedient. Fazit: Nimmt man die Ehrfurcht vor Gott beim Wort und die Norm ernst, dürfte sie dem Neutralitätsgebot nicht genügen.

Die Liste der kontroversen Problemfelder ließe sich bequem verlängern: um die notorischen Kopftuchfälle wie überhaupt das Thema Religion in der Schule, um Strafschutzdelikte zum Schutze der Religion, um Kreuze in Klassenzimmern und Gerichtssälen und anderes mehr.[121] Das kann hier schon aus Platzgründen nicht mehr näher entfaltet werden. Es bleibt nur noch Raum für eine kurze Schlussbemerkung.

4 Schlussbemerkung

Als wesentliches Ergebnis möchte ich erstens festhalten, dass das Gebot religiösweltanschaulicher Neutralität allen systematischen Einwänden standhält – und zweitens, dass es als tauglicher verfassungsrechtlicher Maßstab im Sinne eines Identifikationsverbots und einer Begründbarkeitsanforderung fungieren kann. Die Neutralität des Staates ist also möglich und realisierbar. Man darf das Gebot

---

Sp.). – Unkritischer Rekurs darauf bei Möstl, „Art. 131", Art. 131 Rn. 10; desgleichen Gerhard Mohr, „Art. 30". In *Verfassung des Saarlandes. Kommentar*, hg. von Rudolf Wendt, Roland Rixecker, Saarbrücken: Verlag Alma Mater, 2009, Art. 30 Rn. 3. Richtig hingegen Brink, „Art. 33", Art. 33 Rn. 24, die das Erziehungsziel der Gottesfurcht und die allgemeinen religiösen Bezüge klar auseinanderhält.

119 BVerwG, Urteil v. 24.6.2004, abgedruckt in: *Juristenzeitung* 59 (2004), 1178–1181, hier 1181 re. Sp.

120 Ebd., 1181 li./re. Sp., dort li. Sp. auch das Zitat.

121 Dazu im aktuellen Überblick Hans Markus Heimann, *Deutschland als multireligiöser Staat. Eine Herausforderung*. Frankfurt a. M.: Fischer, 2016, insb. 91 ff.; aus schweizerischer Sicht Lorenz Engi, *Die religiöse und ethische Neutralität des Staates. Theoretischer Hintergrund, dogmatischer Gehalt und praktische Bedeutung eines Grundsatzes des schweizerischen Staatsrechts*. Zürich, Basel, Genf: Schulthess, 2017, 363 ff., 414 ff., 451 ff.

allerdings weder als Ergebnisneutralität ausbuchstabieren noch als Einschränkung des freien demokratischen Willensbildungsprozesses fehlinterpretieren.

Meine Prognose ist, dass das Gebot religiös-weltanschaulicher Neutralität gerade wegen steigender Pluralisierung und an Heftigkeit zunehmender Konflikte in Zukunft auf eine harte Probe gestellt werden wird – meine Hoffnung ist, dass es diese Probe besteht. Das hängt nicht allein von seiner verfassungsrechtlichen Güte und Begründbarkeit ab. Es kommt vor allem darauf an, das Verständnis für Wesen und Wert dieser großen verfassungsrechtlichen Errungenschaft bei den politischen Entscheidungsträgern, den staatlichen Gewalten und vor allem bei den Bürgern lebendig zu halten und gegebenenfalls mit Verstand und Leidenschaft zu verteidigen.[122]

---

122 Der vorliegende Text beruht auf Kapitel III meines Buches: *Staat ohne Gott. Religion in der säkularen Moderne*. München: C. H. Beck (Edition der Carl Friedrich von Siemens Stiftung), 2018.

Christoph Türcke
Blasphemie und Aufklärung

Manchmal gelingt es Künstlern, mit wenigen Strichen den Nerv ihrer Zeit zu treffen. George Grosz etwa zeichnete 1928 Christus am Kreuz mit Gasmaske und Knobelbechern. Dem Querbalken des Kreuzes sind beide Enden weggebrochen; die linke Hand Christi, dadurch frei geworden, hält ihrerseits ein kleines Kreuz hoch. Darunter stehen die Worte „Maul halten und weiter dienen". Daraufhin wurde Grosz der Blasphemie angeklagt. *Blasphemein* heißt wörtlich „durch Rede entstellen". Heute versteht man darunter zumeist das Verhöhnen von Ritualen und Symbolen, die einer Gemeinschaft als schlechterdings unantastbar gelten. Doch hatte Grosz tatsächlich das Christentum verhöhnt? Keineswegs. Seine Zeichnung war ein Seismogramm des ersten Weltkriegs. *Der* hatte Christus mit Gasmaske und Knobelbechern zeitgemäß zugerichtet. Grosz selbst war bloß der Zeuge dieser Untat, der sie so im Bilde festzuhalten wusste, dass er dem Kreuz etwas von seinem authentischen Charakter als Folter- und Hinrichtungsinstrument zurückgab, den es als Symbol, das auf dem Altar steht oder das der Geistliche feierlich schlägt, längst entbehrte. Wie anders hatte es doch angefangen. Ein paar Juden aus Galiläa hatten einen Gekreuzigten als Sohn Gottes ausgerufen und damit das bestialische Hinrichtungswerkzeug, das die Römer bei Kapitalverbrechen bevorzugten, mit dem Gott Israels zusammengedacht. Das war die eigentliche Ungeheuerlichkeit des Urchristentums gewesen: „den Juden ein Ärgernis, den Griechen eine Torheit" (1 Kor 1,23), wie Paulus sagt, der die Botschaft von der rettenden Kraft eines Gekreuzigten anfänglich als Blasphemie verfolgte, ehe er zu ihrem wichtigsten Apostel wurde. Das Christentum ist unter Blasphemieverdacht entstanden; es ist dafür verfolgt und in die Mission getrieben worden; es hat die gemarterte Menschlichkeit Jesu als das Vexierbild eines Gottes beschworen, der bald, in allernächster Zeit, aller Marter ein Ende machen sollte. Doch wo blieb er? Statt des Reiches Gottes kam die Kirche. Im Zuge ihres Aufstiegs zur römischen Staatsreligion wandelte sich das Kreuz vom Symbol der gemarterten Menschlichkeit zum Triumphzeichen. „In diesem Zeichen wirst du siegen", soll Konstantin eine Stimme im Traum gesagt haben – und zwar vor der Schlacht gegen seinen Konkurrenten um die Kaiserwürde. Damit war die skandalöse Botschaft des Kreuzes auf nicht minder skandalöse Weise umgewertet. Grosz hat dafür eine zeitgemäße Bildsprache gefunden. Die Gasmaske als Wahrzeichen des Weltkriegs, als das Gerät, das den Gekreuzigten nicht einmal mehr sein „Mein Gott, mein Gott, warum hast du mich verlassen" (Mt 27,46) schreien lässt, stattdessen die lakonische Unterschrift „Maul halten und weiter dienen": Das ist weit eher Kreuzestheologie des 20. Jahrhunderts als Blasphemie.

Und wenn dennoch viele Zeitgenossen nichts anderes darin wahrzunehmen vermochten als die handfeste Beleidigung ihrer religiösen Gefühle? Dann zeigt das, was für ein dunkles Kapitel religiöse Gefühle sind. Die fallen ja nicht klar und rein vom Himmel, sondern formen sich in langwieriger, komplexer Entwicklung. An ihrem Anfang steht der Naturschrecken, der die nervliche Konstitution altsteinzeitlicher Hominiden derart durchdrungen haben muss, dass sie zu seiner Bewältigung eine eigene Technik entwickelten: die Wiederholung des Schrecklichen. Es gibt keine menschliche Kultur, an deren Anfang nicht der Opferkult stünde, und geopfert wurden nicht Schnecken oder Frösche, sondern das Kostbarste: Menschen und Großtiere. An einzelnen Auserwählten wiederholt das Kollektiv die traumatisierende Naturgewalt, von der es heimgesucht wurde, um dem Schrecklichen durch seine ständige Wiederholung allmählich den Schrecken zu nehmen. Das Opferritual verläuft nach der Logik des traumatischen Wiederholungszwangs. Und bis aus den ersten diffusen, reflexartigen Wiederholungen rituell geregelte Opfer wurden, bis die höheren Schutzmächte, denen man sie darzubringen meinte, die Kontur von Totems, Ahnen oder Göttern annahmen, und bis schließlich die Vorstellungen solcher Mächte sich so in den Erregungshaushalt eines Kollektivs eingenistet hatten, dass es sie als sein Ein und Alles, als das schlechterdings Heilige und Identitätsstiftende empfand, dürften Zehntausende von Jahren verflossen sein. Jedenfalls ist ein für modernes Zeitempfinden nahezu unvorstellbar langer Disziplinierungs- und Sublimierungsprozess erforderlich, damit Rituale, Kult- und Glaubensinhalte als so natürlich empfunden werden, als seien sie der ganzen Menschheit an der Wiege gesungen.

Das sogenannte Heilige ist, wie Rudolf Otto gezeigt hat, zunächst keineswegs das Gute oder Sittliche, sondern dasjenige, was ungeheuerlich und übermächtig daherkommt. Schrecken und Schauder sind seine Attribute. Sie bilden den Bodensatz des religiösen Gefühls. Ehrfurcht und Respekt sind schon seine hochkulturellen Ausformungen, die sprachlose Verzückung ist seine äußerste Firnisschicht. Religiöse Gefühle umfassen ein ganzes Register: vom finstersten Opferschauder bis in die zarten Höhen der Mystik. Und sie sind, streng genommen, ein Missverständnis. Gefühle als solche können peinlich oder angenehm, dumpf oder stechend, erhebend oder bedrückend, stark oder schwach sein, aber nicht religiös oder profan. Es gibt lediglich Gefühle, die von den Betroffenen als derart durchdringend, erschütternd, erhebend oder beglückend empfunden werden, dass sie folgern: Das war mehr als bloß profan; da muss mich eine höhere Macht angerührt haben. Doch eine Folgerung ist kein Gefühl. Niemand fühlt Gott oder das Heilige direkt, sondern allenfalls etwas, was er für Gott oder heilig *hält*.

Gerade weil es religiöse Gefühle an sich nicht gibt, ist das, was dafür gehalten wird, so angreifbar. Zur psychologischen und militärischen Kriegführung hat denn auch stets gehört, die Heiligtümer der Besiegten zu schänden und ihre Rituale zu verhöhnen. So gesehen ist Blasphemie uralt; sie gehört zur Magie des Kriegswesens. In der Neuzeit ist lediglich ein Aspekt hinzugekommen: zur Verhöhnung anderer Religionen die der Religion als solcher. Scheinbar bloß eine kleine zusätzliche Nuance. Faktisch aber ein Bedeutungsumbruch.

Die Religion als solche schmähen: das konnte zunächst nicht triumphierend von außen geschehen, sondern nur subversiv von innen. Im 17. Jahrhundert fängt das an. Eine Schrift *Über die drei Betrüger*, nämlich Moses, Jesus und Mohammed, macht in Europa die Runde, natürlich nur heimlich und anonym. Wehe dem Verfasser oder den Lesern, wenn sie sich zu erkennen gegeben hätten. Ein französischer Landgeistlicher namens Jean Meslier, der in seinem Dorf zeitlebens brav die Messe gelesen hat, hinterlässt Anfang des 18. Jahrhunderts ein Testament, worin er die cartesische Methode der Wahrheitsprüfung gnadenlos auf die Bibel anwendet, sie buchstäblich zerpflückt und es für absurd erklärt, ein derart von Widersprüchen strotzendes Schriftwerk als den Inbegriff aller Wahrheit zu verehren. Die Bibel, so sein Fazit, ist keinen Deut besser als die griechische Mythologie. Alle höheren Wesen sind erlogen.

Seither hat Blasphemie das Ansehen eines nihilistischen Gespensts. Blasphemiker kann doch eigentlich nur einer sein, dem nichts heilig ist. Das ist natürlich ein Irrtum. Man muss nur einmal das Buch Hiob aufschlagen. „Die Pfeile des Allmächtigen stecken in mir, mein Geist hat ihr Gift getrunken, Gottes Schrecken stellen sich gegen mich" (Hi 6,4), heißt es dort. Hiob verflucht gar den Tag seiner Geburt. Ähnliche Töne schlägt der islamische Mystiker Attar in seinem *Buch der Leiden* an. „O Gott, ich will nichts mehr von Dir. [...] Das kummervolle Leben, das Du mir gegeben hast, will ich nicht mehr. Ich sage Dir: Nimm es wieder zurück!" (22/3). Besonders anrührend hat sich Heinrich Heine geäußert. Er, der in besseren Tagen den Himmel „den Engeln und den Spatzen" überlassen wollte, besann sich im Schmerz seiner tödlichen Krankheit anders: „Gottlob, daß ich jetzt wieder einen Gott habe, da kann ich mir doch im Uebermaße des Schmerzes einige fluchende Gotteslästerungen erlauben; dem Atheisten ist eine solche Labung nicht vergönnt."

Zweifellos sind das handfeste Schmähungen Gottes, aber so, wie man eine verlorene Geliebte beschimpft, von der man nichts sehnlicher wünscht als sie wieder zu bekommen. Und etwas vom Tonfall des enttäuschten Liebhabers findet sich selbst noch im Sarkasmus der radikalen Aufklärer, die die christliche Lehre an ihrem eigenen Wahrheitsanspruch messen und dann verwerfen. Dass dem

Blasphemiker absolut nichts heilig sei, trifft nicht einmal auf den Marquis de Sade ohne weiteres zu, der die Dreifaltigkeit Gottes aufs Virtuoseste mit allen erdenklichen Obszönitäten zu verknüpfen wusste. Er predigt den Kult einer rigorosen Lustmaximierung, dem jegliche Religion, Standesetikette, Sitte, ja jeglicher Skrupel als Aberglaube aufzuopfern ist. Um des Lustkults willen darf alles erbarmungslos verspottet werden, nur er selbst duldet keinen Spott. Die Sadeschen Gewalt- und Sexualorgien nehmen sich vielmehr aus wie das Sich-Klammern an einen letzten Halt. Sade ist gleichsam ihr ekstatischer Priester – und seinen christlichen Widersachern gar nicht so unähnlich. Seine Sehnsucht nach skrupellosem Genuss ist das Negativ der christlichen Sehnsucht nach einer Seligkeit ohne jeden Gewissensbiss.

Gewiss ist Blasphemie nicht einfach dasselbe wie Aufklärung. Aber Aufklärung sieht Blasphemie manchmal zum Verwechseln ähnlich. Spott dringt, wenn er ins Schwarze trifft, tiefer als jede andere Form von Kritik. Was langen Beweisgängen oft versagt bleibt, schafft bisweilen ein einziger Witz, eine Satire, eine Karikatur: das Eitle, Aufgeblasene, Anmaßende geltender Autoritäten bloßzustellen. Wenn Spott Betrübliches lächerlich macht, ist er zynisch. Wo immer er aber das, was lächerlich *ist*, blitzartig zum Vorschein bringt und es notfalls bis zur Kenntlichkeit entstellt, da ist er aufklärerisch. Kritik ohne Spott ist zahnlos, fasst nicht wirklich zu, ist nicht ganz ernst gemeint. Daher konnte aufklärerische Religionskritik gar nicht anders, wenn es ihr denn ernst war, als ab und zu religiöse Autoritäten und die von ihnen gehegten Gefühle zu beleidigen. Sporadischer Spott gehörte zum Schwung ihres Angriffs. Und nirgends war die Aufklärung schwungvoller und zupackender als im Frankreich des 18. Jahrhunderts. Religiöse Autoritäten und die von ihnen gehegten Gefühle beleidigte sie mit unübertroffener Eleganz, gewissermaßen beiläufig, weil es ihr um Höheres ging. Ihr Hauptziel war, dem Christentum die Wahrheit streitig zu machen.

Ob eine Religion wahr ist, darum geht es in pluralistischen Gesellschaften nicht mehr. Religion soll frei sein. Jeder soll die seine ungehindert ausüben dürfen. Nur darum noch hat sich die Gesetzgebung zu kümmern. Und was gilt als Religion? Alles, was genügend Leute dafür halten, nicht nur ein paar wenige. Religion ist zwar Privatsache, aber so ganz privat dann auch wieder nicht. Nicht der Frauenschuh, den irgendein Neurotiker als Fetisch behandelt, gilt als gesetzlich schützenswert, wohl aber jeder als Reliquie anerkannte Stofffetzen; nicht die rituelle Akribie und Hingabe, mit der jemand seinen privaten Waschzwang zelebriert, wohl aber diejenige, die beim kollektiven Freitagsgebet waltet. Wie eine Gruppe den Status der Religionsgemeinschaft oder Weltanschauungsvereinigung erworben hat, prüft das Gesetz nicht. Aber es schützt, was jede dieser Gruppen ihre religiösen Gefühle nennt. Es macht keinen Unterschied zwischen den Erniedrigten und Beleidigten, deren Würde, und der beleidigten Leberwurst, deren Eitelkeit Schaden genommen hat. In manchen Ländern gibt es eigens einen „Blasphemieparagraphen". Die Schweiz etwa verbietet es, „öffentlich und in gemeiner Weise die Überzeugung anderer in Glaubenssachen" zu beschimpfen. In Deutschland ist solche Beschimpfung nur strafbar, „wenn sie geeignet ist, den öffentlichen Frieden zu stören".

Ein aufklärungsfeindliches Gesetz? Nicht nur. Aufklärung kann zwar ohne Hohn und Spott nicht ernst sein. Aber Hohn und Spott waren stets nur da aufklärerisch, wo sie aus der Unterdrückung hervorbrachen, wo Schwache sie als Waffe gegen Mächtige führten, die über viele Bataillone verfügten, aber über wenig Witz. Als Triumphgeschrei von Siegern hingegen sind sie widerlich. Als die Nazis das Judentum verhöhnten, fuhr ein dummes, rassistisches Ressentiment gegen eine Religion daher, von deren geistigen Errungenschaften alle Aufklärung bis heute zehrt. Wenn Europäer sich über den Ahnenkult von Amazonasindianern lustig machen, feiern sie den Sieg des Kolonialismus noch einmal auf geistlose Weise nach. Ebenso wenig ist es Aufklärung, wenn man den Hungernden Indiens ihren Rinderkult auszureden versucht oder den Favelabewohnern Südamerikas ihre Pfingstreligion. Es gibt Situationen, in denen jedes Aufklären den schlechten Geschmack saturierter Besserwisserei annimmt. Da ist es angemessener, zu verstummen als zu argumentieren.

In den letzten Jahrzehnten ist allerdings eine globale Konfliktlinie entstanden, bei der Verstummen nicht hilft. Grell zutage trat sie erstmals, als Ayatollah Chomeini sein Todesurteil gegen den Schriftsteller Salman Rushdie schleuderte: wegen Beleidigung des Islams durch einen Abtrünnigen. Dann kam die Beleidigung durch Ungläubige. Eine dänische Zeitung veröffentlichte Karikaturen des Propheten Mohammed, auf denen sein Turban einem Sprengsatz sehr ähnlich sah. Andere Zeitungen brachten Nachdrucke davon. Das löste in der islamischen Welt Empörung und Rachegelüste aus. Anschläge auf westliche Einrichtungen wurden verübt; allerdings nur in den islamischen Ländern selbst und von aufgebrachten Demonstranten. Das Pariser Satiremagazin Charlie Hebdo hingegen wurde von schwerbewaffneten Mitgliedern der Terrororganisation Al Qaida angegriffen. Sie drangen in die Redaktion ein und schossen die Mehrzahl der Redakteure nieder, um „den Propheten zu rächen". Und inzwischen wissen wir, dass das noch längst nicht der Gipfel war. Vorläufiger Höhepunkt ist ein koordinierter Angriff in Paris auf das Fußballländerspiel Frankreich-Deutschland, ein Rockkonzert und eine Ausgehmeile mit vielen Restaurants und Cafés. Dazu bekannte sich die Terrororganisation „Islamischer Staat". Sie sucht nicht nur das Machtvakuum im Grenzgebiet zweier zerfallender Staaten, Irak und Syrien, auf schauderhafte Weise auszufüllen. Sie ist allen Ernstes darauf aus, zugleich in den europäischen Metropolen einen Partisanenkrieg gegen die Ungläubigen zu führen und zu demonstrieren, dass deren gesamte Lebensführung den Propheten beleidigt. Zweifellos nötigen diese Ungeheuerlichkeiten dazu, die Grenzen von Blasphemie, Presse- und Religionsfreiheit neu zu vermessen. Das wird allerdings nur gelingen, wenn man von den Tagesaktualitäten einen Schritt zurücktritt und sich die politische Großwetterlage anschaut, in der sich das alles zusammengebraut hat.

„Der Westen": Das ist eine Chiffre für jene Länder, von denen einst die Globalisierung ausging, als sie noch gar nicht so hieß. Ihr erster Akt war die Eroberung weiter Teile Amerikas, Afrikas und Asiens mit reichlich Völkermord und Rohstoffplünderung. Erst die Masseneinfuhr von Gold und Silber, Baumwolle und Zucker, Kaffee, Kautschuk und Öl aus diesen Ländern hat „dem Westen" die materielle Grundlage verschafft, auf der er werden konnte, was er ist: die Gründungsregion der bürgerlich-kapitalistischen Gesellschaftsordnung. Deren Wirtschaftsweise hat sich weltweit durchgesetzt. Überall, wo sie hinkam, hat sie vormoderne Strukturen aufgelöst und ihre eigenen Imperative durchgesetzt. Der Weltmarkt ist nicht das Ergebnis demokratischer Abstimmungen, sondern militärischer Siege und wirtschaftlicher Zwänge. Erst auf deren Basis haben Menschenrechte wie Freiheit der Meinung, der Presse, der Religion, des Berufs, der Wahl staatlicher Repräsentanten überhaupt eine Chance bekommen.

Das gilt auch für die muslimischen Länder. Unter allen nicht-westlichen Kulturen hat die islamische insofern eine Sonderstellung, als sie sich zum Westen in einer prekären Nähe befindet – nicht nur geographisch. Zum einen ist der Islam die dritte der drei monotheistischen Hochreligionen; natürlich die definitive, wie er selbst meint, aber mit hoher Achtung vor den Büchern der andern beiden, vor allem dem Alten Testament, mit Verehrung für Abraham als dem Stammvater aller drei Religionen und sogar mit gewissem Respekt vor Jesus als einem Vorläufer Mohammeds. Zum andern ist der Islam gerade deshalb ein gutes Jahrtausend lang der schärfste Rivale des Christentums gewesen. Und er ist in einem Punkt von Christen und Juden strikt unterschieden. Letztere haben klein angefangen: die Juden als subalterner, der ägyptischen Großmacht glücklich entronnener Volksstamm; die Christen als verfolgte, ohnmächtige Minderheit. Der Islam hingegen ist von vornherein siegend in die Welt getreten. Mohammed war ein ebenso geschickter Stratege wie charismatischer Visionär. Er kehrte nicht nur als Verkünder einer neuen Lehre von Medina in seine Heimatstadt Mekka zurück, sondern als Heerführer. Er wusste die Stadt ebenso militärisch wie psychologisch für sich einzunehmen. Das war sowohl seine besondere persönliche Fähigkeit als auch sein Vermächtnis an seine Erben, die Kalifen. Der Sieg des Islam wurde als untrennbar von militärischem und politischem Sieg gedacht. Und der Erfolg schien ihm Recht zu geben. Sechs Jahre nach Mohammeds Tod eroberte er Jerusalem, genau ein Jahrhundert nach seinem Tod standen seine Truppen bereits in Südfrankreich.

Daraus folgt nicht, dass der Islam im Kern kriegerisch sei, das Christentum aber friedlich. Das Maß an Duldung etwa, das Juden und Christen in den mittelalterlichen Kalifaten zuteil wurde, haben christliche Würdenträger gegen Muslime nie aufgebracht. Die Inquisition ist eine christliche Erfindung. Ein ausgeklügeltes, foltergestütztes System kollektiver Seelenüberwachung hatte der Islam nicht nötig. Er neigte zu generöserer Herrschaft. Aber Herrschaft musste es schon sein. Das islamische Selbstgefühl ist derart vital an den Sieg geknüpft, dass es ihm ungleich schwerer als anderen wird, politische Zusammenbrüche von religiöser Kränkung zu unterscheiden. Und nun ist ausgerechnet aus dem Westen, gewissermaßen als Ausgeburt des Christentums, eine Macht in die islamische Welt vorgedrungen, die abstrakt wie ein nihilistisches Gespenst umgeht, aber mit der konkreten Kraft, alle Lebensverhältnisse umzuwälzen. Sie hat nicht nur äußerlich über Allahs Heere triumphiert. Sie dringt mit ungreifbarer Gewalt, auf göttlich-widergöttliche Weise, auch ins Innere von Allahs Getreuen ein. Diese Macht ist der kapitalistische Weltmarkt. Auch bei strengsten Muslimen sind seine Regeln inzwischen in die alltägliche Haushaltsführung eingegangen, nicht nur in die betriebswirtschaftliche, auch in die seelische. Deshalb die Fülle bizarr ambivalenter Reaktionsweisen: Mullahs, die gegen „den Westen" sind, aber für die mikroelektronischen Kommunikationsmittel, die er gebracht hat und die sich so effizient gegen ihn wenden lassen; Jugendliche, die für Coca-Cola und Nike, aber gegen Amerika sind; Schleier tragende Frauen am Steuer schnittiger Autos und in den Chefetagen großer Firmen; und viele Unauffällige, die sich der westlichen Lebensweise mehr oder weniger angleichen, ohne darüber entschieden zu sein, ob sie sie als ihre eigene empfinden sollen oder als aufgepfropft.

Die islamische Welt ist alles andere als ein homogener Block – ungleich zerklüfteter als das Christentum. Viele Moslems sind von den Charlie-Hebdo-Morden so entsetzt, dass sie behaupten, diese Tat habe nichts mit dem Islam zu tun. Die Täter sahen das anders und waren bereit, dafür ihr Leben zu lassen. Und es ist offenkundig, wo ihre Islam-Auffassung herkommt. Der Erweckungsprediger al-Wahhab hatte im 18. Jahrhundert strikte Rückbesinnung auf Mohammeds Worte und Taten gefordert und alle Elemente islamischen Volksglaubens wie Engel- und Heiligenverehrung sowie Wallfahrten als Formen des Unglaubens verworfen. Sie sollten ausgemerzt werden, auch mit Gewalt. Ungläubige hatten den Tod verdient, auch wenn sie sich für Moslems hielten. Und wer bei ihrer Bekämpfung umkam, dem öffnete sich umgehend die Pforte des Paradieses zu allen himmlischen Freuden. Wahhab wollte zurück zu den authentischen Ursprüngen – ganz ähnlich wie die christlichen Reformatoren, nur rigoroser und plumper – gewissermaßen äußerlicher. So etwas wie ein individuelles Gewissen als Zünglein an der Waage des Glaubens blieb ihm fremd. Und in der arabischen Wüste wirkte seine Reform ungleich restaurativer als zwei Jahrhunderte zuvor die christliche Reformation auf dem kulturellen Humusboden Mitteleuropas. Wahhab wäre wahrscheinlich ein bloßer Sektierer geblieben, hätte sich mit seiner Lehre nicht der mächtige Stamm al-Saud verbunden und mit al-Saud schließlich das Öl. Der Wahhabismus ist Staatsdoktrin in Saudi-Arabien, sozusagen ein ölgestützter islamischer Purismus. Und das ist er auch bei denen geblieben, die Saudi-Arabien und den umliegenden Emiraten die Ölgemeinschaft mit dem Westen verübeln und sie nun selbst zu den Ungläubigen rechnen. Das tat Bin Laden, das tun Al Qaida und der Islamische Staat. Bei ihnen hat sich der ölgestützte Purismus gegen seine Urheber gewendet und sich dabei noch einmal radikalisiert. Aber er hat nicht aufgehört, vom Öl zu zehren. Ohne Ölmilliarden wären Al Qaida und Islamischer Staat gar nicht lebensfähig.

Der wahhabitische Purismus ist einer der Hauptherde des Islamismus. In der Welt des Islam ist er eine Minderheit, vor der gegenwärtig Millionen Moslems nach Europa zu den Ungläubigen fliehen. Aber er ist eine mächtige Minderheit. In ihrem Dunstkreis bewegten sich die Demonstrationen, die die Attentäter auf Charlie Hebdo als Märtyrer feierten und ihre Tat als gerechte Strafe für die Beleidigung des Propheten. Natürlich ist ihre Empörung über Mohammed-Karikaturen völlig unverhältnismäßig: hysterisch im genauen Sinn des Wortes. Hysterie, so hat Freud gezeigt, ist ein Stellvertreterleiden. Der hysterische Ekel gilt gar nicht der Speise, die ihn auszulösen scheint; die hysterische Lähmung kommt nicht von eingeklemmten Nerven. Das Leidenssymptom ist vorgeschoben. Nichtsdestotrotz wird das Leiden real erlebt, ja es ist gerade deshalb quälend, weil seine wahre Ursache nicht offenbar werden darf.

So auch in unserem Fall. Die Wut, die sich an Mohammed-Karikaturen festbeißt, hat in ihnen ein greifbares Objekt, aber nicht ihren wahren Grund. Allerdings sind sie auch nicht bloß eine politische Manövriermasse. Zwar lenken die autoritären Regime der Golfregion den Unmut der von ihnen unterdrückten Völker gern nach außen ab, und da kommen ausländische Karikaturisten und die Regierungen, die sie gewähren lassen, wie gerufen. Doch wer daraus schließt, die Karikaturen seien eigentlich bloß religiöse Blitzableiter lokaler politischer Spannungen, denkt westlich und vergisst, dass sich Religion und Politik im muslimischen Selbstverständnis so einfach nicht trennen lassen.

Nicht von ungefähr hat Hysterie zwei Seiten. Zwar ist das Symptom des Leidens von der wahren Ursache verschieden; es muss aber auch eine gewisse Ähnlichkeit mit ihr haben, sonst könnte es die Rolle eines Stellvertreters nicht übernehmen. Sich durch Mohammed-Karikaturen beleidigt fühlen ist also nicht bloß eine Chiffre für das Leiden an einer Politik, die Menschenrechte, Arbeitsplätze, Lebensmittel vorenthält. Nein, man fühlt sich wirklich als Moslem beleidigt

– allerdings durch etwas viel Gravierendes als Karikaturen, nämlich durch den Sieg des großen westlichen Exportschlagers: des kapitalistischen Markts und seiner demokratischen Einrahmung. Und man darf sich diesen Sieg um so weniger eingestehen, je mehr man selbst am westlichen Exportschlager teilhat, je mehr man sich in die westliche Lebensweise einübt und davon absieht, welche Belastungsprobe sie für Koran, Scharia und islamische Siegesphantasien bedeutet. Dies alles haben die Mohammed-Karikaturen ruckartig an den Tag gebracht. Für sich genommen sind sie eine Lappalie, und arabische Länder, in denen die gehässigsten Karikaturen gegen Juden, etwa ihre Darstellung in Naziuniformen, zum Zeitungsalltag gehören, haben wenig Recht, sich künstlich darüber aufzuregen.

Das Delikate an den Mohammed-Karikaturen ist: Westliche und islamische Kultur verhalten sich verschieden zu ihren je eigenen Grundtabus. Wer islamisch aufwuchs, hat gleichsam mit der Muttermilch eingesogen, dass diese Kultur nur solange Bestand hat und sich in der modernen Welt zu behaupten vermag, wie der Prophet unantastbar bleibt. Diese Überzeugung sitzt offenbar tiefer als der Koran und alle Riten. Selbst wer an letztere nicht mehr glaubt und dem Propheten sehr distanziert gegenübersteht, fühlt sich damit noch längst nicht berechtigt, sich ähnlich spöttisch über ihn zu äußern wie die französische Aufklärung einst über den Katholizismus. Was in Wort und Bild, auch in beißender Karikatur gegeißelt werden darf, ist Missbrauch des Islam. Aber den Propheten selbst mit Ironie und Spott zu umgeben, das haben bisher nur wenige gewagt, und das auch nur schriftlich, nicht in bildlicher Karikatur. Und die Selbstüberwindung, die sie dazu aufbringen mussten, sieht man ihnen nicht an. Im europäischen Kontext hingegen braucht man für das, was sie taten, weit weniger Selbstüberwindung. Deshalb ist es so misslich, dass Nicht-Muslime vorgeprescht sind und mit Mohammed-Karikaturen angefangen haben. Sie taten nichts Ungesetzliches, aber etwas ungeheuer Taktloses. Es ist eben nicht gleichgültig, wer Mohammed karikiert. Sobald Muslime das tun, beginnt eine neue Phase islamischer Selbstkritik. Solange Nicht-Muslime das tun, scheint unter ihren Federstrichen der gesamte Sieg des Westens noch einmal blitzartig auf. Dieser Siegerspott ist es, der so tief beleidigt – übrigens auch viele Liberale unter den Moslems, die die massenhysterischen Reaktionen darauf indiskutabel fanden.

Für diese Art von Taktlosigkeit hatte Charlie Hebdo keine Antenne. Schließlich war diese Zeitschrift kein Staatsorgan, sondern eine kleine Assoziation widerborstiger Individualisten mit dem Mut und dem Übermut, alle Autoritäten, politische wie religiöse, aufs Korn zu nehmen und mit wenigen gekonnten Strichen bis zur Kenntlichkeit zu entstellen. Warum sollte sie Mohammed und was in seinem Namen geschieht, davon ausnehmen? Gibt es nicht in fast allen europäischen Ländern Ansätze zu muslimischen Parallelgesellschaften, die im

Schutz der Religionsfreiheit militante islamistische Zellen aufbauen – und zunehmend junge Mitteleuropäer, die in Syrien und im Irak für die Islamisten kämpfen und verroht in ihre Heimatländer zurückkehren? Ja, gegen solche Leute und ihre wahnhafte Ideologie richteten sich die Islam-Karikaturen von Charlie vornehmlich. Und die Adressaten verstanden sehr gut, dass sie gemeint waren. Sie rächten *sich*, nicht den Propheten, als sie die Charlie-Redaktion niederschossen. In diesem Moment freilich waren Stärke und Schwäche schlagartig neu verteilt. Es war ein großer Augenblick der Solidarität, hier *Je suis Charlie* zu skandieren und sich über alle Vorbehalte hinweg für den Zeichenstift und gegen die Maschinengewehre zu erklären. Selbst wenn der Stift gelegentlich zu forsch gezeichnet haben sollte: Wo er sich islamkritisch bewegte, verhöhnte er nicht Schwache, sondern karikierte Gewaltbereite. Sie sind nicht einfach bloß Opfer des Westens, und, wo sie Täter werden, genauso zu bekämpfen wie alle gemeinen Mörder.

Die Parole *Je suis Charlie* ist jedoch kein Freifahrtschein. Wenn sie nur auf ein trotziges „Nun erst recht" unter Polizeischutz hinausliefe, würde versäumt, aus dem grauenhaften Attentat etwas Entscheidendes zu lernen: Fingerspitzengefühl für die Kategorie Takt. Takt ist mehr als spießige Förmlichkeit: ein humanes Sediment, das auch der Satire nicht schlechterdings fehlen darf. Daher ist es grundfalsch, aus Solidarität mit Charlie ein „Recht auf Blasphemie" zu fordern. Nach wie vor gilt: Hohn und Spott sind widerlich, wenn sie gegen Schwache und Unterlegene gehen, und befreiend, wenn sie beleidigte Leberwürste anpieken. Nur wache Urteilskraft kann das eine vom andern sorgsam unterscheiden. Ein Blasphemiegesetz hilft dabei wenig. In Frankreich gibt es daher keines. In der Tat reicht ein Beleidigungsparagraph völlig aus, wenn er denn klar stellt, dass nicht nur die Person vor Verhöhnung zu schützen ist, sondern auch das, was ihr heilig oder unantastbar ist. Jeder von uns, auch der forscheste Atheist, trägt so etwas mit sich herum: Erinnerungen, Überzeugungen, Gewohnheiten, Vorlieben, Gebrauchsgegenstände, die man nicht durch den Kakao gezogen wissen möchte. Das wird so bleiben, solange Menschen verletzliche Wesen sind. Hier gilt daher weiterhin das alte lateinische Sprichwort: *Noli me tangere* – rühr mich nicht an.

Hans G. Kippenberg
Die globale Ermächtigung aktiver Religiosität durch das Allgemeine Menschenrecht

> „Considering that religion or belief, for anyone who professes either, is one of the fundamental elements in his conception of life." Declaration on the Elimination of All Forms of Intolerance and of Discrimination Based on Religion or Belief (1981), Präambel

1 Unveräußerliche Rechte aller Menschen

Die große Bedeutung der Menschenrechte heute und ihr historisches Entree in den USA und in Frankreich gegen Ende des 18. Jahrhunderts drohen den Blick davor zu trüben, dass es zwischen damals und heute keine Kontinuität gibt. Thomas Jefferson hatte 1776 in der Erklärung über die Unabhängigkeit der 13 britischen Kolonien vom Mutterland den revolutionären Akt damit begründet, dass alle Menschen gleich geschaffen und „von ihrem Schöpfer mit gewissen unveräußerlichen Rechten ausgestattet" worden seien, wozu Leben, Freiheit und das Streben nach Glück gehören. Zur Sicherung dieser Rechte seien Regierungen unter den Menschen eingerichtet worden. Wenn eine Regierung sich aber für diese Zwecke als schädlich erweise, sei es das Recht des Volkes, sie abzuschaffen und eine neue Regierung einzusetzen, wie es zur Gewährleistung seiner Sicherheit und seines Glücks geboten zu sein scheine.

Die Erklärung, mit der die Kolonie von Virginia 1776 sich unabhängig von der britischen Krone machte, forderte auch das Recht auf freie Ausübung der Religion. Dieses Recht sei universal und ergebe sich aus der Vernunft.

> „Die Religion oder die Ehrfurcht, die wir unserem Schöpfer schulden, und die Art, wie wir sie erfüllen, können nur durch Vernunft und Überzeugung bestimmt sein und nicht durch Zwang oder Gewalt; daher sind alle Menschen gleicher Weise zur freien Religionsausübung berechtigt, entsprechend der Stimme ihres Gewissens; es ist die gemeinsame Pflicht aller, christliche Nachsicht, Liebe und Barmherzigkeit zueinander zu üben".

Nach der Unabhängigkeit der USA wurde der Verfassung 1791 ein Zusatz hinzugefügt, wonach

> „der Kongress kein Gesetz erlassen [darf], das die Einführung einer Staatsreligion zum Gegenstand hat, die freie Religionsausübung verbietet, die Rede- oder Pressefreiheit oder das Recht des Volkes einschränkt, sich friedlich zu versammeln und die Regierung durch Petition um Abstellung von Mißständen zu ersuchen".[1]

Religion wird mit diesem First Amendment vor politischer Einflussnahme abgeschirmt.

Ähnlich war die Begründung, die die französische Nationalversammlung im August 1789 für ihre Ablehnung des *ancien régime* gab. Das französische Bürgertum befreite sich von der Herrschaft der Aristokratie und des Klerus und gab in seiner Erklärung der „Menschen- und Bürgerrechte" deren Verachtung der Menschenrechte als entscheidenden Grund an. Diese Missachtung sei die Ursache des öffentlichen Unglücks. Eine feierliche Erklärung legte die natürlichen, unveräußerlichen und heiligen Rechte der Menschen fest. „Die Menschen (Männer) werden frei und gleich an Rechten geboren und bleiben es. Gesellschaftliche Unterschiede dürfen nur im allgemeinen Nutzen begründet sein" (Artikel 1). Auch die Freiheit der Religion wurde mit der Verabschiedung der Erklärung unter Tumulten gefordert.[2]

> Niemand darf wegen „seiner Anschauungen, selbst religiöser Art, belangt werden, solange deren Äußerung nicht die durch das Gesetz begründete öffentliche Ordnung stört" (Artikel 10).

Hier wird ein universales und vernunftgemäßes Recht auf religiöse Anschauungen eingefordert, allerdings mit der Einschränkung, dass dieses in Übereinstimmung stehen muss mit dem öffentlichen Gemeinwohl.

Beide Dokumente gehörten einer Zeit und Gesellschaft an, in der sich ein Bürgertum von einer Sozialordnung löste, die auf Geburt und Privilegien beruhte: von Königtum, Aristokratie und Klerus. Bürgerliche Kritik an diesen Institutionen ging Hand in Hand mit der Behauptung einer natürlichen Religion, die jedem zugänglich sei und zu einer Kritik an überlieferten Ordnungen ermächtige.[3]

Die nachfolgende Geschichte beider Erklärungen war alles andere als ein gerader Weg zur „Allgemeinen Erklärung der Menschenrechte" (UDHR) von

---

[1] „Congress shall make no law respecting an establishment of religion, or prohibiting the free exercise thereof; or abridging the freedom of speech, or of the press; or the right of the people peaceably to assemble, and to petition the Government for a redress of grievances."
[2] Die Tumulte der Sitzung, die die Verabschiedung dieses Artikels begleiteten, beschreibt Marcel Gauchet, *Die Erklärung der Menschenrechte. Die Debatte um die bürgerlichen Freiheiten 1789* (frz. Org. 1989). Reinbek bei Hamburg: Rowohlt 1991, 172–178.
[3] Eine nach wie vor lesenswerte Darstellung dieser Entwicklung von Joachim Matthes, *Religion und Gesellschaft. Einführung in die Religionssoziologie*, Band I. Reinbek: Rowohlt 1967, 32–88.

1948. Im 19. Jahrhundert wurde selbst in diesen beiden Ursprungsländern an die Menschenrechte nur selten appelliert. In den USA blieb die Sklaverei bis zum Bürgerkrieg, der ihre Abschaffung auf den Plantagen des Südens erzwang (1861–1865), bestehen. Erst das 13. Amendment verbot sie 1865. Das 14. Amendment erklärte 1868, dass die Einzelstaaten keine Gesetze erlassen dürften, die die Vorrechte und Freiheiten der Bürger, wie sie in den Bill of Rights (den ersten zehn Amendments) formuliert waren, einschränken. Wie lange es dazu noch brauchte, bevor dies allgemeine Praxis wurde, zeigt die Religionsklausel. Noch im 20. Jahrhundert konnten Bundesstaaten Regelungen z. B. zum Biologie-Unterricht an öffentlichen Schulen erlassen, die religiöse Inhalte betrafen. Das Verbot staatlicher Bevorteilung von Religion wurde erst seit der Mitte des 20. Jahrhunderts auch für die Bundesstaaten erkämpft.[4]

Der erste Zusatz zur amerikanischen Verfassung, der zusammen mit neun weiteren die Grundrechte der Bürger festschrieb (sog. Bill of Rights), sicherte die Religion vor staatlichen Eingriffen. Die Reichweite des amerikanischen Zusatzartikels aber war lange Zeit beschränkt und bezog sich ausschließlich auf die Bundesorgane, nicht auf die Einzelstaaten. Selbst der Kongress nahm den Zusatz nicht allzu wörtlich. Die Sitzungen des Kongresses wurden und werden bis heute von dem Gebet eines Geistlichen eröffnet; der Kongress hatte 1952 keine Bedenken, im amerikanischen Flaggen-Gelöbnis („pledge of alliance") dem Wort „Nation" noch „unter Gott" hinzuzufügen.[5] Erst seit der Mitte des 20. Jahrhunderts erzwangen Bürger mit ihren Klagen vor dem Supreme Court Urteile, die die Bundesstaaten in die Klausel einbezogen. Diese Urteile verboten Gebete staatlicher Beamter an Schulen der Bundesstaaten oder im Biologieunterricht staatlicher Schulen die rechtliche Bevorzugung von religiösen Lehren vor wissenschaftlichen.[6] Diese Einbeziehung der Staaten brachte religiösen Organisationen jedoch nicht nur Nachteile. Wenn Bundesstaaten säkularen Schulen bei ihrer Erfüllung eines öffentlichen Bildungsauftrages Mittel zukommen ließen, dann durften sie vergleichbare Mittel nicht religiösen Schulen unter Berufung auf

---

4 Zur neueren Geschichte der Verfassungsrechtsprechung in Sachen staatlicher Neutralität hinsichtlich Religion, die als Gleichbehandlung von Religion und Nicht-Religion interpretiert wurde, siehe Mark de Wolfe Howe, *The Garden and the Wilderness. Religion and Government in American Constitutional History*. Chicago: UP, 1965, Chapter 6, „Equality and Neutrality in the Law of Church and State", 149–175.
5 „Ich schwöre Treue auf die Fahne der Vereinigten Staaten von Amerika und die Republik, für die sie steht, eine Nation unter Gott, unteilbar, mit Freiheit und Gerechtigkeit für jeden".
6 Verbot des Gebets an staatlichen Schulen: Engel v. Vitale, 370 U.S. 421 (1962); Verbot rechtlicher Bevorzugung des Schöpfungsberichtes vor dem Evolutionismus im Biologieunterricht staatlicher Schulen: Epperson v. Arkansas, 393 U.S. 97 (1968).

den Zusatzartikel verweigern.[7] Wiederholt sprach der Supreme Court Urteile, die eine Ungleichbehandlung religiöser Körperschaften gegenüber säkularen verboten. Die Ausweitung des „Dis-establishment" Artikels auf die Bundesstaaten hatte daher die paradoxe Folge, dass Religionsgemeinschaften ein Anrecht auf Gleichbehandlung und damit auf Zugang zu staatlichen Mitteln erhielten.

In Frankreich bezeugt erst die Dreyfus-Affäre Ende des 19. Jahrhunderts, dass das Konzept nicht vergessen war. Émile Durkheim begründete 1898 das Recht der Kritik Intellektueller am Handeln staatlicher Instanzen damit, dass keine Staatsräson einen Angriff auf die Person eines Bürgers und auf die Vernunft rechtfertigen könne. Ansonsten übte im 19. Jahrhundert die katholische Kirche beträchtliche Macht in allen gesellschaftlichen Bereichen aus. Erst 1905 ordnete ein Gesetz eine Säkularisierung von Gütern und Bildungseinrichtungen der Kirche an.

Die Satzung des Völkerbundes (1920–1946) erwähnte Menschenrechte nicht, die Religionsfreiheit nur beiläufig und lapidar in Artikel 22 zu den Mandatsgebieten und dann noch mit der Androhung von Einschränkungen:

> „Die Entwicklungsstufe, auf der sich andere Völker, insbesondere die mittelafrikanischen befinden, erfordert, daß der Mandatar dort die Verwaltung des Gebiets übernimmt. Doch ist dies an Bedingungen geknüpft. Außer der Abstellung von Mißbräuchen, wie Sklaven-, Waffen- und Alkoholhandel muß Gewissens- und Religionsfreiheit, lediglich mit den Einschränkungen, die die Aufrechterhaltung der öffentlichen Ordnung und der guten Sitten erfordert, gewährleistet sein".

Die Gewährung von Religionsfreiheit war eine Pflicht von Regierungen, die dem Völkerbund angehörten. Es war weder ein einklagbares individuelles noch kollektives Recht einer Minderheit.[8] Ein besonders interessanter Fall ist der Vertrag von Lausanne 1923, der ein Ende des Kriegszustandes zwischen dem Britischen Empire, Frankreich und anderen Staaten auf der einen Seite und dem Osmanen-Reich auf der anderen regelte und neben den territorialen Grenzen der Türkei und weiteren neun Staaten auch die Rechte von Minderheiten in ihnen auf Schutz festgelegte. Artikel 38 schreibt diesen Schutz für alle Bewohner der Türkei vor.

---

7 Winnifred Fallers Sullivan, *Paying the Words Extra. Religious Discourse in the Supreme Court of the United States*. Cambridge, Mass.: Harvard UP, 1994, 42–45, 63–68; Winfried Brunner, *Einführung in das öffentliche Recht der USA*. München: C. H. Beck, 2001², 185–194 („Die Religionsfreiheit").
8 Christian Walter, „Religion or Belief, Freedom of, International Protection". In Max Planck Encyclopedia of Public International Law (2008), http://opil.ouplaw.com/view/10.1093/law:epil/9780199231690/law-9780199231690-e867?rskey=TTCe3H&result=4&prd=EPIL (zuletzt aufgerufen am 3.2.2017); ders., *Religionsverfassungsrecht in vergleichender Perspektive*. Tübingen: Mohr Siebeck 2006, 456 f.

„All inhabitants of Turkey shall be entitled to free exercise, whether in public or private, of any creed, religion or belief, the observance of which shall not be incompatible with public order and good morals."

Sie sind berechtigt, jedes Glaubensbekenntnis, Religion oder Überzeugung öffentlich oder privat auszuüben, wobei diese allerdings nicht unverträglich mit der öffentlichen Ordnung und guter Moral sein dürfen. Nicht-muslimische Minderheiten sollten die gleiche volle Freiheit der Bewegung und Emigration haben wie sie für alle türkischen Bürger galt.[9] Hier wird schon eine Sprache der Berechtigung zur Ausübung von Religionen in der Öffentlichkeit angeschlagen, aber auch deren Grenzen aufgezeigt. Was aussieht wie ein gutes Recht, erwies sich bald als ein Instrument ethnischer Säuberung und Vertreibung.[10] Ganz selbstverständlich wurde eine religiöse Homogenität eines Nationalstaates als Normalfall genommen, die Existenz anderer religiöser Gemeinschaften auf dem Staatsgebiet als eine Ausnahme, die der internationalen Absicherung bedürfe. Nur eine Verankerung der Religionsfreiheit in den Rechten des Individuums hätte eine solche Regelung überflüssig und religiöse Pluralität zum Normalfall gemacht.

Nur vereinzelt melden sich in den zwanziger Jahren des letzten Jahrhunderts Juristen und Philosophen zu Wort, die die Konzeption unabdingbarer Menschenrechte gegen den um sich greifenden politischen Totalitarismus beschworen. Es waren – aus der Rückschau gesehen – Pioniere einer neuen internationalen Verbindlichkeit von Menschenrechten.[11] „Zwischen 1793 und 1948 zeugt die Geschichte der Menschenrechte nicht von einer universalen Entfaltung der Idee natürlicher Rechte, sondern von partikularen Ansprüchen und gewaltsamen Brüchen".[12]

---

9   ARTICLE 38. „The Turkish Government undertakes to assure full and complete protection of life and liberty to all inhabitants of Turkey without distinction of birth, nationality, language, race or religion. All inhabitants of Turkey shall be entitled to free exercise, whether in public or private, of any creed, religion or belief, the observance of which shall not be incompatible with public order and good morals. Non-Moslem minorities will enjoy full freedom of movement and of emigration, subject to the measures applied, on the whole or on part of the territory, to all Turkish nationals, and which may be taken by the Turkish Government for national defense, or for the maintenance of public order." https://wwi.lib.byu.edu/index.php/Treaty_of_Lausanne.

10 Norman M. Naimark, *Fires of Hatred. Ethnic Cleansing in Twentieth-Century Europe.* Cambridge (Mass.): Harvard UP, 2001; Robert Gerwarth, *The Vanquished: Why the First World War Failed to End, 1917–1923.* New York: Farrar, Straus and Giroux, 2016.

11 Jan Herman Burgers, „The Road to San Francisco: The Revival of the Human Rights in the Twentieth Century". *Human Rights Quarterly* 14 (1992) 447–477.

12 Stefan-Ludwig Hoffmann in der Einführung zu dem von ihm herausgegebenen Band *Moral-*

Als sich die Vereinten Nationen 1945 in San Francisco eine Charta gaben, knüpften sie nicht an den Völkerbund und seinen (erfolglosen) Schutz von Minderheitenrechten an, sondern an die Menschenrechtskonzeption. In der Präambel der Charta von 1945 bekräftigten die Mitgliedstaaten der UN ihren Glauben an die Grundrechte des Menschen, an Würde und Wert der menschlichen Persönlichkeit, an die Gleichberechtigung von Mann und Frau sowie von allen Nationen, ob groß oder klein.[13]

Die Wiederaufnahme der Konzeption der Menschenrechte kam überraschend. Für diesen Umstand hat Burgers eine plausible Erklärung. Nach dem Ende der nationalsozialistischen Schreckensherrschaft erlangte das Problem der Freiheit von staatlicher Willkürherrschaft höchste Priorität.[14] Sie zu sichern, war der erklärte Wille der Gründungsstaaten der Vereinten Nationen. Ähnliches wiederholte sich 1975 mit der Schlussakte der Konferenz für Sicherheit und Zusammenarbeit in Europa. Hier war die Erfahrung der sog. sozialistischen Volksdemokratien Osteuropas der Resonanzboden für die Verpflichtung aller west- und osteuropäischen Staaten, die Menschenrechte und Grundfreiheiten, einschließlich der Gedanken-, Gewissens-, Religions- und Überzeugungsfreiheit zu achten und zu sichern.[15]

2 Von der individuellen Religionsfreiheit zum rechtlichen Schutz religiöser Gemeinschaft

Die Satzung des Völkerbundes erwähnt die Religionsfreiheit nur beiläufig. Einen sehr viel systematischeren Platz als in der Satzung des Völkerbundes (1920–1946) nahm die Religionsfreiheit in der Allgemeinen Erklärung der Menschenrechte 1948 ein. Drei Jahre, nachdem die Charta der Vereinten Nationen verabschiedet worden war und die Förderung der Menschenrechte zur Aufgabe der neuen Organisation erklärt hatte, verabschiedete die Generalversammlung der UN in Paris 1948 die „Universal Declaration of Human Rights" (UDHR). Sie verpflichtete die Mitgliedsstaaten, auf allgemeine Achtung und Einhaltung der Menschenrechte

---

politik. Geschichte der Menschenrechte im 20. Jahrhundert. Göttingen: Wallstein 2010, 7–37, hier 14 („Zur Genealogie der Menschenrechte").
13 Präambel: „Wir die Völker der Vereinten Nationen (sind) fest entschlossen […] unseren Glauben an die Grundrechte des Menschen, an Würde und Wert der menschlichen Persönlichkeit, an die Gleichberechtigung von Mann und Frau sowie von allen Nationen, ob groß oder klein, erneut zu bekräftigen".
14 Burgers, „The Road to San Francisco", 447–477.
15 Artikel 7: „Die Teilnehmerstaaten werden die Menschenrechte und Grundfreiheiten, einschließlich der Gedanken-, Gewissens-, Religions- oder Überzeugungsfreiheit für alle ohne Unterschied der Rasse, des Geschlechts, der Sprache oder der Religion achten."

hinzuwirken. Rechtliche Verbindlichkeit fehlte der „Erklärung" noch. Jedoch forderte die Generalversammlung am selben Tag, an dem sie die Erklärung verabschiedete, die Menschenrechtskommission auf, einen Entwurf für eine rechtlich verbindliche Konvention vorzubereiten. Ein Jahr später lag der Kommission der Entwurf vor, und sie machte sich an die Revision der ersten Artikel.[16] Der *International Covenant on Civil and Political Rights* (ICCPR) wurde 1966 verabschiedet und trat 1973 nach Unterzeichnung durch eine bestimmte Anzahl Mitgliedstaaten der UN in Kraft.

Die Erklärung der UDHR konzipierte in Artikel 18 das Recht auf Religionsfreiheit als individuelles, nur davon abgeleitet auch gemeinschaftliches:

> „Jeder hat das Recht auf Gedanken-, Gewissens- und Religionsfreiheit; dieses Recht schließt die Freiheit ein, seine Religion oder seine Überzeugung [belief] zu wechseln, sowie die Freiheit, seine Religion oder seine Überzeugung allein oder in Gemeinschaft mit anderen, öffentlich oder privat durch Lehre, Praxis, Gottesdienst und Kulthandlungen zu bekunden [manifest his religion or belief in teaching, practice, worship, and observance]" (Artikel 18).

Träger dieses Rechts ist jeder Mensch; jeder bzw. jede hat das Recht, seine oder ihre Religion zu wechseln und seine/eine Religion auch gemeinschaftlich öffentlich zu bekunden. Die genannten Formen von Manifestationen werden nicht näher definiert. Sie fallen in die Zuständigkeit des Rechtsträgers, nicht religiöser Autoritäten. Worship war nicht nur der übliche Gottesdienst der großen Religionen, sondern umfasste auch individuelle Rituale wie Kopftuch, Speiseregeln, Beschneidung etc., darunter den Gebrauch von Drogen und Narkotika in Stammesreligionen. Religionsfreiheit vollzieht sich durch aktive subjektive Religiosität. Ob diese als Manifestationen von Gottesdienst anerkannt wurden oder nicht, und ob ihr Gebrauch vom Staat verboten werden kann oder nicht, wurde Gegenstand des ICCPR sowie von Gerichtsverfahren, wie er sie vorsah.[17] Weiter gab die Kommission zu späterer Zeit darüber Informationen, welche Handlungen

---

16 UN Office of the High Commissioner for Human Rights (OHCHR), *Fact Sheet, The International Bill of Human Rights*, June 1996, No. 2 (Rev.1) http://www.refworld.org/docid/479477480.html. „On the same day that the General Assembly adopted the Universal Declaration, the General Assembly requested the Commission on Human Rights to prepare, as a matter of priority, a draft covenant on human rights and draft measures of implementation. The Commission examined the text of the draft covenant in 1949 and the following year it revised the first 18 articles." Zur Entstehung des Dokumentes und seine weitere Geschichte: Malcolm D. Evans, *Religious Liberty and International Law in Europe*. Cambridge: UP 1997, 194–226 (Chap. 8 „Article 18 of the International Covenant on Civil and Political Rights").
17 Heiner Bielefeldt, Nazila Ghanea, Michael Wiener, *Freedom of Religion and Belief. An International Law Commentary*. Oxford: UP, 2016, 107–116 („Freedom to Worship").

im Einzelnen rechtlich geschützt seien.[18] Erläuterungsbedürftig war auch der Begriff der „practice" und seine Abgrenzung von „observances". Im Kontext der Aufzählung dürfte er religiös autorisierte Konzeptionen der Lebensführung von Laien bezeichnen, während unter Observanz vorgeschriebene religiöse Verhaltensweisen wie das Feiern von Festen, Wallfahrten, Rituale, Kleidung, Essen etc. fallen. Wirklich scharf voneinander trennen lassen sich beide Begriffe aber nicht.[19]

An der Abfassung des Artikels in den Jahren 1947/48 waren neben dem kanadischen Juristen John Humphrey, dem französischen Juristen René Cassin,[20] der Witwe des vormaligen US Präsidenten Franklin D., Roosevelt Eleanor Roosevelt, sowie dem katholischen Philosophen Jacques Maritain auch der christliche libanesische Politiker und Philosoph Charles Habib Malik und der chinesische Philosoph Peng-Chun Chang beteiligt.[21] In dieser Zusammensetzung überwog die Vertrautheit mit diesem Typus von Gemeinschaftsreligiosität. Jedoch war es ihnen nicht möglich, alle bestehenden religiösen Unterschiede in einer gemeinsamen Formulierung zu verarbeiten. Peter Danchin zitiert eine Anekdote, die von John Humphrey stammt und das Problem auf indirekte Weise illustriert.

„[Peng-Chun] Chang [China] und [Charles Habib] Malik [Lebanon] waren in ihren philosophischen Auffassungen zu weit von einander entfernt, um zusammen an einem [gemeinsamen]

---

18 Eine Erläuterung zu diesen vier Begriffen findet sich auch später im General Comment des Menschenrechtsausschusses 1993 Nr. 22 (4), zum Artikel 18 UDHR und CCPR, wobei die Reihenfolge umgestellt wird „The freedom to manifest religion or belief may be exercised ‚either individually or in community with others and in public or private'. The freedom to manifest religion or belief in worship, observance, practice and teaching encompasses a broad range of acts. The concept of worship extends to ritual and ceremonial acts giving direct expression to belief, as well as various practices integral to such acts, including the building of places of worship, the use of ritual formulae and objects, the display of symbols, and the observance of holidays and days of rest. The observance and practice of religion or belief may include not only ceremonial acts but also such customs as the observance of dietary regulations, the wearing of distinctive clothing or headcoverings, participation in rituals associated with certain stages of life, and the use of a particular language customarily spoken by a group. In addition, the practice and teaching of religion or belief includes acts integral to the conduct by religious groups of their basic affairs, such as the freedom to choose their religious leaders, priests and teachers, the freedom to establish seminaries or religious schools and the freedom to prepare and distribute religious texts or publications."
19 Bielefeldt, Ghanea, Wiener, *Freedom of Religion and Belief*, 92–106 („Right to Religion or Belief), besonders 97–98.
20 Glenda Sluga, „René Cassin: Les droits de l'homme und die Geschichte der Menschenrechte, 1945–1966". In Hoffmann (Hg.), *Moralpolitik*, 92–114.
21 Johannes Morsink, *The Universal Declaration of Human Rights. Origins, Drafting & Intent*. Philadelphia: University of Pennsylvania Press, 1999, Chapter 1 „The Drafting Process Explained"; zu diesem Verfassergremium und seinen Mitgliedern Hans Joas, *Sakralität der Person. Eine neue Genealogie der Menschenrechte*. Frankfurt a. M.: Suhrkamp, 2011, 271–276.

Text arbeiten zu können. Trotz vieler Gespräche kamen wir nicht weiter. Dann nach einer weiteren Tasse Tee [von Eleanor Roosevelt], schlug Chang vor, ich sollte für sechs Monate all meine sonstigen Verpflichtungen ruhen lassen und chinesische Philosophie studieren; danach würde ich einen Text für das Komitee vorbereiten können. Das war seine Art, zu sagen, daß westliche Einflüsse zu groß sein könnten, wobei er während er dies sagte auf Malik schaute. Er hatte bereits in der Kommission die Wichtigkeit der historischen Perspektive betont. Es gab mehr Diskussion philosophischen Charakters, wobei Eleanor Roosevelt wenig sagte und fortfuhr, Tee einzuschenken".[22]

Saba Mahmood weist in ihrer Analyse religiöser Differenz darauf hin, dass der Artikel dem Anliegen amerikanischer Evangelikaler und europäischer Missionare entsprach, Religion unabhängig von der politischen Gemeinschaft zu konzipieren, den Wechsel der Religion zu erlauben und damit die christliche Glaubenswerbung abzusichern. Im Artikel fehle jeder Verweis auf die institutionellen Vorgaben religiösen Lebens (Schulen, Vereinigungen, Wohlfahrtsorganisationen). So wurde Religiöse Freiheit, die noch im 17. Jahrhundert im Osmanischen Reich und in den christlichen Staaten Europas eine Sache von Religionsgemeinschaften gewesen war, individualisiert. Diese Verwurzelung einer gemeinschaftlichen Religionsfreiheit in einer individualistischen veränderte die Beziehung von individueller Religiosität und Religionsgemeinschaft, von Religion und Politik.[23]

Über den Typus Religion sagt der Religionsartikel der UDHR jedoch nichts: Er macht keinen Unterschied zwischen Religion einer Mehrheit oder Minderheit;[24] ob eine Religionsgemeinschaft alt und etabliert ist, oder gerade erst ihre ersten Anhänger gefunden hat, ob sie nationale Wurzeln hat oder aus zugewanderten Migranten besteht – all das berührt die Berechtigung auf öffentliche Bekundung nicht.[25] Der Artikel erstellt einen Rahmen, der verschieden ausgefüllt werden kann. Wann immer eine Person sich zu einer Religion oder einer Glau-

---

22 http://ccnmtl.columbia.edu/projects/mmt/udhr/udhr_general/drafting_history_4.html. "[Peng-chun] Chang [China] and [Charles Habib] Malik [Lebanon] were too far apart in their philosophical approaches to be able to work together on a text. There was a good deal of talk, but we were getting nowhere. Then, after still another cup of tea, Chang suggested that I put my other duties aside for six months and study Chinese philosophy, after which I might be able to prepare a text for the committee. This was his way of saying that Western influences might be too great, and he was looking at Malik as he spoke. He had already, in the Commission, urged the importance of historical perspective. There was some more discussion mainly of a philosophical character, Mrs. Roosevelt saying little and continuing to pour tea".
23 Saba Mahmood, *Religious Difference in a Secular Age*, 48–51, 58–60. Sie stützt sich auf den Artikel von Linde Lindkvist, „The Politics of Article 18: Religious Liberty in the Universal Declaration of Human Rights". *Humanity: An International Journal of Human Rights, Humanitarianism and Development* 4 (2013), 429–447.
24 Es darf keine Diskriminierung auf Grund von Religion geben, verlangt Artikel 2 der UDHR.
25 In diesem Zusammenhang begegnet die Kategorie der Minderheitenreligionen. Als die völ-

bensanschauung bekennt, hat sie ein Recht, dies privat oder gemeinschaftlich mit anderen und öffentlich zu tun, was zusätzlich vom Grundrecht auf Meinungsfreiheit, Versammlungs- und Vereinigungsfreiheit gesichert ist (UDHR Artikel 19 und 20).[26] Die Prinzipien von Freiheit der Religion und Gleichheit aller Religionen sind unzertrennlich. Allerdings kann nur das als Religion gelten, was eine fundamentale Konzeption menschlichen Lebens bildet. Trivialisierungen wie sie die „Kirche des Fliegenden Spaghetti Monsters" bildet, sind ausgeschlossen. Laut Kommentar verläuft hier die „defining line".[27]

Zwei Berechtigungen stechen hervor: dass jeder Einzelne das Recht hat, seine Religion oder Überzeugung (belief) zu wechseln (gerichtet gegen jede Art von Zwang und Strafen für Apostasie) und dass jeder Religion in Gemeinschaft mit anderen öffentlich bekunden kann (gerichtet gegen ein lediglich privates Verständnis von Religionsfreiheit). Diese Berechtigung dreht das Verhältnis von Einzelnen und ihren Religionsgemeinschaften um: Die Religionsgemeinschaft ist die Folge gemeinsamer religiöser Aktivitäten, nicht deren Voraussetzung.

Das Recht auf Glaubenswechsel war von dem libanesischen Mitglied, dem Christen Charles Malik, Politiker und Philosoph, in die international besetzte achtzehnköpfige Kommission eingebracht worden. Der Libanon war damals ein Land, in das Menschen, die um ihres Glaubens willen, darunter Apostasie, verfolgt wurden, flohen. Die Strafbarkeit von Apostasie war in islamischen Gesellschaften nicht überall gleich geregelt. Saba Mahmood weist darauf hin, dass der Koran keine Bestrafung des Apostaten kannte und dass auch die muslimischen Juristen uneins waren über die Bestrafung.[28] Während der Vertreter Pakistans bei den Erörterungen der Deklaration für die Bestimmung votierte, war der Vertreter Saudi-Arabiens dagegen; dazu kommt, dass der Islam selber eine missionierende Religion war und als solche von der Religionsfreiheit profitierte.[29]

Das Recht auf öffentliche gemeinschaftliche Bekundung von Religion ging auf eine britische Ergänzung des Entwurfs zurück und schloss sich an Formu-

---

kerrechtliche Umsetzung der UDHR anstand, nämlich im Zivilpakt (dazu gleich mehr), wurde es „Staaten mit ethnischen, religiösen und sprachlichen Minderheiten" untersagt, ihnen das Recht vorzuenthalten, „gemeinsam mit anderen Angehörigen ihrer Gruppe ihr eigenes kulturelles Leben zu pflegen, ihre eigene Religion zu bekennen und auszuüben oder sich ihrer eigenen Sprache zu bedienen" (ICCPR Art. 28).

26 Artikel 20 (1). „Alle Menschen haben das Recht, sich friedlich zu versammeln und zu Vereinigungen zusammenzuschließen. (2.) Niemand darf gezwungen werden, einer Vereinigung anzugehören".
27 Bielefeldt, Ghanea, Wiener, *Freedom of Religion and Belief*, 19 f.
28 Mahmood, *Religious Difference in a Secular Age*, 136 f.
29 Bielefeldt, Ghanea, Wiener, *Freedom of Religion and Belief*, 55–74 („Freedom to Adopt, Change, or Renounce"), hier 56–58.

lierungen der Verträge unter dem Völkerbund an.³⁰ Es hatte eine beträchtliche Wirkung. Mit ihm wurde als normal angesehen, dass in der Öffentlichkeit ein und desselben Nationalstaates mehr als nur Mitglieder *einer* Religionsgemeinschaft ihren Glauben öffentlich bekunden können. Eine Vielfalt der Religionen sollte die Norm sein. Dieser Pluralismus hat eine lange Vorgeschichte, nicht nur in den USA, sondern ebenfalls – wenn auch wiederholt umstritten und umkämpft – in Europa.³¹ Der säkulare Staat behielt aber das Recht, über die äußere Manifestation von Religion, das *forum externum* zu entscheiden, während der innere private Glaube, das *forum internum*, unantastbar war. Damit prägte die Sichtweise des säkularen Staates die weitere Geschichte der Religionen entscheidend.³²

Die Berechtigung zu gemeinschaftlicher öffentlicher Ausübung religiöser Praktiken eröffnete eine kommunalistische Perspektive, so Johannes Morsink.³³ Religionsfreiheit ist auch, aber mehr als nur individuelle Äußerungsfreiheit. Sie wird gemeinschaftlich ausgeübt.³⁴ Hier geht es im Unterschied zur Meinungsfreiheit um ein *gemeinschaftliches* Recht, Religion *öffentlich* zu bekunden. Dabei enthält die Formulierung eine Bedeutungsnuance. Im Unterschied zur „Äußerung" (express) einer Meinung bezieht „Bekundung" (manifest) sich auf einen auch anderen bekannten Sachverhalt.³⁵ Dieser wird näher beschrieben mit Lehre, Praxis, Gottesdienst und Befolgung religiöser Bräuche (observance). Die Reihe bindet subjektive Religiosität an bestehende objektive Religion.³⁶

Die Verankerung von Religion in Gemeinschaftsaktivitäten stützt sich auf Artikel 29, der diesen Sachverhalt genereller fasst:

---

30 Siehe oben den Vertrag von Lausanne Artikel 38; Mary Ann Glendon, *A World Made New. Eleanor Roosevelt and the Universal Declaration of Human Rights*. New York: Random House, 2002, 285.
31 Hans G. Kippenberg, Jörg Rüpke, Kocku von Stuckrad (Hg.), *Europäische Religionsgeschichte. Ein mehrfacher Pluralismus*, 2 Bände. Göttingen: Vandenhoeck & Ruprecht, 2009.
32 Mahmood, *Religious Difference in a Secular Age*, 51, 56.
33 Johannes Morsink, *The Universal Declaration of Human Rights. Origins, Drafting, and Intent*. Philadelphia: University of Pennsylvania Press, 1999, 258–263.
34 Die Analogie zu den Sprachen liegt auf der Hand. Wenn es ein Recht auf die eigene Muttersprache gibt, muss auch die Sprachgemeinschaft, in der sie gesprochen wird, geschützt werden. Den kontroversen Prozess der Abfassung von Artikel 18 schildert Morsink, *The Universal Declaration of Human Rights*, 258–263. Staaten sollten nur noch einen rechtlichen Rahmen stellen, innerhalb dessen die Bürger ihre Religionen frei praktizieren können. Die Voranstellung der Gedankenfreiheit vor die Religionsbestimmung soll das Recht der Religionskritik gewährleisten.
35 Pieter van Dijk, Fried van Hoof, Arjen van Rijn, Leo Zwaak (Eds.), *Theory and Practice of the European Convention on Human Rights*. Den Haag: Kluwer Law, 1998, 548.
36 Die Einteilung erinnert an christliche Systematik, die Dogmatik, Ethik, Praktische Theologie und Liturgik unterscheidet. Siehe van Dijk, van Hoof, van Rijn, Zwaak (Eds.), *Theory and Practice of the European Convention on Human Rights*, 544–548.

> „(1) Jeder hat Pflichten gegenüber der Gemeinschaft, in der allein die freie und volle Entfaltung seiner Persönlichkeit möglich ist. (2) Jeder ist bei der Ausübung seiner Rechte und Freiheiten nur den Beschränkungen unterworfen, die das Gesetz ausschließlich zu dem Zweck vorsieht, die Anerkennung und Achtung der Rechte und Freiheiten anderer zu sichern und den gerechten Anforderungen der Moral, der öffentlichen Ordnung und des allgemeinen Wohles in einer demokratischen Gesellschaft zu genügen."[37]

Mit Gemeinschaft sind im ersten Satz alle die Formen der Vergemeinschaftung gemeint, in denen der Mensch seine Personalität erlangt. Pflichten ergeben sich aus den Rechten, die jemand kraft der Möglichkeiten hat, die die Zugehörigkeit zu einer Gemeinschaft ihm eröffnet. Die Beschränkungen folgen demselben Modell wie die Religionsfreiheit in Artikel 18. Sie sind nötig, wenn die Rechte und die Freiheiten anderer es verlangen und wenn Moral, öffentliche Ordnung sowie das Gemeinwohl einer demokratischen Gesellschaft es fordern. Die umständliche Sprache des Artikels hängt damit zusammen, dass „jeder" mehreren Gemeinschaften angehört (Verwandtschaft, Ethnos, Sprache, Religion) und in ihnen seine Persönlichkeit entfaltet, andererseits aber diese eine Grenze findet an den Rechten und Freiheiten anderer, sowie an Moral, öffentlicher Ordnung und Gemeinwohl einer demokratischen Gesellschaft. Der Begriff der „demokratischen Gesellschaft" wurde erst nach längeren Diskussionen in den Artikel aufgenommen, statt des Begriffs des „demokratischen Staates". Es ging nicht um die Ebene staatlicher Institutionen (Wahlen, Parlament, Exekutive, Judikative), die eine Gesellschaft beherrschen, sondern um die primäre Ebene der kommunikativen Beziehungen der Bürger untereinander und ihren Selbstorganisationen. Die Rede war von sozialen Beziehungen, die auf Selbstbestimmung basieren, sie aber auch begrenzen.

So wie Religionsfreiheit kommunitaristisch verstanden wurde, so auch die Zugehörigkeit zu anderen sozialen Gemeinschaften.[38] Personalismus nannte man diese Position damals. Weder ein abstrakter Individualismus des Liberalismus noch der sozialistische Kollektivismus sollte das Modell für die Beziehung zwischen dem Einzelnen und der Gesellschaft sein. Katholische Denker verwendeten hierfür die Kategorie der Person, die beides miteinander verband: den Anteil der Gemeinschaft an der Identität des Einzelnen, sowie des Einzelnen an der Praktizierung gemeinschaftlicher Werte. Die katholische Kirche freundete sich mit

---

37 UDHR Article 29: „(1) Everyone has duties to the community in which alone the free and full development of his personality is possible. (2) In the exercise of his rights and freedoms, everyone shall be subject only to such limitations as are determined by law solely for the purpose of securing due recognition and respect for the rights and freedoms of others and of meeting the just requirements of morality, public order and the general welfare in a democratic society."
38 Morsink, *The Universal Declaration of Human Rights*, 61–65 („The Term ‚Democracy' in Articles 27 and 29"), 241–252 („The Duties and Communities of Article 29").

einem derartigen Konzept der Menschenrechte schnell an; ihre Unterstützung im Vaticanum II lieferte einen Beitrag für seine weltweite Verbreitung.[39]

Demokratie ist in diesem Zusammenhang nicht eine Alternative zu anderen politischen Prinzipien, sie ist die Idee der Gemeinschaft selber (Hans Joas).[40] Dabei ist auch nicht an eine Art natürlicher Gemeinschaft gedacht (Tönnies), sondern an eine Gemeinschaftlichkeit, die über gemeinsames Handeln hergestellt wird. Will man die Beziehungen näher beschreiben, ist ein Blick auf Max Weber hilfreich, der Vergemeinschaftung von Vergesellschaftung unterscheidet. In „Wirtschaft und Gesellschaft im Allgemeinen"[41] nennt Weber „Eigengesetzlichkeit" das Merkmal von Gemeinschaftshandeln, zu der auch Religion gehört. Regelmäßig knüpft sich an die Vergesellschaftung eine „,übergreifende' Vergemeinschaftung".[42] Der „Rationalisierungs- und Vergesellschaftungsprozeß", den Weber beschreibt, wird dadurch vorangetrieben, dass er in allem Gemeinschaftshandeln um sich greife.[43] Gemeinschaftshandeln ist der allgemeine Begriff, Gesellschaftshandeln der spezielle. Gemeinschaftshandeln ist subjektiv sinnhaft auf das Verhalten anderer bezogen, Gesellschaftshandeln auf das Bestehen einer rationalen Ordnung.[44] Das Menschenrecht der Religionsfreiheit ist ein solches übergreifendes Gemeinschaftsprinzip, das für eine wertrationale Ordnung steht. Man erkennt dies auch daran, dass der vorkommenden Praxis staatlicher Organe, nur denjenigen Religionen die volle Religionsfreiheit zu gewähren, die staatlicherseits anerkannt sind, von den Vertretern des Menschenrechtsdenkens

---

39 Samuel Moyn, „Personalismus, Gemeinschaft und die Ursprünge der Menschenrechte". In Hoffmann (Hg.), *Moralpolitik*, 63–91; ausführlich von Samuel Moyn auch in seinem Buch *The Last Utopia. Human Rights in History*. Cambridge (Mass.): Harvard UP, 2010, vorrangig in Kapitel 2 „Death from Birth", 44–83. Die Hinwendung katholischer Theologen zum Konzept der Menschenrechte erfolgte im Zuge der Erörterungen des Zweiten Vatikanischen Konzils am Anfang der sechziger Jahr des letzten Jahrhunderts.
40 Mit diesen Worten von John Dewey eröffnet Hans Joas eine Untersuchung der Vorgeschichte der Kommunitarismus-Debatte: „Gemeinschaft und Demokratie in den USA. Die vergessene Vorgeschichte der Kommunitarismus-Diskussion". In Micha Brumlik, Hauke Brunkhorst (Hg.), *Gemeinschaft und Gerechtigkeit*. Frankfurt a. M.: Fischer 1993, 49–62.
41 Der Abschnitt „Wirtschaft und Gesellschaft im allgemeinen" (WuG1, 181–193) ist in der neuen Max-Weber-Gesamtausgabe als Teilband von *Wirtschaft und Gesellschaft* unter dem Titel *Gemeinschaften* von Wolfgang J. Mommsen und Michael Meyer herausgegeben worden: MWG I/22-1. Tübingen: Mohr Siebeck 2001.
42 MWG I/22-1, 91.
43 Max Weber, *Wirtschaft und Gesellschaft, Teilband 3: Recht*, hg. von Werner Gephart, Siegfried Hermes, MWG I/22-3. Tübingen: Mohr Siebeck, 2010, 241. Dazu Wolfgang Schluchter, *Religion und Lebensführung, Band 2: Studien zu Max Webers Religions- und Herrschaftssoziologie*. Frankfurt a. M.: Suhrkamp, 1991, 604.
44 Klaus Lichtblau, „,Vergemeinschaftung' und ,Vergesellschaftung' bei Max Weber. Eine Rekonstruktion seines Sprachgebrauchs". *Zeitschrift für Soziologie* 29 (2000), 423–443.

entgegengehalten wird, dass die Würde des Menschen aller Anerkennung vorausgehe und daher die rechtliche Anerkennung einer Religion niemals verweigert werden dürfe.[45] Wenn aber Angehörigen verschiedener Religionen in einem Gemeinwesens das Recht auf öffentliche Bekundung in vollem Umfang zusteht, zerfällt die religiöse Einheitlichkeit *politischer* Öffentlichkeit und macht dem Modell einer Kohabitation verschiedener Religionen Platz.[46]

Der Artikel 18 der UDHR ermöglichte nicht nur religiöse Vielfalt, sondern gab ihr auch eine rechtliche Form. Es ist das Recht von Religionsangehörigen – auch und gerade der Laien –, autonom über den Gottesdienst sowie über die Weitergabe des Glaubens in Form von selbstorganisiertem Unterricht zu entscheiden – unabhängig von den Repräsentanten und Autoritäten ihrer Religion und unabhängig von staatlicher Zustimmung.[47] Dieser religiöse Pluralismus steht in der Tradition einer bürgerlichen Religiosität, die unabhängig von bzw. gegen kirchliche Hierarchien entstanden war.[48] Die Menschenrechtskommission (Human Rights Committee HRC) hielt 1993 in ihrem Kommentar zu dem Artikel 18 (UDHR and ICCPR) fest, dass es sich bei der in den meisten UN-Dokumenten wiederkehrende Wendung „religion and belief" um eine breit konstruierte Zwillingsformel handele. Sie gibt nicht nur persönlichen Überzeugungen einen rechtlich geschützten Status, sondern beschränkt auch Religion nicht auf ihre institutionelle Form, sondern versteht sie – wie es in weiteren UN-Dokumenten heißt – als „conception of life". Religion wird Religiosität. Daher sind Überzeugungen (beliefs) gleichberechtigt mit religiösen Praktiken; theistische, nicht-theistische und sogar atheistische Anschauungen müssen gleichermaßen geschützt werden. Neue Religionen oder religiöse Minderheiten genießen dasselbe Recht.[49]

---

45 Bielefeldt, Ghanea, Wiener, *Freedom of Religion and Belief*, 223–232 („Registration").
46 Hans G. Kippenberg, „The Cohabitation of Religious Communities in Europe: A Reflection on the Rules of the Game". In Giulia Sfameni Gasparro (Hg.), *Themes and Problems of the History of Religions in Contemporary Europe*. Cosenza: Lionella Giordano, 2003, 209–220.
47 Zu dem Verständnis von religiösem Pluralismus siehe die Beiträge in Kippenberg, Rüpke, von Stuckrad (Hg.), *Europäische Religionsgeschichte*.
48 Dazu Matthes, *Religion und Gesellschaft*, 32–88
49 United Nations Human Rights Committee General Comment 1993 22 (2). „Article 18 protects theistic, non-theistic and atheistic beliefs, as well as the right not to profess any religion or belief. The terms ‚belief' and ‚religion' are to be broadly construed. Article 18 is not limited in its application to traditional religions or to religions and beliefs with institutional characteristics or practices analogous to those of traditional religions. The Committee therefore views with concern any tendency to discriminate against any religion or belief for any reason, including the fact that they are newly established, or represent religious minorities that may be the subject of hostility on the part of a predominant religious community".

3 Arcot Krishnaswamis Studie zur Diskriminierung: von Berechtigungen zu religiösen Rechten

Mitten im Prozess der Erörterungen des Zivilpaktes fiel 1960 die Veröffentlichung einer Studie, die Arcot Krishnaswami auf Geheiß der „Sub-Commission on Prevention of Discrimination and Protection of Minorities", einer Unterkommission der Kommission für Menschenrechte, verfasst hatte: *Study of Discrimination in the Matter of Religious Rights and Practices*.[50] Die Kommission hatte Krishnaswami Direktiven mit auf den Weg gegeben, aus der er im Appendix II „How the Study was Prepared" zitiert. Der Bericht solle weltweit alle Fälle von Diskriminierung, die gegen die UDHR verstießen, behandeln; er sollte die faktische wie die rechtliche Situation darstellen und über Trends bei der Diskriminierung berichten sowie die ökonomischen, sozialen, politischen und historischen Faktoren, die ihr zu Grunde lagen, benennen und Empfehlungen aussprechen. Der so Beauftragte definierte Diskriminierung in Sachen Religion als eine Verletzung der Freiheit, Religion oder Überzeugung (belief) zu bekunden (*manifest*), und trug aus 86 Ländern entsprechende Informationen zu Gottesdienst, Praxis und Befolgung von religiösen Bräuchen (practice and observance), Lehren und Organisation, Finanzen und Besteuerung zusammen. Sein Bericht beruht auf Informationen, die aus Umfragen in 82 Staaten und in den 4 von den Vereinten Nationen verwalteten Mandatsgebieten stammten. Quellen waren die entsprechenden Regierungen, dazu der Generalsekretär der UN, Organisationen der UN, und NGOs.[51] Die Länderberichte trugen Informationen zu Diskriminierung von Religion und ihren Praktiken zusammen, wurden aber auf Beschluss des übergeordneten „Wirtschafts- und Sozialrates der Vereinten Nationen"[52] nicht mitveröffentlicht.[53] Krishnaswamis umfangreiche Erhebung ergab ein gemischtes Bild: auf der einen Seite eine verbreitete Einsicht in die Notwendigkeit religiöser Toleranz, auf der anderen eine Abneigung, Konversionen zu gestatten.[54]

Der Bericht Krishnaswamis lag der Subkommission in drei Lesungen vor (1957, 1958/59, 1960). Er verarbeitete ihre Anregungen im endgültigen Bericht

---

50 Arcot Krishnaswami, *Study of Discrimination in the Matter of Religious Rights and Practices*. New York: United Nations, 1960; zu Krishnaswami: Bahiyyih G. Tahzib, *Freedom of Religion or Belief: Ensuring Effective International Legal Protection*. The Hague: Martinus Nijhoff Publishers, 1996, 132.
51 Krishnaswami, *Study of Discrimination in the Matter of Religious Rights and Practices*, 74.
52 Economic and Social Council, abgekürzt ECOSOC, einem der sechs Hauptorgane der Vereinten Nationen mit Sitz New York.
53 Krishnaswami, *Study of Discrimination in the Matter of Religious Rights and Practices*, 77.
54 Ebd., 12, 25.

1960. Der sorgfältige Entstehungsprozess und die weite Verbreitung der Studie in den Vereinten Nationen begründeten ihre große und lange Wirkung.[55]

Krishnaswami nahm seinen Ausgang bei den historischen Religionen und spezifizierte, welche religiösen Rechte und Praktiken mittels des Rechtes vor Diskriminierung geschützt werden mußten bzw. sollten.[56] Dabei bettete er seine Argumentation in eine radikal neue Bewertung der Leistung von Religionsfreiheit ein. Das Recht auf Gedanken-, Gewissens- und Religionsfreiheit, so schreibt Krishnaswami im Vorwort, sei das wertvollste aller Menschenrechte und von herausragender Bedeutung („of primary importance").

> „Das weltweite Interesse, das Recht auf Gedanken-, Gewissens-, und Religionsfreiheit sicherzustellen, rührt aus der Einsicht her, daß dieses Recht von allerhöchstem Belang ist. Wo es in der Vergangenheit mit Füßen getreten wurde, hat dies nicht nur zu unsäglichem Elend, sondern auch zu Verfolgungen ganzer Gruppen geführt. Kriege wurden im Namen von Religion oder Überzeugungen geführt, entweder in der Absicht, den Glauben des Siegers den Besiegten aufzuerlegen oder unter dem Vorwand, die ökonomische und politische Herrschaft auszuweiten".[57]

Krishnaswami schrieb zu einer Zeit, als nationalsozialistische und kommunistische Gewaltherrschaft und die von ihnen ausgehenden Verfolgungen von Religion noch präsent und fühlbar waren. Verfolgungen von Gläubigen gab es aber auch noch danach. Wäre es nicht ein nüchterner und verlässlicher Beobachter des globalen Christentums, Robert Wuthnow, der die unglaubliche Zahl von dreizehn Millionen Christen nennt, die weltweit zwischen 1950 und 2000 unter Umständen, die man Märtyrertum nennen kann, starben, man würde sie in das Reich der Märchen verweisen.[58] Andererseits können Zusammenstellungen aller Informationen über religiöse Verfolgungen weltweit ein Grund dafür sein, warum Evangelikale sich für die Menschenrechte einsetzten – so nachzulesen bei Allen D. Hertzke.[59]

Religion konnte aber auch selber zur Quelle von Verfolgung und Kriegen werden, weshalb Krishnaswami gleichermaßen an der Meinungsfreiheit von Agnostikern, Freidenkern, Atheisten und Rationalisten lag. Jedoch richtete er den Blick

---

55 Natan Lerner, *Religion, Beliefs, and International Human Rights*. New York: Orbis, 2000, 7, 11–17.
56 Krishnaswami, *Study of Discrimination in the Matter of Religious Rights and Practices*, http://www.ohchr.org/Documents/Issues/Religion/Krishnaswami_1960.pdf.
57 Krishnaswami, *Study of Discrimination in the Matter of Religious Rights and Practices*, V–VI.
58 Robert Wuthnow, *Boundless Faith. The Global Outreach of American Churches*. Berkeley: University of California Press, 2009, 159.
59 Allen D. Hertzke, *Freeing God's Children. The Unlikeley Alliance for Global Human Rights*. Lanham (Maryland): Rowman, 2004, 41–72 (Kap. 2 „Their Blood Cries Out").

vorrangig auf die Verfolgungen von Religionsgemeinschaften. Krishnaswami stellt nicht nur die Freiheit der Glaubenswahl des Einzelnen in das Zentrum seiner Studie, sondern die Rechte und Praktiken religiöser Gemeinschaften: Juden, Christen, Muslimen, Buddhisten und anderer Religionen. Wenn sie diskriminiert würden, führe das zu einer Zerstörung unersetzlicher gemeinschaftlicher Werte. Er stützte diese Beurteilung auf religiöse Aussagen, religionsgeschichtliche Daten und aktuelle Informationen aus Christentum, Judentum, Islam, Buddhismus, Konfuzianismus und Hinduismus. Sie alle würden die Grenzen guter Nachbarschaft und Nächstenliebe erweitern und repräsentierten in besonderer Weise den Geist der Brüderlichkeit, mit dem Menschen entsprechend den Artikeln 1 und 29 der UDHR einander begegnen sollen. Krishnaswami kam zu dieser Auffassung, indem er den Religionsartikel 18 in Zusammenhang mit Artikel 29 las, wonach der Einzelne nur bei Ausübung seiner Pflichten gegenüber der Gemeinschaft seine Persönlichkeit frei und voll entfalten könne. Die Freiheit der Bekundung von Religion oder Glauben schließe den Schutz der Religion, ihrer Worte, Lehren, ihres Gottesdienstes und ihrer Vorschriften ein. Der Gemeinschaftsaspekt der Religionsfreiheit – in der Bekundung, der Versammlung, der Organisation – war besonders wichtig, da sie anfällig war für staatliche Engriffe.[60] Krishnaswami bezog auf diese Weise Religionsgemeinschaften und ihre Institutionen in das Grundrecht ein. Sie seien sowohl Ort der Bildung von Identität als auch der Verteidigung religiöser Freiheit. Das gibt dem Gemeinschaftsbegriff neues Gewicht. Eine freie und volle Entfaltung der Persönlichkeit sei nur in einer Gemeinschaft möglich, der gegenüber man Pflichten habe. Diese Verknüpfung wird genauso vom Zivilpakt vorgenommen, dessen ersten Entwurf Krishnaswami kannte. Die Studie von Krishnaswami gab ihm eine umfangreiche Begründung: religiös, philosophisch, religionshistorisch, politisch. Es sei die Pflicht der öffentlichen Autoritäten, die Gedanken-, Gewissens- und Religionsfreiheit zu sichern und „Intoleranz und Vorurteil an ihren Wurzeln abzuschneiden".[61] Das Recht auf eine Lebensführung entsprechend der Religion sei nicht allein für die Gläubigen, sondern auch für die Gemeinschaft, in der es stattfinde, ein Gewinn. Religion müsse deshalb von Staatsseite vor Diskriminierung geschützt werden.

Krishnaswami hatte für seine Studie ausführliche Informationen über die Lage in den Mitgliedstaaten der VN eingezogen und stellte Listen von Praktiken auf, auf welche Handlungen Religionsangehörige ein Anrecht haben bzw. wovor sie verschont bleiben müssen. Unter der Überschrift „Freiheit das zu befolgen, was von Religion oder Glaubensanschauung vorgeschrieben oder autorisiert ist",

---

60 So treffend Lerner, *Religion, Beliefs, and International Human Rights*, 12 f.; Krishnaswami, *Study of Discrimination in the Matter of Religious Rights and Practices*, 12 f.
61 Krishnaswami, *Study of Discrimination in the Matter of Religious Rights and Practices*, 23.

zählt er auf: Gottesdienst, Prozessionen, Wallfahrten, religiöse Gerätschaften, Bestattungen, Feier- und Ruhetage, Speisevorschriften, Heirat und Ehescheidung, Verbreitung der Religion, Ausbildung des Personals.[62] Es folgt eine Liste von Handlungen, die unvereinbar mit den Vorschriften einer Religion oder Überzeugung sein können und von denen der Gläubige das Recht hat, befreit zu werden: Eidesleistungen, Militärdienst, Teilnahme an religiösen oder öffentlichen Zeremonien, amtliche Erhebungen der konfessionellen Zugehörigkeit, Teilnahme an Impfprogrammen.[63] Dass in diesen Listen die religiösen Wohlfahrtsinstitutionen fehlen, ist aus späterer Sicht bemerkenswert. Bei der Behandlung des Rechtes auf Glaubenswechsel geht Krishnaswami auf die Kritik ein, dass Missionare mit der Einrichtung von Krankenhäusern, Apotheken, Werkstätten sowie der Verteilung von Essen und Kleidung materielle Anreize für Glaubenswechsel schüfen. Krishnaswami will das nicht vollständig von der Hand weisen.[64] Der Zivilpakt kennt das Bedenken ebenfalls, wenn er in Artikel 18(2) ausdrücklich Zwang bei Bekehrungen untersagt. Dazu zählten auch der Zugang zu Bildung, Krankenversorgung, Berufstätigkeit bzw. der Ausschluss davon.[65]

Krishnaswamis Studie verlagerte die Religionsrechte vom Einzelnen auf die Gemeinschaft.[66] Die Freiheit des Denkens, des Gewissens und der Religion sei zwar unbedingt. Die Ausübung jedoch trifft auf Grenzen, die sich aus den Pflichten des Einzelnen gegenüber der Gemeinschaft insgesamt ergeben. Die Religionsfreiheit des Einzelnen wird mediatisiert; sie besteht nicht unabhängig von der religiösen Gemeinschaft, der jemand angehört. Ein verlässlicher Schutz vor Diskriminierung kann nur unter dem Schirm der Gemeinschaft und ihrer Rechte erlangt werden.

4 „Der Internationale Pakt über bürgerliche und politische Rechte": Die Verrechtlichung der Bekundungen von Religion (1973)

Die Erklärung zur Diskriminierung, die Krishnaswami mit seiner Studie vorbereitet hatte, ließ noch länger auf sich warten und wurde erst 1981 verabschiedet. In

---

62 Ebd., 31–42.
63 Ebd., 42–45.
64 Ebd., 27, 40.
65 Lerner, *Religion, Beliefs, and International Human Rights*, 18.
66 Julian Rivers, *The Law of Organized Religions. Between Establishment and Secularism*. Oxford: UP, 2010, 37–38.

die Jahre dazwischen fiel die Verrechtlichung des internationalen Religionsrechtes. Der „Internationale Pakt über bürgerliche und politische Rechte" (ICCPR – *International Covenant on Civil and Political Rights*), kurz UN-Zivilpakt, wurde 1966 von der Generalversammlung der Vereinten Nationen angenommen und in den folgenden Jahren von einem Staat nach dem anderen ratifiziert, bis die nötige Zahl erreicht war und er 1973 in Kraft treten konnte. Wie Krishnaswami versteht der Zivilpakt das Grundrecht der Religionsfreiheit als ein gemeinschaftliches und verband das Recht öffentlicher Bekundungen mit eventuell nötigen Restriktionen im Namen der bestehenden politischen Ordnung. Art. 18(1) ICCPR greift den Artikel 18 der UDHR auf, ergänzt ihn in Art. 18(2) um das Recht, von jeder Art Zwang dabei verschont zu bleiben, und räumt danach die Möglichkeit einer Beschränkung der öffentlichen Bekundung von Religion ein – vorausgesetzt diese sei vom Gesetz her vorgesehen und zum Schutz der öffentlichen Sicherheit, Ordnung, Gesundheit, Sittlichkeit oder der Grundrechte und Freiheiten anderer erforderlich (Art. 18[3]). Zum Schluss gibt Art 18(4) Eltern das Recht, über die religiöse Erziehung ihrer Kinder zu entscheiden.[67]

Die Philosophie, die auch diese Komposition zusammenhält, war auch die von Krishnaswami: Private Religionsfreiheit kann nur in einer Gemeinschaft gelebt und öffentlich bekundet werden und ist damit möglichen Restriktionen

---

67 Internationaler Pakt über bürgerliche und politische Rechte (Zivilpakt) Artikel 18(1) „Jedermann hat das Recht auf Gedanken-, Gewissens- und Religionsfreiheit. Dieses Recht umfasst die Freiheit, eine Religion oder eine Überzeugung eigener Wahl zu haben oder anzunehmen, und die Freiheit, seine Religion oder Überzeugung allein oder in Gemeinschaft mit anderen, öffentlich oder privat durch Gottesdienst, Beachtung religiöser Bräuche, Ausübung und Unterricht zu bekunden. (2) Niemand darf einem Zwang ausgesetzt werden, der seine Freiheit, eine Religion oder eine Überzeugung seiner Wahl zu haben oder anzunehmen, beeinträchtigen würde. (3) Die Freiheit, seine Religion oder Überzeugung zu bekunden, darf nur den gesetzlich vorgesehenen Einschränkungen unterworfen werden, die zum Schutz der öffentlichen Sicherheit, Ordnung, Gesundheit, Sittlichkeit oder der Grundrechte und -freiheiten anderer erforderlich sind. (4) Die Vertragsstaaten verpflichten sich, die Freiheit der Eltern und gegebenenfalls des Vormunds oder Pflegers zu achten, die religiöse und sittliche Erziehung ihrer Kinder in Übereinstimmung mit ihren eigenen Überzeugungen sicherzustellen." International Covenant on Civil and Political Rights (ICCPR) Article 18(1): „Everyone shall have the right to freedom of thought, conscience and religion. This right shall include freedom to have or to adopt a religion or belief of his choice, and freedom, either individually or in community with others and in public or private, to manifest his religion or belief in worship, observance, practice and teaching. (2) No one shall be subject to coercion which would impair his freedom to have or to adopt a religion or belief of his choice. (3) Freedom to manifest one's religion or beliefs may be subject only to such limitations as are prescribed by law and are necessary to protect public safety, order, health, or morals or the fundamental rights and freedoms of others. (4) The States Parties to the present Covenant undertake to have respect for the liberty of parents and, when applicable, legal guardians to ensure the religious and moral education of their children in conformity with their own convictions."

ausgesetzt. Der Einzelne kann seine Rechte nur mit Bezug auf andere und damit der Gemeinschaft, der er angehört, ausüben. Es ist sein Grundrecht, mit anderen eine Vereinigung zu bilden (ICCPR Art. 22)

Die Möglichkeit einer Restriktion der öffentlichen Bekundung auch von Religion sieht Artikel 18(3) des Zivilpaktes vor:

> „(3) Die Freiheit, seine Religion oder Überzeugung zu bekunden, darf nur den gesetzlich vorgesehenen Einschränkungen unterworfen werden, die zum Schutz der öffentlichen Sicherheit, Ordnung, Gesundheit, Sittlichkeit oder der Grundrechte und -freiheiten anderer erforderlich sind."

Eine unbedingte Bekundung einer Religion oder Überzeugung ist in dem Recht auf Religionsfreiheit nicht enthalten. Wer die Autorität ist, die Einschränkungen vornehmen darf, wird nur indirekt gesagt. Der Verweis auf bestehende Gesetze gibt jedoch einen klaren Hinweis. Dem Nationalstaat fällt die Aufgabe zu, die öffentlichen Bekundungen von Religion mit möglichen entgegengesetzten Erfordernissen abzugleichen: Die nationalen Gesetze müssen respektiert, das Wohl des Gemeinwesens und die Grundrechte und -freiheiten anderer dürfen nicht verletzt werden. Abgesehen von den speziellen Fällen „öffentliche Sicherheit, Ordnung, Gesundheit, Sittlichkeit oder Grundrechte und -freiheiten anderer" dürfen die Rechte des Artikels 18 auch in Situationen nationalen Notstands nicht außer Kraft gesetzt werden (Art. 4). Nicht der private Glaube selber (*forum internum* in juristischer Sprache) erfährt hier Einschränkungen, wohl aber seine Bekundung (*forum externum*). Der politischen Gemeinschaft, dem Nationalstaat, kommt die Aufgabe zu, über die öffentlichen Bekundungen von Religion zu wachen. Umgekehrt profitiert die Rechtsgemeinschaft des Staates von den Segnungen der Religion.[68]

5 „Erklärung über die Beseitigung aller Formen von Intoleranz und Diskriminierung" (1981): Liste der geschützten Rechte

Als die Generalversammlung der UN 1981 die „Erklärung über die Beseitigung aller Formen von Intoleranz und Diskriminierung aufgrund der Religion oder

---

68 Hans G. Kippenberg, „Religion als Gemeinschaftsgut. Religiöse Zusammenkünfte und Rituale als rechtliche Tatbestände". In Kippenberg, Rüpke, von Stuckrad (Hg.), *Europäische Religionsgeschichte*, Band 1, 127–154.

der Überzeugung" verabschiedete, auf die schon Krishnaswami und seine Kommission hingearbeitet hatten, stützte sich die Präambel auf seine Begründung:[69]

> „[...] daß die Mißachtung und Beeinträchtigung der Menschenrechte und Grundfreiheiten, insbesondere des Rechts auf Gedanken-, Gewissens- und Religionsfreiheit sowie auf die Freiheit jedweder sonstigen Überzeugung, der Menschheit direkt oder indirekt Kriege und großes Leid gebracht haben, [...] daß die Religion oder Überzeugung für jeden, der sich dazu bekennt, ein Grundbestandteil seiner Konzeption des Lebens darstellt [...] und zur Verwirklichung der Ziele des Weltfriedens, der sozialen Gerechtigkeit und der Freundschaft zwischen den Völkern sowie zur Beseitigung von Ideologien oder Praktiken des Kolonialismus und der rassischen Diskriminierung beitragen sollte". (Präambel)[70]

Aus dieser Perspektive darf ein Staat den Religionen nicht gleichgültig begegnen, sondern muss ihnen Schutz vor Diskriminierung gewähren.[71] Die Gleichheit der verschiedenen Religionen vor dem Gesetz kann vom Staat auch eine positive Diskriminierung verlangen.[72] Ähnlich wie dies Krishnaswami getan hatte, spezifiziert Artikel 6 der Anti-Diskriminierungs-Erklärung von 1981 die religiösen Praktiken, die rechtlich zu schützen seien Elizabeth Odio Benito nannte sie in ihrer Studie zur UN-Erklärung „corollary freedoms" (Begleiter der Freiheit).

> Im Einklang mit Artikel 1 und vorbehaltlich von Artikel 1 Absatz 3 dieser Erklärung schließt das Recht auf Gedanken-, Gewissens-, Religions- und Überzeugungsfreiheit unter anderem die folgenden Freiheiten ein: „a) im Zusammenhang mit einer Religion oder Überzeugung einen *Gottesdienst* abzuhalten oder sich zu versammeln sowie hierfür Versammlungsorte einzurichten und zu unterhalten;

---

69 Deutsche Übersetzung: http://www.un.org/depts/german/gv-early/ar36055.pdf. Eine Darstellung der Geschichte und der Verbindlichkeit der Erklärung von Donna J. Sullivan, „Advancing the Freedom of Religion or Belief through the UN Declaration on the Elimination of Religious Intolerance and Discrimination". *American Society of International Law* 82 (1988), 487–520.
70 „Considering that the disregard and infringement of human rights and fundamental freedoms, in particular of the right to freedom of thought, conscience, religion or whatever belief, have brought, directly or indirectly, wars and great suffering to mankind, especially where they serve as a means of foreign interference in the internal affairs of other States and amount to kindling hatred between peoples and nations, [...] Considering that religion or belief, for anyone who professes either, is one of the fundamental elements in his conception of life and that freedom of religion or belief should be fully respected and guaranteed, [...] Convinced that freedom of religion and belief should also contribute to the attainment of the goals of world peace, social justice and friendship among peoples and to the elimination of ideologies or practices of colonialism and racial discrimination [...]".
71 Eine ähnliche Verschiebung der Beziehung staatlicher Leistungen zur Religion fand im gleichen Zeitraum in der Rechtsprechung des amerikanischen Supreme Court statt; vgl. Winfried Brugger, *Einführung in das öffentliche Recht der USA*. München: C. H. Beck, 2001², 186–190.
72 Bielefeldt, Ghanea, Wiener, *Freedom of Religion and Belief*, 323 f.

b) entsprechende *Wohltätigkeitseinrichtungen* oder humanitäre Institutionen zu gründen und zu unterhalten;
c) die für die *Riten* oder Bräuche einer Religion oder Überzeugung erforderlichen Gegenstände und Geräte in angemessenem Umfang herzustellen, zu erwerben und zu gebrauchen;
d) auf diesen Gebieten einschlägiger *Publikationen* zu verfassen, herauszugeben und zu verbreiten;
e) an hierfür *geeigneten Orten* eine Religion oder Überzeugung zu lehren;
f) freiwillige, finanzielle und andere *Spenden* von Einzelpersonen und Institutionen zu erbitten und entgegenzunehmen;
g) im Einklang mit den Erfordernissen und Maßstäben der jeweiligen Religion oder Überzeugung geeignete Führer und *Leiter auszubilden*, zu ernennen, zu wählen oder durch Nachfolge zu bestimmen;
h) im Einklang mit den Geboten seiner Religion oder Überzeugung *Ruhetage* einzuhalten sowie Feiertage und Zeremonien zu begehen;
i) in religiösen oder weltanschaulichen Fragen auf nationaler und internationaler Ebene *Beziehungen zu Einzelpersonen und Gemeinschaften* aufzunehmen und zu unterhalten".[73]

Hier findet eine umfangreiche Spezifizierung und Ausweitung der geschützten Handlungen und Institutionen statt. Manche der genannten Aktivitäten fallen unter die bereits bekannten „Lehre, Praxis, Gottesdienst und Kulthandlungen". Jedoch gehen andere weit darüber hinaus und beziehen verselbständigte Institutionen und weitergehende Aktivitäten ein: Versammlungsorte, Wohltätigkeitsinstitutionen, Kultgeräte, Veröffentlichungen, finanzielle Zuwendungen, Ausbildung und Wahl der Leiter, nationale und transnationale Beziehungen. Hier wird das Prinzip aktiver Religionsfreiheit mit den tatsächlichen Aktivitäten und Institutionalisierungen konkretisiert.

Besonders fällt die uneingeschränkte Berechtigung der Gründung und Unterhaltung von Wohltätigkeitseinrichtungen bzw. humanitären Institutionen und des Empfangs von Spenden auf. Kindergärten, Schulen, Ausbildungsstätten, Krankenhäuser, Rehabilitationszentren, Pflegeheime wurden von Religionsgemeinschaften unterhalten. Wie sehr man fürchtete, dass sie politische Ansprüche erheben oder gar an Terrorismus beteiligt sein könnten, zeigt sich an der Entwicklung der Positionen der UN: Einerseits wird die Berechtigung zu dieser Praxis pointierter herausgearbeitet, andererseits bleiben die Sorgen vor Missbrauch bestehen.[74] Diese Tätigkeit von religiösen Gemeinschaften war lange umstritten. Krishnaswami hatte noch in seiner Studie das Pro und Contra abgewogen; zu den unerlaubten Zwängen zur Bekehrung rechnet der ICCPR auch solche Einrichtungen.

---

73 https://www.un.org/documents/ga/res/36/a36r055.htm.
74 Bielefeldt, Ghanea, Wiener, *Freedom of Religion and Belief*, 242–257 (*Establish Charitable or Humanitarian Institutions*).

Das Recht auf transnationale Beziehungen beinhaltet Wallfahrten zu ausländischen Plätzen, die vom Staat nicht mit Quoten reguliert werden dürfen. Es greift jedoch weiter und schließt auch alle Arten von Kommunikation und Zusammenarbeit über die nationalen Grenzen hinweg ein. Erst recht sind Verdächtigungen, die Gläubigen seien Agenten fremder Mächte – so in der Deklaration 1992 zum Recht der Personen, die Minderheiten angehören – eine unzulässige Beschränkung der Religionsfreiheit.[75]

Unter dem Schutzschirm des Menschenrechtes auf religiöse Gemeinschaft wird diese Gemeinschaft institutionell ausdifferenziert und legalisiert. Dafür war auch das wachsende soziale Kapital religiöser Gemeinschaftlichkeit im Zeitalter der Globalisierung mitverantwortlich; die neuen Sozialformen von Religion sollen rechtlichen Schutz genießen.[76] Religionsfreiheit wird als Freiheit von Diskriminierung religiösen Gemeinschaftshandelns verstanden. Alle Handlungen bei der Gründung und Existenz neuer Gemeinden gelten als Bekundungen von Religion.

6 Formen globaler Religiosität

Die Ausdehnung des Begriffs der Religion bzw. des Religiösen um alle diese Sachverhalte, Aktivitäten und Institutionen ist in der Religionswissenschaft zwar nicht üblich, aber auch nicht außergewöhnlich, wie die Debatte um einen Artikel von Clifford Geertz zeigt. Er hatte 1966 Religion als ein Symbolsystem definiert, das starke, umfassende und dauerhafte Stimmungen und Motivationen in den Menschen schafft, indem es Vorstellungen einer allgemeinen Seinsordnung formuliert und diese Vorstellungen in anschaulichen Inszenierungen mit einer solchen Aura von Faktizität umgibt, dass die Stimmungen und Motivationen völlig der Wirklichkeit zu entsprechen scheinen.[77] Religion ist demnach ein unaufhörlicher Prozess der Transformation: von Weltbild in Praxis, von Praxis in Weltbild. Auf diesem Wege entstünden einerseits für metaphysische Konzepte Anschaulichkeit, andererseits für Handlungen und Ethos intellektuelle Begründungen. Talal Asad hat dieser Auffassung kritisch entgegengehalten, sie sei zu

---

75 Ebd., 233–241.
76 Hans G. Kippenberg, „The Social Capital of Religious Communities in the Age of Globalization". In Panayotis Pachis, Donald Wiebe (Eds.), *Chasing Down Religion: In the Sights of History and the Cognitive Sciences*. FS Luther Martin. Thessalonike: Barbounakis 2010, 215–232; ders., „‚Phoenix from the Ashes': Religious Communities Arising from Globalisation". *Journal of Religion in Europe* 6 (2013), 143–174.
77 Clifford Geertz, „Religion als kulturelles System". In Ders., *Dichte Beschreibung*. Frankfurt a. M.: Suhrkamp, 1983, 48.

sehr von christlicher Theologie und ihrer Vorordnung der theologischen Lehre vor der Praxis geprägt.[78] Religion sei untrennbar mit dem sozialen Leben und der politischen Ordnung verschmolzen und ihre Geltung nicht aus einem solchen Transformationsprozess zu erklären.[79] Dazu erinnerte er an Wilfred Cantwell Smith und seinen Klassiker *The Meaning and End of Religion* aus dem Jahre 1961. Smith plädiert dafür, statt des Substantivs „Religion" das Adjektiv „religiös" zum Dreh- und Angelpunkt der wissenschaftlichen Begriffsbildung machen. Dazu Asad: Alltägliche Handlungen können religiös sein, ohne dass sie aus einer Transformation eines metaphysischen Weltbildes in anschauliche Handlungen hervorgegangen seien wie z. B. Essensvorschriften, Reinheitsrituale oder Kleiderordnungen. Sie seien eher Bezeugungen von Zugehörigkeit zu einer Gemeinschaft als Inszenierung von Glaubensanschauungen. Wenn man unter diesem Gesichtspunkt noch einmal die Liste der geschützten Handlungen durchgeht, dann stimmt es, dass ihr gemeinsamer Nenner die Ansicht von Akteuren ist, gewisse Rechte und Praktiken seien Teil ihrer Zugehörigkeit zu einer religiösen Gemeinschaft.[80] Dabei unterscheiden sich auch religiöse Akteure darin, für welche der genannten Rechte und Praktiken dies gilt und für welche nicht. Das internationale Recht hat einen sehr weiten Schutzschirm hierfür aufgespannt.

Studiert man die Typen von Religion in der Globalisierung, sind Beobachtungen Peter Beyers erhellend, wonach Religionen, die keine Gemeinschaftsreligiosität kultivieren oder auf öffentliche Bekundung der religiöse Praktiken keinen Wert legen, marginalisiert werden.[81] Umgekehrt stimmen die Merkmale, die Peter Beyer für die Sozialform von Religionen in der globalisierten Welt ermittelt, mit dem Typus aktiver Religiosität überein. Religion ist mehr als eine organisierte Körperschaft. Sie entfaltet sich in einer gemeinschaftlich gelebten Pluralität von individuellen Lebensführungen, von „conceptions of life"; Religion ist weitgehend von anderen sozialen Ordnungen wie Wirtschaft, Verwandtschaft, Nation, Recht unabhängig. Auch beobachtet Beyer Veränderungen in der Kategorie der Religion. Ausgewählte Praktiken samt den sie stützenden Erzählungen und Erwartungen träten ins Zentrum des Glaubens; Selektivität beherrsche die Auswahl aus dem Fundus der Überlieferungen: der verbindlichen Vorbilder, der zentralen Rituale und der wichtigsten Werte; die Unterscheidung zwischen

---

78 Talal Asad, „The Construction of Religion as an Anthropological Category". In ders., *Genealogies of Religion. Discipline and Reasons of Power in Christianity and Islam*. Baltimore, London: John Hopkins University, 1993, 53.
79 Ebd., 53 f.
80 Zu Merkmalen religiöser Gemeinschaftlichkeit heute siehe meinen Artikel: „,Phoenix from the Ashes'".
81 Peter Beyer, „Constitutional Privilege and Constituting Pluralism: Religious Freedom in National, Global, and Legal Context". *Journal for the Scientific Study of Religion* 43 (2003), 333–339.

heilig und profan wird pointierter, Gemeinschaftsaktivitäten bestimmten das Glaubensleben. An die Stelle des einen ehrwürdigen heiligen Ortes trete eine Vielfalt von religiösen Zentren, an denen Gemeinden sich orientierten. Bei der Bildung solcher Gemeinschaften werde das Bild, das diese von sich selber hätten, in Bezug gesetzt zu dem Bild, das Außenstehende von ihr hätten (Selbst- und Fremdreferenz).[82]

Die Übereinstimmung, die zwischen diesem Rechtstypus und den Befunden von Beyer und anderen Erforschern der Religionen in der globalisierten Welt bestehen,[83] sprechen dafür, dass die Menschenrechts-Erklärungen und -Konventionen ein internationales Gewohnheitsrecht bei der Bildung eines bestimmten Typus von gemeinschaftlicher Religion begünstigt haben. Doch entsteht dadurch ein neues Problem.

Die Erklärung von 1981 richtete den Blick auch auf Intoleranz *durch* Religion und Überzeugung, und nicht mehr nur auf Diskriminierung *von* Religion und Weltanschauung (Artikel 2).

> „(2) Für die Zwecke dieser Erklärung gilt als ‚Intoleranz und Diskriminierung aufgrund der Religion oder der Überzeugung' jegliche Unterscheidung, Ausschließung, Beschränkung oder Bevorzugung aufgrund der Religion oder der Überzeugung, deren Zweck oder Wirkung darin besteht, die Anerkennung, Inanspruchnahme oder Ausübung der Menschenrechte und Grundfreiheiten auf der Grundlage der Gleichberechtigung zunichte zu machen oder zu beeinträchtigen."

Dies ist die einzige Definition von Intoleranz und Diskriminierung in den Dokumenten der UN.[84] Auf diesen Gesichtspunkt hat sich Elizabeth Odio Benito, von 1980 bis 1983 Special Rapporteur der Kommission zur Vermeidung von Diskriminierung und Schutz von Minderheiten – einer Unterkommission der Menschenrechtskommission der UN – bei ihrer Definition von Diskriminierung und ihren Länderberichten gestützt. Religion wird zur Quelle von Diskriminierung und Gewalt. Odio Benito geht auf besonders eklatante Fälle religiöser Diskriminierung und Intoleranz ein, z. B. der Bahai in der Islamischen Republik von Iran und anderer Religionsgemeinschaften andernorts.[85] Zur Charakterisierung der neuen

---

82 Peter Beyer, *Religions in Global Society*. New York, London: Routledge 2006; eine pointierte Zusammenfassung von Peter Beyer, „Globalization". In Helen Rose Ebaugh (Ed.), *Handbook of Religion and Social Institutions*. New York: Springer, 2005, 411–429.
83 Mark Juergensmeyer (Ed.), *Global Religions. An Introduction*. Oxford: UP, 2003; ders. (Ed.), *The Oxford Handbook of Global Religions*. Oxford: UP, 2006.
84 Bielefeldt, Ghanea, Wiener, *Freedom of Religion and Belief*, 309–336 („Discrimination"), 314.
85 Elizabeth Odio Benito, *Elimination of all Forms of Intolerance and Discrimination based on Religion or Belief*. New York: United Nations, 1989, 9–18.

Situation lässt sie ein Dokument des Weltkirchenrates von 1981 zu Wort kommen, in dem es heißt: Nach einer langen Periode von Säkularisierung, in der die Kirchen Warnungen vor dem Säkularismus äußerten, sei im Laufe der siebziger Jahre eine Umkehrung des Prozesses zu beobachten, eine Entsäkularisierung. Er sei von religiösen Verfolgungen Andersgläubiger begleitet.[86] Das wird dann ein zentrales Thema der Untersuchungen von Mark Juergensmeyer.[87]

---

86 Ebd., 42 f.
87 Mark Juergensmeyer, *Terror in the Mind of God. The Global Rise of Religious Violence*. 4. ed. Berkeley: University of California Press, 2017. Ich habe den Vortrag zum Thema „Öffentliche Religion: ein internationales Menschenrecht" in der Reihe „Religion und Gesellschaft: Sinnstiftungssysteme im Konflikt" vor der Bayerischen Akademie der Wissenschaften in München am 27. Oktober 2015 gehalten. Inzwischen ist das Thema zu einem Buch ausgearbeitet: Hans G. Kippenberg, *Regulierungen der Religionsfreiheit. Von der Allgemeinen Erklärung der Menschenrechte zu den Urteilen des Europäischen Gerichtshofs für Menschenrechte*. Baden-Baden: Nomos, 2019.

Sebastian Schüler
„In der Welt, nicht von der Welt" – Simmels Konflikttheorie und die Dynamiken religiöser Vergesellschaftung am Beispiel des evangelikalen Kreationismus

1 Einleitung

„At a meeting of church leaders in Seattle, Washington, one member of the group reportedly said that if the church is to make its greatest impact on our generation, it must become more worldly minded. While in one sense that may bear some truth, in the biblical sense it is false."[1] Diese Worte stammen von Billy Graham (1918–2018), dem wohl bekanntesten amerikanischen Evangelisten des 20. Jahrhunderts. Graham wird nachgesagt, dass er durch seine tausenden Bekehrungsveranstaltungen („Crusades", also Kreuzzüge genannt) den modernen Evangelikalismus erst zu der übergreifenden Bewegung gemacht habe, die sie heute ist.[2] Das Zitat ist einer seiner schriftlichen Botschaften mit dem Titel „In the World, But Not of It" entnommen, die mittlerweile als Klassiker von der *Billy Graham Evangelistic Association* präsentiert werden. Graham betont darin, dass wahre Christen sich nicht der Welt bzw. weltlichen Kultur anpassen sollten, da diese von Satan regiert werde und falsche Versprechungen mache. Christen seien laut der Bibel (Joh 17, 14–16) zwar in der Welt, aber eben nicht von der Welt und sollen sich nicht von der Welt in die Irre führen lassen. Unter Evangelikalen wurde die Paraphrase „In der Welt, nicht von der Welt" geradezu zu einem geflügelten Wort und mehr noch, zu einem Identitätsmarker, der eine klare Grenze aufzeigt, die gewisse Konflikte mit einschließt.

Doch von wem ist eigentlich die Rede, wenn wir von evangelikalen Christen sprechen? Der britische Historiker und Religionswissenschaftler Philip Jenkins veröffentlichte 2002 sein Buch *The Next Christendom – The Rise of Global Christia-*

---

[1] https://billygraham.org/decision-magazine/february-2016/a-classic-billy-graham-message-in-the-world-but-not-of-it/ (zuletzt aufgerufen am 9.3.2018).
[2] Michael Hochgeschwender, „Der nordamerikanische Evangelikalismus nach 1950". In *Handbuch Evangelikalismus*, hg. von Frederik Elwert, Martin Radermacher, Jens Schlamelcher. Bielefeld: Transcript, 2017, 109–128, hier 115.

nity.³ Darin prognostiziert Jenkins eine neue Revolution im Christentum, wonach es vor allem auf der Südhalbkugel immer mehr konservative und fromme Christen geben werde, die dem evangelikalen, charismatischen und pfingstlichen Christentum zugerechnet werden können. Schon heute gehen Schätzungen davon aus, dass etwa eine halbe Milliarde Menschen weltweit diesen Richtungen angehören, Tendenz steigend. Im Zentrum dieser Bewegungen steht die wörtliche Auslegung der Bibel, der Glaube an die Wirkung des Heiligen Geistes sowie an Heilung und Wohlstand (Prosperity Gospel).⁴ Während diese Glaubensformen vor allem in den USA präsent sind und sich von dort in die Welt verbreitet haben, geht Jenkins davon aus, dass die neue Missionsrichtung von Süden nach Norden geht. In der Tat gilt Europa für viele Pfingstler und Charismatiker als säkularer Kontinent, der erneut missioniert werden muss. Ob die Prognosen von Jenkins eintreffen werden, wird sich noch zeigen, jedoch ist unbestritten, dass diese Glaubensform nicht nur in den USA, sondern weltweit Zulauf verzeichnet.

Ausgehend von diesen Zahlen und der Beobachtung, dass evangelikalen und charismatischen Christen allgemein eine eher fundamentalistische bzw. antimoderne oder zumindest moralisch konservative Haltung nachgesagt wird, drängt sich zum einen die Frage auf, wer diese evangelikalen Christen eigentlich sind bzw. inwiefern die evangelikale Identität bereits als konflikthaft charakterisiert werden kann? Andererseits muss gefragt werden, warum diese Bewegung so erfolgreich ist, obwohl sie mit so vielen Bereichen moderner Gesellschaften in einen offenkundigen Konflikt tritt? Oder ist der Evangelikalismus gerade so erfolgreich, weil er ein hohes Konfliktpotenzial besitzt? Sicherlich können nicht alle Evangelikalen pauschal dem religiösen Fundamentalismus zugerechnet werden, und gerade die große Pluralität evangelikaler Denominationen, Kirchen, Bewegungen und Subkulturen macht es oft schwer, von dem Evangelikalismus zu sprechen.⁵ Eine Aufgabe dieses Beitrags liegt daher darin, die soziale Identität „der Evangelikalen" soweit zu bestimmen, dass sich damit Aussagen zu den Konfliktpotenzialen zwischen Evangelikalismus und säkularer Gesellschaft treffen lassen. Darauf aufbauend soll dann nach den konkreten Konfliktdynamiken gefragt werden, die dazu führen, dass der Evangelikalismus zumindest in den USA nicht nur relativ viele Anhänger verzeichnet, sondern vor allem in der öffentlichen Wahrnehmung und als gesellschaftlicher Akteur eine nicht zu unterschätzende Rolle spielt.

---

3 Philip Jenkins, *The Next Christendom: The Rise of Global Christianity*. New York: Oxford University Press. 2002.
4 Kate Bowler, *Blessed: A History oft he American Prosperity Gospel*. Oxford, New York: Oxford University Press, 2013.
5 Hochgeschwender, „Der nordamerikanische Evangelikalismus nach 1950".

Das Thema Religion und Konflikt hat in den letzten Jahren und gerade in der Auseinandersetzung mit dem verstärkten Auftreten fundamentalistischer religiöser Bewegungen eine gewisse Konjunktur erlebt. In diesen Auseinandersetzungen stand jedoch oftmals die Konfliktfähigkeit von Religion bzw. den Religionen im Vordergrund.[6] Konflikte wurden dabei auch oft mit Gewalt assoziiert, wobei in den Darstellungen wahlweise Religionen kritisch als eher gewaltfördernd oder affirmativ als friedensfördernd dargestellt wurden.[7] Auch Konflikte zwischen bestimmten religiösen und säkularen Weltanschauungen wie etwa zwischen Theologie und Naturwissenschaft wurden dabei meistens als sich ausschließende Oppositionen oder als versöhnliche Annäherungen, aber nur selten als Potenzial für die beteiligten Konfliktparteien beschrieben. Dabei hat der bekannte Soziologe Georg Simmel bereits vor über hundert Jahren genau diesen Aspekt des Konflikts hervorgehoben und dessen Bedeutung für moderne Gesellschaften herausgestellt. Unter Konfliktpotenzial soll daher im Folgenden die soziale Produktivität beziehungsweise die soziale Funktion von Konflikten verstanden werden. Gerade das konflikthafte Aufeinandertreffen evangelikaler und säkularer Weltanschauungen in Bereichen von Wissenschaft, Sexualität, Abtreibung, oder Andersgläubigkeit demonstriert entsprechend nicht nur die tiefsitzende und scheinbar inkommensurable Konflikthaftigkeit dieser beiden Sinndeutungssysteme, sondern verweist vor allem in den konkreten Konfliktfeldern auf eine hoch dynamische Form religiöser Vergesellschaftung. Im Anschluss an die Konflikttheorie von Georg Simmel soll daher der Prozess der Vergesellschaftung im konkreten Konfliktfeld von Kreationismus und Evolutionstheorie verdeutlicht und an dem Beispiel zugleich bestimmte Konfliktdynamiken aufgezeigt werden. Eine zentrale These dieses Beitrags ist, dass die moderne evangelikale Identität nicht nur ein Produkt der Moderne selbst darstellt, sondern darüber hinaus erst in der Vergesellschaftung ihres Konfliktpotenzials konstituiert wird. Daher liegt der Fokus dieses Beitrags weniger auf den evangelikalen und charismatischen Formen der Vergemeinschaftung, die sich meist durch Prozesse der Verpersönlichung, Emotionalisierung sowie Somatisierung auszeichnen und somit die personale Identität generieren, sondern auf dem Aspekt öffentlicher und damit vergesellschafteter Konflikte und deren Aushandlungsprozesse, die wiederum die soziale Identität mitprägen. So sind es letztlich auch gerade die Prozesse der Vergesellschaftung von religiösen Konflikten und deren inhärente Semantiken,

---

6 Ingolf U. Dalferth, Heiko Schulz (Hg.), *Religion und Konflikt. Grundlagen und Fallanalysen.* Göttingen: Vandenhoeck & Ruprecht, 2011.
7 Karen Armstrong, *Im Namen Gottes. Religion und Gewalt.* München: Pattloch, 2014; Mathias Hildebrandt, Manfred Bocker (Hg.), *Unfriedliche Religionen? Das politische Gewalt- und Konfliktpotenzial von Religionen.* Wiesbaden: Springer VS, 2005.

die die religiöse Vergemeinschaftung in der späten Moderne verstärken können und diese nicht – wie so oft angenommen – durch Individualisierung obsolet werden lassen.[8]

2 Evangelikale Identität als Konflikt

Es mag vermessen klingen, von der einen evangelikalen Identität zu sprechen, nicht nur, dass es den Evangelikalismus als eine homogene Gruppe nicht gibt, sondern auch, da der Begriff Identität weniger auf Gruppen, sondern auf Individuen anzuwenden ist und auch im Falle eines Individuums die Identität nicht nur vielschichtig zusammengesetzt sein kann, sondern sich im Laufe einer Biographie durchaus unterschiedliche Aspekte herausbilden, die „die Identität" kennzeichnen. Dennoch besteht Identität nicht nur aus personaler, sondern auch aus sozialer Identität, die von Gruppenzugehörigkeit beeinflusst wird.[9] Dies wurde auch von den Sozialpsychologen Henri Tajfel und John C. Turner in ihrer Theorie sozialer Identität hervorgehoben.[10] Tajfel und Turner fragen darin nach den Prozessen, die an der Entstehung und Veränderung von Gruppen beteiligt sind. Zentral für diese Theorie ist, dass Gruppenmitglieder bestrebt sind, durch den Vergleich ihrer Rolle und Position in bestimmten sozialen Gruppen eine Selbsteinschätzung ihrer sozialen Identität zu erlangen. Je stärker dabei die eigene Gruppe von anderen Gruppen abgegrenzt wird, umso positiver wird die eigene soziale Identität eingeschätzt. Zudem muss die Gruppenmitgliedschaft internalisiert und nicht nur von außen zugeschrieben werden. Die soziale Identität in religiösen Gemeinschaften kann entsprechend sehr stark über die Abgrenzung zu anderen religiösen oder auch säkularen Gruppen gestärkt werden, die jedoch zunächst als relevante Gegensatzgruppen identifiziert werden müssen.

Die Pluralität von Organisationen, Bewegungen, Gruppen und Netzwerken, denen man zugehören kann, kann jedoch auch dazu führen, dass die Selbstinterpretation fragil wird und eindeutige soziale Identität verloren geht.[11] Entsprechend wird davon ausgegangen, dass die moderne plurale Gesellschaftsform

---

8 Anna Neumaier, Jens Schlamelcher, „Religiöse Vergemeinschaftung im Prozess der Vergesellschaftung". In *Sozialformen der Religionen in Wandel*, hg. von Patrick Heiser, Christian Ludwig. Wiesbaden: Springer VS, 2014, 19–52, hier 45f.
9 Bernadette Müller, *Empirische Identitätsforschung. Personale, soziale und kulturelle Dimensionen der Selbstverortung*. Wiesbaden: VS Verlag, 2011.
10 Henri Tajfel, John C. Turner, „The social identity theory of intergroup behavior". In *Psychology of intergroup relations*, hg. von Stephen Worchel, William G. Austin. Chicago: Nelson-Hall, 1986, 7–24.
11 Andreas Zick, „Die Konflikttheorie der Theorie sozialer Identität". In *Sozialwissenschaftliche*

dazu führt, dass personale sowie kollektive Identitäten, die in einem dialektischen Verhältnis zueinander stehen, eine stärkere Bedeutung erlangen und die Abgrenzung zu anderen (nationalen, ethnischen, religiösen, politischen) Gruppen steigere. Nationalismus oder religiöser Fundamentalismus als spezifische soziale Identitäten könnten daher als Folge dieses Prozesses verstanden werden, die nicht nur ein gewisses Konfliktpotenzial besitzen, sondern erst durch den öffentlichen Konflikt zu Identitätsmarkern werden. Die Frage ist, mit welchen (kommunikativen) Mitteln diese Abgrenzungen und Aushandlungen vollzogen werden, was später am Beispiel des Konflikts zwischen Evolutionstheorie und Kreationismus nochmals aufgegriffen wird. Wenn also im Folgenden von evangelikaler Identität gesprochen wird, geschieht dies einerseits in eher idealtypischer Annäherung an bzw. bewusster Reduktion auf eine kollektive Identität und andererseits mit Blick auf die – im Sinne Simmels – potenzielle Konflikthaftigkeit dieser Gruppenidentität in Wechselwirkung mit anderen Gruppen, wie später noch auszuführen ist.

Zunächst kann jedoch eine klassische Begriffsbestimmung die soziale Identität der Evangelikalen etwas eingrenzen. Unter dem Begriff evangelikal wird – im Unterschied zu evangelisch – meist eine fromme, bibeltreue Spielart des Protestantismus verstanden. Allgemein werden evangelikalen Christen vier grundlegende Charakteristika zugeordnet: 1.) der Glaube an die wörtliche Auslegung und die Autorität der Bibel, 2.) der Glaube daran, dass Jesus für alle Sünden der Menschen am Kreuz gestorben und wieder auferstanden ist und dass daher Jesus erlebbar und erfahrbar wird, 3.) die persönliche Bekehrung zu Jesus, die meist in der Ganzkörpertaufe bezeugt wird (born-again) und 4.) der aktive Einsatz zur Verbreitung des Evangeliums durch Mission. Dieser Definitionsversuch geht auf den Historiker David Bebbington (*1949) zurück. Von besonderem Interesse hieran ist jedoch nicht, ob diese Definition wissenschaftlichen Ansprüchen genügt, sondern die Tatsache, dass viele Evangelikale selbst diese Definition für ihre Identität übernommen haben.

In der Tat ist eine allgemeine Definition von *dem* Evangelikalismus nicht ganz so einfach: Denn dieser stellt keine eindeutige kirchliche Institution oder Denomination dar, sondern beinhaltet hunderte oder tausende von verschiedenen Denominationen, Freikirchen und Bewegungen. Anstatt Evangelikalismus genau definieren oder quantitativ eingrenzen zu können, dient der Begriff umgangssprachlich meist als Sammelbezeichnung für so unterschiedliche Strömungen wie christliche Fundamentalisten, charismatische Christen, die Pfingstbewegung bis hin zu charismatischen Katholiken. Die Grenzen sind dabei meist

---

Konflikttheorien. Eine Einführung, hg. von Thorsten Bonacker. Wiesbaden: VS Verlag, 3. Auflage 2005, 409–426, hier 415 ff.

fließend. Dennoch verweist der Begriff Evangelikalismus im engeren Sinn oftmals auf ein Selbstverständnis, das sich in den USA in der zweiten Hälfte des 20. Jahrhunderts als Neo-Evangelikalismus herauskristallisierte.[12] Nachdem sich der christliche Fundamentalismus vor allem in den 1920er Jahren in den USA als eine Reaktion auf gesellschaftliche Modernisierung etablierte, füllte insbesondere Billy Graham die Lücke zwischen Liberalen und Fundamentalisten, indem er sich selbst als Neoevangelikalen bezeichnete und mit Hilfe seiner Erweckungsveranstaltungen viele der zersplitterten Gruppen und Denominationen wieder zusammenführte und somit dem Evangelikalismus in der Gesellschaft wieder Präsenz und Akzeptanz verschaffte.[13] Ab den 1960er Jahren verschwimmen die denominationalen Grenzen dann durch die Gründung diverser neo-pfingstlicher und neo-charismatischer Gemeinden und Bewegungen noch stärker.

Pfingstler und Charismatiker teilen die eben genannten Merkmale evangelikaler Christen, legen aber zudem eine besondere Betonung auf die Gaben des Heiligen Geistes. Sie gehen davon aus, dass sie den Heiligen Geist als eine der drei Hypostasen d. h. Personen der christlichen Trinitätsleere direkt erleben können, so wie es in der biblischen Geschichte über das Pfingstereignis den Jüngern Jesu erging, in die der Heilige Geist gefahren sei. Das aus der Geistererfahrung resultierende Zungenreden oder Sprachengebet ist eine weit verbreitete Praxis im charismatischen Christentum und kann zu äußerst ekstatischen und emotionalen Ausdrucksweisen wie Zittern, Ohnmacht und Zuckungen führen.[14] Aber auch andere zugeschriebene Fähigkeiten, wie etwa die Prophetie, Wunderheilungen oder die Fähigkeit, Dämonen auszutreiben, finden sich bei Pfingstlern und Charismatikern häufig.

Charismatische Gottesdienste sind entsprechend geprägt von sozialer und emotionaler Dichte und haben meist zum Ziel, durch bestimmte Körpertechniken und Emotionalisierung den Heiligen Geist für die Besucher erlebbar werden zu lassen. Der Geist wird durch Singen, Beten, Klatschen und Tanzen im eigenen Körper präsent. Der Glaube an die Präsenz unsichtbarer Kräfte wie den Heiligen Geist, aber auch von Dämonen und Engeln, oder die Möglichkeit von Wundern ist für viele Pfingstler genauso real wie der alltägliche Einkauf im Supermarkt. Wie die amerikanische Anthropologin Tanya Luhrmann von der Stanford University in ihrem Buch *When God Talks Back* gezeigt hat,[15] berichten viele charismatische Christen davon, dass Gott zu ihnen spricht, dass sie ihn als tatsächliche Stimme

---

12 Hochgeschwender, „Der nordamerikanische Evangelikalismus nach 1950", 109 ff.
13 Ebd. 115.
14 Mark J. Cartledge, „The symbolism of Charismatic glossolalia". *Journal of Empirical Theology* 12/1 (1999), 37–51.
15 Tanya M. Luhrmann, *When God Talks Back*. New York: Vintage Books, 2012.

im Ohr oder im Kopf hören können oder zumindest, dass Gott ihnen immer wieder im Alltag Zeichen gibt, die ihr Verhalten beeinflussen.

Evangelikale und Charismatische Christen haben eine besondere Haltung zur Welt. Für viele Evangelikale[16] ist Kultur etwas von Menschen Gemachtes und im Zweifelsfall ein Territorium des Teufels. Die Welt wird als sündig oder verdorben wahrgenommen, die nur durch Jesus geheilt werden kann. Nicht wenige neu bekehrte Christen beginnen ihr neues christliches Leben daher mit einer Reinigung ihres „alten" Lebens, indem sie sich von allen weltlichen oder „okkulten" Gegenständen und Verhaltensweisen trennen. Symbolisch wird der Akt der Bekehrung und des Lebenswandels durch die typische Ganzkörpertaufe kollektiv bestätigt.

Zur Orientierung im Alltag dient vielen Evangelikalen das ständige Gebet, das nicht nur zu bestimmten Tageszeiten, sondern gern auch zwischendurch eingesetzt wird. Gebete verlaufen dabei als unmittelbare Zwiegespräche mit Gott oder Jesus. Dabei wird immer wieder die Frage aufgeworfen, was Jesus in dieser oder jener Situation wohl tun würde? Der mittlerweile sehr populär gewordene Slogan „What Would Jesus Do?" oder kurz WWJD (Was würde Jesus tun?), den es in der christlichen Popkultur auch als T-Shirt-Aufdruck oder als Armband zu kaufen gibt, dient vielen Evangelikalen nicht nur als eine Erinnerung an ethisch-moralische Gebote, sondern hat einen tiefgreifenden Einfluss auf die Selbstwahrnehmung vieler evangelikaler Christen, für die jegliche Alltagssituation zu einer Glaubensprüfung werden kann, bei der es darum geht zu entscheiden, wie sie auf die Herausforderung moderner ambivalenter Kultur reagieren sollen.[17]

Es ist fast unmöglich, in der hier gegebenen Kürze auch nur einen Bruchteil der Aspekte zu Definition, Geschichte, oder Identität von Evangelikalen befriedigend darzustellen. Von besonderer Bedeutung für die soziale Identität ist jedoch die bereits skizzierte Selbstwahrnehmung vieler Evangelikaler, die sich oft in dem Satz „In der Welt, nicht von der Welt" widerspiegelt. Mit dem Bezug auf den Vers 17, 16 des Johannesevangeliums, (demnach Jesus gesagt haben soll: „Sie sind nicht von der Welt, wie auch ich nicht von der Welt bin") finden sich Evangelikale in einer ambivalenten Identität wieder: Sie sind in einer säkularen oder dämonischen Welt und wollen die Menschen darin retten, zugleich wollen sie nicht von dieser Welt verführt und beeinflusst werden und müssen sich

---

16 Im Folgenden soll der Begriff „evangelikal" als Oberbegriff verwendet werden, der auch charismatische und pfingstliche Spielarten mit einschließt.
17 Verena Hoberg, „Evangelikale Lebensführung und Alltagsfrömmigkeit." In *Handbuch Evangelikalismus*, hg. von Frederik Elwert, Martin Radermacher, Jens Schlamelcher. Bielefeld: Transcipt, 2017, 209–226, hier 211 ff.

ihr entziehen. Diese hybride Identität bedeutet daher auch, dass Evangelikale einen Konflikt austragen, sowohl in jedem Individuum als auch als Kollektiv. Ich gehe also davon aus, dass diese evangelikale Identität einerseits die Ursache für viele Konflikte ist, anderseits jedoch im Prozess der Vergesellschaftung unterschiedliche Dynamiken daraus entstehen können, durch die der Konflikt identitätsstiftend wirkt.

Auch wenn nur in einem idealtypischen Sinn von einer evangelikalen Identität gesprochen werden kann, empfinden viele Evangelikale sich einer globalen Gemeinschaft erlöster Christen zugehörig, die mehr ist als nur die lokale Gemeinde. Dies kann sich durch Solidarität mit anderen Christen ausdrücken, wobei theologische Differenzen zunächst nicht thematisiert werden (auch wenn diese zu Konflikten führen können). Auch Billy Graham hat mit seinem Neo-Evangelikalismus versucht, die konfessionellen und denominationalen Grenzen zugunsten eines *common ground* zu nivellieren. Über die Redewendung „In der Welt, nicht von der Welt" konstruieren Evangelikale eine soziale Identität, durch die sie sich nicht nur als die wahren erlösten Christen in einem imaginierten Gottesreich auf der Erde wähnen, sondern sich eher als Besucher oder „imagined migrants"[18] auf der Erde stilisieren, die eines Tages in das himmlische Gottesreich einkehren werden und nach dem Tod dort alle eine Gemeinschaft bilden (siehe etwa die Aussagen von Billy Graham über seine Gewissheit, nach dem Tod in den Himmel zu kommen)[19].

3 Simmels Konflikttheorie und die Dynamiken religiöser Vergesellschaftung

Der Titel dieses Bandes legt bereits nahe, dass Religion und Gesellschaft nicht nur unterschiedliche Sinnstiftungssysteme darstellen, sondern dass diese auch gelegentlich konträr zueinander liegen können und es daher immer wieder zu Konflikten kommen kann. Dabei darf jedoch nicht vergessen werden, dass wir es einerseits mit sehr unterschiedlichen Formen von „Gesellschaft" zu tun haben können und dass andererseits „Religion" einen Teilbereich von Gesellschaft darstellt, so wie Kultur, Kunst, Wissenschaft, Recht, Politik, usw. auch, ohne dass dabei eindeutig wäre, wo die Grenzen zwischen diesen verlaufen. Dennoch sind

---

18 Sebastian Schüler, „Unmapped Territories: Discursive Networks and the Making of Transnational Religious Landscapes in Global Pentecostalism". *PentecoStudies*, Vol. 7, No. 1 (2008), 46–62.
19 https://billygraham.org/video/billy-graham-know-im-going-heaven/ (zuletzt aufgerufen am 8.3.2018).

es oft und gerade die Konflikte, die solche Grenzen zwischen gesellschaftlichen Teilbereichen besonders sichtbar werden lassen. Religion ist daher nur ein möglicher Konfliktakteur, wobei der Konflikt, verstanden als eine Gegensätzlichkeit von Interessen, verschiedene Konfliktakteure und Konfliktparteien involvieren kann.[20]

Nach Georg Simmel (1858–1918) zeichnen sich moderne Gesellschaften gerade dadurch aus, dass sie aufgrund ihrer Ausdifferenzierung zu Konfliktgesellschaften werden und der Konflikt einen normalen Bestandteil von Gesellschaft ausmacht (Simmel 1992). Moderne Gesellschaften ermöglichen aber nicht nur die regulierte Austragung von Konflikten, sondern der Konflikt wird geradezu zu einem Potenzial für Prozesse der Vergesellschaftung. Für Simmel sind es insbesondere die Formen sozialer Wechselwirkungen, die den Gegenstand der Soziologie ausmachen. Entsprechend ging es ihm um eine Soziologie der Form, nicht des Inhalts. Die zentralen Formen moderner Gesellschaften sind für ihn die Vergesellschaftung und die Individuation. Unter Vergesellschaftung versteht er generell Formen sozialer Interaktion, von der geselligen Runde bis hin zu abstrakten gesellschaftlichen Prozessen etwa zwischen Organisationen. Simmel geht damit über die bekannte Gegenüberstellung von Individuum und Gesellschaft hinaus, indem er davon ausgeht, dass erst der Prozess sozialer Differenzierung die moderne Individualität bedingt. Die Individuation ist also ein Prozess, der dialektisch mit dem Prozess der Vergesellschaftung verknüpft ist. Individuation und Vergesellschaftung bedingen sich gegenseitig, da es einerseits die Individuen sind, die durch soziale Interaktionen den Prozess der Vergesellschaftung induzieren und andererseits soziale (vergesellschaftete) Wechselwirkungen das Individuum beeinflussen und verändern. Die Wechselwirkungen sozialer Interaktionen sind daher auch identitätsbildend für die involvierten Gruppen und Individuen.[21]

Auch seine bekannte Konflikttheorie „Der Streit"[22] (1908) muss in diesem Licht gelesen werden. Konflikte sind für Simmel nicht *per se* etwas Schlechtes, sondern entstehen u. a. aus der Differenzierung der Gesellschaft und der damit einhergehenden Dialektik zwischen Individuation und Vergesellschaftung. Konflikte entstehen zwar aus persönlichen Gründen wie Hass oder Neid, aber als Konflikte sind sie schon selbst Ausdruck sozialer Wechselwirkung und damit ein treibender Faktor der Vergesellschaftung. Dabei unterscheidet er verschiedene

---

20 Bernhard Giesen, „Die Konflikttheorie." In *Moderne Theorien der Soziologie*, hg. von Günther Endruweit, u. a. Stuttgart: Enke, 1993, 87–134.
21 Lewis A. Coser, *Theorie sozialer Konflikte*. Wiesbaden: Springer VS, 2009.
22 Georg Simmel, „Der Streit". In *Soziologie: Untersuchungen über die Formen der Vergesellschaftung*, Georg Simmel, *Gesamtausgabe*, Band 11. Frankfurt a. M.: Suhrkamp, 1992, 284–382.

Grade von Konfliktformen, von persönlichen Konflikten zwischen Individuen bis hin zu unpersönlichen, öffentlichen bzw. vergesellschafteten Konflikten. Dabei schreibt er den Konflikten als konstruktive Funktion neben dem Erhalt sozialer Ordnung auch die Bildung von Gruppen zu. Die Dialektik erlaubt dabei eine Loslösung des Konflikts von psychischen Motivationen und persönlichen Bedürfnissen und treibt die Individuation des Einzelnen durch die Vergesellschaftung der Gruppe an. Entsprechend stehen auch individueller und sozialer Konflikt in einem dialektischen Verhältnis zueinander. Der soziale Konflikt ist als Prozess der Vergesellschaftung besonderer Bestandteil moderner Gesellschaften, wobei moderne Gesellschaften für Simmel die Möglichkeit bieten, dass Konflikte, die ja selbst schon Prozesse der Vergesellschaftung darstellen, durch eine Versachlichung des Konflikts geordnet ausgetragen werden können. Aber erst die Vergesellschaftung eines bestimmten Konflikts macht diesen zu einem öffentlichen Teil von Gesellschaft und nicht nur zu einem Teil einer Gemeinschaft.[23]

Simmels Theorie der Formen der Vergesellschaftung mag einerseits den Vorteil haben, dass sie den Fokus auf soziale Prozesse und ihre Wechselwirkungen legt und nicht einfach Gesellschaft als gegebene Entität voraussetzt. Andererseits sind für Simmel jegliche soziale Wechselwirkungen bereits Formen der Vergesellschaftung, was es schwierig macht, typisch moderne Sozialformen von anderen Sozialformen zu unterscheiden. Mit einer historisierenden Perspektive kann jedoch kritisch angemerkt werden, dass nicht jede Sozialform zugleich eine Form von Vergesellschaftung darstellt. Während Vergemeinschaftungen wohl schon in der frühen Geschichte der Menschheit die zentrale Sozialform waren, tritt die Vergesellschaftung (als Gemeinschaft von Gemeinschaften) erst viel später auf: „Ein Prozess der Vergesellschaftung setzt entsprechend erst dann ein, wenn sich alternierende Sozialformen ausbilden. Dies geschah wohlmöglich erstmals im Kontext segmentärer Gemeinschaften, später durch die Ausbildung von Märkten und stratifiziert-persönlichen Abhängigkeitsbeziehungen und schließlich seit dem 18. Jahrhundert mit dem Aufkommen von Organisationen."[24]

Laut Simmel zeichnen sich moderne Gesellschaften durch soziale Differenzierung aus, die durch die Dialektik von Vergesellschaftung und Individuation vorangetrieben wird. Das Individuum ist entsprechend in eine Vielzahl „sozialer Kreise" eingebunden, die auch unterschiedliche Ansprüche an die Person stellen, was nicht zuletzt zu einer Konfliktsituation bzw. einem Iden-

---

23 Georg Simmel, *Soziologie, Untersuchungen über die Formen der Vergesellschaftung*, Georg Simmel, *Gesamtausgabe*, Band 11. Frankfurt a. M.: Suhrkamp, 1992.
24 Neumaier, Schlamelcher, „Religiöse Vergemeinschaftung im Prozess der Vergesellschaftung", 47.

titätskonflikt führt.²⁵ Es kann nun davon ausgegangen werden, dass soziale (Identitäts-)Konflikte durch sich entwickelnde und stabilisierende Kommunikationsmuster unterschiedliche Formen der Vergesellschaftung erzeugen. Diese Kommunikationsmuster bilden entsprechend über einen gewissen Zeitraum hinweg ein bestimmtes Konfliktfeld, das einerseits diskursiv zwischen den Konfliktparteien verhandelt wird, sich andererseits aber anhand unterschiedlicher Konfliktdynamiken vergesellschaftet. Die von Neumaier und Schlamelcher betonten Sozialformen moderner Vergesellschaftung, insbesondere die Märkte und Organisationen dienen hier als Anhaltspunkt zur Identifizierung der Konfliktdynamiken im Evangelikalismus, wobei die Marktförmigkeit im Sinne einer Vermarktlichung des Religiösen (etwa von Dienstleistungen, Markenbildung) sowie die Organisationsbildung (und deren Professionalisierung und Managerialisierung) als wesentliche Formen für den Evangelikalismus hervorgehoben werden.

Aufbauend auf Simmels Konflikttheorie kann also davon ausgegangen werden, dass auch religiöse Konflikte unterschiedliche Grade der Vergesellschaftung einnehmen können und dass die Dynamiken, die solche Prozesse verzeichnen, einerseits durch die Pfadabhängigkeiten ihrer spezifischen Kommunikationsmuster und der sich daraus entwickelnden Konfliktfelder bedingt werden und andererseits der Prozess der Vergesellschaftung in der (späten) Moderne insbesondere in den Sozialformen der Marktförmigkeit und Organisationsbildung Ausdruck findet. Die Vergesellschaftung eines religiösen Konflikts bedarf daher der folgenden (idealtypischen) Faktoren:

a) Die Ursache eines Konflikts kann in den Ambivalenzen sozialer Identität liegen. Der Konflikt als soziale Wechselwirkung ergibt sich aus der Konkurrenz zwischen Gruppen über weltanschauliche Überzeugungen, Herrschaft und Ressourcen.

b) Der Konflikt wird zum Bestandteil der sozialen Identität der Gruppenmitglieder.

c) Die soziale Identität wird in die personale Identität der Gruppenmitglieder inkorporiert, was die Identifikation mit der Gruppe steigert.

d) Die Semantik des Konflikts erzeugt über die Zeit Kommunikationsmuster bzw. semantische Pfadabhängigkeiten.

e) Wenn die Kommunikationsmuster nicht allein auf die Gemeinschaft reduziert bleiben, sondern in Wechselwirkung mit anderen, konkurrierenden Gruppen treten bzw. sich darin erst konstituieren, kann von einem sich stabilisierenden Konfliktfeld gesprochen werden.

---

25 Carsten Stark, „Die Konflikttheorie von Georg Simmel". In *Sozialwissenschaftliche Konflikttheorien. Eine Einführung*, hg. von Thorsten Bonacker. Wiesbaden: VS Verlag, 3. Auflage 2005, 83–96, hier 89.

f) Das Konfliktfeld wird dann vergesellschaftet, wenn es über verschiedene Kommunikationskanäle im öffentlichen Raum ausgehandelt wird und sich hier entsprechende Konfliktdynamiken abzeichnen.

g) Die Konfliktdynamiken vollziehen sich dabei anhand der für moderne Gesellschaften typischen Sozialformen Markt und Organisation.

Eine zentrale Konsequenz dieses Prozesses der Vergesellschaftung religiöser Konflikte ist, dass beide Konfliktparteien als Sieger hervorgehen. Durch den Prozess der Vergesellschaftung erfahren die Konfliktparteien eine Art Branding, also den Status einer Marke in der öffentlichen Wahrnehmung. Alternative Weltanschauungen, die nicht das entsprechende Konfliktfeld (etwa Religion vs. Wissenschaft) bedienen, gehen schier unter in der pluralen Religions- und Sinndeutungslandschaft. Sinnstiftungssysteme im Konflikt erzeugen im Prozess der Vergesellschaftung ein Branding von bestimmten Sinnstiftungssystemen zulasten anderer Sinnstiftungssysteme und stärken die Identitätsbildung der Konfliktparteien. Die Wirkung der Vergesellschaftung ist dann besonders groß, wenn der Konflikt unterschiedliche Konfliktdynamiken erzeugt.

Im Folgenden wird nun versucht, diesen Prozess am Beispiel des modernen Evangelikalismus nachzuzeichnen. Die dabei erzeugten Konfliktdynamiken zeigen sich in der Sozialform Markt am ehesten als religiöse Kommodifizierung und in der Sozialform Organisation als institutionelle Professionalisierung bzw. Managerialisierung.

4 Dynamiken des Konfliktfeldes „Glaube und Wissenschaft"

4.1 Das Konfliktfeld und seine Semantiken

Wie bisher gezeigt wurde, erzeugt die „In der Welt, aber nicht von der Welt"-Identität Konfliktfelder auf unterschiedlichen Ebenen mit der säkularen Kultur, die jedoch nicht dazu führen, dass der Evangelikalismus an Anhängern verliert. Weiterhin führt diese Konfliktidentität auch nicht dazu, dass alle Evangelikalen zu Fundamentalisten würden, welche die säkulare Kultur verweigern oder bekämpfen wollen. Vielmehr zeichnet es den modernen Evangelikalismus aus, dass er säkulare (Pop)Kultur kopiert und christlich deutet. Von christlichem Fitness bis christlichen Rockergruppen lassen sich viele Bereiche säkularer Subkultur auch als evangelikale Variante finden. Nicht selten führt dies jedoch zu einer Art evangelikalen Parallelgesellschaft, in der sich Christen bewegen können, ohne viel Kontakt mit der säkularen Kultur einzugehen. Die Kluft zwischen evangelikalem und säkularem Sinnsystem bleibt dann trotz der Aneignung moderner (Pop)Kultur groß. Entsprechend lassen sich unterschiedliche Wechselwirkungen zwischen Evangelikalismus und säkularer Gesellschaft beobachten, die spezielle Konfliktdynamiken erzeugen.

Im Zentrum des Konfliktfeldes von Glaube und Wissenschaft steht eindeutig der Streit zwischen Kreationismus – also der Vorstellung der Erschaffung der Erde und des Menschen, wie sie in der Bibel im Buch Genesis beschrieben werden – und der Evolutionstheorie. Das Konfliktfeld hat sich über einen Zeitraum von mehr als 150 Jahren entwickelt und besteht dabei aus unterschiedlichen Gruppen und Bewegungen mit jeweils anderen inhaltlichen Ausrichtungen. So lässt sich grob unterscheiden zwischen einem „Junge-Erde-Kreationismus", der davon ausgeht, dass die Erde nicht mehr als etwa 6 000 Jahre alt ist, einem „Alte-Erde-Kreationismus", der zwar das hohe Alter der Erde anerkennt, aber nicht von einer Evolution der Arten ausgeht, einem „theistischen Kreationismus", der sowohl von der Evolution als auch dem Eingreifen Gottes ausgeht und dem „Neo-Kreationismus", der sich wiederum in unterschiedliche Spielarten ausdifferenziert, von denen die Creation Science und das Intelligent Design am bekanntesten sind.[26] Allerdings beeinflussen nicht nur kreationistische Bewegungen und Positionen das Konfliktfeld, sondern – als gesellschaftliche Wechselwirkung – auch explizit antikreationistische Akteure. Hier lassen sich grob solche Akteure unterscheiden, die eine Trennung von Religion und Wissenschaft als zwei nicht vereinbare Positionen befürworten und solchen, die eine anti-religiöse Agenda haben und rationale Wissenschaft als eine Form des Atheismus präsentieren.[27]

Der Konflikt ist entsprechend als „evolution-creation-controversy" zu einem festen Bestandteil der religiösen Vergesellschaftung in den USA geworden. Allerdings bedarf es für einen Prozess der Vergesellschaftung entsprechende Sozialformen, die erst gewisse soziale Dynamiken des Konfliktfeldes ermöglichen. Der Konflikt allein wäre im weiter oben beschriebenen Sinn (und damit über Simmel hinausgehend) noch kein Prozess der Vergesellschaftung. Hier soll daher zunächst das Konfliktfeld kurz vorgestellt und im Anschluss zwei Konfliktdynamiken in den Sozialformen der Organisationsbildung (als Professionalisierung) und der Marktförmigkeit (als Kommodifizierung) analysiert werden.

Der Konflikt existiert seitdem Charles Darwin im Jahr 1859 sein berühmtes Werk *The Origin of Species* veröffentlichte. Viele Christen seiner Zeit waren schockiert von dem Gedanken, der Mensch könne vom Affen abstammen. Darüber hinaus gehen insbesondere die sogenannten „Junge-Erde-Kreationisten" davon

---

26 Tom Kaden, *Kreationismus und Antikreationismus in den Vereinigten Staaten von Amerika. Eine konfliktsoziologische Untersuchung*. Wiesbaden: Harrassowitz, 2015; ders., „Thousands ... Not Billions. Professional Creationists and their Opponents in the United States". *Zeitschrift für Theologie und Gemeinde 21* (2016), 277–289.
27 Richard Dawkins, *Der Gotteswahn*. Berlin: Ullstein, 2007.

aus, dass die Erde nicht älter als etwa 6 000 Jahre sei, was sich durch die Bibel errechnen lasse.[28] Für viele Evangelikale ist die Evolutionstheorie unvereinbar mit der biblischen Schöpfungsgeschichte. Dies hat zur Folge, dass die Frage, ob in den Schulen neben der Evolutionstheorie auch der Kreationismus oder das daraus hervorgegangene Intelligent Design unterrichtet werden sollte, bis heute zu einer immer wiederkehrenden öffentlichen Debatte gehört, die teils äußerst polemisch geführt wird.

Die Semantiken dieses Konfliktfelds haben sich zwar im Laufe der Jahre den gesellschaftlichen Wandlungsprozessen angepasst, ergeben aber ein zusammengehöriges Konfliktfeld.[29] Dieser Konflikt hatte wohl seinen berühmten Höhepunkt in dem sogenannten Affenprozess von 1925, in dem der Lehrer John T. Scopes angeklagt wurde, dass er die Evolutionstheorie und nicht die Schöpfungsgeschichte an einer Schule im Bundesstaat Tennessee unterrichtete.[30] Zu dieser Zeit war es in dem Bundesstaat verboten, die Evolutionstheorie zu unterrichten. Auch wenn der Prozess nur fingiert war,[31] wurde er zu einem Medienspektakel, der die Semantik über den Konflikt zwischen Evolutionstheorie und Schöpfungstheologie zementierte. Und obwohl Scopes schuldig gesprochen wurde, gegen bestehendes Recht verstoßen zu haben, hatten in der öffentlichen Wahrnehmung die Kläger verloren, weil sie in der öffentlichen Berichterstattung zumeist als rückständige Hinterwäldler dargestellt wurden. Beide Konfliktparteien konnten letztlich ihre Position im Prozess der Vergesellschaftung stärken. Im Bundesstaat Tennessee, wo der Scopes Trial stattfand, wurde jedoch das Verbot, die Evolutionstheorie zu unterrichten, erst im Jahr 1967 aufgehoben.

Während der Affenprozess noch stark von der Frage nach der Herkunft des Menschen geprägt war und entsprechend theologische Semantiken den Konflikt begleiteten, wandelten sich in den folgenden Jahren die Semantiken des Konfliktfeldes zunehmend, die immer mehr einen wissenschaftlicheren Charakter erhielten. Als die Sowjetunion im Jahr 1957 den Sputnik 1, den ersten Satelliten

---

28 Kaden, „Thousands … Not Billions", 278 f.
29 Eugenie Scott, *Evolution vs. Creationism: An Introduction*. Berkeley: Greenwood, 2005; Kaden, *Kreationismus und Antikreationismus in den Vereinigten Staaten von Amerika*.
30 Edward L. Larson, *Sommer for the Gods: The Scopes Trial and America's Continuing Debate over Science and Religion*. Cambridge: Basic Books, 1997; Michael Lienesch, *In the Beginning: Fundamentalism, the Scopes Trial, and the Making of the Antievolution Movement*. Chapel Hill: University of North Carolina Press, 2007; Peter J. Bowler, *Monkey Trials and Gorilla Sermons: Evolution and Christianity from Darwin to Intelligent Design*. Cambridge, MA, London: Harvard University Press, 2007; Sebastian Schüler, „Evangelikalismus und Wissenschaft". In *Handbuch Evangelikalismus*, hg. von Frederik Elwert, Martin Radermacher, Jens Schlamelcher. Bielefeld: Transcript, 2017, 321–332.
31 Schüler, „Evangelikalismus und Wissenschaft", 326.

in die Erdumlaufbahn schoss, wurde den Amerikanern bewusst, dass sie über viele Jahre hinweg versäumt hatten, den naturwissenschaftlichen Unterricht an Schulen zu fördern. Ein Jahr später beschloss die Regierung, Schulbücher überarbeiten zu lassen und die Evolutionstheorie verpflichtend in das Curriculum aufzunehmen. Diese nationale Initiative, die Naturwissenschaften wieder zu stärken, führte aber auch zu Reaktionen unter den Kreationisten. In den 1960er Jahren organisierte sich die Bewegung der *Creation Science*, die das Ziel verfolgt, den Kreationismus wissenschaftlich zu beweisen und zugleich die Glaubwürdigkeit der Evolutionstheorie zu unterminieren. Das Buch *The Genesis Flood: The Biblical Record and its Scientific Implications* von John C. Whitcomb und Henry M. Morris aus dem Jahr 1961 etablierte nicht nur den „Junge-Erde-Kreationismus", demnach die Schöpfung der Erde nur sechs Tage gedauert habe, sondern war zugleich der Beginn der Creation Science Bewegung. Aus dieser Bewegung entstanden diverse Forschungseinrichtungen, wie das *Creation Science Research Center* (1970) oder das *Institute for Creation Science* (1971). Ziel der Creation Science war es, empirische Fakten für den Nachweis der Schöpfungsgeschichte im Buch Genesis zu finden. So wurde beispielsweise nach archäologischen Beweisen für die Sintflut gesucht oder es wurde versucht, das hohe Alter von Fossilien anzuzweifeln.

Die sprachliche Verwissenschaftlichung des Konfliktfeldes nahm ab den 1980er Jahren weiter zu, als sich aus dem Bereich der Creation Science das sogenannte Intelligent Design entwickelte, das heute eine eigene Bewegung darstellt.[32] Intelligent Design ist – wenn man so will – die dynamische Weiterentwicklung der Creation Science und versucht, ohne den direkten Verweis auf die Schöpfungsgeschichte dafür zu argumentieren, dass die Entstehung der Arten nicht durch natürliche Selektion hätte stattfinden können, sondern einen intelligenten Designer voraussetzt. Die Formel „intelligenter Designer" stellt zwar eine Chiffre für Gott dar, jedoch achten Vertreter des Intelligent Design darauf, nicht von Gott zu sprechen.[33] Anders als im Creation Science soll der explizite Bezug zur Bibel und der christlichen Botschaft nicht hergestellt werden. Vertreter des Intelligent Design sehen hier das größte Problem des Creation Science, da diese die Kontroverse durch die Assoziation zu den Evangelikalen nur verstärkt hätte. Entsprechend wollen die Vertreter des Intelligent Designs auch oft nicht als Kreationisten bezeichnet werden.

Das Intelligent Design wird häufig als Alternative zur Evolutionstheorie dargestellt. Dies führt dazu, dass der eigentliche Konflikt verharmlost wird. Damit

---

32 Ronald Numbers, *The Creationists: From Scientific Creationism to Intelligent Design*. Expanded Edition. Harvard: Harvard University Press, 2006.
33 Kaden, „Thousands ... Not Billions".

erhofft man sich mehr Akzeptanz in der Öffentlichkeit und mehr Chancen, als alternative Lehre in den Schulen unterrichtet zu werden. Die öffentliche Akzeptanz einer alternativen Sichtweise auf die Evolution des Menschen ist groß. Die damit einhergehende Betonung, dass es letztlich eine persönliche Geschmacksfrage sei, welche Theorie man favorisiere, unterläuft jegliche rationale Auseinandersetzung mit dem Thema. In der Tat glauben nur 33 % der Amerikaner an die Evolutionstheorie und etwa 59 % an eine Form des Kreationismus.[34] Unter den Evangelikalen gehen immerhin 57 % davon aus, dass der Mensch ein Geschöpf Gottes ist und daher immer schon so existierte, und 25 % gehen davon aus, dass der Mensch sich durch Gottes „Design" entwickelte.[35] Außerdem befürwortet die Mehrheit der US-Amerikaner, dass in den Schulen beides nebeneinander gelehrt werden sollte. In den Staaten Kansas und Pennsylvania ist dies schon der Fall. Dieser pseudowissenschaftliche Zweig stellt einen Versuch dar, vermeintlich intellektuelle bzw. rationale Lösungsstrategien zu entwickeln, um Argumente für das eigene Sinnstiftungssystem zu finden und mit diesen Argumenten eine Alternative gegenüber der Evolutionstheorie zu geben.

Wie weiter oben schon geschildert, sollen nun im Anschluss die aus dem Konfliktfeld emergierten Konfliktdynamiken nachgezeichnet werden, die sich entlang spätmoderner Formen der Vergesellschaftung, insbesondere der Professionalisierung im Bereich der Organisationsbildung und der Kommodifizierung im Bereich der Marktförmigkeit, entwickelt haben.

4.2 Die Konfliktdynamiken

4.2.1 Professionalisierung des Konfliktfeldes

Unter Professionalisierung soll hier allgemein verstanden werden die Überführung einer weltanschaulichen Debatte in ein organisiertes Feld professioneller Akteure und die Etablierung spezifischer Organisationen, die das Konfliktfeld dominieren. Organisationen können als spezifisch spätmoderne Sozialformen verstanden werden, die über die klassische Gruppe mit ihrem Charakter der Vergemeinschaftung hinausgehen und eher unpersönliche Institutionen darstellen, die jedoch eine entscheidende Rolle im Prozess der Vergesellschaftung spielen. Im Laufe des 20. Jahrhunderts kann auch eine Zunahme religiöser Organisationen beobachtet werden. Im Kontext der Evangelikalismus sind es neben eher

---

34 http://www.pewforum.org/religious-landscape-study/views-about-human-evolution/ (zuletzt aufgerufen am 16.3.2018).
35 http://www.pewforum.org/religious-landscape-study/religious-tradition/evangelical-protestant/views-about-human-evolution/ (zuletzt aufgerufen am 16.3.2018).

klassischen Missions- und Hilfsorganisationen (wie etwa World Vision) vor allem die Megakirchen, die in den letzten Jahrzehnten als neue organisatorische Größen die Professionalisierung dieser Sozialform vorangetrieben haben.[36]

Als Megakirche werden Gemeinden bezeichnet, die am Sonntag mehr als 2000 Gottesdienstbesucher zählen. Die größten Megakirchen zählen im Schnitt 20000 bis 60000 Besucher jeden Sonntag. Die meisten Megakirchen sind dabei freie Gemeinden, gehören also keiner Denomination an, was dazu führt, dass sie sich auf dem Religionsmarkt stärker behaupten müssen und entsprechend Strategien der Managerialisierung anwenden, um als Organisation dynamisch und flexibel zu bleiben.[37] Soziologische Studien[38] haben zudem gezeigt, dass Megakirchen als neues organisatorisches Phänomen eine Alternative zu klassischen Gemeindemodellen darstellen. Dabei besteht das Erfolgsgeheimnis nicht darin, eine bestimmte Gruppe von Personen dauerhaft an sich zu binden, sondern ein so großes Angebot an Aktivitäten und Performanz zu schaffen, dass zunächst viele Personen angesprochen werden. Von den angezogenen Personen bleiben zwar nicht alle dauerhaft in der Kirche, aber diejenigen, die für sich ein passendes Aktivitätsangebot finden, investieren am Ende mehr Zeit in die Kirche, was die Identifikation mit der Gemeinde steigert. Auf diese Weise wächst die Gemeinde durch interessengeleitete Dienstleistungen immer weiter. Aber nicht nur Megakirchen sind Beispiele für die Etablierung von Organisationen und deren Professionalisierung als gesellschaftliche Akteure. Auch in unserem Beispiel des Konfliktes zwischen Kreationisten und Evolutionisten lässt sich dieser Prozess nachzeichnen. Im Folgenden soll daher kurz auf die Organisationsbildung im Bereich der Creation Science und im Bereich des Intelligent Designs eingegangen werden.

Das *Institute for Creation Research* hat nur wenig tatsächliche Forschung zum Kreationismus bzw. Anti-Evolutionismus betrieben, sondern seine Aktivitäten auf den Einfluss im Bildungssystem gelegt.[39] 1981 kam es zu einem Rechtsspruch im Bundesstaat Arkansas, in dem der „Balanced Treatment for Creation Science and Evolution Science Act" rechtlich durchgesetzt wurde, demnach Creation Science und Evolutionstheorie zu gleichen Teilen an Schulen unterrichtet werden musste. Dieser Vorstoß, an den Schulen Creation Science zu unterrichten, hat auch

---

36 Insa Pruisken, Janina Coronel, „Megakirchen: Managerialisierung im religiösen Feld?". In *Sozialformen der Religionen in Wandel*, hg. von Patrick Heiser, Christian Ludwig. Wiesbaden: Springer VS, 2014, 53–79.
37 Ebd.
38 Thomas Kern, Uwe Schimank, „Megakirchen als religiöse Organisationen. Ein dritter Gemeindetyp jenseits von Sekte und Kirche?". *Kölner Zeitschrift für Soziologie und Sozialpsychologie* 65 (2013): 285–309.
39 Kaden, „Thousands ... Not Billions", 281.

auf der Gegenseite Eltern und Lehrer mobilisiert, was 1986 zur Gründung des *National Center for Science Education* (NCSE) führte. 1987 entschied der Oberste Gerichtshof der USA im Fall Edwards vs. Aguillard, dass das Unterrichten von Evolution und Kreationismus zu gleichen Teilen an den Schulen rechtswidrig sei. Nicht lange danach verlor die Creation Science immer mehr an Einfluss in der Öffentlichkeit. Eine ihrer wichtigsten noch aktiven Organisationen ist *Answers in Genesis*, die 1994 in Australien gegründet wurde und aus der *Creation Science Foundation* hervorgegangen ist. In den USA produziert *Answers in Genesis* vorwiegend Informationsmaterial, um Einfluss im Bildungsbereich zu nehmen. Dabei sticht besonders das Werk *Evolution Exposed: Your Evolution Answer Book for the Classroom* von Roger Patterson heraus (2006), das explizit die Kontroverse in den Klassenzimmern anheizen soll, indem es gängige Lehrbücher für das Fach Biologie kritisiert.[40]

Dieser Rückschlag für die Creation Science führte letztlich zu einer Spaltung der Bewegung, aus der das Intelligent Design als neue Bewegung hervorging. Zwei der zentralen Organisationen dieser Bewegung sind das *Discovery Institute* (1990) und das *Center for Science and Culture* (1996). Von besonderem Interesse ist hier, dass beide Einrichtungen vom Titel her keine Verbindung zum Kreationismus aufweisen. Anders als die Creation Science, die versucht, die Evolutionstheorie (durch alternative Lesarten wissenschaftlicher Empirie) zu unterminieren, ist die Intelligent Design-Bewegung darum bemüht, ihre Ansichten als Wissenschaft darzustellen, sozusagen selbst als Wissenschaft anerkannt zu werden. Viele der Publikationen in diesem Feld beziehen dabei jedoch eher philosophische Überlegungen mit ein. So wird häufig auf die nichtreduzierbare Komplexität biologischer Organismen verwiesen, ohne jedoch auf die naturwissenschaftlichen Methoden der Erforschung dieser Komplexitäten näher einzugehen. Somit möchte man auch Laien eine alternative Theorie zur Evolutionstheorie anbieten, wobei das Diskreditieren der Evolutionstheorie als unvollständig eine zentrale Strategie darstellt.

Betrachtet man aber die Aktivitäten des Discovery Institute etwas näher, wird deutlich, dass die Bemühungen, als Wissenschaft anerkannt zu werden, nicht nur ins Leere laufen, sondern auch von anderen Aktivitäten überboten werden, die darauf hindeuten, dass vielmehr nach politischem und gesellschaftlichem als nach wissenschaftlichem Einfluss gesucht wird, wobei auch das *Center for Science and Culture* eine zentrale Rolle einnimmt. Zur Rolle des Centers heißt es etwa:

---

40 Ebd., 282.

> The Center for Science and Culture is a Discovery Institute program that supports the work of scholars who challenge various aspects of neo-Darwinian theory and scholars who are working on the scientific theory known as intelligent design, as well as advocating public policies that encourage schools to improve science education by teaching students more fully about the theory of evolution.[41]

Diese Aussage, dass an den Schulen die Evolutionstheorie noch umfangreicher unterrichtet werden sollte, meint, dass die Evolutionstheorie nach Darwin nicht vollständig sei und durch die Ansätze des Intelligent Designs ergänzt werden müsse. Im Zentrum dieser Organisationen steht dabei die „Teach the Controversy"-Kampagne, nach der in den Schulen nicht entweder Kreationismus oder Evolutionstheorie unterrichtet werden sollte, sondern der Konflikt zwischen diesen Positionen selbst zum Gegenstand der Lehre gemacht werden soll. Die Idee eines intelligenten Designers soll hier geradezu als ein Mittelweg zwischen Kreationismus und Evolutionstheorie dienen, indem explizit nach Beweisen für und gegen die Evolutionstheorie gefragt wird und diese Frage gezielt im Schulunterricht eine zentrale Rolle spielen soll. Während das Discovery Institute noch in den 1990er Jahren für die Einführung von Intelligent Design an den Schulen eintrat, wurde ab Mitte der 2000er Jahren diese neue Strategie gestartet, wonach nun für die Verbreitung der Kontroverse geworben wird. Und im Jahr 2005 hat sich sogar der damalige Präsident der USA George W. Bush Jr. für die Option der *Teach the Controversy* ausgesprochen.[42]

Die Kampagne wird über die Semantik und dem Einfordern einer „akademischen Freiheit" in die Öffentlichkeit getragen. Das Discovery Institute fungiert in dieser Kampagne als organisatorische Stütze, die nicht selten aus dem Hintergrund andere Gruppen und Netzwerke wie etwa das *Intelligent Design Network* und deren Rechtsverfahren unterstützt. In Opposition dazu haben sich die *National Science Teachers Association* und die *American Association for the Advancement of Science* gebildet, die als professionelle Akteure gegen jene Kampagne agieren.[43]

Der Soziologe Tom Kaden hat in seiner Studie zum Konflikt zwischen Kreationisten und Anti-Kreationisten ebenfalls herausgestellt, dass die öffentlichen gegenseitigen Reaktionen und die Wechselwirkungen zwischen den professionellen Akteuren erst beide Positionen gestärkt und professionalisiert haben.[44] „The

---

41 https://www.discovery.org/id/faqs/ (zuletzt aufgerufen am 18.3.2018).
42 http://www.washingtonpost.com/wp-dyn/content/article/2005/08/02/AR2005080201686.html (zuletzt aufgerufen am 18.3.2018).
43 http://www.nsta.org/about/positions/ (zuletzt aufgerufen am 18.3.2018).
44 Kaden, *Kreationismus und Antikreationismus in den Vereinigten Staaten von Amerika*. Siehe auch Richard M. Simon, „Damning Criticism: Historical Perspectives on the Evolution/Intelligent Design Conflict". *Journal of Religion and Society* 12 (2010), 1–19.

professional creationists in the US are in many respects geared towards the views of anti-creationists, who in part are organized in a similarly professional manner as the creationists themselves".[45] Mit einem soziologischen Feld-Modell in Anlehnung an Pierre Bourdieu zeigt Kaden weiterhin, dass die beteiligten Akteure ihre Perspektive auf den Konflikt immer in Relation zu den anderen Akteuren im Feld konstruieren und präsentieren. Entsprechend agieren die Akteure eher miteinander als gegeneinander. Kaden schließt daher: „American creationism is a phenomenon that follows its own logic, and consequently creates its own order."[46]

Die kreationistischen Organisationen bleiben darüber hinaus nicht auf die USA beschränkt, sondern haben sich erfolgreich global vernetzt und aufgestellt. Aus der Organisation *Answers in Genesis* ging 2006 beispielsweise die *Creation Ministries International* hervor, die eine Abspaltung von *Answers in Genesis* darstellt. Ableger finden sich in Australien, Kanada, USA, England, Neuseeland, Singapur und Südafrika. Die Organisation veranstaltet unter anderem internationale Konferenzen und Events in diesen Ländern. Weiterhin konnte sich die kreationistische Weltanschauung in den letzten Jahren erfolgreich auch über konfessionelle Grenzen hinweg etablieren.[47] Dies liegt nicht zuletzt daran, dass in vielen Religionen die Idee einer Schöpfung oder eines Schöpfergotts eine zentrale Bedeutung hat. In einer modernen Welt, die zunehmend auf einem wissenschaftlich-technischen Weltbild aufbaut, sehen sich alle diese religiösen Deutungssysteme vor einer neuen Herausforderung: Einerseits gilt es den Wahrheitsanspruch einer Schöpfungstheologie gegenüber evolutionären Erklärungen zu verteidigen, und andererseits wird nicht selten das jeweilige religiöse Weltbild inklusive seiner sozialen Weltordnung durch die Schöpfungstheologien legitimiert. Ohne den Glauben an eine entsprechende Schöpfung geriete auch die Weltordnung inklusive ihrer sozialen Hierarchien, Geschlechterordnungen und ethnischen Differenzierung ins Wanken. Der Konflikt zwischen Evolutionstheorie und Kreationismus kann also aus unterschiedlichen Motivationen heraus geführt werden. So gibt es neben evangelikalen Kreationisten auch muslimische, jüdische oder hinduistische Kreationisten. Allgemein wächst der Zuspruch weltweit zum Kreationismus bzw. breitet sich ein schleichender Skeptizismus gegenüber der Evolutionstheorie in vielen Ländern aus. So verteidigte etwa das ehemalige Oberhaupt der russisch-orthodoxen Kirche, Alexius II., 2007 den Kreationismus in einem Vortrag im Kreml – unter großem Beifall. Und erst im Jahr 2017 machte

---

45 Kaden, „Thousands ... Not Billions", 280.
46 Ebd., 288.
47 Friedrich Wilhelm Graf, *Götter global. Wie die Welt zum Supermarkt der Religionen wird.* München: C. H. Beck, 2014, 182 ff.

das türkische Bildungsministerium damit Schlagzeilen, dass ab 2019 die Evolutionstheorie aus türkischen Lehrbüchern verschwinden soll. Generell kann von einer ganz neuen Konfliktdynamik gesprochen werden, die den Kreationismus nicht mehr auf den Evangelikalismus in den USA beschränkt, sondern ein internationales Phänomen geworden ist, das letztlich auch dem evangelikalen Kreationismus in die Hände spielt.

Zusammenfassend lässt sich feststellen, dass hier allgemein eine Professionalisierung stattfindet, die durch internationale Konferenzen, transnationale Vernetzungen und einschlägige Publikationen versucht, die Debatte um den Kreationismus möglichst breit in der Gesellschaft zu streuen, immer wieder mediale Aufmerksamkeit zu erzeugen und vor allem das Bildungssystem zu beeinflussen.

4.2.2 Kommodifizierung des Konfliktfeldes

Unter Kommodifizierung von religiösen Gütern soll im Anschluss an die Idee des Marketings nach Douglas Holt die Wandlung von Waren in kulturelle Güter verstanden werden.[48] Es wird davon ausgegangen, dass Märkte Sozialsysteme darstellen, in denen auch Religionen Güter und Waren produzieren und anbieten, wobei es den meisten religiösen Gruppen nicht zwingend darum geht, diese Waren zu Geld zu machen, sondern über die Verteilung der Produkte neue Mitglieder zu gewinnen. In diesem Fall stehen religiöse Güter dann in Konkurrenz zu säkularen Gütern.[49] Hier soll es daher vorwiegend darum gehen, wie aus einem religiösen Gut eine religiöse Marke wird, die einen gewissen Wiedererkennungswert besitzt und die als Marke Vertrauen schafft. Die Ware „Kreationismus" wird in diesem Prozess durch das Marketing zu einem Medium religiöser Imagination und Erfahrung und damit zu einer Marke, die Identität stiftet und erlebbar wird.[50]

Anstatt den Konflikt um den Kreationismus also nur auf einer wissenschaftlich-intellektuellen Bühne auszufechten, entstehen durch den Prozess des Mar-

---

48 Douglas B. Holt, *How Brands become Icons. The Principles of Cultural Branding*. Boston: Harvard Business School Press, 2004; Jochen Hirschle, „Die Kommodifizierung der elementaren Formen des religiösen Lebens". In *Sozialformen der Religionen in Wandel*, hg. von Ludwig Heiser, u. a. Wiesbaden: Springer VS, 2014.
49 Jörg Stolz, „Rational Choice in der Religionssoziologie. Vorschläge für einen Neuanfang". In *Wirtschaft und Wertekulturen. Zur Aktualität von Max Webers Protestantischer Ethik*, hg. von Georg Pfleiderer, Alexander Heit. Zürich: Theologischer Verlag Zürich, 2008, 143–158.
50 R. Laurence Moore, *Selling God: American Religion in the Marketplace of Culture*. Oxford: Oxford University Press, 1994; Katja Rakow, „Religious Branding and the Quest to Meet Consumer Needs – Joel Osteen's ‚Message of Hope'". In *Religion and the Marketplace in the United States – New Perspectives and New Findings*, hg. von Jan Stievermann, Philip Goff, Detlef Junker. Oxford: Oxford University Press, 2015, 215–239.

ketings ganz neue Dynamiken im Bereich der populären Kultur. So erleben christliche Themenparks oder auch sogenannte Fun- oder Familienparks in den letzten Jahren eine enorme Konjunktur, sowohl was die Nachfrage als auch was die Neubauten angeht. Die Organisation *Answers in Genesis* konnte mit Hilfe von 27 Millionen Dollar im Jahr 2007 das *Creation Museum* in Petersburg in Kentucky eröffnen. Mit ihrem Slogan „Prepare to Believe" sollen Besucher davon überzeugt werden, dass sich fossile Funde und biblische Schöpfungsgeschichte nicht gegenseitig ausschließen.[51] So finden sich Adam und Eva als lebensgroße Wachsfiguren neben Dinosauriern, die bis zum Sündenfall – wie alle Tiere – sich rein vegetarisch ernährt haben sollen. Sie seien auch auf Noahs Arche gewesen und erst später aufgrund von klimatischen Veränderungen und Mangel an Nahrung ausgestorben. Die zentrale Botschaft hinter diesem Szenario ist allerdings, dass die gleichen empirischen Fakten, die auch Evolutionisten nutzen, nämlich Fossilien, ganz anders gedeutet werden können. Der Kreationismus wird in diesem Museum nicht nur pseudowissenschaftlich fundiert, sondern vor allem anschaulich und erlebbar gemacht. Er wird regelrecht popularisiert. Das Museum ähnelt ein wenig einer amerikanischen „Shopping Mall", das neben Cafeteria und Souvenirladen auch einen Streichelzoo, eine Seilbahn, einen See, einen „adventure course", einen botanischen Garten und Kamelreiten im Angebot hat. Das „Museum" ist mehr als ein christliches Disney World konzipiert, das die theologischen Inhalte fast schon nebenbei den Besuchern vermittelt, während das Erlebnis im Vordergrund steht. Die weltanschauliche Position der „Junge Erde Kreationisten" kann hier ohne theologisch-abstraktes Vorwissen konsumiert werden. Die professionelle Machart des Creation Museums brachte diesem viel öffentliche Aufmerksamkeit, so dass es zu dem populären Aushängeschild der Kreationisten wurde. Der abstrakte wissenschaftliche und theologische Diskurs wird zu einem Konsumprodukt für die Masse, ähnlich wie mit den evangelikalen Endzeitvorstellungen, die erst durch die Kommodifizierung in Form der erfolgreichen Buchreihe *Left Behind* in den Wissensbestand vieler Evangelikaler übergegangen sind.[52] Das Creation Museum ist zwar auf seine Lokalität begrenzt, dennoch konnte es in den ersten 10 Jahren mehr als 3 Millionen Besucher anlocken.[53] Inwiefern jedoch das Museum es schafft, neue Anhänger mit seiner Botschaft zu gewinnen oder nur solche Besucher anzuziehen, die bereits Kreationisten sind, bleibt vorerst eine offene Frage. In der Kontroverse zwischen

---

51 Katja Rakow, Sebastian Emling, *Moderne religiöse Erlebniswelten in den USA – „Have Fun and Prepare to Believe!"*. Berlin: Reimer Verlag, 2014.
52 Amy Johnson Frykholm, *Rapture Culture: Left Behind in Evangelical America*. Oxford, New York: Oxford University Press, 2004.
53 https://answersingenesis.org/about/press/2017/05/26/record-crowds-creation-museum-celebrates-10th-anniversary/ (zuletzt aufgerufen am 18.3.2018).

Evolutionisten und Kreationisten spielt das Museum jedoch eine entscheidende Rolle für die Sichtbarkeit und damit für den Grad der Vergesellschaftung des Konflikts.

Als neuestes Projekt der *Answer in Genesis*-Organisation wurde 2016 für etwa 150 Millionen US-Dollar der Park „Ark Encounter" im Bundesstaat Kentucky eröffnet.[54] In diesem Park findet sich ein Nachbau der Arche Noah, die mit 155 Metern Länge und 16 Metern Höhe eine originalgetreue Nachbildung der Arche darstellen soll. Der Park konnte im ersten Jahr nach der Eröffnung bereits eine Millionen Besucher anlocken. Dieses Projekt ist ein weiteres Beispiel, wie biblisch-mythische Geschichten nicht nur als reale Tatsachen dargestellt, sondern erlebbar gemacht werden sollen. Die Materialisierung der wörtlichen Auslegung der Bibel soll die vermeintliche Echtheit der Geschichten belegen. Wie Bielo hervorhebt, geht es jedoch nicht nur um die Plausibilisierung der Geschichten und von Geschichte, sondern um das Erlebnis des Einfühlens in diese Geschichten: „They want visitors to experience this narrative progression physically, through the affective force of sensory and material immersion".[55] Genau diese Kombination aus Plausibilisierung und Einfühlen lässt das Projekt zu mehr als nur einem religiösen Produkt werden, es wird zu einer religiösen Marke, die in der Möglichkeit des Erlebnishaften einzigartig ist.

Die Plausibilität wird erreicht, indem gezeigt wird, dass es auch zu Noahs Zeiten möglich gewesen sein muss, eine solche Arche zu bauen. Die Arche wurde mit Hilfe der Amish gebaut und es wurde Wert darauf gelegt, dass vorwiegend alte Bautechniken zum Einsatz kamen, um den Beweis zu führen, dass man vor einigen tausend Jahren im Stande war, ein solches Boot zu bauen. Die Bautechniken werden auch in der Arche ausgestellt und erläutert, allerdings wird auch darauf hingewiesen, dass hier moderne Techniken wie Kräne zum Einsatz kamen, um die zeitlichen Vorgaben einzuhalten.[56] Der Besucher soll keine Zweifel an der Glaubwürdigkeit der biblischen Geschichten mehr haben. Das erlebnishafte Eintauchen geschieht wiederum durch das plastische Erzählen mit Hilfe von Figuren, Atmosphären und Materialität. Es geht nicht nur darum zu zeigen, wie die Arche gebaut wurde, sondern wie es sich anfühlte, darauf zu leben, sich um die Tiere zu kümmern, Hoffnung zu hegen.

---

54 James S. Bielo, „Literalism as Creativity: Making a Creationist Theme Park, Reassessing a Scriptural Ideology". In *The Bible in American Life*, hg. von Philip Goff, Arthur E. Farnsley II, Peter J. Theusen. Oxford und New York: Oxford University Press, 2017, 292–304; ders., „Replication as Religious Practice, Temporality as Religious Problem". *History and Anthropology* (2017) 28:2, 131–148.
55 Bielo, „Replication as Religious Practice, Temporality as Religious Problem", 139.
56 Ebd., 140.

Die Mühen und Ressourcen, die hinter diesen Projekten stehen und von *Answers in Genesis* mobilisiert werden, um (sich als) eine Marke zu etablieren, dürfen nicht darüber hinwegtäuschen, dass die Marke in einem umkämpften Markt etabliert werden muss. „Even committed creationists will visit Ark Encounter with an inescapable social fact in tow: the history they claim is rejected outside their religious sub-culture".[57] Wie bereits betont wurde, sind es aber gerade die Wechselwirkungen dieses Konflikts, die solche Dynamiken der Professionalisierung und Kommodifizierung ermöglichen und somit zu einem Prozess religiöser Vergesellschaftung beitragen.

5 Schlussbetrachtung

Mit meinem Beitrag wollte ich zeigen, dass die hybride „In der Welt, nicht von der Welt"-Identität vieler Evangelikaler Ursache für unterschiedliche Konfliktfelder sein kann. Die evangelikale Identität ist eine stetige Bewährungsprobe. Daher wird ständig ein Bezug zur säkularen Welt hergestellt und eine moralische Entscheidung darüber herbeigeführt, was echtes christliches Leben ausmacht und was nicht. Die Welt wird in schwarz und weiß eingeteilt und die eigene Identität wird durch Gruppenzugehörigkeit und soziale Abgrenzung konstruiert und gefestigt. Der moderne Evangelikalismus hat sich einerseits eine christliche Parallelwelt geschaffen, die nur wenige echte Berührungspunkte und Auseinandersetzungen mit der säkularen Welt zulässt. Andererseits werden bestimmte Konflikte stärker öffentlich ausgetragen, sodass diese aufgrund bestimmter Konfliktdynamiken den Prozess der Vergesellschaftung begünstigen.

Obwohl die professionellen Akteure im Konflikt von Kreationismus und Anti-Kreationismus sich auf eher wenige Organisationen beschränken, spielen diese für den Prozess der religiösen Vergesellschaftung eine zentrale Rolle. Denn erst die Professionalisierung und damit einhergehend die Kommodifizierung des Konfliktes dominieren dessen öffentliche Wahrnehmung und Präsenz. Der Konflikt ist somit Teil der US-amerikanischen Gesellschaft geworden, während der gleiche Konflikt beispielsweise in Deutschland nur einen geringen öffentlichen Stellenwert besitzt und nur von einzelnen religiösen Gruppen kommuniziert wird, ohne dass er hier stärker in den Prozess der Vergesellschaftung eintritt. Die Dynamiken der Professionalisierung und Kommodifizierung, wie sie vor allem in der zweiten Hälfte des 20. Jahrhunderts auftreten, gehen damit auch über den reinen Diskurs des Konfliktfeldes hinaus. Während der Konflikt bis in die

---

57 Ebd.

1960er Jahre vor allem als Diskurs vorlag, der beispielsweise in dem sogenannten Affenprozess eine öffentliche Bühne erhielt, kann für die spätere Entwicklung die besondere Rolle professioneller Organisationen und der erlebnishafte Charakter religiöser Marken beobachtet werden. Erst durch diese Konfliktdynamiken konnte das Konfliktfeld stärker in das Bewusstsein der Öffentlichkeit rücken und den Konflikt gesellschaftlich stabilisieren. Beide Konfliktparteien konnten durch die Wechselwirkungen und das jeweilige Branding ihrer Position profitieren.

Ob dieser Konflikt als positiv oder negativ betrachtet werden kann, liegt im Auge des Betrachters. Nach Georg Simmel treten positive und negative Aspekte von Gesellschaft ohnehin immer zusammen auf. Der Autor dieses Beitrags hat im Anschluss an Simmel daher zeigen wollen, dass der hier behandelte Konflikt erst durch bestimmte Aspekte moderner Formen der Vergesellschaftung gewisse Dynamiken aufweist, die den Konflikt selbst vergesellschaften. Insofern erfüllt der Konflikt eine soziale Funktion der Gruppen- und Identitätsbildung durch den Prozess der Vergesellschaftung.

Gudrun Krämer
Spannungsfelder: Der Islam, die Muslime und die säkulare Moderne

Der Verweis auf Spannungsfelder deutet es an: Die Debatte um das Verhältnis von Islam, Muslimen und säkularer Moderne ist intellektuell fordernd, politisch brisant und emotional aufgeladen. Sie rührt an das Selbstverständnis vor allem derjenigen Europäer, die modern mit säkular und säkular mit aufgeklärt gleichsetzen. Für sie bedeutet säkular zu denken und zu leben einen Gewinn an Kreativität, Toleranz und Freiheit und nicht, wie religions- und traditionsgebundene Kritiker einer säkularen Ordnung beklagen, einen Verlust an Werten und Zusammenhalt. Manche sehen die Wurzeln der säkularen Moderne – die in der Regel ohne weitere Begründung als freiheitlich-demokratisch gedacht wird – im Christentum, und zwar dem Christentum im Singular als einheitlicher, mehr oder weniger geradlinig entfalteter Religion und Kultur. Andere – in Deutschland dürfte dies heute die Mehrheit sein – leiten sie aus der Aufklärung ab. Der Islam und die Muslime, und zwar keineswegs nur die Islamisten, Salafisten und Jihadisten unter ihnen, erscheinen in diesem Zusammenhang als Herausforderung, wenn nicht als Bedrohung. Die hartnäckige Auseinandersetzung darüber, ob der Islam zu Deutschland gehört oder lediglich diejenigen in Deutschland lebenden Musliminnen und Muslime, die sich zur freiheitlich-demokratischen Grundordnung bekennen und dies auch konsequent und glaubhaft unter Beweis stellen, spricht für sich.

Wenn diese Auseinandersetzung im Folgenden auch ausgeklammert bleibt, steht sie doch im Hintergrund dieses wie so gut wie jedes anderen Beitrags zur Stellung des Islam in der Moderne. Gewollt oder ungewollt ist er zugleich Gegenrede, die scheinbare Gewissheiten aufbrechen und Bewegungsmöglichkeiten innerhalb dieses Spannungsfeldes aufzeigen soll. Stereotypen in Frage zu stellen, wird von der Wissenschaft zwar gerne eingefordert, in der öffentlichen Diskussion, zumal einer politisch aufgeheizten, allerdings nicht unbedingt geschätzt, schafft die Infragestellung potentiell doch Verunsicherung und damit einhergehend Irritation anstelle der erhofften Konfirmation. Im Folgenden geht es mir vorrangig nicht darum, die normative Vereinbarkeit von Islam auf der einen Seite und einer freiheitlich-demokratischen säkularen Ordnung auf der anderen zu überprüfen.[1] Der Schwerpunkt liegt vielmehr auf historischen Erfahrungen und aktuellen Debatten. Zur Diskussion stehen säkulare Phänomene und

---

1 Muslimischen Ansätzen einer solchen Überprüfung galt mein Band *Gottes Staat als Republik*.

Sichtweisen in der Vormoderne, wenn der Begriff an dieser Stelle erlaubt sein mag, die Tragweite gesellschaftlicher Säkularisierungsprozesse in der Moderne und die Bewertung des säkularen Prinzips in der Gegenwart.

An den Anfang möchte ich eine Reihe von Thesen stellen, die, so einfach sie auf den ersten Blick erscheinen mögen, in der öffentlichen Diskussion – und zwar nicht nur in Deutschland und Europa, sondern auch in dem, was man gemeinhin als islamische Welt bezeichnet – nicht als selbstverständlich gelten können: Muslime werden nicht allein durch den Islam definiert; der Islam ist mehr als sein normatives Fundament, greifbar im Koran als Gotteswort, in der Sunna als Tradition des Propheten Muhammad und der Scharia als islamischer Rechts- und Werteordnung; das Konzept der Säkularität erlaubt eine differenziertere Betrachtung als das Ordnungsprinzip des Säkularismus; die oft behauptete Einheit von Religion und Staat im Islam dient als Kampfbegriff, nicht als Beschreibung historischer Gegebenheiten und künftiger Orientierungschancen; und eine säkulare Ordnung ist unter islamischen Vorzeichen möglich, sofern sie innerhalb gewisser Grenzen religiöse Praxis im öffentlichen Raum zulässt.

1 Islam im Singular und Plural

Der Islam, der an dieser Stelle als Kurzformel für die Gemeinschaft der Muslime steht, ist wie jede Weltreligion vielfältig; daher kann auch sein bzw. ihr Verhältnis zum säkularen Prinzip nicht einheitlich sein. Die Gemeinschaft der Muslime hat sich früh in unterschiedliche Denk- und Rechtsschulen aufgefächert, die sehr unterschiedliche Vorstellungen von Glauben und rechter Lebensführung, islamischen Normen und politischer Ordnung entwickelten, Vorstellungen, die ihrerseits ganz selbstverständlich dem historischen Wandel unterlagen und weiterhin unterliegen. Die großen Strömungen der Sunniten und Schiiten mit ihren je eigenen Doktrinen von legitimer Herrschaft und religiöser Autorität und, nicht weniger wichtig, ihren spezifischen Erinnerungs-, Bild- und Gefühlswelten sind Teil dieser Vielfalt, die nicht zuletzt die Möglichkeiten säkularen Denkens und einer säkularen Ordnung berührt. Gleiches gilt für den Sufismus in all seinen Ausformungen, der in vielem quer zu den „konfessionellen" Strömungen der Sunniten und Schiiten liegt:[2] Selbst wenn der Sufismus als eminent wichtige

---

Reflexionen zeitgenössischer Muslime zu Islam, Menschenrechten und Demokratie. Baden-Baden: Nomos, 1999.

2 Vgl. einführend Carl W. Ernst, *Sufism. An essential introduction to the philosophy and practice of the mystical tradition in Islam.* Boston, London: Shambhala Publications, 1997; Alexander Knysh, *Islamic Mysticism. A Short History.* Leiden, Boston, Köln: Brill, 2000; Martin van Bruinessen, Julia Day Howell (Hg.), *Sufism and the ‚Modern' in Islam.* London, New York: I. B. Tauris, 2007.

soziale und kulturelle Größe mit islamischer Mystik nicht immer angemessen beschrieben wird, stellt er mit seiner Suche nach Spiritualität, Verinnerlichung und Kultivierung des Selbst die säkulare Frage in ganz eigener Weise – und grundlegend anders als der Islamismus, der den Islam zum gesellschaftspolitischen Programm erhebt und damit das Bild dieser Religion in den letzten Jahrzehnten maßgeblich geprägt hat.

Muslime bewerten die Pluralität und Wandelbarkeit islamischer Denk- und Lebensformen im Übrigen sehr unterschiedlich: Manche sehen in ihnen ein Zeichen der Vitalität und Stärke, die den Islam als Religion von globaler Relevanz und Anziehungskraft ausweisen; viele fürchten eine Spaltung und Schwächung der muslimischen Gemeinschaft gerade in den Zeiten einer primär von nichtmuslimischen Mächten vorangetriebenen Globalisierung.[3] Wenn unter Muslimen heute so viel von dem *einen* wahren und authentischen Islam die Rede ist, der sich allein aus dem Koran als Gotteswort und der Tradition des Propheten Muhammad (Sunna) ableitet, in der frühislamischen Periode vorbildlich gelebt wurde und daher gerade *nicht* über das Denken und Verhalten heutiger Musliminnen und Muslime erschlossen werden kann, so ist dies nicht zuletzt als Reaktion auf die reale Vielfalt muslimischer Denk- und Lebenswelten zu verstehen. Doch ist ein Islamverständnis, das als normativ allein die imaginierte Frühzeit der ersten Generationen von Muslimen gelten lässt und alle weiteren historischen Ausprägungen als potentielle Abweichungen wertet, nicht absolut zu setzen, sondern in einen Kontext einzuordnen, der alternative Visionen und Praktiken bereit hält.

Um der real existierenden Vielfalt islamischer Denk- und Lebenswelten gerecht zu werden, könnte man, analog zu den Christentümern, von denen etwa Friedrich Wilhelm Graf verschiedentlich gesprochen hat, Islam in den Plural setzen.[4] Das – vielfach unaufgelöste – Spannungsverhältnis zwischen geteilter Textgrundlage und divergierenden Auslegungen, Einheitsstreben und realer Vielfalt kommt nach meiner Überzeugung jedoch besser zum Ausdruck, wenn man in Anlehnung an den amerikanischen Historiker Marshall Hodgson von Islam im Singular und von „islamisch geprägten" Kulturen und Gesellschaften im Plural spricht.[5] Die Sprachregelung besagt zweierlei: dass eine „islamisch

---

[3] Ausführlicher hierzu Gudrun Krämer, „Pluralism and Tolerance". In Gerhard Bowering (Hg.), *Islamic Political Thought. An Introduction.* Princeton: Princeton University Press, 2015, 169–184.
[4] Aus seinen zahlreichen Veröffentlichungen vgl. knapp Friedrich Wilhelm Graf, *Der Protestantismus. Geschichte und Gegenwart.* München: C. H. Beck, 2006. Ähnlich argumentiert für den Islam Aziz Al-Azmeh, *Islams and Modernities.* London: Verso, 1993.
[5] Marshall G. S. Hodgson, *The Venture of Islam. Conscience and History in a World Civilization,* 3 Bände. Chicago, London: University of Chicago Press, 1974.

geprägte" Kultur und Gesellschaft von bekennenden Muslimen ebenso wie von Nichtmuslimen, Agnostikern und Atheisten getragen werden kann und dass der Islam (hier im Sinne seiner als normativ verstandenen religiös-rechtlichen Vorgaben) sie zwar in bestimmten Aspekten gestaltet, sie aber nicht vollständig durchdringt oder gar determiniert. Selbst auf lokaler Ebene ist eine „islamisch geprägte" Kultur und Gesellschaft weder homogen noch statisch.

Die Grundannahme reflektiert einen Zugang zu islamischer Religion und Kultur, der, vereinfacht gesprochen, nicht vom Text auf die Leser blickt, sondern von den Lesern auf den Text. Diese Perspektive negiert keineswegs die Referenzfunktion von Koran und Sunna, rückt den Schwerpunkt aber auf

Rezeption und Interpretation, die ganz selbstverständlich zeitlich, räumlich, sozial und damit zugleich kulturell eingebunden sind. Der Umgang mit dem Koran belegt diesen Ansatz exemplarisch: Als göttliche Rede ist der Koran nach islamischer Lehre im Wortlaut unantastbar.[6] Passagen, die Muslimen problematisch oder unzeitgemäß erscheinen, können sie nicht umformulieren oder einfach streichen. Aber sie können und müssen sie einzeln und in der Gesamtschau interpretieren und gewichten. Tatsächlich bildet die Koranexegese (arab. *tafsir*) bis in die Gegenwart eine tragende Säule der islamischen religiösen Wissenschaften.[7] Wie in Bezug auf den Islam als Ganzem manifestiert sich im Zugriff auf den Koran die Spannung zwischen Einheit und Vielfalt – hier zwischen dem einen, unveränderlichen Text, zu dem allerdings bereits seit früher Zeit mehrere Lesarten (arab. *qiraʾat*) akzeptiert wurden, und dem Verständnis einzelner Textstellen sowie der Identifikation und Gewichtung übergreifender Prinzipien, die sich aus der Zusammenschau aller einschlägigen Belegstellen ergeben. Bei der Schriftauslegung reicht die Spanne nicht erst in der Moderne von der wortgetreuen, „fundamentalistischen" Exegese bis hin zur freien poetischen, mystischen oder den wechselnden Lebensumständen angepassten Interpretation, die heute als modern oder modernistisch eingestuft wird. Die Referenzfunktion des Korans stellt dies, um es zu wiederholen, nicht in Frage. Was der Koran „sagt", ist keineswegs zu vernachlässigen, entscheidend jedoch, wie Musliminnen und Muslime ihn verstehen.

Nicht vertieft werden kann hier die Frage nach religiöser Autorität sowohl in Bezug auf die Regeln der Koranauslegung als auch die Qualifikation der Exegeten. Religiöse Autorität war im vormodernen Islam, der zwar Rechts- und Religionsgelehrte (arab. *ʿulamaʾ*) kannte und zu bestimmten Zeiten und an be-

---

6 Zur Einführung vgl. Jane Dammen McAuliffe (Hg.), *The Cambridge Companion to the Qurʾan*. Cambridge: Cambridge University Press, 2006.
7 Einen guten Einblick in aktuelle Tendenzen der Koranexegese vermittelt Johanna Pink, *Sunnitischer Tafsir in der modernen Welt*. Leiden, Boston: Brill, 2011.

stimmten Orten auch einen Klerus, jedoch keine kirchenähnliche Lehranstalt, kaum institutionalisiert.[8] Daran hat sich zumindest im sunnitischen Kontext bis heute wenig geändert: Einzelne religiöse Instanzen (an vorderster Stelle die al-Azhar-Universität in Kairo, nennen ließen sich aber auch Islamräte in Malaysia oder bestimmten indonesischen Bundesstaaten) beanspruchen zwar religiöse Autorität, doch ist diese allenfalls auf nationalstaatlicher Ebene institutionalisiert; transregionale Zusammenschlüsse muslimischer Religions- und Rechtsgelehrter verfügen über keine bindenden Kompetenzen. Auch die religiöse Autorität hochrangiger schiitischer Religions- und Rechtsgelehrter ist, sieht man vom Obersten Rechtsgelehrten in der Islamischen Republik Iran ab, nicht institutionalisiert. All dies fördert eine Pluralität, die auf prinzipieller Ebene zwar begrüßt werden mag, im Konkreten aber häufig genug zu Irritationen führt – und wiederum den Text in den Mittelpunkt rückt, der jenen Grad an Einheit und Geschlossenheit zu versprechen scheint, den Institutionen nicht zu garantieren vermögen.

2 Säkular / Säkularität

Der Begriff des „Säkularen" ist bekanntlich vielschichtig, wobei zweierlei unterschieden werden sollte: ein epistemologischer Aspekt, der auf die Begründung von Wahrheitsansprüchen zielt, und ein akteurs- und institutionenbezogener Aspekt, der auf die Zuordnung der Handelnden blickt.[9] Wahrheitsansprüche können demnach entweder mit Bezug auf eine metaphysische, im weitesten Sinn religiöse Ebene oder eine der Welt immanente und damit im Wortsinn säkulare, rational erschließbare Ebene begründet werden. Einfacher fällt in der Regel die Unterscheidung zwischen religiösen im Sinne von klerikalen Akteuren und Institutionen auf der einen Seite und nicht-klerikalen auf der anderen. Die mangelnde Unterscheidung dieser Aspekte führt gerade im islamischen Kontext häufig zu Konfusion: Die meisten Staats- und Justizapparate muslimischer Mehrheitsgesellschaften sind und waren über die Jahrhunderte hinweg säkular im Sinn von nicht-klerikal, allerdings wandten oder wenden viele von ihnen zumindest auf bestimmten Feldern islamisches Recht an. In einigen Staaten gelten heute die Scharia bzw. deren (in der Regel nicht verbindlich festgelegte)

---

8 Vgl. Gudrun Krämer, Sabine Schmidtke (Hg.), *Speaking for Islam. Religious Authorities in Muslim Societies*. Leiden, Boston: Brill, 2006.
9 Vgl. José Casanova, *Public Religions in the Modern World*. Chicago: University of Chicago Press, 1994; ders., „The Secular and Secularisms." *Social Research* 76 (2009), 4, 1049–1066; Talal Asad, *Formations of the Secular. Christianity, Islam, Modernity*. Stanford: Stanford University Press, 2003; Charles Taylor, „The Polysemy of the Secular". *Social Research* 76 (2009), 4, 1143–1166.

„Grundprinzipien" als Quelle der Gesetzgebung. Ob daher Staaten wie Ägypten, Jemen oder Indonesien als säkular oder als islamisch bezeichnet werden, hängt nicht zuletzt von dem zugrunde gelegten Verständnis von „säkular" ab.

Im modernen Arabischen lässt sich diese Unterscheidung im Übrigen gut ausdrücken:[10] *Dini* im Sinne von „der Religion zugehörig" zielt auf den epistemologischen Aspekt ab, *madani*, „zivil", hingegen auf die Akteure und Institutionen, wobei *madani* eine doppelte Abgrenzung gegenüber einer klerikalen Ordnung auf der einen Seite und einer militärischen Ordnung auf der anderen impliziert und die – weitgehend positiv konnotierte – Idee der Zivilgesellschaft (arab. *mujtamaʿ madani*) anklingen lässt. Der Ruf nach einem „zivilen Staat mit religiösem Referenzrahmen (*daula madaniyya bi-marjaʿiyya diniyya*)", den islamische Intellektuelle und politische Aktivisten seit Beginn des 21. Jahrhunderts erheben, steht für diese Differenzierung zwischen dem, was man vereinfacht als Inhalt und Form bzw. Trägern bezeichnen könnte.

Säkularismus beinhaltet die prinzipiengeleitete, institutionelle und konstitutionelle Trennung von Religion und Staat und konzentriert sich auf Politik und Staatsrecht.[11] Im Mittelpunkt steht der moderne Staat, der die Rahmenbedingungen religiösen und nicht-religiösen Handelns setzt; gesellschaftliche Kräfte, gleichgültig ob religiös oder nicht-religiös, treten in den Hintergrund. Das Konzept der *Säkularität* ist demgegenüber flexibler und weitreichender:[12] In seinem Blickpunkt stehen die soziale Funktion (Konfliktregulierung, Verhinderung gesellschaftlicher Spaltung, Identitätsstiftung), institutionelle Ausprägung (Säkularismus unterschiedlicher Ausgestaltung, Laizismus) und kulturelle Bewertung (Verlust, Gewinn) jeglicher Differenzierung zwischen religiös und nicht-religiös, und zwar nicht nur in der Sphäre von Politik und Verfassung, sondern auch in Kultur, Wirtschaft und Gesellschaft.

In der kultur- und religionswissenschaftlichen Diskussion über Säkularität, Säkularismus und Säkularisierung ist in den letzten Jahren eine Frage auf-

---

10 Zum Folgenden eingehender Gudrun Krämer, „Gottes-Recht bricht Menschen-Recht. Theokratische Entwürfe im zeitgenössischen Islam". In Kai Trampedach, Andreas Pečar (Hg.), *Theokratie und theokratischer Diskurs*. Tübingen: Mohr Siebeck, 2013, 493–515, hier 511–515.
11 Vgl. José Casanova, „Public Religions Revisited". In *Religion. Beyond a Concept*, hg. von Hent de Vries. New York: Fordham University Press, 2008, 101–119; ders., „The Secular and Secularisms"; Michael Warner, Jonathan Vanantwerpen, Craig Calhoun (Hg.), *Varieties of Secularism in a Secular Age*. Cambridge: Cambridge University Press, 2010.
12 Das Konzept wird entfaltet in Monika Wohlrab-Sahr, Marian Burchardt, „Multiple Secularities. Toward a Cultural Sociology of Secular Modernities." *Comparative Sociology* 11 (2012), 6, 875–909; Marian Burchardt, Monika Wohlrab-Sahr, „Multiple Secularities. Religion and Modernity in the Global Age. Introduction." *International Sociology* 28 (2013), 6, 605–611; Marian Burchardt, Monika Wohlrab-Sahr, Matthias Middell (Hg.), *Multiple Secularities Beyond the West*. Boston, Berlin, München: De Gruyter, 2015.

gebracht worden, die in der öffentlichen Debatte kaum eine Rolle spielt und auch in der innermuslimischen und der islamwissenschaftlichen Diskussion bislang wenig Beachtung gefunden hat: Ist der Islam eine Religion im Sinne eines abgegrenzten, womöglich privatisierbaren Feldes menschlicher Aktivität und Erfahrung, oder ist er dazu erst in der Auseinandersetzung mit modernen, westlichen Thesen und Tendenzen gemacht worden, und zwar maßgeblich von westlichen Akteuren? Die unter postkolonialen Vorzeichen stehende These, der Islam sei, analog zum Buddhismus und zum Hinduismus, im 19. Jahrhundert von europäischen Wissenschaftlern *als Religion* „erfunden" worden, ist sicherlich der Prüfung wert;[13] überzeugen könnte sie jedoch allenfalls, wenn sie ihren Religionsbegriff offenlegte und zum Nachweis weniger die europäische als vielmehr die islamische Tradition heranzöge. Zwei der Titel, die in diesem Zusammenhang immer wieder genannt werden – Talal Asads *Genealogies of Religion* und Tomoko Masuzawas *The Invention of World Religions* – richten den Blick auf europäische Erfahrungen und Perspektiven, nicht auf außereuropäische.[14] Masuzawas Studie zur „Erfindung" der Weltreligionen in der angelsächsischen und deutschen Wissenschaft des 19. und frühen 20. Jahrhunderts versteht sich explizit als kritische Lektüre *europäischer* Formen des Otherings qua Religion, Kultur und Rasse, nicht als Auseinandersetzung mit buddhistischen, hinduistischen und islamischen Traditionen und Selbstwahrnehmungen. Asad hält es ähnlich. Was seinen Religionsbegriff angeht, so äußert er sich in der Kritik an seinem Kollegen Clifford Geertz eher beiläufig: Folgt man ihm, so charakterisiert das postaufklärerische europäische Religionsverständnis – das aus dem Christentum abgeleitet und unter dem Schirm europäischer Hegemonie zum allgemeingültigen Modell „wahrer Religion" erhoben wurde – den verinnerlichten, individualisierten, pri-

---

13 Der Heidelberger Religionswissenschaftler Michael Bergunder spricht von einem „zeitgenössischen Alltagsverständnis", das er allerdings – nach einem Verweis auf die Unfähigkeit der Religionswissenschaftler, den Gegenstand ihres Faches in einvernehmlicher oder auch nur mehrheitsfähiger Weise zu bestimmen – nicht weiter definiert: „Was ist Religion? Kulturwissenschaftliche Überlegungen zum Gegenstand der Religionswissenschaft". *Zeitschrift für Religionswissenschaft* 19 (2011), 1/2, 3–55, insbes. 12–20. Eine historische Einordnung europäischer Religionsbegriffe bieten aus unterschiedlicher Warte Hans G. Kippenberg, *Die Entdeckung der Religionsgeschichte. Religionswissenschaft und Moderne*. München: C. H. Beck, 1997; Christopher A. Bayly, *The Birth of the Modern World 1780–1914*. Malden MA u. a.: Blackwell, 2008, Kap. 9, 325–365; und Jürgen Osterhammel, *Die Verwandlung der Welt. Eine Geschichte des 19. Jahrhunderts*. München: C. H. Beck 2009², Kap. XVIII, 1239–1278.
14 Talal Asad, *Genealogies of Religion. Discipline and Reasons of Power in Christianity and Islam*. Baltimore, London: The Johns Hopkins University Press, 1993, insbes. Kap. 1; Tomoko Masuzawa, *The Invention of World Religions: Or, How European Universalism was Preserved in the Language of Pluralism*. Chicago: Chicago University Press, 2005.

vaten Glauben (*belief*) als „distinkten mentalen Zustand".[15] Dem stellt er eine Ordnung gegenüber, in der Glaube untrennbar mit Handeln verknüpft und in soziale und politische Machtverhältnisse eingebunden ist. Wo also, so ließe sich hieraus schließen, die Vormoderne ein verwobenes Ganzes gebildet hatte, schuf die Moderne die funktionale Differenzierung zwischen Religion, Politik, Kultur, Wirtschaft und anderen Domänen. Der Ethnologe Asad spricht diese Sprache allerdings nicht. Als klar demarkiertes Subsystem, definiert durch die Verbindung von „innerem" Glauben und gottesdienstlichen Handlungen und losgelöst von gesellschaftlichen Bezügen und politischen Machtbeziehungen, trat „der Islam" in der Vormoderne in der Tat nicht auf.

Wer nun von der Außen- in die Binnenperspektive wechselt und argumentiert, der arabische Terminus *din*, der heute entweder mit „Religion" oder als „Islamic way of life" übersetzt wird, habe vor dem Einbruch der (kolonialen) Moderne im 19./ 20. Jahrhundert nicht Religion bedeutet, muss sich in der islamischen Tradition einschließlich des Korans sehr gut auskennen.[16] Die einschlägigen Überlegungen muslimischer Religions- und Rechtsgelehrter waren subtil, kompliziert und in der Gesamtschau verwirrend. Sie fordern zunächst einmal die Arbeit am Begriff,[17] bei der noch viel zu tun ist: Manche verknüpften *din* (das sprachlich und gedanklich mit Schuld, Urteil, Lohn und Strafe assoziiert ist) mit den Pflichten der Gläubigen gegenüber Gott (arab. ʿ*ibadat*), also mit Kultus und Gottesdienst im Allgemeinen und den sog. fünf Säulen des Islam im Besonderen. Das aber ist Religion im Sinne der *religio*, die den Gläubigen an die Gottheit bindet. Nicht wenige Gelehrte unterschieden zwischen *din* und *islam* (in Sinne der Hingabe an Gott und der Ergebung in seinen Willen). Manche subsumierten die Gesamtheit von Glaube, Dogma, Hingabe und Gottesdienst unter *din*, andere

---

15 Asad, *Genealogies of Religion*, 45–48.
16 Das ist bei Autoren wie Patrice Brodeur und Louis Gardet auch der Fall, die allerdings in ihren Beiträgen zur *Encylopaedia of the Qurʾān* (zit. *EQ*) bzw. zur *Encylopaedia of Islam. New Edition* ihren Religionsbegriff nicht darlegen: Die Einträge „Religion" (Patrice C. Brodeur) und „Religious Pluralism and the Qurʾān" (Clare Wilde und Jane Dammen McAuliffe) illustrieren die Vielfalt muslimischer Deutungen und der mit ihnen verbundenen Grenzziehungen: *Encyclopaedia of the Qurʾān*, hg. von Jane Dammen McAuliffe, Band 4. Leiden, Boston: Brill, 2004, 395–398 bzw. 398–419. Moderne Koranübertragungen ins Englische und Deutsche übersetzen *din* fast durchgehend mit „Religion".
17 Ich bleibe ungeachtet Bergunders anspruchsvoller sprachphilosophischer Überlegungen zu „Begriff" und „Name" (Bergunder, „Was ist Islam?", 21–42) bei Ersterem. So auch Friedrich Wilhelm Graf in seiner fulminanten Kritik an den blinden Stellen postmoderner Theoretiker: *Die Wiederkehr der Götter. Religion in der modernen Kultur*. Bonn: Bundeszentrale für politische Bildung, 2004, insbes. 227–238.

unter *iman* (der ansonsten meist für Glauben steht).[18] In der islamischen Lehrtradition behandelt die Unterdisziplin der *usul ad-din* („Wurzeln des *din*") die Dogmatik. Nicht nur die muslimischen Religions- und Rechtsgelehrten, sondern auch die herrschenden Eliten verwandten die Paarung *din wa-dunya*, die den *din* von der Welt (arab. *dunya*) absetzt.[19] Wenn sich diverse turko-muslimische Herrscher des 12. und 13. Jahrhunderts *sultan ad-dunya wa-d-din* nannten, so verwiesen sie auf die distinkten, durch ihre Herrschaft überwölbten Felder von Welt und *din*.

Der These von der Erfindung des Islam als Religion unterliegt somit die – nicht immer explizit gemachte – Annahme, der Islam sei in der Vormoderne ein umfassendes, alle Bereiche muslimischen Lebens und Denkens durchdringendes Ganzes gewesen und damit weder abgrenzbar noch privatisierbar: Zwischen religiösen und nicht-religiösen Feldern und Kategorien sei nicht differenziert worden, eine solche Differenzierung sei möglicherweise gar nicht denkbar gewesen. Nun ist sicher richtig, dass wir aus der islamischen Vormoderne zwar einzelne Agnostiker und Freidenker kennen,[20] aber keine systematische Reflexion über Säkularität. Auch ist richtig, dass der Islam den meisten Musliminnen und Muslimen nicht allein als Glaube im Sinne einer „im Herzen"[21] bekannten und im Glaubensbekenntnis (arab. *shahada*) öffentlich bekundeten Wahrheit gilt, sondern als Gefüge allgemeiner ethisch-moralischer Maximen, konkreter rechtlicher Vorschriften und festgelegter religiös relevanter Handlungen, die sich über die individuelle Lebensführung hinaus auf unterschiedliche, wenn nicht sogar auf sämtliche Lebensbereiche erstrecken. Ebenso sicher ist freilich, dass bereits vor dem 19. Jahrhundert zwischen religiösen und nicht-religiösen Normen und Institutionen unterschieden wurde und Letztere nicht selten öffentlich gemacht und von muslimischen Autoritäten öffentlich durchgesetzt wurden, selbst wenn

---

18 *Iman* ist kaum weniger vielschichtig als *din*; vgl. Art. „Faith" (Jane I. Smith). In *EQ*, Band 2. Leiden, Boston 2002, 162–172.
19 Vgl. Art. "Religion" in der *EQ* und Art. "Dīn" (Louis Gardet). In *The Encyclopaedia of Islam*. New Edition, Band III. Leiden: Brill, 1991, 293–296. Die von dem Islamwissenschaftler Henri Laoust vorgeschlagene und von Gardet referierte Übertragung des Gegensatzes von spirituell und materiell auf *din* und *dunya* kann nicht unbesehen übernommen werden.
20 Sarah Stroumsa, *Freethinkers of Medieval Islam. Ibn al-Rāwandī, Abū Bakr al-Rāzī, and Their Impact on Islamic Thought*. Leiden, Boston: Brill, 1999.
21 Muslimische Gelehrte und Sufis der Vormoderne sahen das Herz (arab. *qalb*) als Sitz des Verstandes und nicht der Gefühle. *Nafs*, in der Moderne meist als „Seele" oder „Selbst" verstanden und übersetzt, ist in der vormodernen theologischen und sufischen Literatur als „Triebseele" Sitz der Begierden, die durch Selbstkultivierung im Sinne der Selbstdisziplinierung zu einem gewissen Grad gereinigt und für Gott geöffnet werden kann; ausführlicher hierzu Gavin Picken, „*Tazkiyat al-nafs*. The Qur'anic Paradigm". *Journal of Qur'anic Studies* 7 (2005), 2, 101–127.

sie unübersehbar im Konflikt mit der Scharia standen.[22] Das Osmanische Reich, das vom ausgehenden 13. Jahrhundert bis kurz nach dem Ersten Weltkrieg und damit immerhin mehr als sechs Jahrhunderte lang große Teile des Vorderen Orients umfasste und ohne Vorbehalt als islamisch geprägt bezeichnet werden kann, bietet hierfür zahlreiche Beispiele. Die Differenzierung war demnach nicht nur denkbar; sie wurde von muslimischen Autoritäten vollzogen.

Nicht allein die historische Erfahrung, sondern auch die gelehrte Tradition boten modernen Theologen und Intellektuellen somit ein breites Spektrum an Anknüpfungsmöglichkeiten, das sich auch durch die Rekonstruktion unterschiedlicher Phasen der Offenbarung nicht schmälern ließ. Entweder im Rekurs auf einzelne Stränge dieser Tradition oder aber im offenen Bruch mit ihr wurde Islam in der (an vielen Orten tatsächlich kolonialen) Moderne in Auseinandersetzung mit westlichen Vorstellungen vielfach neu gedacht und gestaltet. Für nicht wenige sunnitische Reformer standen protestantische Vorstellungen von „wahrer Religion" – auf den „inneren" Glauben fokussiert, im Gottesdienst zum Ausdruck gebracht, Rituale jedoch entwertend und allem Aberglauben abhold – Pate bei ihrem Programm individueller und gemeinschaftlicher Erneuerung.[23] Erklärter oder unausgesprochener Gegner der Reformer war vielfach der Sufismus und das, was bis dahin bis tief in die Bildungs- und Machteliten hinein geglaubt und praktiziert worden war, nun aber als Aberglaube und Volksreligion diskreditiert wurde. Heute bestimmt ein Verständnis von Religion, das diese von anderen, nicht-religiösen Feldern abgrenzt, auch die innermuslimische Diskussion, und sei es als Denkfigur, gegen die mit Verweis auf den wahren, authentischen, allumfassenden Islam angegangen wird. Mit Blick auf das Konzept der Säkularität interessiert daher, ob Muslime die Differenzierung zwischen religiös und nicht-religiös, die als Ergebnis tiefgehender Säkularisierungsprozesse auf vielen Feldern Realität ist, auch für legitim, nützlich und erstrebenswert halten, und wenn ja, warum.

Die Debatte leidet nicht zuletzt an einem Mangel an begrifflicher Schärfe: Das Arabische unterscheidet zwar zwischen religiös und zivil im Sinne von nicht-

---

22 Vgl. meine Aufsätze „Gottes-Recht" und „Secularity Contested. Religion, Identity and the Public Order in the Arab Middle East". In *Comparative Secularities. Religion and Modernity in the Global Age*, hg. von Marian Burchardt, Monika Wohlrab-Sahr, Matthias Middell. Berlin: De Gruyter, 2015, 121–137; für das Osmanische Reich und Iran unter den Safaviden und Qajaren vgl. Gudrun Krämer, *Der Vordere Orient und Nordafrika ab 1500*, Neue Fischer Weltgeschichte, Band 9. Frankfurt a. M.: Fischer, 2016.
23 Ausführlicher hierzu mein Aufsatz „Renewal and Reform in Sunni Islam". In *The Protestant Reformation in a Context of Global History. Religious Reforms and World Civilizations*, hg. von Heinz Schilling und Silvana Seidel Menchi. Bologna, Berlin: Il Mulino und Duncker & Humblot, 2017, 133–148.

klerikal, nicht jedoch zwischen Säkularismus und Säkularität. Die längste Zeit wurden beide mit *la-diniyya* übersetzt, was die „Abwesenheit" oder „Negation" von Religion beschreibt, das säkulare Prinzip also weitgehend mit Atheismus gleichsetzt; *la-dini* ist dementsprechend als a- oder anti-religiös zu übersetzen. Der derzeit gebräuchlichere Begriff ʿ*almaniyya* ist weniger reduktionistisch, zumal er gelegentlich (etymologisch wenig überzeugend) auf „Wissen", arabisch ʿ*ilm*, zurückgeführt und damit auf die epistemologische Ebene gerückt wird. Dennoch ist ʿ*almaniyya* einerseits zu undifferenziert, um die diversen Facetten von Säkularität zu erfassen, und andererseits so stark mit der Verdrängung von Religion aus Staat und Gesellschaft und damit dem öffentlichen wie dem privaten Raum verknüpft, dass die meisten Muslime ihn heute meiden und auf den Begriff *madani*, zivil, ausweichen, der fast durchweg positiv belegt ist.

Nichts davon ergibt sich quasi natürlich aus Koran und Sunna, die eine Differenzierung zwischen religiösen und nicht-religiösen Belangen durchaus zulassen, sondern allenfalls aus einer spezifischen Lesart dieser Texte, die in der islamisch geprägten Welt derzeit dominiert. Wenn der Religion im Allgemeinen und dem Islam im Besonderen heute eine konstitutive Rolle bei der Stiftung und Wahrung kollektiver Identität, Kultur und Tradition zugeschrieben wird, so spiegelt das nicht allein westliche Wahrnehmungen oder Projektionen, die im Sinne eines *Othering*s den „Anderen" auf eine religiöse, in Texten fixierte Essenz festschreibt, Wahrnehmungen und Projektionen, die von Edward Said und anderen als Orientalismus gegeißelt wurden:[24] Die identitätsstiftende Bedeutung der Religion bzw. des Islam und die problematischen Folgen einer Moderne, die Religion, Recht, Kultur und Gesellschaft voneinander zu trennen sucht, sind seit langem integraler Bestandteil innermuslimischer Debatten.

Kontrovers sind in diesem Zusammenhang weniger die Aspekte der „technischen Moderne" (Industrialisierung, Kommunikation, Medien) als vielmehr die der „kulturellen Moderne" (Rationalismus, Autonomie des Individuums, zumindest einem älteren Modernisierungsparadigma zufolge aber auch Säkularisierung und Säkularismus). Die aus den 1950er Jahren stammende, einprägsame Formulierung des amerikanischen Soziologen Daniel Lerner, der Mittlere Osten stehe zwischen „Mekka und Mechanisierung",[25] verfehlt daher einen zentralen Punkt: Mechanisierung ist für die allermeisten Muslime einschließlich der Islamisten, Salafisten und Jihadisten nicht die Herausforderung; Rationalismus, die Autonomie des Individuums und eine säkulare Ordnung können es sein. Auf diese Unterscheidung zielte der Politikwissenschaftler Bassam Tibi mit seiner These,

---
24 Edward W. Said, *Orientalism*. New York: Doubleday, 1979.
25 Daniel Lerner, *The Passing of Traditional Society. Modernizing the Middle East*. New York, London: The Free Press, 1958.

dem Islam gehe es lediglich um die technische Moderne, die kulturelle habe er nicht angenommen. „Das Projekt der Moderne" sei „dem Islam äußerlich geblieben", Muslime müssten sich die Moderne erst noch aneignen.[26]

In den aktuellen Sprachregelungen kommt die historische Erfahrung, genauer gesagt: die vorherrschende Sicht auf die historische Erfahrung, zum Tragen, denn die negative Belegung säkularen Denkens und säkularer Ordnung stützt sich maßgeblich auf das reale oder vermutete Zusammenwirken von Modernisierung, Kolonisierung und Autoritarismus, dem der Islam als Grundpfeiler authentischer Identität gegenübergestellt wird.[27] Die Argumente der Säkularismuskritiker sind daher zum einen religiös, zum anderen aber politisch. Die Gleichsetzung von Säkularismus mit Atheismus und Werteverlust ist aus unterschiedlichsten Zusammenhängen bekannt und in diesem Sinn unspezifisch. Das politische Argument dagegen ist spezifisch und in der westlichen Diskussion allenfalls von nachgeordneter Bedeutung: Es identifiziert Säkularisierung mit dem Projekt einer kolonialen Moderne, interpretiert den Säkularismus als Unterdrückungsinstrument autoritärer Regime und beschreibt Säkularisten als Agenten entweder des Westens oder der autoritären Regime in der Region.

Tatsächlich ist der Säkularismus in der arabischen Welt in den meisten Fällen auf autoritärem Weg durchgesetzt worden, nicht auf demokratischem; dasselbe gilt für den Laizismus in der kemalistischen Türkei. Im Zeichen einer antikolonialen, an manchen Orten auch antiautoritären Identitätspolitik gewann das politische Argument an Gewicht, das den Säkularismus als Instrument der Kolonisierung und der kulturellen Entfremdung darstellt, nicht der intellektuellen Befreiung und gesellschaftlichen Befriedung. Der Beitrag säkularer Kräfte zum antikolonialen Befreiungskampf wurde in den 1950er und 1960er Jahren noch gewürdigt, in den folgenden Jahrzehnten dagegen Schritt um Schritt in den Hintergrund gedrängt. Während sich die Idee des modernen Nationalstaats ohne allzu großen Widerstand von Europa importieren und in adaptierter Form selbst von Islamisten übernehmen ließ, wurde das säkulare Prinzip als fremd und un-authentisch abgestoßen. Mit einem mangelnden Bedarf lässt sich diese Abstoßung entgegen einer Vermutung des Politikwissenschaftlers Nader Hashe-

---

26 Bassam Tibi, *Die Krise des modernen Islams*. Frankfurt a. M.: Suhrkamp 1991², 211 und 216 f.
27 Gudrun Krämer, „Moderne: Arabische Welt". In *Handbuch Moderneforschung. Interdisziplinäre und internationale Perspektiven*, hg. von Friedrich Jäger, Wolfgang Knöbl, Ute Schneider. Stuttgart: J. B. Metzler, 2015, 27–37. Eingehend für den ägyptischen Diskurs auch Alexander Flores, *Säkularismus und Islam in Ägypten. Die Debatte der 1980er Jahre*. Berlin: LIT Verlag, 2012; Daniel Kinitz, *Die andere Seite des Islam. Säkularismus-Debatten und muslimische Intellektuelle in Ägypten*. Berlin, Boston: De Gruyter, 2016.

mi²⁸ nicht erklären: Die interkonfessionellen Konflikte im Osmanischen Reich und in seinen Nachfolgestaaten hätten im 19., 20. und beginnenden 21. Jahrhundert durchaus dazu einladen können, Säkularität, ja den Säkularismus als Instrument der Konfliktregulierung und der gesellschaftlichen Befriedung zu legitimieren. Entsprechende Stimmen in Ägypten, Irak oder Iran konnten sich bislang nicht durchsetzen. Das säkulare Prinzip bleibt in den islamisch geprägten Gesellschaften jenseits der Türkei und der postsowjetischen zentralasiatischen Staaten anstößig.

3 Dimensionen der Säkularisierung

Vor diesem Hintergrund lässt sich einiges zu den drei Dimensionen des Säkularismus bzw. der Säkularisierung sagen, die der Religionssoziologe José Casanova in den 1990er Jahren auf der Grundlage der westlichen, christlich geprägten Erfahrung diskutierte und die für einen islamischen Kontext durchaus erhellend sind.²⁹ Die erste Dimension – funktionale Differenzierung – betrifft die institutionelle und konstitutionelle Trennung von Kirche und Staat, die freilich auch in westlichen Gesellschaften sehr unterschiedlich gestaltet wurde. Die zweite Dimension – Bedeutungsverlust von Religion – erfasst die abnehmende Bindekraft von Religion bei der Gestaltung individuellen und gemeinschaftlichen Lebens, die bis zu einer völligen Abwendung von der Religion führen kann. Die dritte Dimension – Privatisierung von Religion – im Sinne einer „Zurückdrängung" oder eines „Rückzugs" der Religion identifiziert Casanova selbst als höchst problematische Annahme.

Mit Blick auf die funktionale Differenzierung lautet mein Argument, dass, wie oben bereits angedeutet, Religion und Staat im vormodernen Islam keineswegs unauflöslich miteinander verknüpft waren. Die Behauptung zeitgenössischer Islamisten, im Islam seien Religion und Staat notwendig miteinander verbunden (die arabische Formulierung lautet *al-islam din wa-daula*), reflektiert eine Wunschvorstellung, die sich als normativ ausgibt. Nimmt man die zwei Jahrzehnte zwischen 610–632 n. Chr. aus, in denen Muhammad nach muslimischer Überlieferung in Medina an der Spitze der muslimischen Gemeinschaft stand, so war Herrschaft im islamischen geprägten Vorderen Orient über die

---

28 Nader Hashemi, *Islam, Secularism, and Liberal Democracy. Toward a Democratic Theory for Muslim Societies*. Oxford: Oxford University Press, 2009.
29 Vgl. insbes. Casanova, *Public Religions in the Modern World*; ders., „The Secular and Secularisms".

Jahrhunderte nicht stärker religiös geprägt als im zeitgenössischen Europa.[30] Die Kalifen und andere sunnitische Herrscher beanspruchten zwar in vielen Fällen ein Gottesgnadentum, intervenierten in das Rechts- und Bildungswesen und beeinflussten zu einem gewissen Grad die Ausbreitung theologischer und juristischer Schulen. Aber sie besaßen, anders als die schiitischen Imame, keine allgemein anerkannte religiöse Autorität oder gar Dogmenkompetenz. Das Kalifat, das 1924 in der neu entstandenen Türkischen Republik zugunsten eines laizistischen Nationalstaats abgeschafft wurde, wollen heute nur noch wenige sunnitische Muslime wiedererrichten. Da der Islam zudem, wie erwähnt, zwar Religions- und Rechtsgelehrte kennt, an manchen Orten und zu manchen Zeiten sogar einen Klerus, aber keine kirchenähnliche Anstalt mit Dogmenkompetenz, die weitgehend unabhängig vom Staat wirkt und besteht, kann die institutionelle und konstitutionelle Trennung von Kirche und Staat nicht im Vordergrund der Diskussion um Säkularität und Säkularisierung stehen.

Ganz anders sieht es mit dem Verhältnis von Religion, Recht und *ordre public* aus, das sich wesentlich aus der Definition und Geltung der Scharia ergibt.[31] „Scharia" steht für die Gesamtheit der von Muslimen (zumindest unter islamischer Herrschaft in bestimmtem Umfang aber auch von Nichtmuslimen) zu befolgenden religiösen, ethischen, moralischen und rechtlichen Bestimmungen und somit für deutlich mehr als das islamische Gesetz – ein Faktum, dass häufig übersehen wird, wenn Muslime nach einer Einstellung zur Scharia befragt werden. Die Einhaltung der Scharia soll nicht nur die „Hingabe" an Gott und den Gehorsam gegenüber seinem Gebot bezeugen; sie soll die Zugehörigkeit zur weltweiten Gemeinschaft der Muslime, der Umma, sichtbar und hörbar machen und auf diese Weise identitäts- und gemeinschaftsstiftend wirken. Dabei bedarf die weit verbreitete Vorstellung von der Scharia als „Gottesrecht", von Gott und nicht von Menschen geschaffen und von Muslimen bis zur kolonialen Überwältigung integral und exklusiv angewandt, in doppelter Hinsicht der Korrektur: Zum einen ist die Scharia in weitem Umfang nicht Gottesrecht, sondern Juristenrecht, wurden tragende Elemente doch von muslimischen Theologen und Juristen auf der Grundlage einzelner Textbelege und unter Berücksichtigung

---

30 Ausführlicher Krämer, „Gottes-Recht bricht Menschen-Recht", „Secularity Contested" sowie *Der Vordere Orient und Nordafrika ab 1500*.
31 Zum Argument vgl. die in Anm. 30 zitierten Titel. Zu Definition und Geltung der Scharia vgl. Mohammad Hashim Kamali, *Principles of Islamic Jurisprudence*. Cambridge: Islamic Texts Society, 1991; Mathias Rohe, *Das islamische Recht. Geschichte und Gegenwart*. München: C. H. Beck, 2011³; Jan Michiel Otto (Hg.), *Sharia Incorporated. A Comparative Overview of the Legal Systems of Twelve Muslim Countries in Past and Present*. Leiden: Leiden University Press, 2010; eine wichtige Fallstudie bietet Clive B. Lombardi, *State Law as Islamic Law in Modern Egypt. The Incorporation of the Sharīʿa into Egyptian Constitutional Law*. Leiden, Boston: Brill, 2006.

sich wandelnder gesellschaftlicher Notwendigkeiten und Interessen aus Koran und Sunna abgeleitet – aus diesem Grund auch der Fachterminus *fiqh*, „Verstehen", für dieses Juristenrecht. Zum anderen wurden Scharia bzw. Fiqh bis ins ausgehende 19. bzw. 20. Jahrhundert nicht kodifiziert und von den herrschenden Autoritäten in positives Recht umgewandelt. Zwar wurde die Geltung der Scharia kaum je offen in Frage gestellt oder gar förmlich außer Kraft gesetzt – in wichtigen Punkten (nennen ließen sich Besteuerung, Finanzpraktiken oder Sexualdelikte) wurde jedoch das, was heute als Scharia gilt, nicht angewandt. Vor Gericht und im Alltagsleben verbanden sich in der Regel Scharia-Normen mit lokalem Gewohnheitsrecht und obrigkeitlicher Satzung, und Religion, Tradition und Konvention reflektierten in je eigener Weise Machtverhältnisse. Gerade die Sphäre des Rechts kannte somit eine gewisse Differenzierung zwischen religiös und nicht-religiös, ohne dass diese Differenzierung mit Blick auf die Frage der Säkularität theoretisch fundiert oder verallgemeinert worden wäre.

Einen Wandel im Sinne einer Säkularisierung des Rechts bewirkten weniger die europäischen Kolonialmächte, die, sieht man von Algerien unter der im arabischen Vergleich außerordentlich langen französischen Herrschaft ab (1830–1962), im Vorderen Orient und in Nordafrika Eingriffe in die religiös-rechtlichen Angelegenheiten der Muslime mieden, als vielmehr die modernen Territorial- und Nationalstaaten, die nicht überall auf Kolonialregimen aufbauten – Ägypten, Jemen, die Türkei oder Iran bilden hierfür prominente Beispiele. Erst die modernen Territorial- und Nationalstaaten kodifizierten auf breiter Basis Bestimmungen und Prinzipien von Scharia und Fiqh, erst sie schufen aus der Gemengelage islamischer, gewohnheitsrechtlicher, obrigkeitlicher und europäischer Normen, Verfahren und Institutionen ein positives Recht, das sie auf dem eigenen Territorium mehr oder weniger durchgängig zur Geltung brachten.

Heute wird die Scharia in keinem Staat integral und exklusiv angewandt; nur in wenigen gelten die Bestimmungen dessen, was mittlerweile unter islamischem Strafrecht subsumiert wird, einschließlich der „kanonischen", mit Körperstrafen bis hin zur Todesstrafe bewehrten so genannten *hadd*-Delikte, und wo sie gelten, werden die Definitionen und Verfahren des klassischen Fiqh nicht konsequent eingehalten. Einzig im Ehe- und Familienrecht bzw. beim Personalstatut (auch sie im Übrigen keine Kategorien des klassischen Fiqh, sondern Angleichungen an die Systematik des europäischen Rechts) werden vielerorts islamrechtliche Bestimmungen durchgesetzt.[32] Ehe und Familie, die, das sollte man nicht übersehen, im Verlauf des 19. und 20. Jahrhunderts von muslimischen Reformern und

---

32 Vgl. Otto (Hg.), *Sharia Incorporated*.

staatlichen Autoritäten grundlegend umgestaltet worden waren,[33] gerieten unter dem Vorzeichen anti- und postkolonialer Emanzipation zur Bastion islamischer Identität und Integrität. Die Verknüpfung von islamischem Recht, Identität und Integrität erklärt zugleich die Heftigkeit der Auseinandersetzung um das Verhältnis von Scharia und öffentlicher Ordnung und damit zugleich die Möglichkeit einer Privatisierung von Religion, der dritten von Casanova angesprochenen Dimension der Säkularisierung.

Unabhängig davon, ob der Islam historisch gesehen als Religion korrekt beschrieben wird, treten Muslime heute mit dem Anspruch auf, bestimmte religiöse Vorschriften im öffentlichen wie im privaten Raum beachtet zu sehen. In dem Maß, in dem islamische Praxis öffentliche Praxis ist, stellt sie die Frage nach der Möglichkeit islamischen Lebens in einer säkularen Ordnung. Die religiösen Pflichten des Islam umfassen an vorderster Stelle die sogenannten fünf Säulen des Islam: das Glaubensbekenntnis (*shahada*), das Ritualgebet (*salat*), das Fasten im Monat Ramadan (*saum*), die Almosengabe (*zakat*) und, soweit es die Umstände erlauben, zumindest einmal im Leben die

Pilgerfahrt nach Mekka (*hajj*). Die „fünf Säulen des Islam" können zwar, sieht man von der Pilgerfahrt ab, im nicht-öffentlichen Raum wahrgenommen werden; sie sollen im Prinzip aber, wie angedeutet, die Zugehörigkeit zum Islam öffentlich sichtbar und hörbar machen. Ähnliches gilt für Speiseregeln wie das Verbot des Konsums von Alkohol, Drogen und Schweinefleisch, Vorschriften zu Bekleidung und Kopfbedeckung, die mehr umfassen als Kopftuch und Schleier, und die Geschlechtertrennung im öffentlichen wie im privaten Raum, die in je unterschiedlicher Weise auf Grenzziehung abzielen. Unterbindet der Staat unter Berufung auf das säkulare Prinzip die öffentliche Befolgung der religiösen Vorschriften, so schränkt er die – in den meisten Staaten verfassungsmäßig garantierte – Religionsfreiheit von Muslimen ein. Die sunnitischen Religions- und Rechtsgelehrten folgern daraus mehrheitlich nicht, dass die betroffenen Musliminnen und Muslime damit ihren Status als Gläubige verlieren; nicht wenige empfehlen oder fordern jedoch die Auswanderung in Territorien, in denen die religiösen Vorschriften uneingeschränkt eingehalten werden können.[34]

In den meisten muslimischen Mehrheitsgesellschaften stellt sich die Frage der freien Kultausübung allenfalls für diejenigen Muslime, die nicht der herrschenden Denomination angehören, also zum Beispiel Schiiten unter sunnitischer Herrschaft oder Sunniten unter schiitischer. Im Vordergrund stehen andere

---

33 Exemplarisch hierzu Kenneth M. Cuno, *Modernizing Marriage. Family, Ideology, and Law in Nineteenth- and Early Twentieth-Century Egypt*. Syracuse N. Y.: Syracuse University Press, 2015.
34 Vgl. hierzu Sarah Albrecht, *Dār al-Islām Revisited. Territoriality in Contemporary Islamic Legal Discourse on Muslims in the West*. Leiden, Boston: Brill, 2018.

Probleme: Das vorherrschende Verständnis von Scharia und Fiqh begrenzt nicht nur die öffentliche Kultausübung nichtmuslimischer Religionsgemeinschaften einschließlich der vom Islam anerkannten „himmlischen Religionen" der Juden und Christen; in manchen Staaten erstrecken sich die Eingriffe sogar auf geschlossene Räume und damit die private Sphäre. Das Verbot der Abkehr vom Islam („Apostasie", die nicht nur die Konversion, sondern auch den offen bekannten Atheismus oder Agnostizismus umfasst) beschränkt zugleich die Religionsfreiheit der Muslime.[35] Die Mission von Nichtmuslimen unter Muslimen wird in kaum einer muslimischen Mehrheitsgesellschaft geduldet. Der harsche Umgang mit „Apostasie" und Blasphemie, wobei beide Tatbestände mit hohen Strafen bewehrt, aber unzureichend definiert sind, unterstreicht die Bindekraft religiöser Normen sowohl im öffentlichen als auch im privaten Raum. Ungeachtet aller Säkularisierungsprozesse auf den Feldern von Erziehung, Bildung, Recht und Wirtschaft wurde der Islam (in seiner jeweils vorherrschenden Ausprägung) im Lauf des 19. und 20. Jahrhunderts gerade nicht in die private Sphäre abgedrängt, bestimmt vielmehr den religiösen Diskurs und die religiöse Praxis im öffentlichen Raum.

Die Grenze zwischen öffentlich und privat ist allerdings nicht festgezurrt: In der Vergangenheit waren muslimische Autoritäten häufig bereit, verbotene oder unzulässige Praktiken wie den Konsum von Alkohol und Drogen, Homoerotik oder Prostitution solange zu dulden (ja sogar zu besteuern), wie sie sich hinter verschlossenen Türen abspielten oder in den Wohnvierteln von Nichtmuslimen. Ähnliches gilt vielerorts noch heute. Die Unverletzlichkeit der Privatsphäre wollen nur diejenigen nicht anerkennen, die den Staat dafür in Anspruch nehmen, die Scharia zu jeder Zeit und an jedem Ort durchzusetzen. Auch in der islamischen Welt verwischen sich im Zuge der Ausbreitung sozialer Medien jedoch die Grenzen zwischen öffentlich und privat mit den auch andernorts bekannten, widersprüchlichen Folgen: Sie erweitert die Möglichkeiten staatlicher Überwachung und öffnet zugleich im Wortsinn neue Räume, in denen Formate und Inhalte des politischen, künstlerischen und wissenschaftlichen Ausdrucks zirku-

---

35 Die meisten muslimischen Religions- und Rechtsgelehrten betrachten den Religionswechsel von Muslimen oder ihre Abkehr vom Glauben als Apostasie und strafbaren Akt. Viele fordern für den Fall, dass der Religionswechsel öffentlich gemacht wird, die Todesstrafe, obwohl der Koran den „Abfall vom Islam" (arab. *ridda*) zwar als Sünde bewertet, die Ahndung jedoch Gott überlässt und keine weltliche Strafe vorsieht, und obwohl die relevanten Propheten-Hadithe als „schwach" und daher rechtlich nicht verbindlich gelten. Viele Staaten mit muslimischer Bevölkerungsmehrheit verfolgen Apostasie zwar nicht strafrechtlich, wohl aber zivilrechtlich; vgl. Abdullah Saeed, Hassan Saeed, *Freedom of Religion, Apostasy and Islam*. Aldershot: Ashgate, 2004; Moataz A. El Fegiery, „Islamic Law and Freedom of Religion. The Case of Apostasy and Its Legal Implications". *Muslim World Journal of Human Rights* 10 (2013), 1, 1–26.

lieren können, die bislang vielfach nicht einmal im privaten Rahmen geduldet wurden.

Wie widersprüchlich, auf jeden Fall aber unübersichtlich die Lage sich entwickelt, zeigt ein weiteres Phänomen, das in Casanovas Überlegungen keine Rolle spielt: Die Islamisierung von Wissenschaft, Kultur und Recht *nach* einer Phase der Säkularisierung und die sprunghafte Ausdehnung „islamischer" Medien, einer „islamischen" Konsum-, Unterhaltungs- und Massenkultur, eines „islamischen" Marktes sowie nicht zuletzt „islamischer" Formen der moralischen und ökonomischen Selbstoptimierung, für die sich im globalen Vergleich nichts Vergleichbares findet.[36] Diese Art der Islamisierung, die sich für die arabischen Länder in die 1980er und 1990er Jahre zurückverfolgen lässt und weit über das viel beachtete Phänomen des politischen Islam hinausweist, lässt sich nicht einfach als „Rückkehr der Religion" oder „Re-Islamisierung" charakterisieren, zumal sie Bereiche von Wirtschaft, Kunst, Unterhaltung und Sport erfasst, die zuvor nicht religiös besetzt waren.

Sehr klar illustriert sie den Zusammenhang von Religion, Konvention und Kommerz und die Verbindung von technischer Moderne und öffentlicher Religiosität mit ihren transnationalen und transregionalen Vernetzungen, die in den theoretischen Debatten zu Säkularisierung und Ent-Säkularisierung, Säkularismus und Post-Säkularismus[37] vielleicht noch nicht hinlänglich berücksichtigt wurden. Zugleich ergab eine 2016 unter rund 9 000 Jugendlichen im Alter zwischen 16 und 30 Jahren in acht arabischen Ländern und unter syrischen Flüchtlingen in Libanon durchgeführte Umfrage jedoch, dass die befragten Jugendlichen sich mehrheitlich als religiös, wenn nicht sehr religiös bezeichneten und in ihrer übergroßen Mehrheit die Religion als wichtigste Bezugsgröße nannten – aber als *private* Angelegenheit, die nicht zu politischen Zwecken genutzt werden sollte.[38]

Umso interessanter die Bemühungen zeitgenössischer Muslime, die sich als Aufklärer und Reformatoren verstehen und den Islam seiner überbrachten rechtlichen und alltagspraktischen Vorschriften weitgehend entledigen wollen,

---

36 Die Literatur wächst rasch an; vgl. insbes. Patrick Haenni, *L'islam de marché. L'autre révolution conservatrice*. Paris: Seuil, 2005; Karin van Nieuwkerk, *Performing Piety. Singers and Actors in Egypt's Islamic Revival*. Austin: University of Texas Press, 2013.
37 Für den deutschen Kontext vgl. Stefan Müller, Wolfgang Sander (Hg.), *Bildung in der postsäkularen Gesellschaft*. Weinheim, Basel: Beltz Juventa, 2018.
38 Jörg Gertel, Ralf Hexel (Hg.), *Zwischen Ungewissheit und Zuversicht. Jugend im Nahen Osten und in Nordafrika*. Bonn: Dietz-Verlag, 2017, insbes. Kapitel 4, 101–119. Rachid Ouaissa, Verfasser dieses Kapitels „Jugend und Religion", verweist in dem Zusammenhang auf Charles Taylors Zeitalter des „expressiven Individualismus", der seiner Lesart zufolge auch die arabischen Jugendlichen erreicht hat; ebd., 118 f.

um ihn auf eine ethisch-moralische Lehre zuzuspitzen, die nicht die soziokulturellen Strukturen und Werte des spätantiken Arabien wiedererweckt, sondern den Idealen eines liberal-aufgeklärten, säkularen Europa zu Beginn des 21. Jahrhunderts entspricht. (Um Missverständnissen vorzubeugen: Ich behaupte nicht, dass Europa zu Beginn des 21. Jahrhunderts seine liberal-aufgeklärten, säkularen Ideale in vollem Umfang verwirklicht.) Eine solche Ethisierung der Scharia mag in sufischen Kreisen, die ohnehin auf eine verinnerlichte Frömmigkeit hinwirken, vergleichsweise leicht zu vermitteln sein. Um unter der Mehrheit derjenigen Musliminnen und Muslime Akzeptanz zu finden, die sich der islamischen Tradition als Fundament individueller und kollektiver Identität verpflichtet sehen und – selbst wenn sie diese in weiten Teilen nicht einhalten – davor zurückschrecken, sich in aller Form von der Scharia als islamischer Rechtsordnung zu distanzieren, sind allerdings erhebliche Anstrengungen vonnöten. Die entsprechenden Überlegungen reichen lange vor die aktuellen Auseinandersetzungen um Migration, Integration und die Chancen einer islamischen Reform(ation) zurück, und sie erfordern einen genauen Blick auf die normativen Texte des als Gottesrede verstandenen Koran und der Prophetentradition als deren vorbildlicher und verbindlicher Umsetzung. Da es hier um die großen Linien geht, klammere ich die heikle Diskussion um das Verhältnis von Koran und Sunna (hierarchisch, gleichwertig, komplementär?) und den Status der Prophetentradition als Teil der Offenbarung aus[39] und konzentriere mich, wie die Reformdenker generell, auf den Koran.

In den heutigen Reformdebatten spielen, sofern sie einen Anspruch auf Seriosität erheben, mehrere Differenzierungen eine Rolle, die in der islamischen Tradition zwar angelegt sind, seit dem ausgehenden 19. Jahrhundert aber viel stärker gewichtet werden: Die „klassische" muslimische Koran- und Rechtswissenschaft unterscheidet zwischen einer mekkanischen Phase der Offenbarung, die ihrerseits in kleinere Abschnitte unterteilt werden kann und in der Muhammad als Prophet und Rufer eine religiöse bzw. spirituelle Mission erfüllte, und einer medinensischen Phase, in der er als Prophet und Oberhaupt der wachsenden Umma zugleich eine politische Rolle spielte. Sie definiert für einzelne Passagen des Koran sogenannte Umstände der Herabsendung und ordnet diese entweder Mekka oder Medina zu. Moderne, auf Öffnung abzielende Koraninterpreten geben dieser seit Jahrhunderten etablierten Unterscheidung eine neue Bedeutung, indem sie der (aus ihrer Sicht unpolitischen) mekkanischen Phase überzeitlich gültige Prinzipien und Werte zurechnen, der (politischen) medi-

---

39 Vgl. Aisha Y. Musa: Ḥadīth *As Scripture. Discussions on the Authority of Prophetic Traditions in Islam*. New York: Palgrave Macmillan, 2008.

nensischen Phase hingegen konkrete alltagspraktische und religiös-rechtliche Regeln und Gesetze.⁴⁰

Die Prinzipien und Werte des Islam sind demnach zwar ursprünglich einem bestimmten soziokulturellen Kontext zugeordnet, können von diesem jedoch abgelöst und in völlig anderen Kontexten nach jeweils zeitgenössischem Verständnis verwirklicht werden; die Regeln und Gesetze hingegen, die im Koran entweder formuliert oder aus ihm abgeleitet werden, bleiben dem ursprünglichen Kontext verhaftet und sind nicht beliebig über Zeit und Raum übertragbar. Beide – islamische Werte und islamische Regeln und Gesetze – fallen nach muslimischem Mehrheitsverständnis unter „Scharia". Die gottesdienstlichen Pflichten im Allgemeinen und die „fünf Säulen des Islam" im Besonderen, das ist wichtig festzuhalten, müssen auch in diesem offenen Schema eingehalten werden; der Islam bleibt eine öffentliche Religion und wird dem entsprechend nicht komplett privatisiert. Die Unterscheidung in mekkanisch und medinensisch klärt für sich genommen noch nicht den Stellenwert anderer exegetischer Prinzipien wie der Abrogation oder des Verhältnisses von allgemeinen und partikularen Bestimmungen im Koran. Sie lässt sich zudem nur traditionsimmanent durchführen, da sie auf die fromme Rekonstruktion der prophetischen Ära in der muslimischen Überlieferung vertraut. In ihrer modernen Ausweitung, die faktisch alle aus dem Koran abgeleiteten Vorschriften mit Ausnahme der kultischen Pflichten für kontextgebunden erklärt, ist sie unter Musliminnen und Muslimen derzeit zwar nicht mehrheitsfähig, intellektuell aber richtungsweisend.

Ähnliches gilt für einen abstrahierenden Ansatz der Koranauslegung, der zwischen dem Wortlaut einer Koranpassage und der dahinterstehenden „Intention" unterscheidet (arab. *maqasid ash-shariʿa*, „Finalität der Scharia") und der in unterschiedlicher Form nicht nur von liberalen Vordenkern, sondern auch von höchstrichterlichen Instanzen in muslimischen Mehrheitsgesellschaften angewandt wird. Die Suche nach der „Finalität der Scharia" macht es prinzipiell möglich, selbst solche Textstellen, die von Koran- und Rechtswissenschaftlern

---

40 Zu den bekanntesten Vertretern dieses Ansatzes zählte der sudanesische Intellektuelle Mahmud Muhammad Taha (1909 oder 1911–1985), ein gelernter Wasserbauingenieur, der in den 1960er Jahren erklärte, Gott habe ihm eine „Zweite Botschaft des Islam" offenbart, und sich in der Folge zunehmend dem Sufismus zuwandte. Er hielt den Islam der mekkanischen Phase für ethisch-moralisch und überzeitlich gültig, den der medinensischen Phase hingegen für zeitgebunden; der damalige sudanesische Machthaber Jaʿfar an-Numairi ließ Taha nach mehreren Gerichtsverfahren 1985 als Apostaten hinrichten; vgl. ʿAbdallah al-Faki al-Bashir, *Mahmud Muhammad Taha und die Intellektuellen. Lektüre der Positionen und der Verfälschung der Geschichte* (arab.). Kairo: Ruʾya li-n-Nashr wa-t-Tauziʿ, 2013; und, anknüpfend an Taha, den bekannten Intellektuellen Abdullahi Ahmed An-Naʿim, *Toward an Islamic Reformation. Civil Liberties, Human Rights, and International Law*. Syracuse: Syracuse University Press, 1990.

als eindeutig und damit rechtlich bindend eingestuft werden, kontextuell einzugrenzen und zugunsten übergreifender Prinzipien wie Gerechtigkeit, Frieden und Barmherzigkeit zu relativieren.[41] All dies lässt sich, da doch recht technisch, an dieser Stelle nicht vertiefen. Festzuhalten bleibt, dass die Historisierung, Kontextualisierung und Relativierung konkreter koranischer Weisungen, zumal wenn sie sich mit der Betonung übergreifender ethischer Prinzipien und Werte verbindet, eine Differenzierung zwischen Glauben bzw. „Spiritualität", Kultus und Scharia im Sinne einer islamischen Rechtsordnung erlaubt. Konsequent ausgearbeitet, kann sie das – unter dem Druck von Kolonialisierung und Globalisierung verhärtete – Gefüge von Islam / Scharia / Identität aufbrechen. Sie kann eine Einpassung in säkulare Verhältnisse ohne Verzicht auf religiöse Integrität auf individueller und kollektiver Ebene normativ absichern. Nicht umsonst steht hier mehr als einmal „kann": Die Rede ist von Möglichkeiten, nicht von Selbstläufern. Gerade mit Blick auf den Islam und die Muslime aber lohnt die Mühe, über das Ordnungsprinzip des Säkularismus hinauszugehen und nach den konkreten Ausprägungen von Säkularität zu fragen.

---

41 Hierzu weniger komprimiert Gudrun Krämer, *Demokratie im Islam*. München: C. H. Beck, 2011, 63–77; nuanciert für die klassische Rechtstradition Felicitas Opwis, *Maslaha and the Purpose of the Law*. Leiden, Boston: Brill, 2010; exemplarisch für einen zeitgenössischen Ansatz, der sich um eine normative Begründung der Öffnung bemüht, der Jurist Mohammad Hashim Kamali, *Freedom, Equality and Justice in Islam*. Cambridge: Islamic Texts Society, 2002.

Mathias Rohe
Islam in den säkularen Rechtsstaaten Europas

Dieser Beitrag soll anhand einzelner Beispiele eine Systematisierung der unterschiedlichen Ebenen bieten, auf denen der Islam für europäische Rechtsordnungen relevant wird. Exemplarisch werden einige besonders intensiv diskutierte Aspekte aus Religion und Recht des Islams erläutert, wobei der Schwerpunkt auf Deutschland liegt.

1 Die Muslime in Deutschland und Europa: Fakten und Wahrnehmungen

Im Süden und Osten Europas lebten seit dem Mittelalter erhebliche Zahlen von Muslimen. Neben kriegerischen Auseinandersetzungen fand dort jedoch auch ein reicher kultureller Austausch in direkten Begegnungen statt. In Deutschland nahm man den Islam dagegen weitestgehend aus der Distanz wahr. Im Rahmen der Kreuzzüge und aus einzelnen Berichten von Reisenden oder entkommenen Kriegsgefangenen gelangten Informationen unterschiedlicher Qualität ins Land. Die militärischen Auseinandersetzungen mit dem im 15./16. Jahrhundert expandierenden Osmanischen Reich erzeugten wiederum Ängste. Der Islam wurde mit dem „Türken" gleichgesetzt, Theologen wie Martin Luther meinten in ihm eine Strafe Gottes und ein Zeichen für die nahende Endzeit zu erkennen.

Keineswegs stand aber ein „christliches Abendland" geschlossen gegen die Osmanen oder die Araber und Berber in Nordafrika. Christliche Reiche führten blutige Kämpfe gegeneinander, seit der Reformation auch aus konfessionellen Gründen. Zudem wurden immer wieder Allianzen zwischen christlichen und muslimischen Reichen gegen interne Rivalen geschlossen. So überfiel der französische König Ludwig XIV. in Koordination mit dem osmanischen Herrscher kurz nach der zweiten Belagerung Wiens durch die Osmanen das Deutsche Reich und ließ dabei die Pfalz verwüsten.[1] In dieser Zeit finden sich die ersten Muslime, die auf Dauer nach Deutschland gelangten, meist als sogenannte „Beutetürken". Manche der Gefangenen wurden als exotische Erscheinung in den Hofstaat aufgenommen, die meisten konvertierten mehr oder weniger freiwillig zum Chris-

---

1 Vgl. zu alledem Mathias Rohe, *Der Islam in Deutschland. Eine Bestandsaufnahme*. München: C. H. Beck, 2016., 19 ff. (mit weiteren Nachweisen). Die vorliegende Publikation beruht in Teilen auf den näheren Ausführungen in diesem Buch.

https://doi.org/10.1515/9783110582611-009

tentum.² Seit der Aufklärung stieg auch das Interesse am Islam und seiner Kultur, im 19. Jahrhundert blühte der Exotismus.³ Im Zuge des Kolonialismus gelangten Muslime in größerer Zahl nach Frankreich und Großbritannien, wo allmählich schon eine erste muslimische Infrastruktur entstand. Das Osmanische Reich wandelte sich zum Verbündeten Deutschlands; im 1. Weltkrieg veranlasste gar das deutsche Außenministerium den Sultan zur Erklärung des Dschihad gegen die Ententemächte. Muslimisches Leben entwickelte sich in Deutschland jedoch nur in vergleichsweise geringem Umfang, der Nationalsozialismus bereitete ihm weitgehend ein Ende.⁴

Muslimische Präsenz in großer Zahl geht außerhalb der traditionellen muslimischen Siedlungsgebiete in Ost- und Südosteuropa meist auf die Zuwanderung von Menschen aus früheren Kolonien, „Gastarbeitern" und Asylbewerbern seit Mitte des 20. Jahrhunderts zurück. Die Beziehungen haben sich grundlegend gewandelt: Muslime sind nicht mehr exotische und darin reizvolle Erscheinungen, sondern Menschen, die ein meist unspektakuläres Alltagsleben entfalten und schon aufgrund ihrer großen Zahl einen sichtbaren Anteil europäischer Gesellschaften bilden. Sie sind nicht „Gäste", sondern Teil der Gesamtgesellschaft.

Zugewanderte Muslime aus niedrigen sozialen Schichten erlitten häufig das soziokulturelle Schicksal von Vorläufermigranten: Abwertung ihrer Kultur, wie das etwa zuvor katholischen Polen in Preußen widerfahren war. Lange wurden sie auch kaum aus dem Blickwinkel ihrer Religionszugehörigkeit wahrgenommen, sondern als „Ausländer", dann „Türken", „Araber", „Pakistaner" etc., seit dem 11. September 2001 dann vorwiegend als Muslime („Islamisierung der Muslime" in der öffentlichen Wahrnehmung). Ihre Religion wird verbreitet als rückständig und gefährlich abgewertet, ungeachtet der sehr unterschiedlichen Glaubenshaltungen und Lebensweisen. Persönliche Begegnungen vermindern allerdings pauschale Sichtweisen in erheblichem Maße.⁵ Die gefährliche, zahlenmäßig kleine Minderheit muslimischer Extremisten beherrscht in breitem Umfang die

---

2 Vgl. nur Hartmut Heller, „Um 1700: Seltsame Dorfgenossen aus der Türkei. Minderheitenbeobachtungen in Franken, Kurbayern und Schwaben". In Hermann Heidrich u. a. (Hg.), *Fremde auf dem Land*, Bad Windsheim: Verlag Fränkisches Freilandmuseum, 2000, 13–44.
3 Vgl. hierzu Rohe, *Der Islam in Deutschland*, 34 ff. (mit weiteren Nachweisen).
4 Vgl. hierzu ebd., 39 ff., 59 ff. (mit weiteren Nachweisen).
5 Vgl. Thomas Petersen, „Sorgen und Hilfsbereitschaft. Die Einstellungen der Deutschen zur Flüchtlingskrise". *Forschung & Lehre* 23 (1/2016), 18–21. hier 18, 21.; vgl. auch die korrespondierenden Daten bei Kai Hafez, Sabrina Schmidt, *Die Wahrnehmung des Islams in Deutschland*. 2. Aufl. Gütersloh: Verlag Bertelsmann-Stiftung, 2015, 15 ff.; Naika Foroutan, Canan Coşkun, Sina Arnold, Benjamin Schwarze, Steffen Beigang, Dorian Kalkum, *Deutschland postmigrantisch II. Einstellungen von Jugendlichen und jungen Erwachsenen zu Gesellschaft, Religion und Identität*. 2. Aufl. Berlin: Humboldt-Universität, 2015, https://www.projekte.hu-berlin.de/de/junited/deutschland-postmigrantisch-2-pdf (zuletzt aufgerufen am 18.4.2018), hier II, 54 ff., 80; vergleichbar die Unter-

öffentliche Debatte. Rechtspopulisten und Rechtsradikale betreiben europaweit antimuslimische Propaganda als Facette einer neuen völkischen Abgrenzungspolitik.[6] In dieser Situation kommt dem Rechtsstaat besondere Bedeutung als Wahrer von Maß und Mitte zu: Er muss auf Rechtsverstöße effizient reagieren und andererseits die Rechte von Minderheiten nötigenfalls auch gegen einen – oft auf dürftiger Informationsbasis gebildeten – Mehrheitswillen verteidigen. Transparente Begründungen sind dabei erforderlich.

2 Religionsfreiheit im säkularen Rechtsstaat

2.1 Säkularität in Europa: Modelle und wesentliche Inhalte

Die Staaten Europas verstehen sich heute durchweg als säkular. Das Verhältnis zwischen Staat und Religion(en) ist indes aufgrund unterschiedlicher historischer Erfahrungen nicht identisch ausgestaltet. In einigen europäischen Staaten finden sich Restbestände eines Staatskirchensystems. So ist in Großbritannien der Herrscher das Oberhaupt der anglikanischen Kirche. In Skandinavien wurden solche Restbestände in den vergangenen Jahren weitgehend abgeschafft. In Osteuropa hingegen, insbesondere in Russland, scheint die orthodoxe Kirche wieder an staatspolitischem Einfluss zu gewinnen. In Frankreich wiederum herrscht außerhalb der Departments Alsace und Moselle[7] aufgrund der einschlägigen Gesetze von 1901 und 1905 ein laizistisches System mit vergleichsweise sehr strikter Trennung zwischen Staat und Religion.

Einen hohen gemeinsamen Mindeststandard an Religionsfreiheit bietet Art. 9 der Europäischen Menschenrechtskonvention (EMRK). Angesichts der unterschiedlichen religionsverfassungsrechtlichen Modelle der Mitgliedstaaten räumt die einschlägige Rechtsprechung des hierfür letztinstanzlich zuständigen Gerichtshofs in Straßburg den Mitgliedstaaten einen breiten Ermessensspielraum

---

suchungen von Detlef Pollack, „Öffentliche Wahrnehmung des Islam in Deutschland". In Dirk Halm, Hendrik Meyer (Hg.), *Islam und die deutsche Gesellschaft*. Wiesbaden: Springer VS, 2013, 89–118, hier 114.

6 Der bayerische Verfassungsschutz hat konsequent neben der Beobachtung rechtsextremistischer Gruppierungen und Personen die neue Kategorie der verfassungsschutzrelevanten Islamfeindlichkeit eingeführt, die nicht in allen Bereichen dem traditionellen Rechtsextremismus folgt, vgl. den Verfassungsschutzbericht 2017, 186 ff., http://www.verfassungsschutz.bayern.de/mam/anlagen/verfassungsschutzbericht2017_180326.pdf (zuletzt abgerufen am 15.4.2018).

7 Dort wurden die Reformgesetze nicht eingeführt, weil diese Gebiete damals als Reichslande Elsaß-Lothringen zu Deutschland gehörten.

(margin of appreciation) bei der konkreten Abwägung zwischen Religionsfreiheit und konfligierenden Rechtsgütern und Staatsinteressen ein. Damit bleibt der von ihm garantierte Schutz der Religionsfreiheit hinter demjenigen Deutschlands zurück.

Die deutsche Religionsverfassung folgt einem Modell religionsoffener Säkularität, wie es z. B. Artt. 4, 7 Abs. 3 und 140 Grundgesetz wie auch dem Religionsverfassungsrecht insgesamt[8] zu entnehmen ist. Sie schützt Individuen (individuelle Religionsfreiheit) oder Organisationen (kollektive Religionsfreiheit), nicht jedoch „die Religionen" schlechthin.[9] Deshalb geht es auch in Fragen staatlicher Anerkennung oder Kooperation nicht um „den Islam", sondern allein um die jeweils agierende Organisation. Religion darf im öffentlichen Raum sichtbar werden und sich in die politische Debatte einmischen. Es bestehen vielfältige Kooperationen zwischen Staat und Religionsgemeinschaften; Religion ist wichtiger Bestandteil universitärer Forschung und Lehre und originärer Gegenstand des bekenntnisorientierten Religionsunterrichts in den öffentlichen Schulen vieler deutscher Länder. Sie wird hier nicht wie in Frankreich tendenziell als mögliche Bedrohung des staatlichen Machtanspruchs wahrgenommen, sondern als mögliche positive Ressource für das Zusammenleben und gemeinnützige Sinnstiftung. Der häufig gehörte Satz, Religion sei Privatsache, ist zwar in dem Sinne zutreffend, dass nur Menschen eine religiöse Überzeugung haben können. Er entspricht jedoch nicht der in Europa geltenden Rechtslage, die Religionsfreiheit eben auch im öffentlichen Raum gewährt.

In diesem Rahmen kann sich nun auch eine muslimische Theologie öffentlich wahrnehmbar und entsprechend den Rahmenbedingungen für andere Religionen entwickeln.[10] Hiervon profitiert nicht zuletzt das Alevitentum,[11] das erstmals in seiner Geschichte ohne Repression gelehrt und praktiziert werden kann. Der erste alevitische Religionsunterricht in öffentlichen Schulen fand in

---

8 Vgl. hierzu nur das Grundlagenwerk von Axel von Campenhausen, Heinrich de Wall, *Staatskirchenrecht*. 4. Aufl. München: C. H. Beck, 2006.
9 Vgl. zu alledem den qualitätsvollen Sammelband von Stefan Muckel (Hg.), *Der Islam im öffentlichen Recht des säkularen Verfassungsstaates*. Berlin: Duncker & Humblot, 2008, der selbstverständlich einzelne jüngere Entwicklungen noch nicht berücksichtigen konnte.
10 Im Wege von Modellversuchen wurden mittlerweile an den Universitäten Erlangen-Nürnberg, Frankfurt/Gießen, Münster/Osnabrück und Tübingen islamisch-konfessionelle Studien nach dem Modell der christlichen Theologien eingerichtet.
11 Ein Teil der Aleviten sieht sich als Ausprägung des Islam, andere verstehen das Alevitentum als eigenständige Religion, die sich aus dem Islam heraus entwickelt hat; vgl. hierzu Havva Engin, „Das Alevitentum". In Mathias Rohe, Havva Engin, Mouhanad Khorchide, Ömer Özsoy, Hansjörg Schmid (Hg.), *Handbuch Christentum und Islam in Deutschland*, Band 1. 2. Aufl. Freiburg i. Br., Basel, Wien: Herder, 2017, 129–170, hier 129 ff.

Deutschland statt, nicht in der Türkei, dem nach eigenem Anspruch laizistischen Herkunftsland der meisten Aleviten. Aber auch anderen Richtungen des Islam von Sunna über Schia bis hin zur Ahmadiya stehen entsprechende Entfaltungsmöglichkeiten offen.

Auch die religionsfreundliche deutsche Religionsverfassung stützt sich auf die Grundbedingungen des säkularen Rechtsstaats: In Angelegenheiten weltlichen, mit staatlichen Mitteln durchzusetzenden Interessenausgleichs, insbesondere der Wahrung der Menschenrechte und des Systems politischer Willensbildung und -umsetzung hat die staatliche Rechtsordnung das Letztentscheidungsrecht. Im Gegenzug muss staatliche Neutralität gegenüber den Religionen herrschen, die zudem gleich zu behandeln sind. Dieses Neutralitätsgebot wird vor allem vor dem Hintergrund jahrhundertelanger, konfessionell begründeter Verfolgung und Kriege in Europa verständlich.[12] Es ermöglicht eine über bloße Toleranz hinausgehende Gleichberechtigung und garantiert damit wirkliche Religionsfreiheit.

Konkret bedeutet dies, dass der Staat und seine Institutionen sich nicht in innerreligiöse Debatten um die „richtige" Haltung oder Auslegung einmischen dürfen.[13] Das gilt für das christliche Amtsverständnis ebenso wie für jüdische oder muslimische Religionsrituale. Die Durchsetzung rechtlicher Ansprüche religiöser Menschen oder Organisationen bedeutet folgerichtig keine inhaltliche Solidarisierung. Wiederholte Behauptungen, der Staat „hofiere" konservative Organisationen oder bevorzuge deren Einstellungen, zeugen von schlichter Unkenntnis des geltenden Rechts.

Ist also eine bestimmte Handlung oder Position als religiös zu qualifizieren, so fällt sie zunächst in den Schutzbereich der einschlägigen Grundrechte. Selbstverständlich kann dies nicht bedeuten, dass religiösen Vorstellungen aller Art stets der Vorrang vor anderen Rechtspositionen einzuräumen wäre. Zwar hat das Grundgesetz die Religionsfreiheit nicht mit Gesetzesschranken versehen wie andere Grundrechte. Dennoch besteht Einigkeit darüber, dass sie mit anderen kollidierenden Grundrechten in Einklang zu bringen ist („praktische Konkordanz"[14]). Die möglicherweise kollidierenden Interessen müssen dann im jeweiligen konkreten Einzelfall im Sinne der Verhältnismäßigkeit gegeneinander abgewogen werden.

---

12 Vgl. nur Christoph Link, „Stat Crux? – Die ‚Kruzifix'-Entscheidung des Bundesverfassungsgerichts". *Neue Juristische Wochenschrift* 48 (1995), 3353–3357.
13 Vgl. BVerfGE 35, 366, 376; BVerwG NVwZ 1994, 578, 579; OVG Münster NVwZ 1992, 77, 78 f; OVG Lüneburg NVwZ 1992, 79, 80.
14 So die berühmte Formulierung von Konrad Hesse, *Grundzüge des Verfassungsrechts der Bundesrepublik Deutschland*. 20. Aufl. Heidelberg: Müller, 1995, Rn. 72.

Unser Verfassungssystem kennt im Übrigen keinen „christlichen Religionsvorbehalt". Kein Widerspruch zum Neutralitätsgebot ist jedoch die fortwährende Bedeutung des Christentums als die in Deutschland und anderen europäischen Staaten kulturprägende Religion. In dieser Funktion darf sie z. B. auch im Schulunterricht hervorgehoben werden. Ebenfalls kein Verstoß gegen das Neutralitäts- und Gleichbehandlungsgebot sind auch die fortwirkenden staatskirchenrechtlichen Verträge/Konkordate. Sie wurden bereits vor Inkrafttreten des Grundgesetzes oder schon der Weimarer Reichsverfassung abgeschlossen und behalten grundsätzlich ihre Gültigkeit.

Die hier skizzierten Grundlagen des säkularen Rechtsstaats scheinen nicht durchweg in das allgemeine Bewusstsein der Bevölkerung eingegangen zu sein. Schon nach einer repräsentativen Umfrage in Deutschland aus dem Jahre 2010[15] waren 58,4 % der deutschen Gesamtbevölkerung (in Ostdeutschland 75,7 %) der Auffassung, man solle die religiösen Rechte der Muslime spürbar beschränken. Der Islam wird offenbar von vielen als Bedrohung empfunden. Das zeigen auch Untersuchungen,[16] die belegen, dass die vorhandenen Ängste sich in der Regel nicht auf konkrete Menschen und das Zusammenleben mit ihnen beziehen, sondern eher abstrakt bleiben: Nicht der Muslim, sondern der Islam ist der „Angstgegner". Angst ist jedoch kein Rechtsprinzip. Die Mehrheit hat nicht das Recht, der Minderheit ihre verfassungsmäßig garantierten Rechte zu nehmen oder sie einzuschränken. Im Folgenden soll anhand zweier Beispiele aufgezeigt werden, wie die Religionsfreiheit für Muslime konkret ermöglicht und durch gegenläufige rechtlich geschützte Anliegen begrenzt wird. Dabei zeigt sich auch die Einbindung in soziale Rahmenbedingungen und angstbeladene öffentliche Debatten.

Im Folgenden ist zwischen den religiösen Normen des Islams und seinen Rechtsnormen zu unterscheiden. Beide sind Bestandteil der islamischen Normenlehre (Scharia).[17] Nur die religiösen Normen, welche das Verhältnis zwischen Gott und Menschen betreffen, fallen aber unter den Schutz der Religionsfreiheit, sei es in direkter Wirkung gegenüber dem Staat, sei es indirekt in privatrechtlichen Verhältnissen wie etwa im Arbeitsrecht (sog. „mittelbare Drittwirkung" der Grund-

---

15   Oliver Decker, u. a., *Die Mitte in der Krise. Rechtsextreme Einstellungen in Deutschland 2010*, Berlin: Friedrich-Ebert-Stiftung, 2010, 134, http://library.fes.de/pdf-files/do/07504-20120321.pdf (zuletzt aufgerufen am 14.4.2018), hier 134.
16   Vgl. Mathias Rohe, im Auftrag von BM.I Österreich/SIAK, *Perspektiven und Herausforderungen in der Integration muslimischer MitbürgerInnen in Österreich*. Erlangen, Wien, Mai 2006, insbes. 30 ff.
17   Vgl. hierzu Mathias Rohe, *Das islamische Recht. Geschichte und Gegenwart*. 3. Aufl. München: C. H. Beck, 2011, 9 ff. (mit weiteren Nachweisen).

rechte).[18] Muslimische religiöse Anliegen betreffen eine Fülle von Bereichen wie z. B. Ritualgebet, Pilgerfahrt, Feiertage, Bekleidungsregeln, Speisevorschriften und Fasten, Moscheebau, Bestattungswesen, Militär- und Gefangenenseelsorge und Bildungswesen, auf die hier aus Raumgründen nicht einzeln eingegangen werden kann.[19] Manche Anliegen decken sich mit denen des traditionellen Judentums und wurden von diesem übernommen, z. B. bei der Beschneidung von Knaben.[20] Generell gilt, dass Religionsausübung auch im öffentlichen Raum und in staatlichen Institutionen stattfinden darf. Das Bundesverwaltungsgericht hat dies z. B. für das Ritualgebet in Schulpausen oder Freistunden grundsätzlich bekräftigt.[21] Andererseits ist die Neutralität des Staates zu wahren. Daraus ergibt sich, dass religiöse Betätigung umso größere Freiräume hat, je weniger sie im Zusammenhang mit staatlicher Betätigung steht, und umgekehrt.

2.2 Das deutsche Modell: Konkretisierungen

2.2.1 Moscheebau

Der rechtliche Rahmen für den Moscheebau wird von den gesetzlichen Bau- und Immissionsschutzvorschriften gesetzt, die wiederum im Lichte der verfassungsmäßig garantierten Religionsfreiheit auszulegen sind. Moscheen genießen

---

18 Vgl. Volker Epping, Christian Hillgruber, (Hg.), *Grundgesetz Kommentar*. 2. Aufl. München: C. H. Beck, 2013, Art. 4, Rn. 38, 76–78, spezifisch zum Arbeitsrecht Niloufar Hoevels, *Islam und Arbeitsrecht*. Köln: Heymann, 2003; Dorothee Frings, *Musliminnen und Muslime im Arbeitsleben – rechtliche Grundlagen*, April 2012, http://www.deutsche-islam-konferenz. de/SharedDocs/Anlagen/DIK/DE/Download/Sonstiges/Vortrag-fings-muslime-arbeitsmarkt-pdf?_blob=publicationFile (zuletzt aufgerufen am 14.03.2014).
19 Vgl. hierzu etwa Stefan Muckel, Reiner Tillmanns, „Die religionsverfassungsrechtlichen Rahmenbedingungen für den Islam". In Stefan Muckel (Hg.), *Der Islam im öffentlichen Recht des säkularen Verfassungsstaates*, 234–272; Rohe, *Der Islam in Deutschland*, 181 ff. (mit weiteren Nachweisen).
20 Vgl. hierzu Werner Beulke, Annika Dießner, „(…) ein kleiner Schnitt für einen Menschen, aber ein großes Thema für die Menschheit". *Zeitschrift für Internationale Strafrechtsdogmatik* 7 (2012), 338–346, http://www.zis-online.com/dat/artikel/2012_7_685.pdf (zuletzt aufgerufen: 14.03.2014), 338 ff.; Volker Epping, Christian Hillgruber, (Hg.), *Grundgesetz Kommentar*. 2. Aufl. München: C. H. Beck, 2013, Art. 4, Rn. 50.4, mit zahlreichen Nachweisen zum Meinungsstand. In der öffentlichen Debatte werden hinsichtlich der Gefahren regelmäßig Fehlbehandlungen ins Feld geführt, nicht jedoch sachgerecht ausgeführte Eingriffe. Fehlbehandlungen sind jedoch auch regelmäßig strafbar. Der Gesetzgeber hat mit der Einführung des § 1631 des BGB weitgehend die Unsicherheiten beseitigt, welche durch ein schlicht begründetes Urteil des LG Köln (NJW 2012, 2128) entstanden waren.
21 BVerwG NVwZ 2012, 162; für weitere schulbezogene Rechtsfragen vgl. Mathias Rohe, „Muslime in der Schule". *Bayerische Verwaltungsblätter* 141 (2010), 257–264.

vergleichbar den Kirchenbauten als religiöse Einrichtungen besonderen baurechtlichen Schutz.[22] Minarette haben einen dem Kirchturm vergleichbaren Erkennungscharakter, was entsprechend rechtlich zu würdigen ist.[23] Mittlerweile gibt es in Deutschland ca. 2500 Moscheen, mehr und mehr auch in authentischen Bauformen, die zwischen Anlehnung an historische orientalische Architektur und postmoderner Gestaltung changieren.[24]

Der Aufbau einer religiösen Infrastruktur für einen nach Millionen zählenden Teil der Bevölkerung ist eine schlichte, rechtlich gesicherte Normalität. Die sozialen und kulturellen Bedürfnisse von Muslimen müssen bei der Anwendung des Städtebaurechts berücksichtigt werden.[25] Demnach gibt es keinen rechtlich geschützten Anspruch der Bevölkerungsmehrheit auf einen religiös-kulturellen Milieuschutz, wenngleich weite Teile der nicht-muslimischen Bevölkerung z. B. ein Minarett als „fremd" empfinden.[26] Rechtspolitische Forderungen, die Errichtung von Moscheen von örtlichen Abstimmungen abhängig zu machen,[27] stehen in klarem Gegensatz zur deutschen Verfassungsordnung und zur EMRK. Sie zeigen ein Fehlverständnis der rechtlichen Bedeutung von Mehrheitsentscheidungen. Auch „demokratische" Mehrheiten sind nicht berechtigt, Minderheiten ihre verfassungsmäßigen Rechte zu nehmen, erst recht nicht wegen diffuser „Überfremdungsängste" oder Befürchtungen, das eigene Nachbargrundstück könne an Wert verlieren. Wenn im Einzelfall eine extremistische Organisation eine

---

22 Vgl. BVerwG NJW 1992, 2170, 2171 (Betsaal und Koranschule); Bay VGH NVwZ 1997, 1016, 1017 f.; OVG Koblenz NVwZ 2001, 933, 934; OVG Koblenz BeckRS 2009, 38724; VG Berlin BeckRS 2009, 33040.
23 Bay VGH NVwZ 1997, 1016, 1018; OVG Koblenz NVwZ 2001, 933, 934.
24 Vgl. hierzu die Werke von Bärbel Beinhauer-Köhler, Claus Leggewie, *Moscheen in Deutschland. Religiöse Heimat und gesellschaftliche Herausforderungen*. München: C. H. Beck, 2009, 200; Thomas Schmitt, *Moscheen in Deutschland. Konflikte um ihre Errichtung und Nutzung*. Flensburg: Deutsche Akademie für Landeskunde, 2003. Zur historischen Entwicklung in Deutschland vgl. Rohe, *Der Islam in Deutschland*, 57 ff., 181 ff.
25 OVG Koblenz NVwZ 2001, 933, 934; vgl. auch Bay VGH NVwZ 1997, 1016, 1018. Zur städtebaulichen Integration von Moscheen vgl. Reinhold Zemke, *Die Moschee als Aufgabe der Stadtplanung. Städtebauliche, baurechtliche und soziale Aspekte zur Integration des islamischen Gotteshauses in die Stadt und ihre Gesellschaft*. Münster: LIT, 2008.
26 OVG Koblenz NVwZ 2001, 933, 934 unter Berufung auf BVerwG NVwZ 1997, 384, 388.
27 Exemplarisch für derartige rechtspopulistisch-islamfeindliche Haltungen der AfD-Funktionär Hans-Thomas Tillschneider zu nicht näher definierten „Großmoscheen"; vgl. den Bericht „AfD geht mit Moscheenkritik und Deutschquote für Musik in sächsischen Wahlkampf", LVZ-online vom 2.3.2014, http://www.lvz-online.de/nachrichten/mitteldeutschland/saechsische-afd-formuliert-programm-fuer-landtagswahl-ende-august/r-mitteldeutschland-a-229059.html (zuletzt aufgerufen am 18.4.2018).

Moschee zu rechtswidrigen Aktivitäten nutzt, kann und muss darauf mit vereinsrechtlichen Verboten und Beschlagnahmen reagiert werden.[28]

Auch das häufig gegen Moscheebauten vorgebrachte Argument der Gegenseitigkeit nach dem Muster „Kirche in Mekka gegen Moschee in Deutschland" ist aus rechtlicher Sicht aus zwei Gründen zu verwerfen. Zum einen würde damit eine Sippenhaft für Muslime im Land begründet, die nicht in die Verantwortung für den in der Tat beklagenswerten Stand der Religionsfreiheit in vielen islamisch geprägten Staaten genommen werden dürfen. Zum anderen würden unsere rechtsstaatlichen Lebensgrundlagen unterminiert. Die Bekämpfung von Religionsdiktaturen kann nicht durch deren Vermehrung im Wege des Rechtskulturrelativismus[29] erfolgen, sondern nur durch konsequente Durchsetzung der eigenen rechtsstaatlichen Maßstäbe. In jedem Falle zu empfehlen ist allerdings Transparenz bei allen Beteiligten: Die frühzeitige Information von Verwaltung und Öffentlichkeit über Bauprojekte und ihre Träger ermöglicht flexible Reaktionen und zivilgesellschaftliche Unterstützung im rechtsstaatlichen Rahmen.

Besonderheiten gelten für die lautstärkerverstärkte Übertragung des Gebetsrufs. Dabei werden wegen der besonders intensiven Einwirkung auf die Umgebung immissionsschutzrechtliche Vorschriften relevant. Es ist zu prüfen, ob die Geräuschimmissionen den Grad erheblicher Nachteile oder Belästigungen für die Allgemeinheit oder die Nachbarschaft erreichen (§ 3 Abs. 1 Bundesimmissionsschutzgesetz). Hierbei ist die Zumutbarkeit nach den Umständen des Einzelfalls zu prüfen (insbesondere Lautstärke, Tageszeiten und Struktur des Umfelds).[30] In einigen wenigen Städten, überwiegend in Nordrhein-Westfalen, wurde seit Mitte der 1980er Jahre die Übertragung des Gebetsrufs meist zum Freitagsgebet, im Einzelfall auch mehrmals täglich, mit unterschiedlichem Erfolg beantragt bzw. eingeklagt.[31] Andererseits verzichten die meisten Gemeinden zur Vermeidung von Konflikten mit einer mehrheitlich nicht-muslimischen Umgebung darauf. Nach der Ritualpraxis genügt die Ausführung innerhalb der Moschee.

---

28 Vgl. z. B. das Urteil des Bundesverwaltungsgerichts zum Verbot eines Vereins, der die HAMAS finanziell unterstützt hat, BVerwG NVwZ 2005, 1435.
29 Vgl. Zu einschlägigen Debatten Mathias Rohe, Mathias „Das ist Rechtskulturrelativismus". FAZ, 22.2.11, http://www.faz.net/aktuell/feuilleton/debatten/islam-debatte-das-ist-rechtskulturrelativismus-1595144.html (zuletzt aufgerufen am 18.4.2018); ausführlich Patrick Bahners, *Die Panikmacher. Die deutsche Angst vor dem Islam – eine Streitschrift*. München: dtv, 2011. insbes. 131 ff.
30 Vgl. zu den Maßstäben BVerwGE 79, 254, 260; BVerwGE 90, 163, 165 f.
31 Ablehnend in jüngerer Zeit VG Gelsenkirchen; vgl. den Bericht „Richter verbieten Muezzin-Lautsprecher in Oer-Erkenschwick", WAZ v. 1.2.2018, https://www.waz.de/region/richter-verbieten-muezzin-lautsprecher-in-oer-erkenschwick-id213289575.html (zuletzt aufgerufen am 8.2.2018).

2.2.2 Religiöse Kleidung

Die Debatte über das freiwillig getragene[32] muslimische Kopftuch ist in weiten Teilen eine Reaktion auf die Ängste vor muslimischem Extremismus, der sich seit den Terrorattacken vom 11. September 2001 verbreitet hat. Das Kopftuch wird ohne Rücksicht auf die vielfältigen Gründe für das Tragen symbolhaft zum Gegensatz zu einer freiheitlichen, aufgeklärten abendländischen Kultur stilisiert.[33] Umso wichtiger ist eine faktenorientierte Betrachtung auf der Basis des geltenden Religionsverfassungsrechts.

Religiös begründete Bekleidungsvorschriften fallen nach allgemeiner Auffassung unter die Religionsfreiheit. Aussagen zur Bekleidung beider Geschlechter finden sich im Koran in Sure 24, 30 f. Danach sollen Männer und Frauen sich sittsam kleiden und verhalten. Der immer wieder sichtbare scharfe Kontrast zwischen leichtbekleideten Männern und schwerverhüllten Frauen lässt sich angesichts der koranischen Regelung für beide Geschlechter nur aus patriarchalisch geprägten Körpervorstellungen erklären. Die weiteren Aussagen zur Frauenbekleidung in Sure 33, 59 sind inhaltlich ebenfalls nicht eindeutig. Übersetzungen, die den Begriff des Kopftuchs oder Schleiers wählen, sind bereits Interpretationen. Schon der Wortlaut des Korans legt keine bestimmte „Kleiderordnung" fest. Manche zeitgenössischen muslimische Islamwissenschaftler verstehen die koranischen Aussagen als nichts anderes als eine moralische Empfehlung, die im ständigen Wandel von Zeit und Lebensumständen zu sehen sei.[34]

Andererseits hat sich über die Jahrhunderte eine verbreitete Meinung herausgebildet, wonach die Frau jedenfalls ihr Haupthaar bedecken solle. Manche Musliminnen nehmen dies schlicht als nicht weiter zu begründendes religiöses Gebot an. Andere deuten Kopftuch oder Schleier auch als Schutz und als Instrument zur Befreiung: Es wandle die Trägerin von einem Beobachtungsobjekt zur Beobachterin. Zudem müsse die Trägerin dann nicht mehr teure Kleidung anschaffen und dem gängigen Schönheitsideal hinterherhecheln, um in ihrer Umgebung anerkannt zu werden. Ferner kann das Tragen des Kopftuchs die Verhandlungsposition in innerfamiliären[35] bzw. innermuslimischen Debatten

---

32 Dass Fälle des Zwangs rechtswidrig sind und dessen Opfer allen staatlichen und gesellschaftlichen Schutz verdienen, ist eine Selbstverständlichkeit.
33 Exemplarisch Alice Schwarzer in ihrer ebenso meinungsstarken wie faktenschwachen Kritik des Bundesverfassungsgerichts, abrufbar unter https://www.aliceschwarzer.de/artikel/kopftuch-ein-lebensfernes-fatales-urteil-318599 (14.4.18); zu ihr Bahners, Die Panikmacher, 233 ff.
34 Vgl. z. B. Smail Bálic, *Islam für Europa. Neue Perspektiven einer alten Religion.* Köln, Weimar, Wien: Böhlau, 2001, 151.
35 Der Verfasser weiß von Fällen, in denen junge Frauen das Kopftuch zu tragen begannen, um unliebsame Heiratskandidaten wegen mangelnder Frömmigkeit ablehnen zu können.

stärken, weil sich die Trägerin religionspraktisch „unangreifbar" macht. Gelegentlich wird es auch „aus Trotz" getragen, sei es als eine Form jugendlichen Protests gegen sehr säkulare Eltern, sei es als Reaktion auf breite gesellschaftliche Ablehnung. Schließlich schütze es vor Belästigungen, dies allerdings ein inhaltlich fragwürdiges Argument.

Auch unter den Muslimen besteht also keine einhellige Meinung. Der deutsche Staat ist indes zur religiösen Neutralität verpflichtet. Er darf deshalb nicht eine der vertretenen Auffassungen für „richtig" erklären. Generell verdient die freiwillig getroffene Entscheidung einer Frau über ihre Kleidung Respekt. Die Rechtsordnung muss dieses Recht ebenso verteidigen wie diejenigen schützen, die gegen ihren Willen zu bestimmten Kleidungsarten gezwungen werden.

Religionsspezifische Kleidung von Männern war anders als die von Frauen bislang fast nie Gegenstand öffentlicher Debatten, rechtlicher Einschränkungen oder faktischer Diskriminierung. Käppchen, Salafistenkleidung und -bärte werden zur Kenntnis genommen, aber nicht weiter problematisiert. Insofern spiegeln sich patriarchalische Grundmuster auch auf nicht-muslimischer Seite. Einseitige Beschränkungen religiös motivierter Kleidung nur für Frauen weisen einen unübersehbaren Gender-Aspekt auf, der im Grunde den Gleichbehandlungsgrundsatz des Art. 3 Abs. 2 GG ins Gegenteil verkehrt.

Mögliche Einschränkungen der Religionsfreiheit bedürfen auch hier einer tragfähigen sachlichen Begründung: Nicht die Freiheit, sondern die Einschränkung der Freiheit muss begründet werden. Da das Kopftuch das Gesicht freilässt, muss es grundsätzlich nicht zu Identifikationszwecken (z. B. für Passfotos) abgenommen werden.[36] In jüngerer Zeit häufen sich jedoch Berichte von rechtswidrigen verbalen und physischen Angriffen auf kopftuchtragende Frauen in der Öffentlichkeit. Rechtlicher Schutz hiergegen ist im Einzelfall faktisch schwer durchzusetzen. Umso wichtiger ist ein gesellschaftliches Miteinander, das bei allen kontroversen Ansichten die Integrität und die Lebensführung anderer respektiert.

Auch für Schülerinnen in öffentlichen Schulen bestehen in Deutschland grundsätzlich keine rechtlichen Hinderungsgründe, freiwillig ein Kopftuch zu tragen.[37] Die wiederholt geäußerte Befürchtung, Mädchen könnten dadurch zu Außenseiterinnen werden, kann selbst im Falle ihres Zutreffens aus rechtlicher Sicht nicht ohne weiteres berücksichtigt werden:[38] Die gesellschaftlichen Auswirkungen der Glaubenshaltung rechtfertigen Einschränkungen nur dann, wenn

---
36 So VG Wiesbaden NVwZ 1985, 137.
37 Ausführlich hierzu Nina Coumont, „Islam und Schule". In Stefan Muckel (Hg.), *Der Islam im öffentlichen Recht des säkularen Verfassungsstaates*, 440–522, hier 499 ff.
38 Vgl. BVerfGE 33, 23, 29; OVG Lüneburg NVwZ 1992, 79, 80.

solche Auswirkungen im Widerspruch zu anderen Wertentscheidungen der Verfassung stehen und das Gemeinwesen oder Grundrechte Dritter dadurch fühlbar beeinträchtigt werden.[39] Empirische Belege hierfür wurden bislang nicht erbracht. Anders als z. B. ein Gesichtsschleier beeinträchtigt das Kopftuch nicht die allgemein üblichen und unerlässlichen Kommunikationsmöglichkeiten. Negativreaktionen von außen können keine Grundrechtsbeschränkung legitimieren.

In Deutschland wird seit ungefähr 20 Jahren besonders kontrovers diskutiert, ob Lehrerinnen oder andere Staatsangestellte in Ausübung ihres Amtes ein Kopftuch tragen dürfen.[40] Auch sie genießen Religionsfreiheit, wenngleich diese durch die beamtenrechtliche Sonderstellung und das staatliche Neutralitätsgebot begrenzt wird.[41] Das in den Vordergrund gerückte Argument, religiös motivierte Kleidung verstoße gegen das staatliche Neutralitätsgebot, ist verfehlt. Überzeugend wäre es nur, wenn eine Verwechslungsgefahr entstünde in dem Sinne, dass sich der Staat das von der Lehrkraft gesetzte „Zeichen" zu Eigen macht. Da der Staat selbst aber keine Religion hat und es um persönliche Kleidung geht, kann eine solche Verwechslung – anders als bei auf staatliche Veranlassung angebrachten religiösen Symbolen – offensichtlich nicht entstehen.

Das Bundesverfassungsgericht hat es im Jahre 2003[42] dem Gesetzgeber anheimgestellt, religiöse Symbole bei Lehrkräften entweder gleichermaßen zuzulassen oder gleichermaßen zu verbieten. Der Grundrechtseingriff durch ein Verbot könne dann gerechtfertigt sein, wenn religiöse Symbole aus Sicht der Betrachter allgemein geeignet seien, den Schulfrieden zu stören. Allerdings seien keine negativen Auswirkungen des Kopftuchs auf die Schülerschaft erkennbar, und die Konfrontation mit einer kopftuchtragenden Lehrerin greife nicht unzulässig in die negative Religionsfreiheit der Umgebung ein. Die Vielfalt der Gründe für das selbstbestimmte Tragen des Kopftuchs lasse keine Verkürzung auf ein „Zeichen gesellschaftlicher Unterdrückung der Frau" zu. Die offenbar erhoffte parlamentarische Debatte über Funktion und Wirkung des Kopftuchs fiel allerdings weitgehend aus. Stattdessen wurden in acht Bundesländern meist sehr

---

39 Vgl. BVerfGE 33, 23, 29; OVG Münster NVwZ 1992, 77, 79; OVG Lüneburg NVwZ 1992, 79, 80.
40 Vgl. hierzu z. B. Heide Oestreich, *Der Kopftuchstreit. Das Abendland und ein Quadratmeter Islam*. Frankfurt a. M.: Brandes und Apsel, 2004; Sabine Berghahn, Petra Rostock (Hg.), *Der Stoff aus dem Konflikte sind. Debatten um das Kopftuch in Deutschland, Österreich und der Schweiz*. Bielefeld: transcript, 2009; Ute Sacksofsky, „Die Kopftuch-Entscheidung – von der religiösen zur föderalen Vielfalt". *NJW* 56 (2003), 3297–3301; Gabriele Britz, „Verfassungsrechtliche Fragen islamischer Bekleidungsvorschriften für Frauen". In Mechthild Rumpf, Ute Gerhard, Mechthild Jansen (Hg.), *Facetten islamischer Welten. Geschlechterordnungen, Frauen- und Menschenrechte in der Diskussion*. Bielefeld: transcript, 2003, 179–191.
41 Vgl. von Campenhausen, de Wall, *Staatskirchenrecht*, 71 ff.
42 Urt. v. 24.9.2003, BVerfGE 108, 282 ff.; überzeugend und wegweisend die Besprechung von Sacksofsky, „Die Kopftuch-Entscheidung", 3297 ff.

schnell Gesetze erlassen, die sich faktisch gegen das Kopftuch richteten, auch wenn sie neutral formuliert waren. Gesetze, die christliche Kleidungssymbolik vom Verbot ausnahmen, standen angesichts dieser Rechtsprechung nicht im Einklang mit der Verfassung. Erkenntnisse in den Ländern ohne Verbotsgesetze ergeben, dass nur in Rheinland-Pfalz ein einziger von außen verursachter Störungsfall auftrat; in Schleswig-Holstein und Hamburg gab es nach Auskunft der zuständigen Bildungsbehörden keinerlei Störfälle.[43]

Im Jahre 2015 hat das Bundesverfassungsgericht[44] zum Missfallen mancher präzisiert, dass die nur abstrakte Eignung des Kopftuchtragens zur Gefährdung des Schulfriedens oder der staatlichen Neutralität kein Verbot wegen Unverhältnismäßigkeit rechtfertigt. Verbote können nur auf konkrete Gefährdungen gestützt werden. Wenn es in Schulen oder Schulbezirken bereichsspezifisch zu konkreten Gefährdungen in einer beachtlichen Zahl von Fällen kommt, kann dort darüber hinaus auch für eine gewisse Zeit ein allgemeines Verbot erfolgen. In jedem Falle müssen bei Verboten alle Religionen und Weltanschauungen unterschiedslos behandelt werden.

Das Tragen des Kopftuchs wurde daneben wiederholt im Bereich der Justiz zum Gegenstand von Kontroversen. Parteien in Rechtsstreitigkeiten, Zeuginnen, Anwältinnen, Schöffinnen und Zuhörerinnen dürfen ein Kopftuch tragen, auch wenn einzelne Richter versucht haben, dies rechtswidrig und mit teils kabarettreifer Begründung (Sichtbarkeit der Ohren als notwendige Grundlage für die Glaubwürdigkeitsprüfung) zu untersagen.[45] Für Richterinnen und Rechtsreferendarinnen im Sitzungsdienst[46] zeichnet sich wegen der besonderen Neutralitätsanforderungen ein Verbot ab, das auch konkret gesetzlich fixiert wird. Im Übrigen wird die notwendige Debatte dem gesellschaftlichen Diskurs anheimgestellt. Dorthin gehört sie auch: Das Recht ist weder aufgerufen noch in der Lage, Überzeugungsbildung in derartigen Fragen zu betreiben. Das sehen auch besonnene muslimische Kritikerinnen des Kopftuchs so: „Das Kopftuch ist eine

---

43 „Ein wenig Stoff für hitzige Debatten", taz 17.3.2015, http://www.taz.de/!5016423/ (zuletzt aufgerufen am 14.4.18).
44 Urt. v. 27.1.2015, NJW 2015, 1359 ff.
45 „An den Ohren herbeigezogen", taz 30.3.14, http://www.taz.de/!135842/ (zuletzt aufgerufen am 14.4.2018); mangels Entscheidungsrelevanz wurde die Zeugenaussage schließlich nicht gehört. Ein ähnlich agierender Richter wurde wegen Befangenheit abgelehnt; vgl. „Richter nach Kopftuch-Verbot wegen Befangenheit abgelehnt", SZ v. 23.8.2017, http://www.sueddeutsche.de/news/panorama/prozesse—luckenwalde-richter-nach-kopftuch-verbot-wegen-befangenheit-abgelehnt-dpa.urn-newsml-dpa-com-20090101-170823-99-751344 (zuletzt aufgerufen am 8.2.2018).
46 Vgl. BVerfG NJW 2017, 2333; anders VG Augsburg JA 2017, 78 mit Anm. Muckel, wenn keine konkrete gesetzliche Regelung vorliegt. Sie liegt für Bayern seit dem 1.4.2018 vor.

Schande für den Islam, das staatliche Verbot eine Schande für die Demokratie".[47]

Anders als das Kopftuch ist der Niqab (oft fälschlich als „Burka"[48] bezeichnet) zu behandeln, der das Gesicht bis auf die Augenpartie verbirgt. Für staatliche Repräsentanten ist schon aus Gründen der Neutralitätswahrung kein Raum für eine Gesichtsverschleierung. Der Bund hat dies 2017 gesetzlich konkretisiert.[49] Auch dort, wo die Identifikation der Person, Sicherheitsbelange z. B. am Arbeitsplatz oder im motorisierten Straßenverkehr es erforderlich machen, oder wo offene Kommunikation nicht nur wünschenswert, sondern erforderlich ist, überwiegen diese Belange das individuelle Recht auf religiös begründete Bekleidungsarten. So hat zu Recht der Bayerische Verwaltungsgerichtshof im Jahre 2014 das gegenüber einer Berufsschülerin ausgesprochene Verbot, während des Unterrichts einen gesichtsverhüllenden Schleier zu tragen, mit dem überwiegenden staatlichen Erziehungs- und Bildungsauftrag begründet. Dieser Auftrag wird nicht auf der Grundlage eines einseitigen Monologs der Lehrkraft, sondern in offener Kommunikation erfüllt, die auch wichtige non-verbale Elemente enthält, welche durch die Gesichtsverhüllung im Wesentlichen unterbunden werden.[50] 2017 wurde das niedersächsische Schulgesetz aus demselben Grund ergänzt.[51]

Diese Erwägungen sind meines Erachtens auch auf die universitäre Lehre zu übertragen, soweit eine direkte Begegnung zwischen Studierenden und Lehrkräften erfolgt, also nicht nur in Seminaren, sondern auch in Vorlesungen und anderen Veranstaltungen. So hat die Universität Gießen 2014 zutreffend einer Lehramtsstudentin (!) untersagt, Vorlesungen mit Niqab zu besuchen; die Studentin hat letztlich eingewilligt.[52] Erst recht ist es ein Gebot rechtsstaatlicher Gerichtsverfahren, dass alle Verfahrensbeteiligten stets ihr Gesicht zeigen, um die oft aussagekräftige Mimik allen anderen Beteiligten offenzulegen. Entsprechende gesetzliche Klarstellungen wurden in Bund und Ländern getroffen bzw. diskutiert.

---

47 So die langjährige Kopftuchträgerin Emel Zeynelabidin in „Das Kopftuch ist eine Schande für den Islam", Kurier vom 5.1.2016, https://kurier.at/politik/ausland/das-kopftuch-ist-eine-schande-fuer-den-islam/173.211.083 (zuletzt aufgerufen am 30.1.2018).
48 Die Burka wird annähernd ausschließlich in Afghanistan und von Afghaninnen im asiatischen Ausland getragen.
49 Gesetz zu bereichsspezifischen Regelungen der Gesichtsverhüllung und zur Änderung weiterer dienstrechtlicher Vorschriften v. 8.6.2017, BGBl 2017 I, 1570.
50 Bayerischer Verwaltungsgerichtshof Beschluss vom 22.4.2014 (7 CS 13.2592), http://www.vgh.bayern.de/media/bayvgh/presse/pm_2014-4-291.pdf (zuletzt aufgerufen am 14.4.2018).
51 § 58 des Niedersächsischen Schulgesetzes in der Fassung vom 16.8.2017.
52 „Studentin muss Schleier lüften", Frankfurter Rundschau, 12.5.2014, http://www.fr-online.de/rhein-main/universitaet-giessen-studentin-muss-schleier-lueften,1472796,27108434.html (zuletzt aufgerufen am 15.4.2018).

In Frankreich und einigen wenigen anderen europäischen Staaten und Regionen (Belgien, Niederlande, Teile der Schweiz, Italiens und Spaniens) ist darüber hinaus das Tragen im öffentlichen Raum generell verboten und bußgeldbewehrt. Der EGMR[53] hat das französische Verbot unter Hinweis auf den Einschätzungsspielraum des Gesetzgebers für die Regelung des Zusammenlebens letztlich gebilligt. Er hat allerdings auch sachkundig alle Argumente widerlegt, welche die Freiwilligkeit des Tragens generell ausschließen und deshalb eine Menschenrechtsverletzung behaupten.

In Deutschland ist auch das Tragen eines Niqab im öffentlichen Raum nicht generell zu verbieten. Im Zweifel setzen sich Freiheitsrechte durch, wenn nicht hinreichend konkrete, belastbare Tatsachen beigebracht werden, die eine Einschränkung in verhältnismäßiger Weise begründen können. Eine Bundestagsdebatte im Kontext der französischen Verbotsgesetzgebung hat gezeigt, dass die überwältigende Mehrheit weder Anlass noch rechtliche Möglichkeiten für ein generelles Verbot gesehen hat. Auch der Vorstoß einiger CDU-Mitglieder im Jahre 2014 wurde von kundigen Parteivertretern zurückgewiesen.[54] Die erneute Debatte im Bundestag im Februar 2018 hat wiederum dasselbe Bild ergeben. Wenngleich das Tragen eines Niqab in der Öffentlichkeit kommunikationsfeindlich ist und ein höchst befremdliches Geschlechterbild vermittelt, so kann doch Kommunikation und die Übernahme der Gleichberechtigung in der selbstbestimmten privaten Lebensgestaltung nicht erzwungen werden. Die Erfahrungen aus Frankreich lassen zudem erhebliche Zweifel an einer tauglichen Durchsetzung einschlägiger Verbote aufkommen. Die Zahl der im Inland wohnenden Trägerinnen scheint sehr überschaubar zu sein; nicht selten handelt es sich um Konvertitinnen, die ihre Neuorientierung offenbar besonders unterstreichen möchten. Ansonsten tritt diese Bekleidungsform besonders häufig unter reichen Touristinnen auf, die mit ihren ausgabefreudigen Familien etwa in teuren Münchener Hotels und Läden gerne empfangene, wenn schon nicht gesehene Gäste sind.

3 Islamische Rechtsnormen im europäischen Rahmen

Rechtsnormen fallen nicht in den Anwendungsbereich der Religionsfreiheit. In Europa entscheidet allein die territorial geltende Rechtsordnung darüber, ob und in welchem Umfang fremde Rechtsvorschriften auf ihrem Territorium anwendbar

---

53   EGMR Urteil vom 1.7.2014 (Application no. 43835/11) S.A.S. v. France.
54   „Parteitag: CDU vertragt Entscheidung über Burka-Verbot", Spiegel-online, 10.12.2014, http://www.spiegel.de/politik/deutschland/parteitag-cdu-vertagt-entscheidung-ueber-burka-verbot-a-1007787.html (zuletzt aufgerufen am 15.4.2018).

sind. Im öffentlichen Recht, insbesondere im Strafrecht, ist das grundsätzlich ausgeschlossen. Im Zivilrecht, welches primär Rechtsbeziehungen unter Privaten regelt, können fremde Vorschriften hingegen in begrenztem Umfang auf drei unterschiedlichen Ebenen zur Anwendung kommen:[55]

Bei grenzüberschreitenden Lebenssachverhalten sieht das sogenannte Internationale Privatrecht (IPR)[56] in manchen Fällen die Anwendung ausländischen Rechts vor. Dies gilt in der Regel dann, wenn die Betroffenen in ihrer Lebensführung darauf vertraut haben, z. B. bei einer im Ausland geschlossenen Ehe, die dann grundsätzlich auch im Inland anerkannt wird. Der Vertrauensschutz muss allerdings dort enden, wo die Anwendung fremder Normen im Ergebnis offensichtlich gegen die grundlegenden Prinzipien des inländischen Rechts („ordre public") verstieße. In diesem Fällen überwiegt der innere Rechtsfriede das private Interesse an der Anwendung solcher Normen. Ein Beispiel für die Begrenzung aus jüngster Zeit sind die Regelungen über das Verbot bzw. die Nichtanerkennung von „Kinderehen".[57]

Unterschiede in der Handhabung dieser Begrenzung zeigen sich in verschiedenen europäischen Rechtsordnungen und im EU-Recht: In jüngerer Zeit mehren sich die Stimmen, welche fremde Normen abstrakt auf ihre Kompatibilität mit inländischen Rechtsordnungen prüfen wollen. Die herkömmliche Betrachtungsweise folgt hingegen einer konkreten Ergebniskontrolle: Nicht die fremde Norm als solche wird geprüft, sondern nur deren Anwendungsergebnis. Dies kann dazu führen, dass eine für einen Beteiligten strukturell nachteilige Norm sich im Einzelfall vorteilhaft auswirken kann und in diesem Fall nicht ausgeschlossen werden muss. Ein Beispiel ist die Anerkennung der einseitigen Verstoßung der Ehefrau durch den Ehemann („Talaq"[58]) nach traditionellen islamrechtlich geprägten Vorschriften. Wenn die Ehefrau selbst die Anerkennung begehrt, um ohne weiteres Scheidungsverfahren erneut heiraten zu können, würde sie bei einer nur abstrakten Prüfung und daraus folgender Nichtanerkennung der Verstoßung zum zweiten Mal Opfer einer Benachteiligung, diesmal angeblich zur Wahrung ihrer Menschenrechte.[59]

---

55 Ausführlicher hierzu Rohe, *Das islamische Recht*, 351 ff.
56 Grundlegend hierzu z. B. Gerhard Kegel, Klaus Schurig, *Internationales Privatrecht*. 9. Aufl. München: C. H. Beck, 2004, IPR, 4 ff.
57 Das damit verbundene wichtige Anliegen wurde allerdings durch übermotivierte gesetzgeberische Schnellschüsse in teilweise unprofessioneller Form umgesetzt; zu den Einzelheiten Mathias Rohe, „Die rechtliche Behandlung von Minderjährigenehen in Deutschland". *Das Standesamt* 71 (2018), 73–80.
58 Vgl. Rohe, *Das islamische Recht*, 91 ff., 216 ff. (mit weiteren Nachweisen).
59 Vgl. zu alledem Mathias Rohe, „Europäisches Religionsrecht und religiöses Recht". In Stefan Arnold (Hg.), *Grundfragen des Europäischen Kollisionsrechts*. Tübingen: Mohr Siebeck, 2016, 67–86.

Ein weiterer Bereich möglicher Anwendung islamrechtlich geprägter Normen ist der des sogenannten dispositiven Sachrechts. Hier geht es um die rechtlich zulässige eigenständige Gestaltung privater Rechtsbeziehungen, z. B. durch Eheverträge, Testamente und anderes. In den Grenzen zwingender Rechtsvorschriften und der guten Sitten wurden z. B. Eheverträge, in denen Ehemänner zugunsten der Ehefrauen Brautgaben versprachen, für generell zulässig und damit durchsetzbar gehalten.[60] Schließlich finden sich in verschiedenen europäischen Staaten auch Formen informeller, also nur sozial wirksamer, Anwendung islamisch geprägter Vorschriften. Ein Beispiel sind religiöse Eheschließungen, die in aller Regel nicht ohne zivilrechtliche Ehe bzw. besondere Registrierung rechtswirksam werden. Die meisten Rechtsordnungen ignorieren solche Verhältnisse schlicht. Allerdings können daraus Probleme resultieren, wenn der soziale Druck so stark wird, dass die Unterwerfung unter rechtlich nachteilige Lösungen nicht mehr als freiwillig angesehen werden kann („Paralleljustiz"[61]). Hiergegen muss der Rechtsstaat effiziente Hilfe bereithalten.

4 Muslimische Haltungen zu den rechtlichen Rahmenbedingungen

Breit angelegte Untersuchungen in Deutschland aus jüngerer Zeit[62] belegen, dass die Zustimmung zu den Grundlagen des deutschen Staats- und Rechtssystems ungefähr gleich groß ist wie unter der Gesamtbevölkerung. Teilweise ist das Vertrauen in die deutschen Institutionen unter Muslimen sogar noch stärker ausgeprägt. Die meisten fühlen sich nach jüngsten repräsentativen Umfragen in fünf europäischen Staaten mit dem Land, in dem sie leben, eng oder eher verbunden, in Deutschland 96 % der Befragten.[63] Aber stehen nicht Umfragen

---

60 Vgl. hierzu Nadjma Yassari, *Die Brautgabe im Familienvermögensrecht. Innerislamischer Rechtsvergleich und Integration in das deutsche Recht*. Tübingen: Mohr Siebeck, 2014, insbes. 333 ff.
61 Vgl. hierzu z. B. Mathias Rohe, Mahmoud Jaraba, *Paralleljustiz. Studie im Auftrag des Landes Berlin*. Erlangen, Berlin 2015, https://www.berlin.de/sen/justiz/service/broschueren-und-infomaterialien/ (zuletzt aufgerufen 18.4.2018).; Mathias Rohe, „Paralleljustiz' im Familienrecht. Brühler Schriften zum Familienrecht". In *22. Deutscher Familienrechtstag*. Bielefeld: Gieseking, 2017, 61–78.
62 Vgl. die Daten in der Studie von BAMF/DIK, Muslimisches Leben in Deutschland. Nürnberg 2009; Martina Grabau, „Identität und Loyalität von Muslimen in Deutschland". In Dirk Halm, Hendrik Meyer (Hg.), *Islam und die deutsche Gesellschaft*. Wiesbaden: Springer, 2013, 195–216; Gert Pickel, *Religiosität im internationalen Vergleich*, Bertelsmann Religionsmonitor. Gütersloh 2013; Bertelsmann Stiftung, Religionsmonitor Sonderauswertung Islam 2015.
63 Vgl. Dirk Halm, Martina Sauer, *Muslime in Europa – Integriert aber nicht akzeptiert*, Bertelsmann Stiftung Religionsmonitor, Gütersloh 2017, https://www.bertelsmann-

entgegen, nach denen viele Muslime die Gebote der Scharia über das weltliche Recht stellen?[64]

Diese allgemeine Fragestellung unterstellt einen Gegensatz, den viele der Befragten so überhaupt nicht sehen. Dafür gibt es zwei innerislamische Begründungen. Die traditionelle stützt sich auf eine seit über 1 000 Jahren entwickelte Lehre, wonach Muslime, die in einem nicht-muslimischen Land Sicherheit genießen, die dort geltenden Gesetze auch aus Glaubensgründen einhalten müssen. Diese Lehre wurde vor dem Hintergrund des früheren Gegensatzes zwischen dem „Haus des Islam" (Dar al-Islam) und dem „Haus des Krieges" (Dar al-Harb) entwickelt. Sie beruht auf der Zwischenkategorie „Haus des Vertrags" (Dar al-Ahd), in welchem Muslime sich in Sicherheit aufhalten konnten.[65] In jüngerer Zeit haben europäische Muslime deutlich gemacht, dass sie diese Lehre für überholt halten, weil sie auf einem nicht mehr bestehenden Gegensatz zwischen islamischer und nicht-islamischer Welt beruht. Sie sprechen nun von „einem Haus" (Dar Wahida), in dem alle Menschen gesetzeskonform leben müssen.[66] Nur Extremisten erkennen diese Sichtweisen nicht an. Wissenschaftlichen Erkenntnisgewinn würden also nur konkrete Fragestellungen erbringen, in denen unvereinbare Normen aus beiden Bereichen gegenübergestellt werden. Zudem wäre dann noch zu prüfen, vor welchem intellektuellen und kulturellen Hintergrund die Fragen beantwortet werden, beispielsweise im Hinblick auf patriarchalische Grundhaltungen, die keine exklusiv muslimische Domäne darstellen.

Mit aller Vorsicht kann gesagt werden, dass die bei weitem größte Gruppe von Muslimen diejenige der „Alltagspragmatiker" ist, welche sich meist ohne tiefere Reflexion in das bestehende System einfindet und es in seinen Grundent-

---

stiftung.de/fileadmin/files/BSt/Publikationen/GrauePublikationen/Studie_LW_Religionsmonitor-2017_Muslime-in-Europa.pdf (zuletzt aufgerufen am 18.2.2018), 33.
64 Dies ist z. B. eine von drei Schlüsselfragen zur Bestimmung von religiösem „Fundamentalismus" in einer Studie von Ruud Koopmans von 2014 („Religious fundamentalism and out-group hostility among Muslims and Christians in Western Europe", https://bibliothek.wzb.eu/pdf/2014/vi14-101.pdf [zuletzt aufgerufen am 30.1.2018]). Auch die zweite Frage nach der Rückkehr zu den unveränderlichen Regeln der Religion ist höchst vage formuliert. Die sehr unpräzise Kategorie des „Fundamentalismus", mit welcher die Studie operiert, ist zudem im Hinblick auf für den Staat problematische extremistische Einstellungen unter Muslimen längst durch Aussagekräftigeres ersetzt worden. Damit erbringt die Studie meines Erachtens keinen neuen Erkenntnisgewinn. Auch wird die Behauptung, es handele sich um eine repräsentative Befragung, von Ferda Ataman überzeugend widerlegt („Umstrittene Studie"), http://mediendienst-integration.de/artikel/wzb-studie-koopmans-zu-fundamentalismus-muslime-und-christen-im-europaeischen-vergleich.html (zuletzt aufgerufen am 30.1.2018).
65 Darauf stützt sich z. B. der Zentralrat der Muslime in Deutschland (ZMD) in Art. 10 seiner Islamischen Charta von 2002, http://zentralrat.de/3035.php (zuletzt aufgerufen am 18.4.2018).
66 Ausführlich hierzu Rohe, *Das islamische Recht*, 158, 260, 381 (mit weiteren Nachweisen).

scheidungen – einschließlich der Menschenrechte – auch bejaht. Man muss sich dafür auch nicht vom Islam schlechthin abwenden, wie es eine kleine, aber lautstarke Zahl ideologisierter „Islamkritiker" behauptet.

Unter denjenigen, die religionsbezogene Positionen beziehen, finden sich Traditionalisten ebenso wie solche, die sich auch mental-intellektuell „einheimisch" fühlen und anders als die Traditionalisten muslimisches Leben hierzulande nicht als strukturellen Ausnahmezustand begreifen, sondern ihre Lebenssituation als neue Normalität eines Islam in religionspluralen Gesellschaften und religionsneutralen Staaten. Diese Richtung ist im schulischen und akademischen Bereich sowie in NGOs besonders häufig anzutreffen. Dies spricht dafür, dass der zu etablierende islamische Religionsunterricht, die entsprechende universitäre Ausbildung der Lehrkräfte und die Etablierung einer islamischen Theologie an Universitäten den wünschenswerten Prozess muslimischer Selbstreflexion und -bestimmung im Rahmen des säkularen Rechtsstaats deutlich voranbringen werden. Auch Traditionalisten sind insoweit verständigungsbereit, propagieren aber häufig ein patriarchalisch geprägtes Geschlechterverhältnis, das Anlass zu intensiven gesellschaftlichen Debatten bietet.

Explizite Gegner des säkularen demokratischen Rechtsstaats bilden eine vergleichsweise kleine, aber gefährliche Gruppe in Gestalt der Islamisten. Dies ist auch im Spektrum des Islam eine durchaus neue politische Richtung, wenngleich sie sich fälschlich als Vertreter einer Rückbesinnung auf den „wahren Islam" ausgibt. Das traditionelle islamische Staatsrecht ist seit seiner Frühzeit ausgesprochen vage und lässt die unterschiedlichsten Herrschaftsmodelle zu. Folgerichtig finden sich in der Neuzeit viele Gelehrte, die die Demokratie als das System des Islam im 20. und 21. Jahrhundert ansehen.[67] Hiergegen richten sich Islamisten mit der Parole, allein Gott könne Gesetzgeber sein, weltliche Mehrheitsentscheidungen ohne Letztorientierung auf den Islam hin seien inakzeptabel und zu bekämpfen. Nicht-Muslimen wird nur eine zwar im Grundsatz geschützte, aber von Gleichberechtigung weit entfernte Position zugewiesen.[68] Es geht diesen Ideologen also primär um die Durchsetzung des eigenen Machtanspruchs im religiösen Gewand. Nur ein geringer, aber wachsender Teil von ihnen greift unmittelbar zur Gewaltanwendung (sogenannter Dschihadismus), während

---

[67] Vgl. Mathias Rohe, „Islam und Obrigkeit. Tradition und europäische Perspektiven". In Stefan Fischer, Gerd F. Thomae (Hg.), *Glaube und Obrigkeit*. Neustadt a. d. Aisch: C. W. Schmidt, 2018, 27–55.
[68] Vgl. nur Olaf Farschid, „Von der Salafiyya zum Salafismus. Extremistische Positionen im politischen und jihadistischen Salafismus". In Floris Biskamp, Stefan Hößl (Hg.), *Islam und Islamismus. Perspektiven für die politische Bildung*. Gießen: NBKK, 2013, 41–64, hier 50 ff. (mit weiteren Nachweisen).

die meisten eine legalistische Strategie über Bildungs- und Sozialeinrichtungen verfolgen. Das gilt auch für die meisten Salafisten, welche mittlerweile die stärkste Gruppierung innerhalb des Islamismus bilden und versuchen, abgeschottete Gegenwelten zu etablieren. Sie fordern hier lebende Muslime zu scharfer Abgrenzung gegen andersdenkende Muslime und Nicht-Muslime auf („unterwerft euch nicht den Entscheidungen der Ungläubigen"), wie es auch weit verbreiteten Fatwa-Bänden der prominenten saudi-arabischen Gelehrten Ibn Baz und al-Uthaymeen zu entnehmen ist.[69] Insbesondere über das Internet lassen sich ideologische Botschaften jeder Couleur transportieren. Unter den ca. 4,4 bis 4,7 Millionen Muslimen in Deutschland werden etwas mehr als 10 000 dieser noch wachsenden Richtung zugerechnet.[70]

Gegenüber solchen Ideologien müssen sich Staat und Gesellschaft in Europa konsequent, aber auch mit der erforderlichen Differenzierung zur Wehr setzen. Dazu zählt auch eine deutliche und zugleich sorgsame Sprache, die Probleme klar benennt, aber Pauschalverdacht und pauschale Ausgrenzungen vermeidet. Dies ist gerade in Zeiten erforderlich, in denen islamfeindliche rechtspopulistische Parteien wie die AfD mit ihren teils rechtsstaatswidrigen Forderungen[71] die Grundlagen friedlichen gesellschaftlichen Zusammenlebens ebenso untergraben wie muslimische Extremisten. Auch der neue Volkssport, in Leserbriefen und Internetblogs irgendwelche Koransuren aus ihrem textlichen und interpretativen Kontext zu reißen und daraus ein Bedrohungsszenario zu konstruieren, ist nichts als ein Dokument der Ignoranz.

5 Schluss

Der Islam ist in Europa im 21. Jahrhundert zum ersten Mal seit dem ausgehenden 17. Jahrhundert verbreitet zum Angstfaktor geworden. Er steht jedoch tatsächlich nicht im strukturellen Gegensatz zum säkularen demokratischen Rechtsstaat. Positionen muslimischer Extremisten lassen sich nicht verallgemeinern und sind unter Muslimen auch nicht mehrheitsfähig. Die notwendige Bekämpfung des

---

69 Nachweise bei Rohe, *Der Islam in Deutschland*, 165.
70 Vgl. die letzte vorgelegte Datenhochrechnung der muslimischen Bevölkerung in des BAMF, Wie viele Muslime leben in Deutschland, Working Paper 71, Nürnberg 12/2016; zur Zahl der Salafisten im September 2017 Bundesamt für Verfassungsschutz, Salafistische Bestrebungen, https://www.verfassungsschutz.de/de/arbeitsfelder/af-islamismus-und-islamistischer-terrorismus/was-ist-islamismus/salafistische-bestrebungen (zuletzt aufgerufen am 18.4.2018).
71 Mathias Rohe, „Islamismus und Schari'a". In Bundesamt für Migration und Flüchtlinge (Hg.), *Integration und Islam*. Nürnberg: Bundesamt für Migration und Flüchtlinge, 2006, 120–156, hier 149 f.

islamischen Extremismus darf sich nicht gegen Muslime insgesamt richten. Sie bilden keineswegs eine „Gegengruppe" zur sonstigen Bevölkerung, sondern sind Teil der deutschen Gesamtgesellschaft. Die Grundlagen unserer Rechtsordnung müssen immer wieder neu vermittelt werden, durch alle Bevölkerungsgruppen und über die Generationen hinweg. Entsprechende Akzeptanz ist kein Selbstläufer, sondern bedarf gesamtgesellschaftlicher Überzeugungsarbeit in Abwehr und zur Verhinderung jeglicher Form von Extremismus. Den demokratischen Rechtsstaat lehnen nicht nur Islamisten ab, sondern auch Rechts- und Linksextreme. Gleichzeitig ist es ein unerlässlicher Bildungsauftrag in Richtung auf die Gesamtbevölkerung, dass die vom Rechtsstaat garantierten Grundrechte nicht nur der Mehrheit zustehen, sondern entgegen verbreiteten Ressentiments auch Minderheiten wie die Muslime gleichen religionsverfassungsrechtlichen Schutz genießen. Die rechtlichen Rahmenbedingungen schaffen einen religionsoffenen säkularen Staat, in dem Religionen gleichberechtigt auch im öffentlichen Raum sichtbar werden dürfen. Laizistischer Jakobinismus entspricht diesen Rahmenbedingungen ebenso wenig wie die Theokratie.

Gegen die Unterminierung des Rechtsstaats und des gesellschaftlichen Friedens durch muslimische Extremisten und Islamhasser hilft nur eine breite Koalition der Gutwilligen. Sie nimmt Abstand von einer pauschalen Spaltung der Menschen in „wir" und „die", sondern blickt auf das Individuum, seine Rechte und Pflichten, und misst Menschen an ihren Worten und Taten und nicht an eigenen Vorurteilen. Sie benennt Probleme, dies aber in sach- und lösungsorientierter Herangehensweise. Diese Koalition repräsentiert die Mehrheit der Bevölkerungen Europas, darf aber noch größer werden.

Micha Brumlik
Die Siedler – ein Fall von jüdischem Fundamentalismus

1 Vorbemerkung

Was heißt eigentlich „Fundamentalismus"? In der politischen Umgangssprache wird darunter meist religiöser Fanatismus verstanden, bisweilen sogar einfach Fanatismus – gleichgültig auf welcher Grundlage. Damit scheint Fundamentalismus etwas zu sein, was der Religion, allen Religionen schon immer innewohnte – manche Autoren, etwa der Ägyptologe Jan Assmann vertrat vor geraumer Zeit sogar die These, dass es vor allem die monotheistischen Religionen mit ihrer Engführung von Glaube und Wahrheit waren, die diese Form menschlichen Handelns und Verhaltens geprägt haben.[1] Inzwischen ist Assmann jedoch von dieser These abgerückt – hat sich doch gezeigt, dass auch „polytheistische" Religionen fundamentalistisch auftreten können und dass es im antiken Judentum nicht die Verbindung von Glaube und Wahrheit, sondern von Glaube und Treue war.[2]

Im Folgenden soll der Begriff „Fundamentalismus" in drei Schritten geklärt und anhand eines konkreten Beispiels verdeutlicht werden. Im ersten Schritt wird zunächst geklärt, was überhaupt unter einer „guten", weil nicht fundamentalistischen Religion verstanden werden kann, während es im zweiten Schritt um eine sozialwissenschaftliche Einordnung des Begriffs „Fundamentalismus" gehen soll. Im dritten Schritt schließlich soll anhand eines konkreten Beispiels, nämlich der israelisch-jüdischen Siedlerbewegung die friedens- und demokratiepolitische Problematik fundamentalistischer Haltungen demonstriert werden. Radikaler Islamismus ist keineswegs die einzige friedengefährdende Form des Fundamentalismus.

---

[1] Rolf Schieder (Hg.) *Die Gewalt des einen Gottes. Die Monotheismusdebatte zwischen Jan Assmann, Micha Brumlik, Rolf Schieder, Peter Sloterdijk und anderen.* Berlin: Berlin University Press, 2014.
[2] Jan Assmann, *Exodus. Die Revolution der Alten Welt.* München: C. H. Beck, 2015.

2 „Gute" und „schlechte" Religionen

Der Soziologe Niklas Luhmann hat die Religion, genauer „Die Religion der Gesellschaft"[3] als jenes gesellschaftliche Subsystem bezeichnet, dem es um die Bereitstellung von Worten und Narrativen zur Bewältigung existenzieller, nicht vorhersehbarer, meist negativer Ereignisse geht. „Religion" erwies sich somit als gesellschaftliches Subsystem zur Bewältigung von Kontingenzen. Nach welchen Kriterien lässt sich dann aber entscheiden, welche Formen der Religion diese Leistung so erbringen, dass sie niemandem schaden – „gute Religionen" – bzw. in ihrer Ausübung andere verletzen und gefährden – „schlechte Religionen"?

Was eine gute, eine nicht „fundamentalistische" Religion ist, hängt – vorausgesetzt man ist sich einigermaßen darüber einig, was unter „gut" zu verstehen sei – vor allem davon ab, was wir als „Religion" bestimmen. Dabei wird man zwischen einer moralischen, einer religionswissenschaftlichen oder einer theologischen Perspektive unterscheiden.

Während sich eine moralische Perspektive vor allem dafür interessieren wird, in welchem Ausmaß die Narrative, Mythen und Liturgien des symbolischen Sinngebildes Religion allgemeine moralische Haltungen, Tugenden wie Nächstenliebe oder Fähigkeit zur Selbstreflexion o. ä. befördern, wird eine religionswissenschaftliche Perspektive funktionalistisch oder phänomenologisch danach fragen, ob das narrativ verfasste Symbolsystem mit seinen Ritualen erfolgreich der Kontingenzbewältigung dient, bzw. ob es dem Symbolsystem gelingt, dem „Eigensten" aller Religionen, nämlich ihrem Transzendenzbezug prägnanten Ausdruck zu verleihen.

Ganz anders wird die Theologie als die systematische Fassung von religiösen Überzeugungen das soziale und kulturelle Institutionengefüge, in denen diese Überzeugungen artikuliert und in ihren Folgen praktiziert werden, bewerten. Ob eine Religion gut ist oder nicht, lässt sich aus dem normativen Blickwinkel der Theologie nur nach Maßgabe ihrer eigenen Überzeugungen heraus beantworten. Klammert man der Einfachheit halber die religionswissenschaftliche Perspektive aus, so bleibt eine Frage übrig, die in der deutschsprachigen, vor allem protestantischen Theologie im neunzehnten und zwanzigsten Jahrhundert gestellt wurde, nämlich die Frage, was das Eigenste einer Religion im Unterschied zu reiner Moral oder mythischer Welterklärung sei.

Am Anfang stand Schleiermacher, der mit seinen 1799 publizierten „Reden über die Religion an die Gebildeten unter ihren Verächtern" ein neues Kapi-

---

3 Niklas Luhmann, *Die Religion der Gesellschaft*. Frankfurt a. M.: Suhrkamp, 2002; vgl. auch Robert N. Bellah, *Religion in Human Evolution. From the Paleolithic to the Axial Age*. Cambridge, Mass.: Belknap Press of Harvard University Press, 2011.

tel aufschlug. Schleiermacher beharrte auf dem Eigensinn religiöser Erfahrung, die er nach Maßgabe der kantischen Unterscheidung von theoretischer, praktischer und urteilskräftiger (ästhetischer) Vernunft letzterer zuschlagen wollte. Damit entlastete Schleiermacher die Religion erstens von dem Anspruch, eine explanativ starke Kosmologie sein zu sollen. sowie zweitens von der Forderung, moralische Imperative autoritativ vorzutragen und durchzusetzen.

Was aber bleibt von der Religion, wenn sie weder die Entstehung der Welt bzw. den Lauf der Geschichte erklären kann, noch einen sinnvoller Ersatz für Tugendförderung und Moral darstellt? Schleiermachers berühmte Formel lautete 1799: „Religion, das ist Sinn und Geschmack fürs Unendliche"[4], und wenn man nach Beispielen für die damit beanspruchte Erfahrung sucht, muss man sich lediglich an die Bilder Caspar David Friedrichs halten. Freilich ist Schleiermacher, der später als Theologieprofessor auch künftige christliche Pfarrer auszubilden hatte, bald klar geworden, dass mit seinem allgemein naturfrommen, romantischen Religionsbegriff das Spezifikum jedenfalls der christlichen Religion verfehlt würde, weshalb er in späteren Vorlesungen (1821/22) eine andere Bestimmung des religiösen Bewusstseins vornahm: Es handele sich um „das Gefühl schlechthinniger Abhängigkeit"[5] – eine Bestimmung, die sich von Niklas Luhmanns Formel von Religion als Praxis und Semantik der Kontingenzbewältigung allenfalls durch ihre Terminologie und ihre in der Tat bewusstseinstheoretische Ausrichtung unterscheidet.

Schleiermachers zweiter Begriff der Religion wurde zum Anker einer bestimmten Spielart des deutschen bürgerlichen Kulturprotestantismus, der nicht nur im Verdacht einer „machtgeschützten Innerlichkeit" (Thomas Mann) stand, sondern eben auch mit dem Vorwurf fertig werden musste, vor lauter übermäßiger Konzentration auf das fromme Bewusstsein und seine Nöte Gott, seine Weisung, sein Opfer und seine erlösende Kraft nicht nur vergessen, sondern geradezu vernachlässigt zu haben.

Es war der politisch weit links stehende reformierte Schweizer Theologe Karl Barth, der dem Soupcon und dem Protest gegen das kulturprotestantische Frömmigkeitsverständnis das noch heute frappierende Schlagwort gab: „Religion ist Unglaube"[6] – was für die Frage nach einer guten, einer nichtfundamentalistischen Religion nur noch die Folge haben kann, dass es überhaupt keine gute Religion geben kann. Beim zweiten Blick indes gewinnt dieses

---

[4] Friedrich Daniel Ernst Schleiermacher, *Über die Religion. Reden an die Gebildeten unter ihren Verächtern*. Hamburg: Meiner, 1958, 30.
[5] Friedrich Daniel Ernst Schleiermacher, *Der christliche Glaube 1821–1822*. Berlin 1984, 31 f.
[6] Eberhard Busch, *Karl Barths Lebenslauf. Nach seinen Briefen und autobiographischen Texten*. 3. Aufl. München: Kaiser, 1978.

Verdikt präzise Konturen: Gerade, wenn Schleiermacher Recht hat und Religion das ganz und gar menschliche Gefühl schlechthinniger Abhängigkeit ist, dann ist sie tatsächlich das Gegenteil eines offenbarungstheologischen Glaubensverständnisses. Demnach sind nämlich alles Wissen von Gott, seiner Weisung und seinem erlösenden Handeln alleine ihm selbst zu verdanken: Die Offenbarung kommt von Gott, von Gott ganz alleine und entspringt eben nicht den Bedürfnissen des menschlichen Bewusstseins. Oder anders: Wenn „Religion" die menschliche Frage ist, so erweist sich die „Offenbarung" als die allein Gott zuzurechnende Antwort. Terminologisch hat die neuere protestantische Theologie mit begründetem Bezug auf die Kirchenväter und die reformatorischen Schriften damit der „Religion" den „Glauben" entgegengestellt, womit es der Theologie zudem möglich wurde, sich das ganze Panorama atheistischer Religionskritik – von Feuerbach über Marx zu Freud – ohne große Umstände anzueignen.

Eine gute, eine nicht fundamentalistische Religion wäre demnach eine, die in Inhalt, Form und sozialem Vollzug der in heiligen Texten niedergelegten Glaubensbotschaft so wenig wie möglich widerspräche; die die jeweils anerkannte göttliche Offenbarung in Predigt, Liturgie und handelnd im Leben möglichst adäquat zum Ausdruck bringt.

Indes: Auch diese – der Religion ihr Bestes abfordernde, mit der Differenz von Religion und Glaube operierende – Formel kann in ihr geradezu reaktionäres, selbstgerechtes und damit zutiefst religiöses Gegenteil umschlagen. Wenn damit der Fall einer zumindest nicht-guten, weil andere Religionen abwertenden Religion beschrieben ist, was ist dann eine gute Religion? Entsinnen wir uns der moralischen, der religionswissenschaftlichen und der theologischen Perspektive, so ist eine Religion erstens gut, d. h. nicht fundamentalistisch, wenn sie inzwischen verankerten moralisch-universalistischen Standards wie der Achtung der Menschenwürde zwischen den Religionen und innerhalb ihres Institutionengefüges zumindest nicht widerspricht; wenn sie zweitens – religionswissenschaftlich gesehen – Liturgien, Lebensformen und Rituale ausbildet, die die Inhalte der Religion ihrer eigenen Anhängerschaft verdeutlichen und sie damit an sich bindet bzw. ihnen eine geistliche Heimat verschafft. Schließlich: Kriterium der Qualität einer Religion kann letztlich nur die Qualität der ihr zugrunde liegenden Theologie sein, womit die Frage nach einem (religionsüberschreitenden) theologischen Wahrheitsbegriff aufgeworfen wird, von dem es fraglich ist, ob er überhaupt jenseits einer bestimmten religiösen Lebensform stimmig gefasst werden kann.

3 Fundamentalismus

Der Begriff des „Fundamentalismus" hat eine inzwischen geklärte Geschichte. Wikipedia definiert den Begriff zunächst so:

> "*Fundamentalismus* (von *lateinisch fundamentum* ‚Unterbau' ‚Grund', ‚Fundament') ist eine Überzeugung oder eine Geisteshaltung einer sozialen Bewegung, die ihre Interpretation einer inhaltlichen Grundlage (Fundament) als einzig wahr annimmt. Fundamentalismus wird durch eine stark polarisierte Auslegung einer *Letztbegründung* umgesetzt. Im weiteren Sinne stellt sich der Fundamentalismus gegen die *Moderne* und fordert eine Rückbesinnung auf die Wurzeln einer bestimmten *Religion* oder *Ideologie*, welche notfalls mit *radikalen* und teilweise intoleranten Mitteln durchgesetzt werden soll. Der Vorwurf des Fundamentalismus wird auch auf soziale oder politische Gruppen bezogen, die – angeblich oder tatsächlich – ihre ideologische Orientierung absolut setzen und um die gesellschaftliche Vormacht kämpfen."[7]

Geschichtlich wurde der Begriff von Anfang an als Kampfbegriff eingesetzt: Unter dem Titel *The Fundamentals. A Testimony to the Truth* edierte Reuben Archer Torrey eine Reihe von Beiträgen, die sich vor allem gegen die liberale Theologie sowie – nicht zuletzt – gegen die zunehmend Anhänger gewinnende Darwinsche Evolutionstheorie wendete. Einige Jahre später, 1910, beschloss die Generalversammlung der presbyterianischen Kirchen folgende Überzeugungen als unbezweifelbare Grundlagen ihres Glaubens, die nicht zu bezweifeln oder auszulegen seien: die *Irrtumslosigkeit* und Autorität der Bibel, die *Gottheit* Jesu Christi, die *Jungfrauengeburt* und *Wunder*, sein Tod für die Sünden der Mensch sowie seine *leibliche Auferstehung* und seine *Wiederkunft*.

Nun sind dies kaum andere Glaubensüberzeugungen als die der Dogmen der alten Kirche seit dem dritten Jahrhundert der Zeitrechnung.[8] Was genau führt dazu, sie im frühen 20. Jahrhunderts anders anzusehen als in der späten Antike? Anders als in der Antike hatte sich spätestens seit dem siebzehnten Jahrhundert, etwa seit Spinoza, das herausgebildet, was später den Namen historisch-kritische Forschung[9] erhalten sollte und im Kern darin bestand, zu ermitteln, wann genau und von wen die biblischen Schriften verfasst wurden und sie dabei auf Widersprüche und Fehler zu untersuchen. Mit dem Nachweis, dass die biblischen Schriften von Menschen verfasst wurden, verloren sie aber zugleich ihre durch die Autorschaft Gottes verbürgte Autorität. Spätestens mit

---

7 https://de.wikipedia.org/wiki/Fundamentalismus.
8 Franz Dünzl, *Kleine Geschichte des trinitarischen Dogmas in der Alten Kirche*. Freiburg i. Br.: Herder, 2006.
9 Hans-Joachim Kraus, *Geschichte der historisch-kritischen Erforschung des Alten Testaments*, Neukirchen-Vluyn: Neukirchener Verlag, 1982.

dem Entstehen der modernen Naturwissenschaft im achtzehnten Jahrhundert, die zeigen konnte, dass die Erde unmöglich nur einige tausend Jahre alt sein konnte, allerspätestens mit Darwins Evolutionstheorie, die nachweisen konnte, dass die Gattung Homo Sapiens schrittweise aus gemeinsamen Vorgängerspezies von Menschen und Menschenaffen erwuchs, stand das Ganze der Bibel verpflichtete Glaubensgebäude unter Druck.

Damit erweist sich das, was gemeinhin als „Fundamentalismus" bezeichnet wird, *erstens* als eine bestimmte Haltung zu den überlieferten Grundlagen einer Religion, wobei noch zu klären ist, ob es sich dabei ausschließlich um textbasierte Religionen handelt oder handeln muss, oder ob nicht auch fundamentalistische Haltungen auf der Basis für sakrosankt gehaltener mündlicher Überlieferungen möglich und wirklich sind – so scheint es, als ob der der sog. „Hindufundamentalismus" auf eindeutige Textdokumente verzichten kann.

Diese Haltung besteht *zweitens* darin, den gewählten Texten den Charakter von Ausdrucksformen historischer, menschlicher Praxen und Erfahrungen grundsätzlich abzusprechen und sie als authentische Äußerungen göttlicher oder von Gott bzw. den Göttern auserwählter Personen anzusehen und ihnen damit eine unbedingte Autorität zuzusprechen. Diese Auszeichnung von Texten oder mündlichen Überlieferungen als mit absoluter Autorität ausgestatteten Quellen erfordert freilich Personen, die entweder die mündliche Überlieferung oder die schriftlichen Quellen lesen und deuten können. Für fundamentalistische Haltungen ist nun typisch, dass sie die Gott oder den Texten zugeschriebene Autorität ihren Auslegern zuschreiben und damit – anders als eigentlich beansprucht – nicht Gott oder den Göttern, sondern eben Menschen absolute Autorität zusprechen müssen. Da aber Texte und Textkorpora (worunter hier auch nur mündlich überlieferte Texte gezählt werden sollen) oftmals widersprüchlich oder unklar sind, impliziert die von bestimmten Gruppen von Personen behauptete absolute Autorität von Texten und Überlieferungen in jedem Fall eine Selbstermächtigung dieser Personen und Gruppen. Die von den Deutern beanspruchte Teilhabe an der Autorität göttlicher Texte führt dann zu einer immer auch mindestens legislatorisch, wenn nicht gar politisch verstandenen Autorität der Deuter, die Widerspruch oder Ungehorsam nicht dulden können oder dürfen.

Somit geht es fundamentalistischen Überzeugungen *drittens* um das dogmatische Festschreiben von Aussagen darüber, wie die Welt ist sowie – daraus abgeleitet – wie sie sein soll bzw. wie sich die der Herrschaft fundamentalistischer Ausleger unterworfenen Subjekte verhalten sollen. Die Beanspruchung göttlicher Autorität dort und freier Meinungsbildung hier schließen einander systematisch und notwendig aus, weshalb fundamentalistische Überzeugungen und eine demokratische Kultur bzw. Lebensform grundsätzlich unvereinbar sind; was nicht heißen muss, dass sich fundamentalistische politische Gruppierungen nicht – mit dem Ziel, politische Macht zu erringen – an demokratischen Wahlen beteiligen können.

Allerdings existieren fundamentalistische Gruppen mit ihren Überzeugungen im Rahmen einer jedenfalls auch wissenschaftlich und technisch geprägten Lebenswelt, weshalb sie *viertens* vor der Herausforderung stehen zu unterscheiden, welche Verhältnisse bzw. Aussagen über die Welt sie für diskutabel und veränderbar halten und welche grundsätzlich indiskutabel sind. In diesem Zusammenhang fällt empirisch auf, dass Fundamentalisten welcher Überzeugung auch immer Prozesse und Techniken der Weltbemächtigung grundsätzlich akzeptieren – Ausnahmen, etwa die Amish, bestätigen nur die Regel –, während sie Überzeugungen bezüglich der Welt- oder Moralentstehung, die nicht auf göttliche Ursachen zurückgehen, grundsätzlich abweisen. Mehr noch: Indem fundamentalistische Gruppen die Techniken der Welt- und Menschenbeherrschung ohne jede Kritik akzeptieren, gewinnen sie damit die Möglichkeit, ihre sonstigen weltanschaulichen, moralischen und rechtlichen Überzeugungen umso effizienter und, da angeblich von Gott geboten, umso skrupelloser durchzusetzen.

Fundamentalismen greifen mithin auf die religiöse Überlieferung zurück, die sie selektiv auslegen und dogmatisch verfestigen, um sie schließlich mit allen handhabbaren Herrschaftstechniken durchzusetzen. Anders als die Fundamentalismen und ihre Vertreter selbst sehen und glauben, handelt es sich bei ihren Weltanschauungen gerade nicht um die in der Moderne oder Spätmoderne stattfindende Wiederbelebung alter und ehrwürdiger Lebensformen, sondern um ein genuin modernes Phänomen: Das erweist sich nicht nur an den so in der Antike und im Mittelalter gar nicht denkbaren Techniken der Welt- und Menschenbeherrschung, sondern auch an der dogmatischen Festschreibung eines Weltbildes. Gewiss haben auch die monotheistischen Religionen Judentum, Christentum und Islam ihre Glaubenssätze und die aus ihnen erwachsenden Lebenswege festgeschrieben und überwacht, sie allerdings von Anfang an mit einer reichhaltigen Kommentarliteratur versehen; einer Kommentarliteratur, die oft genug auch andere, abweichende Lebenswege wenigstens für diskutier-, wenn nicht gar für lebbar hielt. Daher ist es auch ein Kategorienfehler, diktatorische oder autoritäre Herrschaftsverhältnisse der Antike oder Spätantike, Epochen, in denen es noch keine Ausdifferenzierung von Religion und Herrschaft gab, als „fundamentalistisch" oder gar „faschistisch" zu bezeichnen. Genauer: Von „Fundamentalismus" lässt sich erst dann sinnvoll sprechen, wenn gesellschaftliche und politische Herrschaft sich von religiösen bzw. theologischen Rechtfertigungen emanzipiert hat, also frühestens seit der päpstlichen Revolution und der Ausbildung der Sphären weltlicher und kirchlicher Herrschaft, sodann der Renaissance, man denke an Machiavelli oder seit der Reformation – hier ist vor allem Martin Luther mit seiner Lehre von den gottgewollten zwei Regimenten zu nennen. Der moderne Fundamentalismus zeichnet sich demgegenüber dadurch aus, dass er die über Jahrhunderte währende Ausdifferenzierung der Subsysteme des Politischen und des Religiösen wieder rückgängig machen will und macht. Infrage steht schließlich, ob Fundamentalismus ausschließlich in Form einer erzwungenen Engführung von Politik und Religion besteht, oder ob an die Stelle der historisch bekannten Religionen auch beliebige andere Weltanschauungen treten können – etwa verschiedene Formen des Atheismus, des „wissenschaftlichen" Sozialismus oder eines kruden Biologismus, wie sie etwa in der nationalsozialistischen Rassenideologie zu finden war. Kategorial ist dann zu fragen, ob überhaupt noch eine sinnvolle Unterscheidung zwischen „Totalitarismus" und „Fundamentalismus" zu ziehen ist und ob „Fundamentalismus" nicht schlicht jene Form totalitärer Herrschaft darstellt, die sich religiöser Begründungen und Texte bedient. Die Differenz dürfte kategorial darin bestehen, dass es sich beim Fundamentalismus um eine Geisteshaltung und Lebenspraxis handelt, die nicht unbedingt und in jedem Fall das System des Politischen durchdringt oder durchdringen will, während „Totalitarismus" auf eine bestimmte Form (staatlicher) Herrschaft verweist. Fundamentalismus als Lebenspraxis kann sich auch auf der substaatlichen Ebene von Familien, Gruppen oder Vereinen vollziehen – für diese Fälle kennt die Umgangssprache den Begriff der „Sekte".

4 Jüdischer Fundamentalismus

Der hier entfaltete Begriff des Fundamentalismus soll im folgenden am Beispiel der israelisch- jüdischen Siedlerbewegung „Gusch Emunim"[10] und ihrer Folgen erläutert werden:

Als vor bald zwanzig Jahren im Sommer des Jahres 1995 eine Gruppe von Rabbinern die Soldaten der israelischen Verteidigungsarmee aufforderte, eventuellen Räumungsbefehlen gegenüber Siedlungen in der West Bank nicht Folge zu leisten, und ihnen deshalb breiter Protest sogar politisch rechts stehender Kreise entgegenschlug, schien dies den Zenit des fundamentalistischen Projekts zu markieren. Doch der Mord an dem friedenswilligen israelischen Premier Yitzhak Rabin im November 1995, die Niederlage des ebenfalls verhandlungsbereiten Simon Peres bei den darauf folgenden Wahlen und die kompromisslose Haltung des vormaligen und späteren Premiers Benjamin Netanyahu haben bewiesen, dass dies erst der Anfang war. Jüdischer Fundamentalismus, das ist heute in

---

10 Ehud Sprinzak, *The Ascendance of Israel's Radical Right*. New York, Oxford: Oxford University Press, 1991, 43 f.

politischer Hinsicht in erster Linie der Fundamentalismus jüdischer Siedler in der West Bank.

Wer waren und sind diese Fundamentalisten? Exemplarisch seien drei Personen vorgestellt: Zunächst der 1935 geborene Rabbiner Moshe Levinger, ursprünglich ein sozial gesonnener, sozialistisch eingestellter Mensch. Er lebte in einem Kibbuz und studierte ab 1962 für einige Jahre in einer Jeschiwa, einer talmudisch-rabbinischen Akademie, die jedoch in vielen Fällen herkömmlichen akademischen Kriterien nicht genügt. Das Lernen geht dort extrem intensiv, nicht quellenkritisch, aber dafür kasuistisch genau vor sich. Das Studium wird nicht mit einem förmlichen Abschlussexamen beendet, sondern nach Gutdünken der an der Akademie lehrenden Rabbiner. Sind sie der Meinung, dass ein Student innerhalb von dreieinhalb bis vier Jahren genug gelernt hat, erteilen sie ihm die rabbinische Ordination. Moshe Levinger besetzte kurz nach dem Ende bzw. nach den Waffenstillstandsverhandlungen des Juni-Krieges von 1967 in der Stadt Hebron – der Stadt der Patriarchen – ein Hotel und hat seither mit seinen Anhängern die Stadt nicht mehr verlassen. Diese wenigen Siedler leben dort in abgezirkelten, vom israelischen Militär bewachten Zonen inmitten einer feindseligen Bevölkerung, die sie selbst zutiefst verachten.

Der zweite Fall ist der approbierte, aus den USA stammende Arzt Baruch Goldstein, der 1994 in Hebron, mit einer Maschinenpistole bewaffnet, 29 betende muslimische Palästinenser am Grab Abrahams erschoss und dabei selbst ums Leben kam. Goldstein repräsentiert jene politisch eher rechts stehenden jüdisch-amerikanischen Siedler, die z. B. aus Brooklyn/USA nach Israel gekommen sind. Er entstammt einem jüdischen Milieu, das sozial minder arriviert ist. Goldstein wird bis heute von seinen Anhängern als Märtyrer verehrt, sein Grab ist eine Kult-und Pilgerstätte.

Schließlich ist Jigal Amir zu nennen, der Ende des Jahres 1995 – er war 27 Jahre alt, Student der Rechte an der privaten religiösen Bar-Elan-Universität in Tel Aviv – Yitzhak Rabin ermordete, um zu verhindern, dass der in Oslo eingeleitete Friedensprozess zwischen Israel und den Palästinensern fortgesetzt wird. Yigal Amir behauptete, von einem inoffiziellen rabbinischen Gerichtshof eine entsprechende Tötungserlaubnis erhalten zu haben. Demnach sei Yitzhak Rabin ein „Rodef", so der traditionelle hebräische Ausdruck für einen „Verfolger", ein „Vernichter", ein Todfeind des jüdischen Volkes gewesen. Anders als das Neue Testament hat das rabbinische Judentum immer ein grundsätzliches Recht auf Notwehr anerkannt. Dieses Recht auf Notwehr hat Ygal Amir bei seinem Mord an Rabin für sich in Anspruch genommen, da er der Ansicht war, dass dessen Friedenspolitik das Überleben des jüdischen Volkes unwiederbringlich bedroht. Amir sitzt bis heute im Gefängnis

Wer aber sind – neben diesen auffälligen Ideologen – die übrigen inzwischen

300 000 Siedler in der West Bank[11] – das völkerrechtswidrig annektierte Ostjerusalem nicht eingeschlossen? Sind sie alle überzeugte Fundamentalisten? Eine große Mehrheit stellen kinderreiche Familien. Sie wären, gemäß einer Umfrage der israelischen Friedensbewegung, zu mehr als zwei Dritteln bereit, wieder hinter die Grenzen von 1967 zurückzukehren. Es handelt sich um Menschen, die mit dem Versprechen billiger Mieten und günstiger Kredite auf die Westbank gelockt wurden. Aus ganz anderem Holz geschnitzt ist aber eine Gruppe von ungefähr 40 000 bis 50 000 Personen, die diese Siedlungen aus weltanschaulich-religiösen Gründen betreiben und sich nur mit Gewalt von dort entfernen lassen.

Ihr Siedlungsprogramm ist doppelt begründet. Zum einen biblisch, nach dem Motto: Wenn wir Juden nicht in Judäa und Samaria und nicht in der Hauptstadt der Patriarchen, in Hebron, wohnen dürfen, dann erst recht nicht in Tel Aviv, da an der Küste einst die Philister lebten. Wenn es also überhaupt – so ihre Argumentation – so etwas wie ein Recht der Juden gibt, in Israel zu siedeln, dann in jenen Ländereien, die Gott der Bibel gemäß (Genesis 15) für das Volk Israel vorgesehen hat. Zum anderen beziehen sich viele radikale Siedler, beispielhaft Moshe Levinger, auf den furchtbaren Pogrom des Jahres 1929,[12] als sich ein erregter arabisch-muslimischer Mob im Widerstand gegen die zionistische Besiedlung des Gebiets ausgerechnet über die Juden Hebrons hergemacht hatte, über Juden, die dort seit Jahrhunderten lebten und das zionistische Unternehmen in keiner Weise unterstützt hatten.

Betrachtet man das Sozialprofil der Siedler im Unterschied zur allgemeinen israelischen jüdischen Bevölkerung, fällt Folgendes auf. Erstens sind sie deutlich kinderreicher, zweitens sind sie in ihrem harten Kern deutlich religiöser. Drittens handelt es sich fast ausschließlich um askenasische Juden. Unter den Siedlern fanden sich bisher kaum Personen aus dem arabischen, iranischen oder anderen Judentum, das nach 1948 nach Israel ausgewandert bzw. dorthin vertrieben worden ist.

Eine vierte Eigentümlichkeit ist, dass der harte Kern der Siedler fast ausnahmslos aus Akademikern besteht. Unter ihnen finden sich nicht wenige „Baalej teschuwa". Ins Deutsche übersetzt bedeutet dieser hebräische Ausdruck „Menschen der Umkehr"; er verweist auf Personen, die sich in ihrer späten Adoleszenzkrise Mitte der zwanziger Jahre wieder zum Glauben entschlossen haben. Fünftens kann man feststellen, dass ein nicht geringer Anteil US-amerikanischer

---

11 Idith Zertal, Akiva Eldar, *Die Herren des Landes. Israel und die Siedlerbewegung seit 1967*. München: dtv, 2007.
12 Tilman Tarach, *Der ewige Sündenbock. Israel, Heiliger Krieg und die „Protokolle der Weisen von Zion". Über die Scheinheiligkeit des traditionellen Bildes vom Nahostkonflikt*. 5., aktualisierte Aufl. Berlin, Freiburg, Zürich: Edition Telok, 2016, 13–32.

Juden, die im Zuge des Niedergangs der Hippie-Bewegung der späten 60er Jahre, die ja auch eine spirituelle Suchbewegung war, schließlich auf ihre jüdischen Wurzeln gestoßen sind.[13]

Der Vollständigkeit halber sei eine Bemerkung zum ebenso radikalen antizionistischen Fundamentalismus eingefügt, also zu jenen vor allem chassidischen Gruppen in New York (den Satmarern) und den in Jerusalem ansässigen Neturei Karta, die bei ultraorthodoxer Lebensführung bis heute die These vertreten, dass die Gründung eines jüdischen Staates eine unverzeihliche Blasphemie war. Sie erklärten sich deshalb von Anfang an mit den arabischen Gegnern Israels solidarisch, verbrannten gelegentlich israelische Flaggen und überraschten nach der Gründung der palästinensischen Autonomiebehörde im Gazastreifen die Welt mit einem dem damaligen Palästinenserpräsidenten Arafat zugeordneten Minister für jüdische Angelegenheiten, Raw Moshe Hirsch.[14] Aus antizionistischen Motiven heraus nahmen Repräsentanten dieser Gruppe im Frühjahr 2007 an der Holocaustleugnungskonferenz des iranischen Staatspräsidenten Ahmadinedjad teil. Sie stellen freilich – im Vergleich mit dem Siedlungsfundamentalismus – nur eine verschwindend geringe, wenn auch spektakuläre Gruppierung dar.

Wie konnte es zum Siedlerfundamentalismus der Levinger, Amir und Goldstein kommen?

Bis in die zwanziger Jahre dieses Jahrhunderts lehnten die wesentlichen religiösen Strömungen des Judentums – Orthodoxie und Neoorthodoxie, Chassidismus und Reformjudentum – den Zionismus aus unterschiedlichen Gründen ab. Während die eher assimilationswilligen Reformjuden den Zionismus zurückwiesen, weil er die durch die Zerstreuung bewirkte Universalisierung des Judentums rückgängig zu machen drohte, lehnten die toratreuen Strömungen ihn genau deshalb ab, weil er die alleine Gott vorbehaltene Rücknahme der Zerstreuung durch eigenmächtige Vorwegnahme in blasphemischer Weise gefährdete.

Die theologische Auflösung dieser Widersprüche schuf die Grundlage für das, was heute als jüdischer Fundamentalismus gilt.

Die entsprechende theologische Theorie wurde in den zwanziger Jahren des zwanzigsten Jahrhunderts von dem letzten, in Litauen gebürtigen kabbalistischen Mystiker von Rang, von Rabbi Abraham Isaak Kook (1865–1935)[15] entfaltet. Kook, erster aschkenasischer Oberrabbiner im britischen Mandatsgebiet Palästina, wollte den Bruch von jüdischer Tradition und säkularem Nationalismus

---

13   June Leavitt, *Hebron, Westjordanland. Im Labyrinth des Terrors. Tagebuch einer jüdischen Siedlerin.* Hildesheim: Claassen, 1996.
14   *https://en.wikipedia.org/wiki/Neturei_Karta*
15   Vgl. Lawrence J. Kaplan, David Schatz (Eds.), *Rabbi Abraham Isaac Kook and Jewish Spirituality.* New York, London: New York University Press, 1995.

mit den Mitteln kabbalistischer Spekulation kitten. Die im 16. Jahrhundert entstandene lurianische Kabbala, eine spekulative, mystische jüdische Geheimlehre geht von der Annahme aus, dass nach dem Schöpfungsakt, den die Kabbala als Zusammenziehung Gottes versteht, Funken göttlichen Lichts in die Gefangenschaft der Materie verbannt werden und dass es die Aufgabe der Menschheit im Allgemeinen, vor allem aber der Juden sei, die verbannten göttlichen Funken durch Mitzvot[16] – die von der Tora gebotenen guten Werke – aus der Verbannung heimzuführen und damit einen Beitrag zur Heilung der Welt – hebräisch Tikkun Olam – zu leisten.

Raw Kook identifizierte das seiner Meinung nach gänzlich verkarstete und vernachlässigte Territorium Palästinas – das gleichwohl nicht wenigen arabischen Bauern jahrhundertelang zur Subsistenz gedient hatte – als einen wesentlichen Teil der gefallenen Welt, als eine jener Hüllen, die die gefallenen göttlichen Funken umschließt, weswegen seiner festen Überzeugung nach die landwirtschaftliche Pionierarbeit sogar atheistischer jüdischer Sozialisten den Beginn der eschatologischen Erlösung Israels anzeigte.

Im Sommer des Jahres 1967 freilich, im Zuge des Junikrieges, als israelische Truppen die Altstadt Jerusalems eroberten und der damalige Militärrabbiner Shlomo Goren am 7. Juni 1967 an der Klagemauer das Shofar, das traditionelle, sonst nur am Neujahr und am Versöhnungstag benutzte Widderhorn blies, nahm die Bedeutung des Landes auch für die religiös orthodoxen Zionisten eine andere Bedeutung an. Nunmehr waren es Teile der religiösen Jugendbewegung sowie nationalreligiöse Talmudschüler aus der Talmudschule des Sohnes von Raw Kook, die die Lehre verkündeten, dass Ostjerusalem, Hebron und das Westjordanland jene Ländereien seien, die Gott dem Volke Israel versprochen habe und die es daher behalten und besiedeln müsse. Zwar gab und gibt es noch immer Diskussionen, ob Frieden nicht wichtiger als Land sei – ein sefardischer Oberrabbiner vertrat sogar die Meinung, dass Frieden als „Rettung des Lebens" wichtiger sei als „Gebiete", doch dies änderte nichts daran, dass die Synthese von jüdischem Fundamentalismus und säkularen Sicherheitsinteressen dazu führte, dass derzeit kaum noch an einen israelischen Rückzug aus dem Westjordanland zu denken ist. Die Folge ist nichts anderes als auf Dauer gestellte organisierte Friedlosigkeit.[17]

---

16 Abraham Isaak HaCohen Kook, *Die Lichter der Tora / Orat Hatora*, ed. Eveline Goodmann-Thaus et. al. Berlin: Walter de Gruyter, 1995, 99 f.
17 Amira Hass, *Morgen wird alles schlimmer. Berichte aus Palästina und Israel*, aus dem Englischen von Sigrid Langhaeuser. München: C. H. Beck, 2006.

Angelika Malinar
Indiens „säkulare" Religion: Nationalistische Deutungen des Hinduismus

Seit den 1980er Jahren lässt sich in Indien der wachsende Einfluss eines politisierten Hinduismus in Form des Hindu-Nationalismus beobachten. Dieser hat inzwischen nicht nur auf politischer Ebene großen Einfluss gewonnen, sondern äußert sich auch immer wieder in gewalttätigen Attacken gegenüber den Anhängern von als „fremd" deklarierten Religionen wie Islam und Christentum.[1] Auf mehreren Ebenen gleichzeitig verfolgen verschiedene dem Hindu-Nationalismus zugehörenden Organisationen ihr Ziel, nämlich „Making India Hindu".[2] Der Wahlsieg von Narendra Modi und seiner BJP (*Bharatiya Janta Party*; Indische Volkspartei) im Jahre 2014 stellte die politische Stärke dieser Gruppen erneut unter Beweis.[3] Das deklarierte Ziel einer Durchsetzung hinduistischer Werte in Politik und Gesellschaft wurde nach der Wahl u. a. durch Schaffung eines „Yoga-Ministerium" bekräftigt.[4] Eine internationale Anerkennung dieser Bestrebungen konnte die Regierung Modi darin sehen, dass auf ihre Initiative hin die Schaffung eines „International Yoga-Day" durch die Vereinten Nationen beschlossen wurde (2015 erstmalig begangen).

Initiativen wie diese sowie die Berufung auf Hindu-Werte haben zuweilen dazu geführt, den Hindu-Nationalismus als eine rückwärtsgewandte Kraft anzusehen, die an alten Traditionen und Werten festhalte und sich dabei gegen wesentliche Elemente der Moderne wende, wie etwa den Säkularismus. Damit stelle sie nicht nur die weitere Modernisierung und Demokratisierung Indiens in Frage, sondern durch die politische Instrumentalisierung des Hinduismus auch die ihm zugeschriebene Toleranz und die ihm eigene Vielfalt spiritueller

---

[1] Ebenfalls Ziel von Protesten und Gegenstand juristischer Verfahren wurden wissenschaftliche Forschungen zum Hinduismus und seiner Geschichte, die nicht den Ansichten von Hindu-Nationalisten entsprechen. Öffentliche Aufmerksamkeit erregte z. B. die Entscheidung des Penguin-Verlages, das 2010 erschienene Buch *The Hindus, an alternative history* der amerikanischen Religionswissenschaftlerin Wendy Doniger nach Protesten vom indischen Markt zu nehmen.
[2] So der Titel des 1998 von David Ludden herausgegebenen Sammelbandes zum Thema: *Making India Hindu: Religion, Community and the Politics of Democracy in India*. New Delhi: Oxford University Press, 2005 (reprint).
[3] Von 1998–2004 hatte die BJP schon einmal regiert und mit Atal Bihari Vajpayee den Premierminister gestellt (dieser hatte bereits im Jahre 1996 für 16 Tage das Amt bekleidet).
[4] So die in der Presse zirkulierende Abkürzung für das *Ministry of Ayurveda, Yoga and Naturopathy, Unani, Siddha and Homeopathy* (AYUSH).

Heilswege.⁵ Es ist zwar unstrittig, dass eine Revitalisierung hinduistischer Werte auf verschiedensten Ebenen von den hindu-nationalistischen Organisationen angestrebt wird. Aber das bedeutet keineswegs, dass damit eine Ablehnung der Moderne als solcher einhergeht bzw. der Hindu-Nationalismus eine Abkehr von der Moderne bedeutet. Sowohl historisch als auch strukturell betrachtet ist vielmehr das Gegenteil der Fall.⁶ In einer historischen Perspektive ist der Hindu-Nationalismus sowohl Resultat von Kolonialismus und Modernisierungsprozessen als auch Reaktion darauf. Er ist aber nicht nur als ein Phänomen bzw. Produkt der Moderne ‚modern' sondern er lässt sich auch als ein Projekt zur Uniformierung der religiösen Traditionen des Hinduismus mit Begriffen und Instrumenten der Moderne verstehen.⁷ Im Zuge der hindu-nationalistischen Kritik an einem dogmatisch-abgrenzenden „westlichen" Religionsbegriff, der das Gegenteil von „wahrer" Religion sei, wird der Hinduismus einerseits als eine abgegrenzte und abgrenzende Nationalreligion gedeutet, anderseits als eine universelle, alle Religionen einschließende religiöse Lebensform präsentiert.

Im Zuge dieses Prozesses wird der Hinduismus nicht nur zu einer „modernen" Religion, die sich an demokratische und rechtsstaatliche Regeln hält, sondern er wird auch als die ideale Religion für die säkulare Moderne deklariert und der Welt empfohlen (zum Beispiel in Form des „Yoga-Day"). Die von den

---

5 Neben Hindu-Nationalismus wird in einigen akademischen Publikationen auch der Begriff Hindu-Fundamentalismus für diese Gruppen verwendet. In der Anwendung dieses Begriffs kommt es zumeist zu Spezifizierungen, z. B. dass es sich nicht um einen „dogmatischen", sondern einen „organisatorischen" Fundamentalismus handele; vgl. Sumit Sarkar, *Beyond Nationalist Frames: Relocating Postmodernism, Hindu Fundamentalism, History*. Bloomington: Indiana University Press, 2002, 200. Um die primär politische Stoßrichtung dieser Gruppen und ihrer Beanspruchung von Religion für die Propagierung ihrer Agenda zu betonen, werden sie auch als „Hindu Right" bezeichnet (z. B. Sarkar, *Beyond Nationalist Frames*, passim, Brenda Cossman, Ratna Kapur, „Secularism: Bench-Marked by Hindu Right". *Economic and Political Weekly* 31, No. 38 (1996), 2613–2617, 2619–2627, 2629–2630.

6 Diese Sicht wird von zahlreichen Forschern gegenüber der Deutung des Hindu-Nationalismus als einer Abkehr von der Moderne oder eines religiösen revivalism vertreten, siehe z. B. Ashis Nandy, „The Politics of Secularism and the Recovery of Religious Tolerance". *Alternatives* 13 (1988), 177–194; Tapan Basu et al., *Khaki Shorts and Saffron Flags. A Critique of the Hindu Right*. Hyderabad, u. a.: Orient Longman, 1993; Christophe Jaffrelot, *The Hindu Nationalist Movement and Indian Politics. 1925 to 1990s. Strategies of Identity-Building, Implantation and Mobilisation (with special reference to Central India)*, London: Hurst, 1996.

7 Ashis Nandy deutet den Hindu-Nationalismus als eine „fanatische" Reaktion auf die westliche Moderne, die diese weniger ablehnt als vielmehr übertrumpfen will: „The zealot's one goal is to somehow defeat Western Man at his own game. [...] This is a crude way of describing a complex response, but it does convey that what passes as fundamentalism or revivalism is often only another form of Westernization [...]." Nandy, „The Politics of Secularism and the Recovery of Religious Tolerance", 186.

hindu-nationalistischen Regierungen vorangetriebene Öffnung der indischen Wirtschaft für den globalen Finanzkapitalismus, die Förderung der Entwicklung moderner Technologien usw. stehen nicht im Widerspruch zu diesem religiösen Programm, sondern sind Teil desselben. Der wirtschaftliche Aufschwung wurde von den beiden Premierministern, die die BJP bislang gestellt hat, zum Kerngeschäft erhoben. Atal Bihari Vajpayee machte 2004 mit dem Slogan „India Shining" (bhārat udaya) Wahlkampf. Narendra Modi profilierte sich als Ministerpräsident des wirtschaftlich stärksten indischen Bundesstaates Gujarat, bevor er die nationale Bühne betrat. Seine Wirtschaftspolitik wurde unter der Bezeichnung „Modi-nomics" popularisiert.[8] Er selbst wurde von seinen Anhängern – sog. Börsen-Gurus vergleichbar – als „Magic Modi" gefeiert. Die Einrichtung des o. g. „Yoga-Ministeriums" steht keineswegs im Widerspruch dazu, und ist auch keine Konzession an einen religiösen Parteiflügel, sondern integraler Bestandteil seines Programms.

Wie die Moderne selbst ist auch der moderne Hindu-Nationalismus durch Widersprüche und Ambiguitäten charakterisiert, deren ganze Komplexität sich nach wie vor entfaltet und deren Ausgang keineswegs feststeht. Das gilt insbesondere für das Feld der Religion. Die klassische Modernisierungstheorie in der Soziologie etwa in der Formulierung von Max Weber postulierte einen zunehmenden Rückzug der Religion ins Private, deren Entpolitisierung und Säkularisierung. Wie in anderen Ländern auch kann man in Indien feststellen, dass es in der Moderne jedoch zu einer neuen Art der Politisierung von Religion gekommen ist, und zwar sowohl in der Kolonialzeit als auch nach der Unabhängigkeit im Jahre 1947. Der Hindu-Nationalismus ist keineswegs die einzige Manifestation dieser Politisierung, auch andere Religionen in Indien kennen nationalistische Bewegungen und politische Neudeutungen (z. B. Sikhs, Muslime). Zudem sahen bedeutende religiöse Führerpersönlichkeiten im modernen Indien ihre Religiosität als zutiefst politisch. Das vielleicht bekannteste Beispiel hierfür ist Mohandas K. („Mahatma") Gandhi, dessen Verständnis von Religi-

---

8 Kurz vor der Wahl im Mai 2014 wurde ein von Modi autorisiertes Buch mit dem Titel *Modinomics* veröffentlicht, vgl. Sameeer Kochhar, *Modinomics: Inclusive Economics, Inclusive Governance*. Gurgaon: Skoch Media, 2014. Zum Verhältnis zwischen Hindu-Nationalismus und Kapitalismus bzw. Neoliberalismus siehe Thomas B. Hansen, „The Ethics of Hindutva and the Spirit of Capitalism". In Thomas B. Hansen, Christophe Jaffrelot (eds.), *The BJP and the Compulsions of Politics in India*. New Delhi: Oxford University Press, 1998; Stuart Corbridge, John Harriss, *Reinventing India: Liberalisation, Hindu Nationalism and Popular Democracy*. Cambridge: John Wilhey & Sons, 2000; Shankar Gopalakrishnan, „Defining, Constructing and Policing a ‚New India': Relationship between Neoliberalism and Hindutva". *Economic and Political Weekly* 41 (2006), No. 26, 2803, 2805–2813.

on einen Rückzug ins Private ausschloss.⁹ Eine persönliche Religiosität steht bei bedeutenden Vertretern des Hindu-Nationalismus nicht immer im Zentrum des politischen Engagements oder bildet den Ausgangspunkt dafür. Oft ist es der politische Kampf, der religiöse Dimensionen annimmt bzw. Religion instrumentalisiert.¹⁰ Das zeigt sich u. a. darin, dass die Religionspolitik verschiedener indischer Regierungen und deren Verständnis von Säkularismus im Zentrum hindu-nationalistischer Agitation standen. Dabei werden eine angebliche Schwäche und Uneinigkeit der Hindus als Ursachen dafür ausgemacht, dass diese von „fremden" Minderheiten (sei es die Kolonialregierung, oder Christen und Muslime) unterdrückt seien. Diese Konstellation bestimmt den politischen Erfolg des Hindu-Nationalismus im unabhängigen, post-kolonialen Indien in erheblichem Maße und hat es ermöglicht, dass sich seine Vertreter heute als die wahren Hüter des indischen Säkularismus darstellen. Entsprechend ist der Hinduismus für sie nicht nur die „wahre" indische Religion, sondern die moderne und säkulare Religion schlechthin. Diese Konstellation und die damit verbundenen Deutungen des Hinduismus sind Gegenstand der folgenden Erörterungen. Zunächst wird der für den Hindu-Nationalismus zentrale Leitbegriff des „Hindu-Seins" bzw. „Hindutums" (hindutva) analysiert. Dieses Konzept ist der massgebliche Bezugspunkt verschiedener hindu-nationalistischer Organisationen und deren politisch-kultureller Programme und Praxisformen. Deren Auswirkungen im postkolonialen und gegenwärtigen Indien werden dann anhand der kontroversen Wechselwirkungen zwischen der säkularen Verfassung des indischen Staates und dem hindu-nationalistischen Programm diskutiert.

1 Das „Hindu-Sein" (hindutva) als politischer und religiöser Leitbegriff

Die moderne Politisierung und Nationalisierung der religiösen Traditionen Indiens ist eng mit der britischen Kolonialherrschaft sowie der Prägung des neuen Begriffs „Hinduismus" und den daran anschließenden Debatten verbunden.¹¹

---

9   Siehe dazu Angelika Malinar, „Mohandas Karamchand Gandhi". In Knud A. Jacobsen, Helene Basu, Angelika Malinar, Vasudha Narayanan (eds.) *Brill's Encyclopedia of Hinduism*, Volume V. Leiden: Brill, 2013, 542–551.
10   Einer der wichtigsten Ideologen des Hindu-Nationalismus, Vinayak Damodar Savarkar, ist dafür ein Beispiel. Nandy, „The Politics of Secularism and the Recovery of Religious Tolerance", 182 f., betont, dass Savarkar im Unterschied zu Gandhi ein Atheist war, der den Hinduismus zu seiner politischen Ideologie machte.
11   Bekanntlich ist der Begriff „Hinduismus" Ende des 18. Jahrhunderts von christlichen Missionaren geprägt worden und hat seither nicht nur zu zahlreichen Innen- und Aussen-Definitionen

Diese Prozesse waren von den Zielen und Strukturen des Kolonialismus geprägt, der von Seiten der Kolonialherren als eine „zivilisatorische Mission" dargestellt wurde, die Indien diene und daher tiefgreifende Eingriffe in die indische Gesellschaft rechtfertige (Bildung, Recht etc.). Dazu gehörten auch gezielte Maßnahmen zur Reform der indischen Gesellschaft und Religion, insbesondere des Hinduismus, der als besonders „rückständig" galt. Das hat auf indischer Seite ganz unterschiedliche Reaktionen hervorgerufen, aber auch auf westlicher Seite zu unerwarteten Parteinahmen gegen den Kolonialismus und die Abwertung des Hinduismus geführt. Die unterschiedlichen Interpretationen des Hinduismus, die im 19. und frühen 20. Jahrhundert unternommen wurden, sind dafür Zeugnis.[12] Sie alle sind auf die eine oder andere Weise mit der beginnenden Unabhängigkeitsbewegung verbunden und somit Teil des indischen Nationalismus, der sich mit der Gründung des *Indian National Congress* im Jahre 1885 erstmals politisch formierte. Der Ausdruck „indischer Nationalismus" ist ein Sammelbegriff für recht unterschiedliche Gruppierungen und politische Programme mit jeweils eigenen Vorstellungen darüber, was unter der indischen „Nation" zu verstehen ist und auf welchen Prinzipien ein unabhängiger indischer Staat in der Zukunft basieren soll. Im frühen 20. Jahrhundert war das, was heute als Hindu-Nationalismus bezeichnet wird, nur eine Variante des indischen Nationalismus und nur eine von mehreren nationalistisch-politischen Deutungen des Hinduismus. Die grundlegenden Formulierungen des hindu-nationalistischen Kernprogramms stammen aus den 1920er und 1930er Jahren.[13] In ihrer Konstruktion der „Hindu-Nation" beziehen sich hindu-nationalistische Vordenker wie Vinayak Damodar Savarkar und M. S. Golwalkar u. a. auch auf zeitgenössische Staatstheorien. Neben Territorium und Abstammung machen sie die Hindu-Religion zum definierenden Element der Nation.[14] Dabei wird der Hinduismus nicht nur von anderen Religionen abgegrenzt, sondern auch von

---

geführt, sondern auch zu politisch-kulturellen und rechtlichen Debatten; für einen Überblick siehe Angelika Malinar, *Hinduismus*. Göttingen: Vandenhoek & Ruprecht (UTB), 2009, 13–25; für Beispiele akademischer Definitionen und Historisierungen siehe die Beiträge in John E. Llewellyn (ed.), *Defining Hinduism. A Reader*. London: Equinox, 2005.

12 Zum indischen Nationalismus siehe Partha Chatterjee, *Nationalist Thought and the Colonial World: A derivative Discourse?*. London: Zed Books, 1986; zu Neuformierungen im Hinduismus siehe Malinar, *Hinduismus*.

13 Für einen Überblick über programmatische Texte und Autoren siehe den von Christophe Jaffrelot herausgegebenen reader: *Hindu Nationalism – A Reader*. Princeton: Princeton University Press, 2007.

14 Wie Benedict Anderson in seiner klassischen Studie zum Nationalismus (*Imagined Communities*. London: Verso, second revised edition 1991 [1983]) herausgestellt hat, beruht die Idee von Nation auf verschiedenen Konstruktionen dessen, worin eine Nation besteht. Territorium, Sprachzugehörigkeit, Abstammung, Religion etc. wurden als Kriterien zur Bestimmung von „Nation"

einem als „westlich" deklarierten Religionsbegriff. Um die Argumentationsmuster und Agitationsformen der Hindu-Nationalisten einordnen zu können, ist es notwendig, die in den grundlegenden Texten vorgebrachten Definitionen und Deutungsmuster etwas näher zu betrachten.

Die hindu-nationalistische Ideologie wurde zu Beginn der 1920er Jahre in paradigmatischer Weise zunächst von Vinayak Damodar Savarkar (1883–1966) formuliert. Vor allem durch den von ihm lancierten neuen Begriff „Hindutva", Hindu-Sein bzw. Hindutum, prägte er das politische Programm nachhaltig. Savarkar formulierte seine Ansichten während seiner Inhaftierung (wegen aufrührerischer Aktivitäten gegen die Kolonialherrschaft) auf den Andamanen-Inseln in einem auf Englisch geschriebenen Traktat, das 1923 unter dem Titel *Essentials of Hindutva* publiziert wurde.[15] Der Text kann u. a. als eine direkte Reaktion auf das Scheitern des von Gandhi geführten Kampfes gegen die Kolonialherrschaft gelesen werden. Gandhi sah sich 1922 gezwungen, seine „non-cooperation"-Kampagne nach Gewaltausbrüchen abzubrechen. Sowohl innerhalb als auch außerhalb des *Indian National Congress* wurden Alternativen zu Gandhis Politik propagiert. Ein Sammelbecken für diejenigen, die im Kampf gegen die Kolonialherrschaft darauf setzten, dass sich die Hindus auf ihre Stärke und ihre religiösen und kulturellen Werte besinnen, war die 1915 gegründete *Hindu Mahāsabhā*.[16] Ihre Wortführer kritisierten Gandhis Ansicht, dass nur ein friedfertiger und toleranter Hindu ein wirklicher Hindu sei. Nach dem Scheitern von Gandhis Kampagnen verstärkten sie ihre Bemühungen um die „Einheit der Hindus" (*hindu saṅgāthan*). Savarkar war in der *Hindu Mahāsabhā* engagiert und fungierte in den 1930er Jahren auch als deren Präsident. Er war auch eng verbunden mit einer anderen hindu-nationalistischen Organisation, die 1925 gegründet wurde und zur Kaderschmiede des Hindu-Nationalismus wurde, der *Rāṣṭrīya Svayaṃsevak Saṅgh* (RSS), die „Nationale Vereinigung der freiwilligen

---

diskutiert bzw. von sich gründenden Nationalstaaten herangezogen. Daher sind nach Anderson Nationen „imagined communities", deren Realität dann in politischen und sozialen Prozessen und Konflikten auszuhandeln ist.

15 Zu Savarkars Biographie siehe Dhanajay Keer, *Veer Savarkar*. Bombay: A. V. Keer, 1950. Für den politischen Kontext der Veröffentlichung und Savarkars Kritik an Gandhi siehe Janaki Bakhle, „Country First? Vinayak Damodar Savarkar (1883–1966) and the Writing of *Essentials of Hindutva*". *Public Culture* 22,1 (2010), 149–186.

16 Zur Geschichte dieser Vereinigung siehe Prabhu Bapu, *Hindu Mahasabha in Colonial North India, 1915–1930. Constructing Nation and History*. London: Routledge, 2013; zu deren Verhältnis zu anderen hindu-nationalistischen Organisationen siehe Basu et al., *Khaki Shorts and Saffron Flags*; Gyanendra Pandey, „Which of us are Hindus?". In Ders. (ed.), *Hindus and Others: The Question of Identity in India Today*. New Delhi: Viking, 1993, 238–272; Jaffrelot, *The Hindu Nationalist Movement and Indian Politics*.

Helfer". 1936 wurde der RSS durch die Frauenorganisation *Rāṣṭrasevikā Samiti* erweitert. Gründer und erster Führer der neuen Organisation war Keshav Baliram Hedgewar (1889–1940). Sein Nachfolger wurde 1940 Madhav Sadashiv Golwalkar (1906–1973), der auch zur weiteren Ausformulierung der Hindutva-Ideologie beitrug.

Die Erklärung des Wortes „Hindu" und die Definition des „Hindu-Seins" als Kernelement der indischen Nation und Kultur sind zentrale Anliegen von Savarkars Hindutva-Traktat. Er sieht den ersten Schritt der Befreiung der Nation darin, sich als „Hindu" zu begreifen und zu bezeichnen. Dazu gilt es, die wahre Bedeutung des Wortes zu erkennen und von missverständlichen Interpretationen zu reinigen. Es handelt sich nämlich um einen Namen, der eins sei mit der Sache selbst, dem Hindu-Sein.[17] In der Erklärung dieses Namens grenzt er ihn einerseits von der im 19. Jahrhundert neu entwickelten Bedeutung von „Hindu" im Sinne von „Anhänger des Hinduismus" ab, und andererseits vom Wort *bhāratīya*, das neben „Hindu" (vor der Erfindung des Wortes „Hinduismus" als geographische Bezeichnung gängig) im Sinne von „indisch" zur Bezeichnung der Nationalität dient. Für Savarkar ist das Wort *bhāratīya* als Bezeichnung für die Hindu-Nation weniger nützlich, da es wegen seiner primär geographischen Bedeutung auch Christen und Muslime einschließt, welche jedoch nicht die von ihm definierten Kriterien des Hindu-Seins erfüllten.[18] Beide Abgrenzungen ermöglichen Savarkar das Wort „Hindu" in einer Weise zu definieren, die es

---

17 Mit dieser These beginnt Savarkar sein Traktat, indem er die Auffassung, dass Namen nur beliebige Bezeichnungen für die Sache sind, anhand der Zeile „What is in a name?" aus Shakespeares *Romeo und Julia* illustriert. Demgegenüber bekundet er sein „idolatrous attachment" zum Namen „Hindu". Vinayak Damodar Savarkar, *Essentials of Hindutva* (reprint as: *Hindutva: Who is a Hindu?* (1923)). Bombay: S. S. Savarkar, ⁵1969. Die darin enthaltene Polemik gegen den englischen Bildungskanon und die christliche Kritik am hinduistischen Bilderkult wird hier sowie an anderen Stellen rhetorisch geschickt lanciert. Die Reklamation des Namens prägt auch an anderen Stellen die Struktur des Textes, etwa in der namentlichen Aufzählung von Personen und Gruppen, deren Existenz das „heilige Mutterland" als geographische, historische und kulturelle Einheit lebendig werden lässt. Das wird ergänzt durch eine Kompilation von Zitaten und Verweisen. Bakhle stellt fest, dass Savarkars deklamatorische Rhetorik darauf ziele, einen affektiven bzw. „monogamen" Bezug zu einer sakralisierten Hindu-Nation zu propagieren. Janaki Bakhle, „Country First? Vinayak Damodar Savarkar (1883–1966) and the Writing of *Essentials of Hindutva*". *Public Culture* 22,1 (2010), 149–186. Pandey vermerkt die politische Instrumentalisierung von Vorstellungen einer mystischen Einheit von Wort und Gegenstand in den devotionalen Traditionen der Hinduismus (*bhakti*) und im Sufismus. Pandey, „Which of us are Hindus?", 247.

18 Savarkar wendet sich auch gegen diejenigen, die das Wort „Arya" (Arier) als Selbstbezeichnung an Stelle von „Hindu" propagieren. Savarkar, *Essentials of Hindutva*, 76 ff. Stattdessen verwendet er „Arya" in einer Weise, die nicht mehr auf ausschließlich auf die vedische Religion rekurriert (wie es etwa der Hindu-Reformer Dayananda Sarasvati tat, der 1875 den Arya Samaj gründete), sondern auch nicht-vedische Religionen einschließt (ebd., 32 f.). Auch andere Nationalisten hatten sich

erlaubt, die Einheit der Hindus so zu beschreiben, dass einerseits eine innere Diversität und Vielfalt anerkannt werden kann, und andererseits Gruppen und Personen identifiziert werden können, die nicht zur Hindu-Nation zugehören sollen.[19] Eines der größten Missverständnisse sieht Savarkar darin, dass man den Namen „Hindu" für eine Fremdbezeichnung halte, die kein Pendant im Sanskrit habe, obgleich es sich dabei um die ursprüngliche Bezeichnung für die Bewohner Indiens handele. Er weist darauf hin, dass das Wort „Hindu" eine Variante des Sanskrit-Wortes *sindhu* ist, die Bezeichnung für den Fluss Indus. Daher lautet die älteste Bezeichnung für die Bevölkerung, die in dieser Region lebte, die *sindhus*. In indischen Regionalsprachen könne ein „s" durch „h" substituiert werden, so dass aus „sindhu", „hindu" werde.[20] Daher handele es sich bei der Vorstellung, dass „Hindu" eine Fremdbezeichnung sei, um eine „stupid notion", die verschwinden müsse: „The first result of our enquiry is to explode the baseless suspicion which has crept into the minds of some of our well-meaning but hasty countrymen that the origin of the words Hindu and Hindusthan is to be traced to the malice of the Mohammedans! [...] Long before Mohammad was born, [...] this ancient nation was known to ourselves as well as to the foreign world by the proud epithet Sindhu or Hindu and Arabians could not have invented this term, any more than they could have invented the Indus itself. They simply learnt it from the ancient Iranians, Jews, and other peoples."[21] Die Ursprünglichkeit und die allgemeine Anerkennung des Namens außerhalb Indiens erklären zudem, warum sich das Wort *bhāratavarṣa* für Indien und auch davon abgeleitete Bezeichnungen (wie o. g. *bhāratīya*) nicht wirklich durchgesetzt hätten.[22] Der im Wort *bhārat* enthaltene Bezug zu einem Herrscher eigne

---

gegen die Vorstellung von einem indo-europäischen „Ariertum" gewendet, auf dessen Grundlage Gemeinsamkeiten zwischen Briten und Indern konstruiert wurden, siehe dazu Joan Leopold, „The Aryan Theory of Race in India, 1870–1920: Nationalist and Internationalist Visions". *The Indian Economic and Social History Review* 7 (1970), 271–297; und Christophe Jaffrelot, „The Idea of the Hindu Race in the Writings of Hindu Nationalist Ideologues in the 1920s and 1930s: A Concept between two Cultures". In Peter Robb (ed.), *The Concept of Race in South Asia*. New Delhi: Oxford University Press, 1995, 327–354, hier 340–343.

19 Vgl. auch Golwalkars Erklärung, warum „Hindu" und nicht *bhāratīya* (indisch) die richtige Bezeichnung für die Nation sei; Madhav Sadashiv Golwalkar, *Bunch of thoughts*. Bangalore: Vikrama Prakashan, ⁴1968, 97–99. Für eine Diskussion zeitgenössischer Verwendungsweisen und Definitionen dieser Worte siehe Pandey, „Which of us are Hindus?", 244–246.

20 Savarkar, *Essentials of Hindutva*, 6 f. Er verweist auf altiranische Quellen (Avesta) und indische Regionalsprachen (sog. Prakrits). Diejenigen, die „keep constantly harping on the fact that this word Hindu is not found in Sanskrit", weist er wie folgt zurück: „it is ridiculous to expect a Prakrit word in classical Sanskrit" (ebd., 71).

21 Savarkar, *Essentials of Hindutva*, 70 f.

22 Diese Bezeichnung leitet sich vom in den klassischen Quellen erwähnten König Bharata und

sich kaum, um die affektive Bindung der Hindus an ihr Land auszudrücken: „The Emperor Bharat is gone and gone also is many an emperor as great! – but the Sindhu goes on forever; forever inspiring and fertilizing our sense of gratitude, vivifying our sense of pride, renovating the ancient memories of our race – a sentinel keeping watch over the destinies of our people. It is the vital spinal cord that connects the remotest past to the remotest future."[23] Daher sei „Hindu" die Bezeichnung, die das Gefühl des „Hindu-Seins" erzeuge und bezeuge, indem sie das Land zwischen dem Indus (*sindhu*) und den Meeren (ebenfalls in Sanskrit: *sindhu*) benennt.[24]

Damit wird der gesamte indische Subkontinent zum Staatsgebiet (*rāṣṭra*) der Hindus erklärt und zu einem Kriterium des „Hindu-Seins" erhoben. Als zweites Kriterium nennt Savarkar die Zugehörigkeit zur Abstammungsgemeinschaft bzw. „race" (*jāti*) der Hindus. Die Hindus seien „a race with common blood", „a born brotherhood". Das zeige sich darin, dass sie sich als eine Familie von Kasten organisiert haben, in die auch „outsiders" aufgenommen werden können.[25] Das Kastensystem wird hier als organisches Modell einer hierarchisch organisierten Gesellschaft angesehen, deren Mitglieder durch das ihnen gemeinsame Blut verbunden seien.[26] In seiner Analyse der Verwendung des Wortes „race" bei Savarkar und anderen Hindu-Nationalisten stellt Christophe Jaffrelot fest, dass hier weniger ein biologischer Rassismus propagiert werde als ein sozialer. Das Kastensystem wird zur Erscheinungsform einer eher sozial und affektiv als eugenisch-biologisch gedeuteten Hindu-Blutsgemeinschaft.[27] Diejenigen, die ursprünglich nicht Teil dieser Gemeinschaft sind, werden auf der untersten Ebene

---

seinen Nachkommen (*bhārata-s*) ab, und auch die indische Republik trägt den Namen „Bhārat". Sakralgeographisch wird *bhāratavarṣa* in den indischen Quellen als eine kosmische Region beschrieben, die vom Himalaya und dem Ozean begrenzt wird sowie einige besondere Merkmale aufweist, siehe Malinar, *Hinduismus*, 170–175.

23 Ebd., 31.
24 Diese Doppelbedeutung von *sindhu* wird von Savarkar als ein weiterer Vorteil gewertet: „The word Sindhu in Sanskrit does not only mean the Indus but also the Sea – which girdles the southern peninsula – so that this one word Sindhu points out almost all frontiers of the land at a single stroke. [...] the epithet Sindhusthan calls up the image of our whole Motherland: the land that lies between Sindhu and Sindhu – from the Indus to the Seas." Savarkar, *Essentials of Hindutva*, 31 f.
25 Ebd., 85–86.
26 In einer refrainartigen Deklamation beschwört Savarkar diese Blutsverwandtschaft durch die Auflistung unterschiedlicher Kasten: „Some of us were Aryans and some Anaryans; but Ayars and Nayars – we were all Hindus and own a common blood. Some of us are Brahmans and some Namashudras or Panchamas; but Brahmans or Chandalas – we are all Hindus and own a common blood. Some of us are Daxinatyas and some Gauds; but Gauds or Saraswatas – we are all Hindus and own a common blood." Savarkar, *Essentials of Hindutva*, 89.
27 Jaffrelot, „The Idea of the Hindu Race in the Writings of Hindu Nationalist Ideologues in

der Hierarchie angesiedelt. Das Ausmaß ihrer Integration bzw. Aufstiegsmöglichkeiten richte sich danach, wie sehr sie sich den Werten der Kastenhierarchie anpassen. Es handele sich hier um einen Rassismus, der eher auf die soziale und kulturelle Unterwerfung des „Anderen" ziele als auf dessen Ausrottung.[28] Die affektive Grundierung der Deutung der „Hindu race" bei Savarkar zeigt sich auch darin, dass die Vielfalt religiös-philosophischer Positionen und Traditionen ebenfalls zu einem Bezugspunkt für das Gefühl der Zugehörigkeit und inneren Zusammengehörigkeit erhoben wird: „Some of us are monists, some, pantheists; some theists and some atheists. But monotheists or atheists – we are all Hindus and own a common blood. We are not only a nation but a Jati, a born brotherhood. Nothing else counts, it is after all a question of heart. We feel that the same ancient blood that coursed through the veins of Ram and Krishna, Buddha and Mahavir, Nanak and Chaitanya, Basava and Madhava, of Rohidas and Tiruvelluvar courses throughout Hindudom from vein to vein, pulsates from heart to heart."[29] Eine Einheitsreligion mit einem klar definierten Spektrum von Lehren

---

the 1920s and 1930s", 333, Anm. 26, weist daraufhin, dass Savarkar das Wort „race" weniger im Sinne von „Rasse" verwendet als eher – wie im zeitgenössischen Diskurs üblich – im Sinne von „nation". Das zeige sich auch in der Verwendung des Sanskrit- bzw. Hindi-Wortes *jāti*, das hier im Sinne einer zoologischen „Spezies" zu verstehen sei (ebd., 348). Ungeachtet der Kenntnis solcher Taxonomien bei Savarkar bleibt festzuhalten, dass er für sein Verständnis von *jāti* auf keine indischen Quellen verweist. M. S. Golwalkar jedoch zitiert in einer 1939 veröffentlichten Schrift zum Thema die Definition von *jāti* aus dem *Nyāyasūtra* des Gautama (ca. 2. Jh. v. Chr. – 2. Jh. n. Chr.), einem Grundtext der klassischen indischen Philosophie. Dadurch möchte er nachweisen, dass bereits Gautama das Konzept der „Nation" vollumfassend definiert habe: „Race means those people who have a common origin and common fellow feeling, i. e. are related together by common traditions and naturally by common aspirations." Madhav Sadashiv Golwalkar, *We or our Nationhood defined*. Nagpur: Kale, [4]1947, 62 f. Golwalkar bezieht sich dabei jedoch auch nicht auf „species" als (eine durchaus) mögliche Bedeutung von *jāti* im *Nyāyasūtra*. Vielmehr setzt er sich vor allem mit westlichen Definitionen von „Nation" auseinander und definiert die Hindu-Nation mit Hilfe der folgenden fünf Faktoren „Geographical (country), Racial (race), Religious (religion), Cultural (culture), and Linguistic (language)" (ebd., 23). Zur Bedeutung zeitgenössischer Staatstheoretiker für diese Definition siehe Jaffrelot, „The Idea of the Hindu Race in the Writings of Hindu Nationalist Ideologues in the 1920s and 1930s", 343–346.

28 Jaffrelot, „The Idea of the Hindu Race in the Writings of Hindu Nationalist Ideologues in the 1920s and 1930s", 344, 354. Zum Verhältnis der Hindu-Nationalisten zum Nationalsozialismus in Deutschland und zur faschistischen Ideologie siehe auch Sumit Sarkar, „The Fascism of the Sangh Parivar". *Economic and Political Weekly* 28, No. 5 (1999), 163–167. Die seit den 1980er Jahren zu beobachtende rhetorische Aufrüstung sowie die zunehmende Militanz und Gewaltbereitschaft gegenüber Minderheiten und zu „Feinden" deklarierten Personen und Gruppen hat dazu geführt, dass der Hindu-Nationalismus auch als faschistisch beschrieben wurde, siehe z. B. den genannten Titel von Sarkar und Sucheta Mazumdar, „Women on the March: Right-Wing Mobilization in Contemporary India". *Feminist Review* 49 (1995), 1–28.

29 Savarkar, *Essentials of Hindutva*, 89.

und Praktiken und einem begrenzten Repertoire von religiösen Lehrern sei dem Hindu-Sein fremd. Charakteristisch sei vielmehr die Zuneigung, die Hindus zu der von ihnen selbst generierten religiösen Vielfalt hegen. Die Hindus als Nation verkörperten die Einheit dieser Vielfalt.

Der immer wieder von Savarkar betonte affektive Bezug, die gefühlte Zugehörigkeit zum „Hindu-Sein", eröffnet auch für „outsiders" die Aufnahme in die Hindu-Nation bzw. führt für diejenigen, die sich davon entfernen, zum Ausschluss.[30] Das führt in die Konstruktion des „Hindu-Seins" ein Element von Wahl und individueller Neigung ein, das ermöglicht, was Jaffrelot als „subjective raciality" bezeichnet und als einen Widerspruch in sich ansieht.[31] Diese widersprüchlich anmutende Konstruktion passt jedoch zu der stark ausgeprägten kulturalistisch-affektiven Deutung der Abstammungsgemeinschaft und der Reklamation des Hinduismus als Religion der Vielfalt. Diese Konstruktion ist ein wichtiges Element der hindu-nationalistischen Ideologie. Es wird auch gegenwärtig von den Hindutva-Organisationen dazu verwendet, den Status von religiösen und sozialen Minderheiten als Folge einer Wahl („choice") zu interpretieren, die sie auch revidieren können.[32]

---

30 Beide Konstellationen werden von Savarkar durchgespielt. Zum einen wird Hindus, die sich durch Konversion zum Christentum oder Islam vom Hindu-Sein abgewendet haben, die Zugehörigkeit zur Hindu-Nation abgesprochen, obwohl sie dem „Blut nach" Hindus sind. Savarkar, *Essentials of Hindutva*, 110 f. Zum anderen können „foreigners" der Hindu-Nation zugerechnet werden, obwohl sie kein Hindu-Blut in sich tragen, wenn sie sich durch ihre Liebe zur Hindu-Religion und die Annahme der Hindu-Kultur als Hindus erweisen. Als Beispiele nennt er die Engländerinnen und bekennende Hindus Margaret Noble – bekannt als Sister Nivedita – (1867–1911) und Annie Besant (1847–1933); siehe Savarkar, *Essentials of Hindutva*, 130 f. Zu Besant und ihrer Deutung des Hinduismus siehe Angelika Malinar, „Karmic histories and the synthesis of ‚East' and ‚West'. Annie Besant on Hinduism". In Angelika Malinar, Simone Müller (eds.). *Asia and Europe – interconnected: Agents, Concepts and Things*. Wiesbaden: Harrassowitz, 2018, 55–89.
31 Jaffrelot, „The Idea of the Hindu Race in the Writings of Hindu Nationalist Ideologues in the 1920s and 1930s", 343.
32 Bakhle betont ebenfalls das Element der „choice", bezieht dieses aber auf den Nationalismus als solchen (während es in Savarkas Text um die Definition des Hindu-Seins geht und damit um die von Jaffrelot herausgestellte Paradoxie einer „subjective raciality"). Gleichwohl benennt sie die Funktion dieses Arguments treffend: „Nationalism, in a curious twist, now becomes a matter of choosing to love, and in making it so, Savarkar allows for all future generations of militant Hindu nationalists to use the modern concept of political choice as their alibi for prejudice." Bakhle, „Country First? Vinayak Damodar Savarkar (1883–1966) and the Writing of *Essentials of Hindutva*", 179. Das Element von „choice" wird im Zuge der Akzeptanz neoliberaler Parameter auf Seiten von Hindu-Nationalisten seit den späten 1980er Jahren (siehe Gopalakrishnan, „Defining, Constructing and Policing a ‚New India'") sowie im Hinblick auf die von ihnen betriebene „Anti-Konversion"-Gesetzgebung erweitert und neu konfiguriert (siehe unten).

Vor diesem Hintergrund erläutert Savarkar das dritte Kriterium von Hindutva: die Teilhabe an *saṃskṛti*, der Kultur bzw. „civilization" der Hindus, im Sinne aller ihrer geistigen Errungenschaften. Das Wort *saṃskṛti* wird von Savarkar in einen engen Zusammenhang mit dem Sanskrit als die alle Hindus einende Sprache gestellt, deren „sister-languages" alle auf sie zurückgingen.[33] In diesem Zusammenhang diskutiert Savarkar auch die Religion und den Hinduismus. Wie bereits erwähnt, bedeutet für ihn das Wort „Hindu" weit mehr als „Anhänger des Hinduismus". Vielmehr ist die Religion ein Teil des Hindu-Seins. Der Begriff „Hinduismus" im Sinne eines spezifischen Spektrums von Lehren und Praktiken dürfe nicht das Wort „Hindu" usurpieren. Zumal „Hinduismus" von allen Worten das wirklich „fremde" sei, das viel Verwirrung und Entfremdung unter den Hindus stifte: „if there be really any word of alien growth it is this word Hinduism and so we should not allow our thoughts to get confused by this new-fangled term."[34] Es gehöre zur westlichen Konstruktion von Religionen als voneinander abgegrenzten „ism-s", von der Savarkar hofft, dass sie bald der Vergangenheit angehört. Erst dann können Religionen werden, was sie sein sollten: „the common fund of eternal principles that lie at the root of all that are a common foundation on which the Human State majestically and firmly rests".[35]

Hinduismus ist für Savarkar nicht nur ein fremdes Wort, sondern auch ein „sectarian term",[36] an dessen Definition er kein Interesse hat. Viel wichtiger sei es zu erklären, was ein Hindu ist, um zu bestimmen, wer in religiöser Hinsicht ein Hindu sei: „Hinduism means the system of religious beliefs found common amongst the Hindu people. And the only way to find out what those religious beliefs of the Hindus are, i. e., what constitutes Hinduism, you must first define a Hindu."[37] Nicht die eine oder andere Definition von Hinduismus dürfe bestimmen, wer ein Hindu ist, sondern vielmehr definiere das „Hindu-Sein" den Hinduismus: „Hinduism is only a derivative, a fraction, a part of Hindutva."[38] Diese Tatsache werde in der Regel von denjenigen vergessen, die versuchen, den Hinduismus zu definieren. Das führe regelmäßig dazu, dass die eine oder andere Gruppe, Lehre oder Praxis ausgeschlossen werden müsse, um zu einer Definition von Hinduismus zu kommen. Daher komme es zu ganz unterschiedli-

---

33 Auch Golwalkar betont die auf dem Sanskrit beruhende linguistische Einheit der Hindu-Nation. Golwalkar, *We or our Nationhood defined*, 51 f.
34 Savarkar, *Essentials of Hindutva*, 81.
35 Ebd., 83.
36 Ebd., 4.
37 Ebd., 103.
38 Ebd., 4.

chen Definitionen und endlosen Debatten darüber. Manche zögen daraus sogar den Schluss, dass es gar keine Hindus gäbe.[39]

Ein weiteres Problem besteht nach Savarkar darin, dass manche versuchen, die mehrheitlich praktizierten Formen des Hinduismus zur Norm zu erheben und als „orthodox" zu bezeichnen. Dabei handele es sich jedoch um eine unangebrachte Wortverwendung: „Hinduism is a word that properly speaking should be applied to all the religious beliefs that the different communities of the Hindu people hold. But it is generally applied to that system of religion which the majority of the Hindu people follow."[40] Das führe jedoch zu einer nicht hinnehmbaren Verengung: „if you identify the religion of the Hindus with the religion of the majority only and call it orthodox Hinduism, then the different heterodox communities being Hindus themselves rightly resent this usurpation of Hindutva by the majority as well as their unjustifiable exclusion."[41] Daher sollte auch eine mehrheitlich praktizierte Form des Hinduismus (sog. *sanātana dharma*) nur als eine seiner Varianten gelten und nicht als Norm setzend.[42] Hinduismus bzw. „Hindu *dharma*" (Hindu-Religion) sollte daher im Sinne eines generischen Begriffs verwendet werden, um die verschiedenen religiösen Traditionen der Hindus insgesamt anzusprechen.[43] Konkret zeige sich die religiöse Zusammengehörigkeit aller Hindus darin, dass für sie – im Gegensatz zu den Angehörigen aller anderen Religionen – Indien nicht nur das Vater- bzw. Mutterland ist, sondern auch das „Heilige Land".

Auf dieser Grundlage kommt Savarkar gegen Ende des Traktats zu folgender Definition von „Hindu", die er in einem Sanskrit-Vers zusammenfasst,[44] den er in einer Ansprache anlässlich der Zusammenkunft der *Hindu Mahāsabhā* im Jahre

---

39 Ebd.
40 Ebd., 105.
41 Ebd., 106.
42 Savarkar bezieht sich hier u. a. auf diejenigen Gruppen, die sich als Bewahrer und Verteidiger der Tradition gegenüber den modernen hinduistischen Reformbewegungen sehen (von denen einige z. B. die Bilderverehrung ablehnen). Diese sahen sich als Hüter des sog. *sanātana dharma*, der „ewigen Religion" und wurden entsprechend als „Sanātanis" bezeichnet. Zur Geschichte des Ausdrucks *sanātana dharma* als Übersetzung für „Hinduismus" sowie der Verwendung von Sanskrit *dharma* als Übersetzung für „religion" siehe Wilhelm Halbfass, *India and Europe: An Essay in Understanding*. Albany: State University of New York Press, 1988. Zu den Positionen und Organisationen der Sanātanis siehe John Zavos, „Defending Hindu Tradition: Sanatana Dharma as a Symbol of Orthodoxy in Colonial India". *Religion* 31 (2001), 109–123. Mohandas K. Gandhi hat sich auch als Sanātani Hindu bezeichnet und sein Verständnis von *sanātana dharma* dargelegt, siehe dazu Malinar, „Mohandas Karamchand Gandhi".
43 Ebd., 107.
44 Der Text lautet: „*āsindhusindhuparyatā yasya bhāratabhūmikā / pitṛbhūḥ puṇyabhūś caiva sa vai hindur iti smṛtaḥ*". Savarkar, *Essentials of Hindutva*, 116.

1937 wie folgt übersetzt: „Everyone who regards and claims this Bharatbhoomi from the Indus to the Seas as his Fatherland and Holyland is a Hindu."[45] Savarkar erläutert diese Definition zusammenfassend wie folgt: „Hindudom is bound and marked out as a people and a nation by themselves not by the only tie of a common Holyland in which their religion took birth but by the ties of a common culture, a common language, a common history and essentially of a common fatherland as well. It is these two constituents taken together that constitute our Hindutva and distinguish us form any other people in the world."[46] Diese Definition hat die unmittelbare Konsequenz, dass eigentlich nur die Hindus die indische Nation darstellen, sie allein lieben das Land und die Kultur zwischen „Indus und den Meeren" in einer umfassenden und ausschließlichen Form. Die Muslime mögen zwar in Indien geboren sein, eine indische Sprache sprechen usw., aber ihr Heiliges Land befände sich außerhalb Indiens. Aus diesem sakralgeographischen Sachverhalt leitet Savarkar eine Art nationaler Unzuverlässigkeit der muslimischen Inder ab, die aufgrund ihrer Zugehörigkeit zu einer nichtindischen Religion nicht vollständig den Interessen der Nation dienen können und von daher einen potentiellen Gefahrenpunkt abgeben: „Their [the Muslims A. M.] love towards India as their motherland is but an handmaid to their love for their Holyland outside India. Their faces are ever turned towards Mecca and Madina [sic!, i. e. Medina]. But to the Hindus Hindusthan being their Fatherland as well as their Holyland, the love they bear to Hindusthan is undivided and absolute."[47]

Dieser ideologische Rahmen und die damit verbundenen Elemente des „Hindu-Seins" werden in den folgenden Jahrzehnten mit einer zunehmenden Reklamation des Hinduismus und seiner religiösen Traditionen als das wahre kulturelle Erbe Indiens weiter ausgebaut. Eine wichtige Rolle spielt dabei Madhav Sadashiv Golwalkar (1906–1973), der, wie bereits erwähnt, 1940 die Führung des o. g. RSS übernahm. Er propagiert ein Hindutum der Stärke und erhebt in seiner Definition der Hindu-Nation die Religion zu einem zentralen Element.[48] Beides wieder gross und stark zu machen, wird zu einer heiligen Aufgabe erhoben. Im Vorwort zu seiner 1939 veröffentlichten Abhandlung *We or Our Nationhood defined* deklariert er diese als „a humble offering at the holy feet of the Divine Mother – the Hindu Nation – in the hope that She will graciously accept this worship".[49]

---

45 Vinayak Damodar Savarkar, *Hindu Rashtra Darshan. A Collection of Presidential Speeches delivered from the Hindu Mahasabha Platform*. Bombay: Khare, 1949, 4.
46 Ebd.
47 Savarkar, *Hindu Rashtra Darshan*, 14.
48 Zu Golwalkars Konzeption der Hindu-Nation siehe auch Pandey, „Which of us are Hindus?".
49 Golwalkar, *We or our Nationhood defined*, 4.

Damit wird die schon bei Savarkar vorgenommene Sakralisierung Indiens in die kultische Verehrung der (neuen) Göttin Bhārat Mātā (Mutter Indien) überführt, die ein wichtiges Element der von den Hindu-Nationalisten propagierten „Liebe zur Nation" (rāṣṭrabhakti) ist.[50] Die Religion rückt bei Golwalkar ins Zentrum seines Verständnisses von Hindu-Sein: „in Hindusthan Religion is an all absorbing entity [...] it has become eternally woven into the life of the Race and forms as it were its very soul. [...] Naturally, therefore we are what our great Religion has made us."[51] Wie Savarkar kritisiert auch Golwalkar das westliche Religionsverständnis, das durch die Vorstellung von allgemeingültigen Lehren geprägt sei. Diese würden „dogmatically forced down the throats of one and all, without any considerations for individual aptitudes".[52] Bestenfalls gehe es noch um Religion im Sinne einer individuellen Beziehung zwischen Gott und Glaubenden. Eine Konsequenz der westlichen Auffassung sei, dass man nun propagiere, dass Religion vollkommen unpolitisch werden solle.[53] Dem setzt Golwalkar ein Verständnis von Religion entgegen, wonach diese eng mit der Gesellschaft verwoben sei und zugleich auf individuelle Bedürfnisse eingehe. Religion liefere die regulierenden Prinzipien, die sowohl für die Individuen als auch für die Gesellschaft insgesamt gedeihlich wirken sollen: „As many minds so many ways – this is the spiritual rule of true Religion."[54] Eine solche Religion werde von den Hindus immer schon gelebt. Diese adressiere nicht nur das moralische und spirituelle Heil, sondern auch das materielle und politisch-soziale Wohlergehen. Daher sei eine Trennung von Religion und Gesellschaft bzw. Politik sowohl dem individuellen als auch dem nationalen Wohl abträglich.[55] Im Gegensatz zu den westlichen Religionen sei der Hinduismus von Toleranz und

---

50 Zu hindu-nationalistischen Konstruktionen der Nation als „Mutter" und die damit verbundenen Rollen für Frauen siehe Pandey, „Which of us are Hindus?", 259 ff.
51 Golwalkar, *We or our Nationhood defined*, 28.
52 Golwalkar, *We or our Nationhood defined*, 29.
53 Golwalkar weist darauf hin, dass es angesichts der zahlreichen religiösen Kriege in Europa nachvollziehbar ist, dass man Individualisierung und Religionsfreiheit sowie die Trennung von Religion und Politik als Fortschritt gewertet habe. Das habe auch dazu geführt, dass man bei der Definition von „Nation" den Faktor Religion als wenig relevant angesehen habe. Golwalkar, *We or our Nationhood defined*, 30 f.
54 Golwalkar, *We or our Nationhood defined*, 30.
55 An anderer Stelle erklärt Golwalkar, dass das klassische Konzept von *dharma* unter den Vorzeichen des westlichen Religionsbegriffs missverstanden worden sei, obwohl es sich von diesem unterscheide wie das Licht von der Dunkelheit: „Dharma or spirituality is not a dogma, but a view of life in its totality. [...] It is the sap of our national tree, the life-breath of our national entity." Golwalkar, *Bunch of thoughts*, 69. Er spricht auch vom „semitic effect" der Intoleranz, der alle „semitischen" Religionen aufgrund ihrer engen Dogmatik präge und der sich nun auch unter den Hindus ausbreite (ebd., 103–106).

Offenheit für individuelle Wege geprägt, und auch das mache ihn zur einzig wahren Religion: „This great Hindu Race professes the illustrious Hindu Religion, the only religion in the world worthy of being so denominated, which in its variety is still an organic whole, capable of feeding the noble aspirations of all men, of all stages, of all grades, aptitudes and capacities [...], religion of which any sane man may be justly proud. Guided by this religion in all our walks of life, individual, social, political, the Race evolved a culture which despite the degenerating contact with the debased ‚civilizations‘ of the Mussalmans and the Europeans, for the last ten centuries, is still the noblest in the world."[56] Die Einheit der Hindu-Nation dürfe nicht durch diejenigen unterminiert werden, die nicht dazu gehören. Golwalkar spricht sich gegen die Gewährung von Rechten für Minderheiten aus. Er lässt ihnen nur die Entscheidung zwischen einer Anpassung an die Hindu-Nation oder einer Randexistenz, die noch nicht einmal Bürgerrechte beinhaltet.[57] Weiterhin behauptet Golwalkar den allumfassenden, quasi-transzendenten Charakter des Hindu-Seins auch dadurch, dass er erklärt, es lasse sich nicht definieren, was ein „Hindu" sei: „We, the Hindus, have based our whole existence on God and therefore, it is probable that the Hindu Society developed in an all-comprehensive manner [...]. All the sects, the various castes in the Hindu fold, can be defined, but the term ‚Hindu‘ cannot be defined because it comprises all."[58] Es ist dieses Verständnis von Hinduismus und „Hindu-Sein", welches die Grundlage dafür liefert, dass der Hindu-Nationalismus die Religion der Hindus als eine alles einschließende und zudem säkulare Religion propagieren kann. Hindu-Sein wird zur Norm des Indisch-Seins erhoben und die Hindu-Religion zu einer allumfassenden „Über-Religion", in der alle Elemente von Religion enthalten seien.

Dieses Programm konnte jedoch nach der Erlangung der Unabhängigkeit und der Teilung Indiens im Jahre 1947 auf politischer Ebene keine Mehrheit hinter sich versammeln. Im Gegenteil: Die Hindu-Nationalisten fanden sich in der neugegründeten Indischen Republik in der Minderheitenposition wieder und ihre politischen Forderungen fanden kaum Niederschlag in der indischen

---

56 Golwalkar, *We or our Nationhood defined*, 48.
57 Golwalkar lehnt rechtliche Regelungen für den Schutz von Minderheiten ab und verweist u. a. auf die USA als ein Beispiel für eine Nation, die Assimilation fordere: „There are only two courses open to the foreign elements, either to merge themselves in the national race and adopt its culture, or to live at the sweet will of the national race." Golwalkar, *We or our Nationhood defined*, 55. Entsprechend müssten „non-Hindus" wählen. Entweder sie adaptieren die Hindu-Kultur, lernen sie zu respektieren und ihre Intoleranz ihr gegenüber aufzugeben oder sie bleiben im Land „wholly subordinated to the Hindu nation claiming nothing deserving no privileges far less any preferential treatment – not even citizens rights." Ebd., 55 f.
58 Golwalkar, *Bunch of thoughts*, 47.

Verfassung. Darin wurden Minderheitenrechte vorgesehen, und der Staat erklärte sich als religiös neutral (siehe unten). Weiterhin wurde nach der Ermordung von Gandhi im Jahre 1948 durch einen Attentäter, der dem RSS zumindest nahestand, diese Organisation zunächst verboten. Nach Aufhebung des Verbots im Jahre 1949 nahm der RSS seine Aktivitäten wieder auf, und es wurde eine weitere Organisation gegründet, die zum politischen Arm für die Hindu-Nationalisten werden sollte und der Vorläufer der BJP wurde. Damit beginnt eine Geschichte der organisatorischen Expansion und politisch-kulturellen Mobilisierung, die mit dem Wahlsieg von Narendra Modi im Jahre 2014 ihren bisherigen Höhepunkt erreicht hat.

2 Die „Familie" der Hindutva-Organisationen (saṅgh-parivār)

Der Erfolg der Hindu-Nationalisten vor allem ab den 1980er Jahren beruht nicht allein auf der zuvor erörterten kulturalistisch-affektiven Hindutva-Ideologie, sondern auch auf einem breit aufgefächerten Spektrum von Organisationen, deren Vernetzung die praktische Umsetzung des Programms auf allen Ebenen betreibt. Den Kern bilden heute drei Organisationen, die sich komplementär zueinander verhalten: Der bereits erwähnte RSS und seine Frauenorganisation bilden die Kaderorganisation auf grassroot-level, die ihre Mitglieder in Trainingscamps zu Exerzitien versammelt und sich dabei unpolitisch gibt. Demgegenüber ist die BJP (*Bharatiya Janta Party*) eine Partei, die das Programm auf politischer Ebene umzusetzen sucht.[59] Weiterhin gibt es seit 1964 die *Viśva Hindu Pariṣad* (VHP; „Welt-Hindu-Rat"), die sich bemüht, die zahlreichen religiösen Gemeinschaften des Hinduismus unter einer Dachorganisation zusammenschließen. Sie alle bilden zusammen ein Netzwerk, das als *Saṅgh Parivār* (Familie der Organisationen) bezeichnet wird.[60] Im Idealfall ergänzen sich die Aktivitäten der

---

[59] Zu Geschichte und Programm der BJP siehe Bruce Graham, *Hindu Nationalism and Indian Politics. The Origins and Development of the Bharatiya Janta Sangh*. Cambridge: Cambridge University Press, 1990; Jaffrelot, *The Hindu Nationalist Movement and Indian Politics. 1925 to 1990s*; und die Beiträge in Hansen, Jaffrelot (eds.), *The BJP and the Compulsions of Politics in India*; für eine Analyse des Wahlkampfes von Narendra Modi im Jahre 2014 siehe Christophe Jaffrelot, „The Modi-centric BJP 2014 Election Campaign: New Techniques and Old Tactics". *Contemporary South Asia* 23, 2 (2015), 151–166.
[60] Weitere Organisationen werden dazu gezählt wie z. B. die im indischen Bundesstaat Maharashtra erfolgreiche *Shiv Sena*. Zur Geschichte dieses Organisationszusammenhangs siehe Basu et al., *Khaki Shorts and Saffron Flags*; Graham, *Hindu Nationalism and Indian Politics*; Jaffrelot, *The Hindu Nationalist Movement and Indian Politics*; Thomas B. Hansen, *The Saffron Wave. Democracy and Nationalism in Modern India*. Princeton: Princeton University Press, 1999.

„Familie" gegenseitig, z. B. indem auf einer politischen Ebene Gesetze verabschiedet werden, die das religiöse-kulturelle Programm stützen bzw. umsetzen (etwa Anti-Konversionsgesetze, siehe unten). Umgekehrt dienen die Aktivitäten der sich unpolitisch darstellenden VHP und des RSS dazu, die Mobilisierung von politischen Mehrheiten für die BJP zu unterstützen.

Mit einem weitverzweigten Netzwerk von Anhängern auf lokaler Ebene bildet der RSS samt seiner Frauenorganisation die Kaderschmiede der Bewegung.[61] Er unterhält in ganz Indien Trainingsplätze, wo sich die Mitglieder in militärischer Disziplin und Waffengebrauch üben. Der RSS übernimmt zudem zivile und humanitäre Aufgaben, z. B. Ordnungsaufgaben bei religiösen Festen oder Soforthilfe im Katastrophenfall. Auf jedem Übungsplatz ist die safrangelbe Fahne aufgestellt, der sog. *bhagvā dhvaj*, die als Leitsymbol der Bewegung die Einheit aller Hindus symbolisieren soll. Die Fahne steht für die *deśabhakti* bzw. *raṣṭrabhakti*, der Liebe und Loyalität zur Nation. Hat einer die Ernsthaftigkeit seines Engagements bewiesen, so darf er reguläres Mitglied des RSS werden und folgenden Eid ablegen: „Remembering Almighty God and my forebears, I take this oath. For the betterment of my sacred Hindu religion, Hindu culture, and Hindu community, I will devote myself to the prosperity of my Holy Motherland. I swear that I shall serve the Rashtriya Svayam Sevak Sangh with my body, my mind, and my money. I will be faithful to this oath throughout my life."[62] Man verpflichtet sich mit diesem Eid auf den Dienst am Mutterland. Letzteres wird in Form einer Göttin verehrt, als „Mutter Indien", die Göttin Bhārat Mātā. Die Diener der Nation verstehen sich selbst auch als die dienenden Söhne der Göttin und treue Diener des Gottes Rāma, der für das Ideal einer Hindu-Herrschaft steht. Man trägt eine Khaki Shorts-Uniform,[63] die weiblichen Mitglieder einen weißen Sari bzw. Salvar-Kamiz mit purpurfarbener Bordüre. Der RSS hat auch Schulen gegründet, deren Abschlüsse inzwischen denen der staatlichen Schulen gleichgestellt sind.[64] Der RSS konzentriert sich somit auf die lokale und

---

61 Zur Geschichte und Organisation des RSS siehe Walter K. Andersen, Shridar D. Damle, *The Brotherhood in Saffron. The Rashtriya Swayamsevak Sangh and Hindu Revivalism*. New Delhi: Vistar Publications, 1987; Basu, et. al., *Khaki Shorts and Saffron Flags*; Jaffrelot, *The Hindu Nationalist Movement and Indian Politics*; Pralay Kanungo, *The RSS's Tryst with Politics: From Hedgewar to Sudarshan*. New Delhi: Manohar, 2002.
62 Zit. nach Andersen, Damle, *The Brotherhood in Saffron*, 98.
63 Basu et al., *Khaki Shorts and Saffron Flags*, 39, bemerken, diese Uniform sei „remarkably non-indigenous [...] and copied from the British Indian police and army". Nandy, „The Politics of Secularism and the Recovery of Religious Tolerance", 187, bemerkt zur Uniform: „whatever the revivalist Hindu may seek to revive, it is not Hinduism".
64 Die Anpassung der Schulbücher an hindu-nationalistische Lehren ist eines der Ziele, das von hindu-nationalistischen Organisationen nicht nur in Indien, sondern auch in anderen Ländern mit

regionale Organisation der Hindus und die Ausbildung von Führungskräften. Die lokalen Zentren werden überregional koordiniert, so dass inzwischen das Netzwerk des RSS ganz Indien durchzieht.

Der VHP geht es vor allem um eine Vereinheitlichung hinduistischer Lehren und Praktiken und damit um die Errichtung kirchenähnlicher Strukturen, die alle Hindus unter einem Dach versammeln.[65] Diese Organisation hat dem Hindu-Nationalismus eine noch stärkere religiöse Grundierung gegeben, indem sie religiöse Themen und Symbole ins Zentrum ihrer Kampagnen rückt. Zudem ist sie eine wichtige Plattform für die internationale Vernetzung, insbesondere in der großen und z. T. auch sehr finanzkräftigen Hindu-Diaspora. Durch die Bildung einer gesamthinduistischen Organisation auf globaler Ebene will man ebenso geeint hinduistische Interessen vertreten wie es christliche Kirchen oder muslimische Verbände schon seit langem tun. Um das breite Spektrum religiöser Praktiken und religiös-philosophischer Lehrtraditionen zusammenzuführen, hat die VHP immer wieder versucht, einen Katalog von Texten, Lehren und Praktiken zu lancieren, der für alle Hindus verbindlich bzw. akzeptabel sein soll. 1984 wurde die militante Jugendorganisation *Bajrang Dal* als Teil der VHP gegründet, und 1991 die Frauenorganisation *Durgā Vāhinī*, die einerseits die Stärke von Frauen betont und diese auch im Waffengebrauch ausbildet, andererseits aber die Unterwerfung der Frauen unter das traditionelle hinduistische Frauenideal der treuen, dem Ehemann dienenden Ehefrau propagiert.[66] Die angestrebte internationale Vernetzung war erfolgreich, und die VHP hat zahlreiche Ableger außerhalb Indiens (u. a. auch in Deutschland). Die VHP und ihr nahestehende Organisationen überwachen die Berichterstattung über den Hinduismus in den Medien und in akademischen Publikationen. Sie betreiben Internetseiten, auf denen sie nicht nur über ihre Aktivitäten informieren, sondern auch den Hinduis-

---

einer starken Hindu Diaspora intensiv verfolgt wird, siehe dazu Nandini Sundar, „Teaching to Hate: RSS' Pedagogical Programme". *Economic and Political Weekly* 39, No. 16 (2004), 1605–1612; und Peggy Froerer, „Disciplining the Saffron Way: Moral Education and the Hindu Rashtra". *Modern Asian Studies* 41, 5 (2007), 1033–1071.

65 Zu Geschichte und Programm der VHP siehe Basu et al., *Khaki Shorts and Saffron Flags*, Christophe Jaffrelot, „The Vishva Hindu Parishad: A Nationalist but Mimetic Attempt at Federating the Hindu Sects". In Vasudha Dalmia, Angelika Malinar, Martin Christof (eds.), *Charisma and Canon: Essays on the Religious History of the Indian Subcontinent*. Oxford, New Delhi: Oxford University Press, 2001, 388–412; Manjari Katju, *The Vishva Hindu Parishad and Indian Politics*. Hyderabad: Orient Longman, 2003.

66 Zur Rolle und zu den Aktivitäten von Frauen in hindu-nationalistischen Organisationen siehe die Beiträge in Tanika Sarkar (ed.). *Women and the Hindu Right: A Collection of Essays*. New Delhi: Kali for Women, 1995; und Manisha Sethi, „Avenging Angels and Nurturing Mothers: Women in Hindu Nationalism". *Economic and Political Weekly* 37, No. 16 (2002), 1545–1552.

mus, seine elementaren Lehren und Praktiken erklären.[67] Die VHP war und ist auch maßgeblich an den Kampagnen zur Rückführung von heiligen Stätten der Hindus beteiligt, die während der muslimischen Herrschaft zerstört oder enteignet worden seien. So forderte sie etwa die Rückgabe eines alten Hindu-Tempels in Ayodhya, der als Geburtsstätte des Idealkönigs und Gottes Rāma angesehen wurde. An dessen Stelle stand nun nach Ansicht der Hindu-Nationalisten die Babri-Moschee auf der „heiligen Erde, auf der Gott Rāma geboren wurde" (rāmjanmabhūmi), und sie forderten von den Muslimen eine Entschuldigung. Die Agitation führte 1992 zur Zerstörung der Moschee durch Hindu-Nationalisten.[68] Seither ist es immer wieder zu militanten Agitationen und gewalttätigen Ausschreitungen gekommen, die zahlreiche Todesopfer forderten.

Eines der zentralen Mobilisierungsfelder der hindu-nationalistischen Organisationen im postkolonialen Indien ist die Kritik an der Benachteiligung der Mehrheitsreligion der Hindus gegenüber den anderen Religionen durch den angeblich nur „pseudo-säkularen" indischen Staat. Die zuvor erörterte Interpretation von „Hindu-Sein" und Hinduismus in den Schriften von Savarkar und Golwalkar liefert die ideologische Grundlage für diese Selbstdarstellung.

3 Hindu-Nationalismus und der säkulare indische Staat

Die Hindu-Nationalisten präsentieren sich nicht als Gegner eines modernen Staatswesen, sondern sie stellen sich im Gegenteil als die wahren Verfechter von demokratischem Mehrheitsprinzip und Säkularismus dar. Ihnen geht es darum, der Hindu-Mehrheit bzw. dem Hindu-Sein im eigenen Land zu ihrem „angestammten" Recht zu verhelfen. Der Hinduismus wird dabei zur „säkularen" Religion erhoben. Die hindu-nationalistische Propaganda richtet sich gegen die in der indischen Verfassung verankerten Rechte von Minderheiten und dagegen, wie der indische Staat – obgleich zu Neutralität verpflichtet – in das religiöse Leben der Hindus eingreife. Hintergrund dieser Kritik ist, dass nach der Unabhängigkeit die Prinzipien eines religionsneutralen indischen Staates maßgeblich wurden und keine Staatsreligion verankert wurde (wie etwa im durch die Teilung geschaffenen Pakistan). Gleichwohl führte die indische Republik die Religionspolitik der Kolonialzeit insofern fort, als sie „Reform" und „Fortschritt" zu Leitbegriffen staatlicher Politik erhob. Daher dürfen Religionen nicht

---

67 Siehe dazu Rowena Robinson, „Religion on the Net: An Analysis of the Global Reach of Hindu Fundamentalism and its Implications for India". *Sociological Bulletin* 50, 2 (2001), 236–251.
68 Siehe dazu Sarvepalli Gopal (ed.), *Anatomy of a Confrontation – The Babri Masjid Ramjanmabhumi issue*. New Delhi: Penguin, 1993; und die Beiträge in Pandey (ed.), *Hindus and Others*.

gegen grundlegende, durch die Verfassung geschützte Rechte verstoßen oder den sozialen Fortschritt behindern. Zugleich garantiert die indische Verfassung Religionsfreiheit (Hindi: *dharm kī svatantratā*) und verbietet sowohl die Diskriminierung als auch die Privilegierung von Einzelnen oder ganzen Gruppen im Namen der Religion.[69] Die Religionen wurden zugleich auf den übergeordneten rechtlichen Rahmen und das säkulare Selbstverständnis des indischen Staates bezogen.[70] Form und Struktur dieses Säkularismus führten zu intensiven Debatten, in denen es vor allem um zwei Modelle geht. Nach dem einen Modell wird „Säkularismus" als Neutralität des Staates gegenüber allen Religionen verstanden (*sarvadharmanirapekṣatva*) und beinhaltet eine deutliche Trennung von Staat und Religion. Nach dem anderen Modell soll sich der Staat zu einer wohlwollenden Respektierung aller Religionen (*sarvadharmasamabhāv*) verpflichten. Die Debatten über den „Säkularismus" des indischen Staates halten an.[71] Festzuhalten ist, dass Säkularismus in Indien weder eine vollkommene Trennung von Staat und Religion beinhaltet noch eine formelle Gleichbehandlung aller Religionen. In genau diesem Spannungsfeld haben sich die Hindu-Nationalisten immer wieder als Vertreter des wahren Säkularismus darzustellen versucht, indem sie die den religiösen Minderheiten eingeräumten Rechte als Ungleichbehandlung bzw. „Diskriminierung der Hindu-Mehrheit" brandmarken. Die BJP fordert in ihren Wahlprogrammen die Umsetzung des o. g. Modells der respektvollen Gleichbehandlung aller Religionen, was als „positive secularism" bezeichnet wird.[72] Zugleich wird dieser „positive Säkularismus" mit dem „Hindu-Sein" bzw. dem Hinduismus gleichgesetzt. Ein näherer Blick auf den rechtlich-politischen Kontext mag diese Konstellation erklären.

Die indische Verfassung garantiert allen Bürger zwar die freie Ausübung ihrer Religion, zugleich behält sich der indische Staat jedoch regulierende Eingriffsmöglichkeiten vor, wenn dabei die öffentliche Ordnung, die Moral oder die Gesundheit gefährdet wird (Artikel 25 der indischen Verfassung). Weiterhin

---

69 Siehe dazu Angelika Malinar, „Religionsfreiheit und Hinduismus". In Hans-Georg Ziebertz (Hg.), *Religionsfreiheit. Positionen, Konflikte, Herausforderungen*. Würzburg: Echter, 2015, 183–210.
70 Das Wort „secular" erscheint in der 1949 verabschiedeten Verfassung noch nicht, sondern wird erst 1976 implementiert.
71 Siehe dazu u. a. Daniel E. Smith, *India as a Secular State*. Princeton: Princeton University Press, 1963; Cossman, Kapur, „Secularism"; dies., „Secularism's last Sigh? The Hindu Right, the Courts and India's Struggle for Democracy". *Harvard International Law Journal* 38,1 (1997), 113–170; Cassie S. Adcock, *The Limits of Tolerance: Indian Secularism and the Politics of Religious Freedom*. Oxford: Oxford University Press, 2014; sowie die Beiträge in Robert D. Baird, (ed.), *Religion and Law in Independent India*. New Delhi: Manohar, 1993; und Rajeev Bhargava (ed.), *Secularism and its Critics*. Oxford: Oxford University Press, 1998.
72 Siehe Cossman, Kapur, „Secularism", 2622.

sind Gesetze möglich, die dem Staat erlauben, sog. „säkulare" Aktivitäten religiöser Gemeinschaften zu regulieren. Der Staat behält sich somit vor, in die wirtschaftlichen, sozialen oder politischen Aktivitäten religiöser Gemeinschaften einzugreifen.[73] Bei den in der Verfassung als „Hindu" bezeichneten Religionen[74] wird zudem ein besonderer Reformbedarf ausgewiesen. In der Verfassung wird mehrfach auf „Hindu"-Institutionen und -Praktiken Bezug genommen, um besondere Vorkehrungen zu formulieren (Abschaffung von „Unberührbarkeit", Maßnahmen für „temple entry" für alle Hindus usw.). Der Staat darf eingreifen, um hier für „social welfare and reform" zu sorgen. Der Rechtshistoriker Marc Galanter bezeichnet diesen Teil der indischen Verfassung als „a charter for the reform of Hinduism".[75] Darin zeigt sich die anhaltende Wirkung der kolonialen Debatten um den Hinduismus, der von der Kolonialregierung sowie von einigen Vertretern des Hinduismus selbst als eine besonders reformbedürftige Religion angesehen wurde. Damit gilt die säkulare Neutralität des Staates nicht für alle Religionen in gleicher Weise. Das zeigt sich auch darin, dass religiösen Minderheiten ein besonderer Schutz gewährt wurde (ein Sachverhalt, der nicht zuletzt dem Trauma der Teilung Indiens geschuldet ist). Dabei spielt das Privat- bzw. Familienrecht eine besonders wichtige Rolle.

Den religiösen Minderheiten, wie Muslimen und Christen, wurde erlaubt, ihre familiären Angelegenheiten nach ihren eigenen Rechtsordnungen zu regeln, also gemäss Sharia bzw. Kirchenrecht. Das führte dazu, dass bis heute die Gleichheit vor dem Gesetz für Inder und Inderinnen nur im Strafrecht gilt, aber nicht im Privat- bzw. Familienrecht. Ein für alle indischen Staatsbürger geltendes Zivilrecht (*civil code*) wurde in Artikel 44 der Verfassung als ein wünschenswerter Auftrag an den Gesetzgeber formuliert, nicht aber als eine bindende Verpflichtung. Bis heute gibt es deshalb unterschiedliche Zivilgesetze für Inder und Inderinnen auf Basis ihrer Religionszugehörigkeit. Eine einheitliche Gesetzgebung

---

73 Nach Dhavan führte das zu immer mehr staatlichen Kontrollen und rechtlichen Regelungen: „By enlarging, but not defining, notions of secular management, public order, morality and health, almost any part of religious activity is subject to control. This is manifested in the virtual takeover of the management of religious institutions, the scheduling and re-routing of religious processions and public celebrations, and the re-interpretation of the significance of religious practices by agencies of the State, including the judiciary." Rajeev Dhavan, „Religious Freedom in India". *The American Journal of Comparative Law* 35, 1 (1987), 209–254; siehe auch Ronojoy Sen, *Articles of Faith, Religion, Secularism and the Indian Supreme Court*. New Delhi: Oxford University Press, 2010; und Marc Galanter, „Hinduism, Secularism, and the Indian Judiciary". *Philosophy East and West* 21, 4 (1971), 467–487.
74 Nach Artikel 25 der indischen Verfassung schließt die Bezeichnung „Hindu" auch Sikhs, Jainas und Buddhisten ein.
75 Galanter, „Hinduism, Secularism, and the Indian Judiciary", 477.

gibt es nur im Strafrecht. So gilt z. B. die Sharia für alle privatrechtlichen Belange indischer Muslime, hat aber keine strafrechtliche Relevanz.[76] Im Unterschied zu den religiösen Minderheiten wurden in den 1950er Jahren die Hindus einer allgemeinen zivilrechtlichen Gesetzgebung unterstellt. Ein wichtiges Ziel dieser Gesetzgebung war die Beendigung der Diskriminierung und Unterdrückung von Frauen. Zunächst wurde 1955 der *Hindu Marriage Act* verabschiedet, 1956 folgten der *Hindu Succession Act*, der *Hindu Minority and Guardianship Act* sowie der *Hindu Adoption and Maintenance Act*. Dabei wurden Regelungen eingeführt, die nach den alten Hindu-Rechtstexten, den Dharmaśāstras, nicht erlaubt waren, wie etwa die Scheidung oder eine neue Festlegung des Heiratsalters, die Praktiken der Kinderheirat unterminieren sollte. Weiterhin wurde Polygynie verboten, die in einigen Regionen und bei bestimmten sozialen Gruppen auch unter Hindus keineswegs unüblich war. Zudem wurden die regional unterschiedlichen Regelungen im Erbfall vereinheitlicht und Frauen generell ein Erbrecht zugesprochen. Hindu-Witwen wurde das Adoptionsrecht eingeräumt. Diese Gesetzgebung entsprach zwar dem Reformprogramm des Staates, unterstrich aber die Tatsache, dass staatlich implementierte zivilrechtliche Regelungen nur für die Hindus, aber – aus den o. g. genannten Gründen – nicht für die religiösen Minderheiten gelten.

Sowohl orthodoxe Hindus als auch Hindu-Nationalisten protestierten, aus unterschiedlichen Gründen, gegen diese Gesetzgebung. Während die orthodoxen Gruppen die Zerstörung der Hindu-Traditionen beklagten, sahen die Hindu-Nationalisten darin in erster Linie eine massive Benachteiligung der Hindu-Mehrheit. Die Proteste der orthodoxen Hindus blieben relativ folgenlos, die modernistisch-demokratisch anmutende Position der Hindu-Nationalisten war jedoch paradigmatisch für ihre Mobilisierungsstrategie. Das unterstreicht nochmals, dass es den Hindutva-Verfechtern keineswegs um eine Rückkehr zu alten Hindu-Traditionen und -Texten geht, sondern vielmehr darum, sich als Repräsentanten einer Mehrheit darzustellen, deren Religion immer schon säkular gewesen sei.[77] In den folgenden Jahrzehnten wurde die Kritik an der unterschiedlichen zivilrechtlichen Behandlung der Religionen von den Hindu-Nationalisten in die These umgemünzt, dass der indische Staat die „Mehrheitsreligion" benachteilige und sich daher undemokratisch und nicht säkular verhalte. Weder könne von Neutralität die Rede sein noch von Gleichbehandlung, da die Hindu-Mehrheit durch das staatliche Festhalten an den Rechten für die Minderheitsreligionen

---

76 Zu dieser rechtlichen Konstellation siehe die Aufsätze in Baird (ed.), *Religion and Law in Independent India*; und Gerald James Larson (ed.), *Religion and Personal Law in Secular India*. Bloomington: Indiana University Press, 2001.
77 Siehe Cossman, Kapur, „Secularism".

diskriminiert werde. Nicht zuletzt im Zuge der 1976 unter Indira Gandhi in Kraft gesetzten Definition der Indischen Republik als „säkular" sowie in den 1980er Jahren durch den sog. „Shah Bano Case" wurde die Kritik immer lauter. In dem letztgenannten Gerichtsstreit versuchte die von ihrem Ehemann nach Sharia-Recht geschiedene Muslimin Shah Bano Unterhaltsansprüche vor staatlichen Gerichten durchzusetzen. Nach mehreren Instanzen sprach der indische Supreme Court Shah Bano schließlich Unterhaltszahlungen zu, obwohl ihr diese nach der Sharia nicht zustanden. Das führte Mitte der 1980 Jahre dazu, dass von der indischen Regierung eigens ein Gesetz verabschiedet wurde, das muslimischen Frauen im Falle der Scheidung andere Rechtswege versperrte (*Muslim Women Protection of Rights on Divorce Bill*). Danach wurde es für die Regierung schwierig, dem von verschiedenen Seiten erhobenen Vorwurf des „Schein-Säkularismus" entgegenzutreten.[78]

Die hindu-nationalistischen Organisationen wurden nicht müde darauf hinzuweisen, dass sich der indische Staat nur den Hindus gegenüber „säkular" zeige, während Christen und Muslime weiterhin ihren Traditionen folgen dürfen. Sie lancierten nun zunehmend militanter ihre Vorstellung, dass der Hinduismus bzw. Hindutva der „wahre Säkularismus" sei. Denn der Hinduismus, der das Wesen der Hindu-Kultur manifestiere, habe schon immer alle Glaubensrichtungen gleichbehandelt. Daher würden sich mit der Errichtung eines Hindu-Staates (*Hindu Rashtra*), Säkularismus und Gleichheit von selbst verwirklichen. Hinduismus und Hindutva werden zunehmend gleichgesetzt und als Basis wahrer Toleranz dargestellt. So behauptet etwa RSS-Führer Golwalkar: „if by secularism is meant that the State should not be tagged to any particular creed and that all faiths should be equally respected, then this again would be another name of the Hindu tradition. In fact, Hindu tradition goes far beyond the western concept of ‚tolerance' which implies that the faith which ‚tolerates' is superior to the other. With us, all faiths are equally sacred. [...] Hinduism is secularism in its noblest sense."[79] Damit wird die kulturalistisch-affektive Deutung von Hindutva mit dem Hinduismus als seiner säkularen Religion zur Norm des Zusammenlebens in Indien erhoben. Eine Reklamation von religiösen Minderheitenrechten bekundet demnach „Intoleranz" gegenüber der säkularen Mehrheitsreligion und sei zudem

---

78 Zum „Shah Bano Case" und den Folgen siehe u. a. Ashgar Ali Engineer (ed.), *The Shah Bano Controversy*. Hyderabad: Orient Longman, 1987; Nawaz B. Mody, „The Press in India: The Shah Bano Judgement and its Aftermath". *Asian Survey* 27,8 (1987), 935–53; Shioban Mullally, „Feminism and Multicultural Dilemmas in India: Revisiting the Shah Bano Case". *Oxford Journal of Legal Studies* 24,4 (2004), 671–692.
79 Madhav Sadashiv Golwalkar, *From Red Fort Grounds*, 1965, zit. nach Cossman, Kapur, „Secularism's last sigh?", 148. Vgl. auch Golwalkar, *Bunch of thoughts*, 127.

undemokratisch. Solche Intoleranz zeige sich auch in Praktiken der Konversion. So stellt Madhukar Dattatraya Deoras, auch Balasaheb genannt, (1915–1996), der Nachfolger von Golwalkar als Führer des RSS, fest: „If secularism means treating all religions on an equal footing, proselytisation and secularism can't go together. Those who believe in conversion do so because they feel that their religion is superior to all others. Their organisations therefore cannot claim to be secular. Hinduism, on the other hand, does not believe in conversions and Hindus have never been proselytisers. As such, organisations of Hindus alone can be truly secular."[80]

Entsprechend sehen die Vertreter des Hindu-Nationalismus in der Konversion in erster Linie ein Instrument, das Christen und Muslime einsetzen, um ganz gezielt sog. „schwache", d. h. arme und benachteiligte hinduistische Bevölkerungsgruppen auf ihre Seite zu ziehen und dadurch dem Hinduismus zu schaden.[81] In diesem Zusammenhang ist zumeist von „Zwangskonvertierungen" oder „Gruppenkonvertierung" die Rede, und es wird suggeriert, dass dabei „unlautere" Methoden eingesetzt werden, wie etwa die Zusage materieller Vorteile. Die durch diese Darstellung ausgelösten politischen Debatten führten dazu, dass in mehreren indischen Bundesstaaten sog. „Anti-Konversionsgesetze" erlassen wurden.[82] Diese Gesetze stellen Konversionen, die auf Anwendung von Zwang oder Gewalt, Überredung, Zusage finanzieller Vorteile oder Betrug basieren, unter Strafe. Das Strafmaß wird z. T. nach dem sozialen Status der Konvertierten bemessen, d. h. die Konversion von Frauen z. B. wird härter bestraft. In einigen Bundesstaaten wird verlangt, dass Konversionen vorher bei den staatlichen Behörden angemeldet werden. Zudem wird von Vertretern des Hindu-Nationalismus bestritten, dass es ein Recht gibt, aus dem Hinduismus „auszutreten" bzw. zu einer der sog. „Minderheitenreligionen" zu konvertieren, während das Recht, zum Hinduismus zu (re-)konvertieren, unstrittig scheint.[83] Zu Recht stellen Brenda Cossman und Ratna Kapur fest, dass es dem Hindu-Nationalismus darum

---

80 Balasaheb Deoras, *Answers Questions*. Bangalore: Sahitya Sindhu, 1984, 54. An einer anderen Stelle behauptet Deoras, dass das Bestehen des säkularen Staates garantiert sei, weil die Hindus die Mehrheit bilden, „in whose blood secularism is there" (ebd., 4).
81 Zu der sich darin spiegelnden paternalistischen Haltung gegenüber Frauen und unteren Kasten siehe Laura Dudley Jenkins „Legal Limits on Religious Conversion in India". *Law and Contemporary Problems* 71, No. 2 (2008), 109–127.
82 In neuerer Zeit sind zu nennen: Gujarat 2003, Himachal Pradesh 2006, Chattisgarh 2006. In weiteren drei Bundesstaaten sind ältere Anti-Konversionsgesetze in Kraft (Odisha, Madhya Pradesh, Arunachal Pradesh); siehe Tariq Ahmad, „State Anti-Conversions Laws in India. The Law Library of Congress. Report for Congress: LL File No. 2017-014600", https://www.loc.gov/law/help/reports/pdf/2017-014600.pdf, für eine Übersicht und historische Erläuterung.
83 Kürzlich verabschiedete „Anti-Konversions-Gesetze" scheinen dieser Interpretation Rechnung

gehe, „to appropriate secularism for its own rather non-secular purposes".[84] Religionszugehörigkeit wird durch eine kulturalistisch fundierte Mitgliedschaft in der einen Hindu-Nation substituiert. In dieser Instrumentalisierung von Religion bleibt religiöse Vielfalt ein Signum des Hinduismus, aber er wird zugleich in den hindu-nationalistischen Organisationen vereinheitlicht und uniformiert.[85]

Entsprechend einseitig ist die hindu-nationalistische Auslegung des Mehrheitsprinzips der Demokratie, indem die Lebensweise und Religion der Hindu-Mehrheit zum Maßstab, zur „nobelsten" Form von Kultur und Religion in Indien erhoben wird. Ein anderer Vertreter des Hindutva-Programms formuliert die Position in einem Zeitungsartikel von 1990 wie folgt: „Democracy in normal parlance means the rule of the majority. In every single democratic country, it is the majority culture whose ideals and values of life are accepted as the national ethos by one and all. [...] No religious group can claim any exclusive rights and privileges to itself."[86] Der in dieser Interpretation implizierte „majoritarianism" zeigt sich auch darin, dass die andere Seite von Demokratie und Verfassungsrechten, nämlich Schutz von Minderheiten gegenüber einem rein formell ausgelegtem Gleichheitsgrundsatz sowie Freiheitsrechte (wie Religionsfreiheit), weniger bzw. gar kein Gewicht mehr haben soll.[87] Diverse Gerichtsurteile in den 1990er Jahren zeigen den Erfolg der hindu-nationalistischen Strategie, die darauf zielt, ein kulturell-religiöse definiertes „Hindu-Sein" als Norm des „Indisch-Seins" durchzusetzen und dieses wiederum mit dem Hinduismus gleichzusetzen. Durch diese Gerichtsentscheidungen sehen die Hindu-Nationalisten ihre (von Savarkar bereits 1923 formulierte) Sicht bestätigt,[88] dass der Hinduismus zum „Hindu-Sein"

---

zu tragen. Das gilt z. B. für das in Arunachal Pradesh verabschiedete Gesetz, dass Konversion als „renouncing an indigenous faith" definiert und verbietet. Die Einseitigkeit der Gesetzgebung wird in kritischen Analysen betont; siehe South Asia Human Rights Documentation Centre, „Anti-Conversion Laws: Challenges to Secularism and Fundamental Rights". *Economic and Political Weekly* 43, No. 2 (2008), 63–69, 71–73; und Sumit Sarkar, „Conversions and Politics of Hindu Right". *Economic and Political Weekly* 34, No. 26 (1999), 1691–1700.

84 Cossman, Kapur, „Secularism", 2620.
85 Nandy stellt fest: „The goal of those holding such an instrumental view of religion has always been to homogenize their co-believers into proper political formations, and, for that reason, to eliminate that parts of religion [...] which threaten to legitimize diversities, inter-faith dialogue and theological polycentrism." Nandy, „The Politics of Secularism and the Recovery of Religious Tolerance", 182 f.
86 H. V. Seshadri, in „Organiser", 4.2.1990; zit. nach Cossman, Kapur, „Secularism's last Sigh?", 147.
87 Cossman, Kapur, „Secularism".
88 Zum juristischen Erfolg dieser Strategie und einer Kritik dieser Urteile siehe Cossman, Kapur, „Secularism"; und dies., „Secularism's last Sigh?"; sowie Sen, *Articles of Faith, Religion, Secularism and the Indian Supreme Court*.

gehöre und er zudem keine Religion im westlichen Sinne sei, sondern vielmehr ein „way of life". Hindutva wird in diesen Urteilen mit Hinduismus gleichgesetzt und beides wird als Bezeichnung der Lebensweise und Kultur der Inder angesehen. In dem Versuch, das „Hindu-Sein" als säkular zu propagieren, wird die Religion zugleich immer wieder neu als Merkmal von Hindutva profiliert, so dass es zu folgendem Effekt kommt: "In the contemporary political terrain hindutva thus continues to be a political category that is distinct from the religions of Hinduism, but which relies on religion in constituting the political category of Hindu."[89] Das Religionsverständnis der Minderheiten, aber auch von Hindus, die sich mit der Hindutva-Ideologie nicht anfreunden können oder wollen, gerät unter Druck. Sie sehen sich zunehmend mit der Forderung konfrontiert, sich dem Lebensstil und den Werten der Hindu-Mehrheit anzupassen. Das zeigen nicht nur die o. g. Anti-Konversionsgesetze, sondern auch Maßnahmen wie das Verbot, Kühe zu Schlachtzwecken zu handeln („beef-ban"), welches die Regierung Modi verhängte, da es die Gefühle der Hindus verletze, denen die Kuh heilig sei.[90]

4 Schlussbemerkung

Das im Hindu-Nationalismus propagierte Programm eines religionsbasierten und zugleich mit voluntaristischen Elementen versehenen Kulturnationalismus namens „Hindutva" unterscheidet sich von anderen Interpretationen des Hinduismus in der Moderne dadurch, dass die Forderung nach einer religiösen Fundierung des gesellschaftlichen Zusammenlebens mit modernen Ideen der Nation, einer demokratischen Legitimation durch „Mehrheit" sowie von Säkularismus verbunden wird. Um einer als benachteiligt dargestellten Hindu-Mehrheit zu ihrem Recht zu verhelfen, sei es notwendig, sich auf die Traditionen der Stärke zu besinnen, um die Hindu-Nation in einem Hindu-Staat (Hindu Rashtra) zu ihrer wahren Größe zu führen. Alle Hindus werden zur Selbstbehauptung gegenüber den Feinden des Hinduismus aufgerufen. Der Hinduismus wird von den Hindu-Nationalisten als eine Religion präsentiert, die viel besser als der Staat die Prinzipien von Demokratie und Säkularismus vertrete und diese vor den Ansprüchen weniger toleranter Religionen (wie Islam und Christentum) schütze. Nach Ansicht der Hindu-Nationalisten bedeutet Hindutva in religiös-kultureller Hinsicht nichts anderes als der säkulare Hinduismus im Sinne der gelebten indi-

---

89 Cossman, Kapur, „Secularism", 2619.
90 Dieses Verbot wurde zwar 2017 vom indischen Verfassungsgericht aufgehoben, aber weitere Initiativen zum „Kuhschutz" wurden angekündigt.

schen Kultur und Lebensform. Der den Hindus zugeschriebene Universalismus zeige sich im dem breiten Spektrum von religiösen Lehren und Praktiken, das viel Platz für individuelle Spiritualität biete. Diese Darstellung lässt das Insistieren auf religiöser Differenz bzw. ein Bekenntnis zu einer nicht-Hindu-Religion wie einen unmodernen, nicht-säkularen Anachronismus erscheinen. Auch Muslime und Christen, so sie sich entscheiden, die Hindu-Nation zu lieben und zu verehren, sollten – so die Hindu-Nationalisten – kein Problem haben, sich dieser säkularen Religion anzuschließen bzw. in ihr aufzugehen. Im Namen von Demokratie und Säkularismus wird eine Form der Anpassung an die Mehrheit propagiert, die Freiheitsrechte einzuschränken droht. Zugleich präsentiert die Regierung Modi gegenüber der Weltöffentlichkeit immer wieder auch die sanfte Seite des „Hindu-Seins", bekundet das Interesse Indiens, zum friedlichen Miteinander auf globaler Ebene beizutragen. Kaum zufällig hat Modi den Yoga zum Emblem dieser Botschaft gemacht, denn er bietet eine Plattform für die globale Positionierung Indiens und des Indisch-Seins im Sinne von Hindutva. Damit verleiht er dem Hindu-Nationalismus einen moderaten Anschein, der vor allem auf Auslandsreisen als eine Form der „soft power" präsentiert wird. Es ist von einer „Yoga-Diplomatie" die Rede, deren Früchte sich nicht allein in der eingangs erwähnten Einsetzung des „International Yoga Day" durch die Vereinten Nationen zeigen, sondern z. B. auch in der Schaffung von Yoga-Instituten im Ausland.[91] Ob diese sanftere Präsentation des Hindu-Nationalismus jedoch insgesamt eine Mäßigung in der Politik gegenüber Minderheiten und in der Durchsetzung von Hindu-Werten bedeutet, ist offen. Die Ernennung des als besonders radikal geltenden Yogi Adityanath zum Ministerpräsidenten des bevölkerungsreichsten Bundesstaates Uttar Pradesh nach dem hohen Wahlsieg der BJP im Jahre 2017 deutet eher auf das Gegenteil. Yogi Adityanath unterhält eine eigene Jugendorganisation (*Hindu Yuva Vahini*), die auch vor gewalttätigen Aktionen gegen die sog. „Feinde" der Hindus nicht zurückschreckt.[92] Vieles spricht dafür, dass die Bemühungen um eine weitere Umsetzung der Hindutva-Programmatik zur Schaffung eines Hindu-Staates weitergehen werden. Damit stehen die Religionsfreiheit und andere Grundrechte ebenso auf dem Spiel wie der religiöse Pluralismus, der die indische Religionsgeschichte über weite Phasen ebenso charakterisiert wie das gegenwärtige Indien.

---

91 Ein Beispiel ist die Gründung einer Yoga-Schule an der Minzu-Universität in Yunnan im Anschluss an Narendra Modis Staatsbesuch in China im Jahre 2015; siehe Aavriti Gautam, Julian Droogan, „Yoga soft power: how flexible is the posture?". *The Journal of International Communication* 24, 1 (2018), 18–36.

92 Siehe Christophe Jaffrelot, „India's Democracy at 70: Toward a Hindu State?". *Journal of Democracy* 28, 3 (2017), 52–63, hier 58 f.

Armin Nassehi
Geschlecht, Geschlechtlichkeit, Religion.
Woran liegt die Sexbesessenheit des Religiösen?

Religiöse Moral- und Kontrollvorschriften orientieren sich gerne am Sexuellen: Patriarchalische Rechtfertigungsformen, aber weniger Männer- als Frauenbilder, die Regulierung von Sexualpraktiken und -pflichten als Herrschaftsinstrument, Heiligung ehelicher Verbindungen, Ehe-(nicht: Sexualitäts-)Losigkeit für Geistliche, Homosexualität – all das sind die üblichen verdächtigen Themen, um die sich die Fixierung auch der öffentlichen Diskussion um die Sexualisierung des Religiösen dreht. Genau genommen sind diese Themen aber nicht wirklich aufregend, schon weil sich in den klassischen Quellen etwa der drei monotheistischen Weltreligionen durchaus Regulierungen von Sexualpraktiken finden lassen, die empirische Ausgestaltung aber historisch, kulturell und milieumäßig nicht nur zwischen, sondern auch innerhalb dieser Religionen so stark variiert, dass man nicht weiß, ob man dann über Religion redet oder über allgemeine kulturgeschichtliche Veränderungen.

Ich möchte einen anderen Argumentationsweg bestreiten, der zugegebenermaßen kaum historisch und wenig empirisch gesättigt ist, sondern ein theoretisches Argument entfalten will. Die These lautet, dass alle drei Komponenten meiner Fragestellung: *Geschlecht*, *Sexualität* und *Religion* eine strukturelle Gemeinsamkeit teilen: Sie laborieren je unterschiedlich an einer merkwürdigen Unterscheidung zwischen Wahrnehmung und Kommunikation, die sie praktisch entfalten müssen. Diese Gemengelage macht jene Konzentration des Religiösen auf Geschlechtlichkeit und Sexualität erst verstehbar. Womöglich wird in der Dekonstruktionsarbeit unserer kulturellen Chiffren der Eigensinn der Wahrnehmung systematisch unterschätzt, was erhebliche Konsequenzen für ein angemessenes Verständnis von Geschlechtlichkeit und Sexualität hat und auch die Sonderform religiöser Rede bestimmt.

Die folgenden Überlegungen sind kaum abgeschlossen, vielmehr vermessen sie eher einen Argumentationsweg, der genauere Forschung erst anleiten müsste. Die theoretischen Andeutungen aber könnten wenigstens eine Antwortrichtung anzeigen, in welche Richtung gedacht werden muss, warum es gerade Sexualität ist, die für religiöse Regulierung so attraktiv ist, und warum es die Unterscheidung von Wahrnehmung und Kommunikation ist, die eine gewisse Verwandtschaft zwischen Religion und Sexualität stiftet. Gelingen diese theoretischen Andeutungen, wäre daraus ein Forschungsprogramm zu entwickeln.

https://doi.org/10.1515/9783110582611-0012

1 Geschlecht

Dass Geschlechtscharaktere und -bilder konstruiert sind, dass man die Rede von „der Frau" und „dem Mann" dekonstruieren muss und dass man am Ende dann doch auf Frauen und Männer rekurrieren muss, um daraus einen politischen Punkt zu machen – all das ist mit der Gender-Forschung und ihrer universitären Etablierung geradezu normalwissenschaftlicher Standard mit selbstreferentiellen Bestätigungsformen bis in eigene Studiengänge geworden. Dass eine solche Erkenntnis immer wieder wiederholt werden muss, ist womöglich auch ein Hinweis darauf, wie sehr sich gerade am Geschlecht zeigen lässt, dass die Rede von der „Konstruktion" nicht einfach die andere Seite eines „Realismus" ist, sondern unsere Auffassung von Realitäten einer kulturellen Formung unterliegt. Das ist so selbstverständlich, dass die Betonung genau genommen verdächtig ist.

Völlig offen freilich ist bis heute die Frage, warum in einer Gesellschaft, die in ihren Grundstrukturen nicht geschlechtlich codiert ist, die Unterscheidung von Männern und Frauen auch dort strukturbildend ist, wo es nicht um Männer oder Frauen geht.[1] Ein überzogenes Konto, eine Wählerstimme, eine wissenschaftliche Erkenntnis, eine künstlerisch überzeugende Leistung, ein Bildungstitel, strafrechtliche Schuldfähigkeit, sogar die elterliche Sorge sind prinzipiell geschlechtsneutral gebaut. Aber all das wird geschlechtssensibel verarbeitet: Es spielt am Ende doch eine größere Rolle, als es müsste. Dies damit zu erklären, dass Männer das durchsetzen können, ist logisch insuffizient, weil man genau das ja erklären müsste. Und es schlicht damit zu erklären, dass es eben semantische Überschüsse sind, die sich da durchsetzen, ist wenig überzeugend – ebenso wenig überzeugend wie die permanente Dekonstruktion des Geschlechterunterschieds, die ihn dadurch erst recht sichtbar macht.

Die interessantesten Ergebnisse der Gender-Forschung stammen deshalb aus Bereichen, in denen die Konstruktion von Geschlecht praktisch beobachtet wird. In der Forschung über Transsexuelle wird gezeigt, dass eine Person vor einem operativen Geschlechtswechsel zunächst sozial als Frau statt als Mann überzeugen muss. Der Soziologe Stefan Hirschauer spricht hier von der „interaktiven Fortpflanzung von Zweigeschlechtlichkeit",[2] aber es ist weniger Interaktion im Sinne sinnhafter, bedeutungslogischer Kommunikation, sondern vor allem Wahrnehmung, die überzeugen muss. Versteht man unter Interaktion diejenige Kommunikationsform, die durch mutuelle Wahrnehmung in Echtzeit strukturiert

---
1 Vgl. Armin, Nassehi, „Geschlecht im System". In Ders., *Gesellschaft der Gegenwarten. Studien zur Theorie der modernen Gesellschaft II*. Berlin: Suhrkamp, 2011, 265–288.
2 Stefan Hirschauer, „Die interaktive Konstruktion von Geschlechtszugehörigkeit". *Zeitschrift für Soziologie* 18 (1989), 100–118, hier 118.

wird,³ liegt es nahe, die Persistenz der Geschlechtsunterscheidung nicht als ein gesellschaftliches, sondern als ein Muster der auf Wahrnehmung basierenden Interaktion anzusehen. Für die Forschung über Transsexualität ist dann relevant, dass die interaktive Konstruktion des Geschlechts in der Kommunikation geradezu dethematisiert werden muss, aber in der flankierenden Wahrnehmung so überzeugen muss, dass es anathema bleiben kann. Es dürfen keine Zweifel aufkommen, die man dann kommunikativ nicht mehr einholen kann.

Wahrnehmung darf nicht verwechselt werden mit der Erkenntnis einer objektiven Realität, aber sie ist der einzige Realitätskontakt, den ein Organismus mit seiner Umwelt pflegen kann.⁴ Es gibt keine Kontrolle der Wahrnehmung jenseits der eigenen Wahrnehmung – eine Einsicht, die uns heute die Hirnforschung und die Wahrnehmungsphysiologie eindrucksvoll erklären kann. Sie folgt aber einer anderen Sinnlichkeit als die Sinnhaftigkeit psychischer und sozialer Realitätsverarbeitung. Wahrnehmung – des eigenen und des fremden Körpers – erzeugt eine merkwürdige Plausibilität, die schneller ist als die bewusstseins- und kommunikationsförmige Verarbeitung von Geschlechterzuschreibungen. Judith Butler hat in ihrem Buch „Gender Trouble"⁵ nicht nur die Dekonstruktion der Geschlechterunterscheidung betrieben, also die Rede von Männern und Frauen als zu einfache Zuschreibungen entlarvt. Sie hat zugleich für spielerische ironische Strategien geworben, männliche und weibliche Verhaltensweisen zu vermischen und damit auf die Arbitrarität der Unterscheidung hinzuweisen. Paradoxerweise ist das eine Strategie, die auf Wahrnehmung setzt und damit gewissermaßen indirekt die Persistenz und den Eigensinn der Wahrnehmung vor der Kommunikation bestätigt.

Dass die Gender-Forschung so sehr gehasst wird, gewissermaßen als Symbol für die Infragestellung gewohnter Ordnungen, liegt daran, was ich die „Paradoxie der Sichtbarkeit" nenne: Der Versuch der Dethematisierung und Entdramatisierung von Unterscheidungen muss exakt diese verwenden und redramatisiert sie dann. Dethematisierungen und Dekonstruktionen des Geschlechts in akademischen Milieus, die an solche Formen gewöhnt sind, treffen auf Wahrnehmungsroutinen, deren Sinnlichkeit stärker ist als die sinnhafte Verweisung auf arbiträren Unterscheidungsgebrauch. Es würde sich also für die Gender-Forschung lohnen, sensibler auf die Systemreferenz zu achten, wie der Systemtheoretiker sagen würde: Wird psychisch, kommunikativ oder per sinnlicher Wahrnehmung verarbeitet?

---

3 Vgl. Niklas Luhmann, „Interaktion, Organisation, Gesellschaft". In Ders., *Soziologische Aufklärung, Band 2: Aufsätze zur Theorie der Gesellschaft*. Opladen: Westdeutscher Verlag, 1975, 9–20.
4 Vgl. Lutz Jäncke, *Lehrbuch Kognitive Neurowissenschaften*. Bern: Huber, 2013.
5 Judith Butler, *Das Unbehagen der Geschlechter*. Frankfurt a. M.: Suhrkamp, 1991.

In queerfeministischen Theorien des Begehrens scheint diese differente Systemreferenz übrigens durchaus auf.[6] Bei aller geradezu radikalen Dekonstruktion des Geschlechts bis hin zur Multiplikation von Geschlechtsidentitäten und -differenzen in entsprechenden Milieus wird dem Begehren ein vorpsychischer und vorsozialer Status zugeschrieben. Diese Rechtfertigungslehre betont, man könne sich sein Begehren nicht aussuchen – mithin eben auch nicht als solches dekonstruieren, allenfalls die Bilder, die die Gesellschaft über schwule, lesbische, bisexuelle oder transsexuelle Identitäten verwendet. Wer darüber spottet oder all das in Zweifel zieht, versteht offensichtlich nicht, was hier mit Systemreferenz gemeint ist. Ob man all das in pädagogische Programme gießt oder ein politisches Emanzipationsprogramm daraus macht, ist durchaus kontrovers diskutabel. Nicht diskutabel ist aber das, was doch nur als Wahrnehmung verfügbar ist – als Wahrnehmung des eigenen und des fremden Körpers, der und die sich der psychischen und sozialen Kontrolle entzieht und schlicht „schneller" und unverfügbarer ist als sinnhafte Erwartungserwartungen an Sprecher.

2 Sexualität

Die Unterscheidung von Wahrnehmung/Begehren und Kommunikation ist nicht in dem Sinne gemeint, dass diese sich ausschließen oder gar gegenläufig sind – ebenso wenig, dass sie einfach kurzgeschlossen werden können. Ich betone ausdrücklich, dass die Rede von der „Systemreferenz" meint, dass wir es hier mit zwei unterschiedlichen Formen der Realitätsverarbeitung zu tun haben. Das Begehren ist Wahrnehmung mit und durch den Körper, durchaus mit körperlichen Formen der Reaktion, von der Erektion bis zum Ekel, während Kommunikation sich auf sinnhafte Verweisung kapriziert. Ich benutze hier eine Unterscheidung, die Niklas Luhmann vorgeschlagen hat,[7] um die Kommunikation und Wahrnehmung sexueller Interessen unterscheiden zu können, eine Unterscheidung, die auf beiden Seiten vorkommt, auf der der Kommunikation und auf der der Wahrnehmung. Kommunikation kann körperliche Reaktionen hervorbringen, und Wahrnehmung in kommunikative Geltungsansprüche münden. Die Unterscheidung bleibt aber in dem Sinne bestehen, dass die unterschiedlichen Systemreferenzen (hier Interaktion, dort körperliches Wahrnehmen/Begehren)

---

6 Vgl. dies., *Körper von Gewicht. Die diskursiven Grenzen des Geschlechts.* Frankfurt a. M.: Suhrkamp, 1993.
7 Niklas Luhmann, „Wahrnehmung und Kommunikation sexueller Interessen". In Ders. (Hg.): *Soziologische Aufklärung, Band 6: Die Soziologie und der Mensch.* Opladen: Westdeutscher Verlag, 1995, 189–203.

eben unterschiedliche Anschlusslogiken kennen. Eine der zivilisationsgeschichtlich bekanntesten ist die kommunikative Unterdrückung von Begehren, wie wir sie aus den Studien von Michel Foucault kennen. Interessanter als die Unterscheidung von *sex* und *gender* könnte also die Unterscheidung von *sex* und *Kommunikation* sein.

Wir haben uns daran gewöhnt, über Sexualität zu reden. Das hilft aber nicht immer. Sie trifft stets auf eine uns zugleich sehr vertraute wie fremde Eigendynamik kommunikationsfreier Wahrnehmung und auf ein Begehren, das im Kontakt mit dem anderen (oder auch eigenen) Körper einen Überschuss entwickelt, der nicht wirklich einzuholen ist. Nicht umsonst ist Sex ein probates Mittel zur Beendigung von sinnhafter Kommunikation – und danach einer ihrer beliebtesten Anlässe. Sexualität steht für unbestreitbare Evidenz und für die Erfahrung der Intransparenz der wechselseitigen Beobachtungsverhältnisse: Das Sprechen kann nicht einholen, was die Beteiligten denken („Was denkst Du?"), das Denken kann die körperliche Reaktion nicht einholen. Und die körperliche Reaktion kann oft nur schwer auf kommunikative Erwartungen oder psychische Dispositionen Rücksicht nehmen. In der Sexualität wird, mehr noch als in der Geschlechtlichkeit, die Differenz von Wahrnehmung, Psychischem und Kommunikation sichtbar und zu einer Gemengelage verdichtet, die gerade in ihrer multiplen Systemreferenz so attraktiv und eigendynamisch bleibt.

Auf diese besondere Eigendynamik ist seit der frühen Neuzeit auf zweifache Weise reagiert worden: einerseits, etwa in der Romantik, durch eine sexualisierte Sonderkommunikation unter Liebenden, die die Sexualität sprachlich ebenso wie wahrnehmungsförmig ästhetisiert. Sie wird dann bis zur Kritik am Rationalismus und an bürgerlichen Domestikations- und Disziplinierungserwartungen erhoben. Andererseits wird Sexualität zur Quelle von Ventilfunktionen. Michel Foucault sprach vom 19. Jahrhundert als einer Gesellschaft der „blühendsten Perversion", weil sich die Disziplinierungen in einer komplexer werdenden Gesellschaft sowohl in der „sorgfältigen Verwaltung der Körper" wie in der „rechnerischen Planung des Lebens" zeigen.[8]

Der Reiz (und die Gefahr) des Körperlichen entfaltet sich gerade darin, dass ihm eine vorsoziale, ja eine vorpsychische Bedeutungsebene anhaftet, die es erlaubt, diesem fremden Vertrauten zuzurechnen, was sich sinnhaft womöglich nicht erklären lässt: Erröten, Wut, Bettnässen, Impotenz, Stottern, Affekte usw. Und selbst wenn sowohl die Zurechnungen als auch die Reaktionen selbst bisweilen sehr wohl psychisch und sozial induziert sind, ist das Spannende an dieser Frage ja gerade die Kopplung zwischen Verschiedenem – etwa von

---

8 Michel Foucault, *Der Wille zum Wissen. Sexualität und Wahrheit*, Band 1. Frankfurt a. M.: Suhrkamp, 1989, 63.

Schulstress und Bettnässen, von sozialer Peinlichkeit und Erröten oder verliebter Unsicherheit und Impotenz.[9] Das Risiko der Kommunikation dagegen besteht einerseits darin, dass man das Psychische kommunikativ nicht einholen kann und die Körperwahrnehmung ebenso wenig. Hier wird deutlich, wie unplausibel die Pädagogisierung und kommunikative Bewältigung des Sexuellen durch Kommunikation ist – gerade wenn zwei Körper aufeinandertreffen, wird deren psychische Intransparenz füreinander noch sichtbarer, und Kommunikation kann dann den Zweifel an ihrer Authentizität und Steuerungskapazität fürs Begehren und für die Bearbeitung dieser Intransparenzen nicht wirklich bearbeiten. All das macht Sexualität zu einem solch attraktiven Syndrom, an dem Sichtbarkeit, Unsichtbarkeit, Beobachtbares und Unbeobachtbares gemanaged werden müssen.

3 Religion

Genau deshalb ist Sexualität auch so interessant für Religion. Hält man Religion oder religiöse Kommunikation versuchsweise für eine Form der Realitätsverarbeitung, deren Bezugsproblem die Unbeobachtbarkeit der Welt ist, die Unverfügbarkeit des Selbst und der Welt, auch die Unmöglichkeit, als Teil des Ganzen den Sinn des Ganzen zu entdecken, mag das eine allzu formale und abstrakte Bestimmung sein. Aber es trifft, das zeigen empirische Analysen religiöser Kommunikation, durchaus die Potenz religiöser Rede.[10] Religiöser Sinn besteht nicht primär aus moralischen Regeln oder semantischen Traditionen, sondern er verweist auf die Unbeobachtbarkeit der Welt, er verweist auf Anfänge und bearbeitet die Erfahrung, dass das Geschöpf schon aus logischen Gründen nicht der gesamten Schöpfung ansichtig werden kann. Kurz gesagt: Auch Religion muss zwischen Kommunikation und Wahrnehmung unterscheiden. Die Wahrnehmbarkeit der Götter oder Gottes etwa nimmt mit dem Komplexerwerden von

---

9 Vgl. Armin Nassehi, „Geklonte Debatten. Über die Zeichenparadoxie der menschlichen (Körper-)Natur, die Theologie des Humangenoms und die Ästhetik seiner Erscheinung". In Oliver Jahraus, Nina Ort (Hg.), *Theorie – Prozess – Selbstreferenz. Systemtheorie und transdisziplinäre Theoriebildung.* Konstanz: UVK, 2003, 219–238.

10 Vgl. Armin Nassehi, „Die Paradoxie der Unsichtbarkeit und die Unbedingtheiten von Religion und Moral". In Ders., *Geschlossenheit und Offenheit. Studien zur Theorie der modernen Gesellschaft.* Frankfurt a. M.: Suhrkamp, 2003, 258–285; ders., Irmhild Saake, „Die Religiosität religiöser Erfahrung. Ein systemtheoretischer Kommentar zum religionssoziologischen Subjektivismus". *Pastoraltheologie* 93 (2004), 64–81; ders., „Religiöse Kommunikation: Religionssoziologische Konsequenzen einer qualitativen Untersuchung". In *„Was glaubt die Welt?" Analysen und Kommentare zum Religionsmonitor*, hg. von der Bertelsmann Stiftung. Gütersloh: Verlag Bertelsmann Stiftung, 2009, 169–203.

Gesellschaften ab. Der *deus absconditus* ist geradezu unerforschlich, und die Unaussprechlichkeit seines Namens im Judentum sowie die islamischen und jüdischen Bilderverbote sind nur kommunikativ aufwendige Visibilisierungen der Nicht-Wahrnehmbarkeit des Göttlichen und damit der Unverfügbarkeit der Welt.

Religion hat eine inhärente Tendenz zur Wildheit, weil sie eben nicht durch Wahrnehmung kontrolliert werden kann – umgekehrt zur Sexualität, deren Wildheit darin besteht, dass die Wahrnehmung des Sinnlichen nicht kontrolliert werden kann. Exakt deshalb stellen Religionen über Riten, über die Herstellung von ästhetischen Erfahrungen, aber auch durch Gebäude, ästhetisch ausstaffierte Sprecherrollen und nicht zuletzt durch Schrift eine Sichtbarkeit her, die die Dinge kontrollieren soll. An der Schrift als einem Zwischenwesen zwischen Wahrnehmbarkeit und sinnhafter Verarbeitungsnotwendigkeit lässt sich die Schwierigkeit dieses Unterfangens gut nachvollziehen. Gerade wegen dieser Gefahr der Wildheit, wegen des Ausfalls der Kontrolle durch Wahrnehmung sind Religionen stets Quelle von starken Regulierungen gewesen – Regulierungen des Verhaltens, vor allem aber des Sprechens.

Das größte Problem für die Einhegung und Zivilisierung des Religiösen besteht tatsächlich darin, dass gegen religiöse Ekstase, gegen die Behauptung von Erfahrungen, gegen innere göttliche Berufungen usw. wenig zu machen ist, eben weil es sich auf Nicht-Wahrnehmbares bezieht. Dass das Widerrufen in der Religionsgeschichte dann gerne über das Medium des Wahrnehmbaren, also den Körper erfolgte – in der Selbstgeißelung oder der peinlichen Befragung –, hat dann fast etwas Ironisches, weil es den Schmerz und die körperliche „Wahrheit" als wirksameres Mittel einsetzen kann als die kommunikative Überzeugung. Vielleicht verhält sich das Widerrufen unter körperlicher Pein zur Authentizität des Widerrufs ganz ähnlich wie die Kommunikation im Zustand sexueller Erregung und unter Berücksichtigung des Begehrens. Beide verweisen auf Zweifel bezüglich der Aufrichtigkeit des Sprechers, gerade weil sie der körperlichen Reaktion mehr „Wahrheit" zutrauen.

4 Besessenheit

Dies wollte ich zeigen: Alle drei Elemente meiner Frage nach der Sexbesessenheit des Religiösen: das Geschlecht, die Sexualität und das Religiöse laborieren an der Differenz von Wahrnehmung und Kommunikation, an der Differenz von Sinnlichkeit und Sinnhaftigkeit. Man darf die Eigendynamik der Systemreferenz „Wahrnehmung" bzw. „Sinnlichkeit" nicht unterschätzen, zumal sie über den Körper an das Psychische gekoppelt ist. Nachdem Religion sich aufs prinzipiell

Unsichtbare kapriziert und deshalb zu einer semantischen Übertreibung von Aussagen über die Sinnhaftigkeit ihrer Sätze neigt, auch um im religiösen Reden eine besondere Form der Sinnlichkeit zu erzeugen, steht ihr der Eigensinn des Körperlich-Sinnlichen in besonderer Weise gegenüber. Das gilt auch für die fast unhintergehbare geschlechtliche Codierung religiöser Rollen, die eben an einer Form der Sichtbarkeit ansetzen, die für die unsichtbaren Quellen des Religiösen geradezu eine Provokation sein muss.

Von jemandem einen richtigen Satz zu verlangen, Bekenntnisse einzufordern und Kontrolle trotz Unkontrollierbarkeit durch Wahrnehmungskontrolle zu verlangen, ist schon wegen der Variationsmöglichkeit von Kommunikation schwierig, aber einfacher, als den Eigensinn des Körpers und des Begehrens zu Gefolgschaft und Bekenntnissen zu bringen. Vielleicht sind Geschlechtlichkeit und Sexualität die am wenigsten dementierbaren Plausibilitäten – und müssen gerade deshalb mit hohem wissenschaftlichem Aufwand dekonstruiert werden. Das ist zwar ebenso unvermeidlich wie notwendig, um die merkwürdige Erfahrung zu beantworten, warum in einer nicht primär geschlechtlich codierten Gesellschaft Geschlechtlichkeit und auch die Form des Begehrens mehr Informationswert hat, als ihnen zukommt. Aber die Kopplung an Wahrnehmung ist letztlich die eigentliche Bremse für eine völlige Verflüssigung.

Fürs Religiöse ist das vielleicht deshalb von besonderer Bedeutung, weil Religionen eigensinnig durch Regulierung und Ordnungsstiftung Verfügbarkeiten in eine unverfügbare Welt hineininterpretieren müssen. Und vielleicht ist Sexualität hier eine besondere Provokation: Wenigstens im christlichen Kosmos ist das Schicksal des Menschen eng mit der sich sinnhaften Verweisungen entziehenden Sexualität verbunden. Laut Erbsündenlehre, im Römerbrief (5,12–17) von Paulus auf den Begriff gebracht, kam durch einen einzigen Menschen die Sünde in die Welt, die durch den Kreuzestod Jesu gesühnt wurde. Diese Verkettung der Sünde über Generationen ist ein geradezu archaisches Element des Christlichen, weil es letztlich die Individualität des Sünders aufhebt. Aber es ist wohl eine besondere Provokation, dass die Schöpfung, also ein eigentlich unsichtbarer, unbeobachtbarer Akt, Generation für Generation durch leiblichsichtbare, libidinöse Zeugung erneuert werden muss – eine Kränkung nicht nur für die Reinheit, auch für die Unsichtbarkeit der Schöpfung, an deren Anfang ja das Wort – Kommunikation! – stand. Vielleicht ist hier eine besonders plausible Quelle für die Sexbesessenheit des Religiösen zu suchen.

Übrigens kennen weder Judentum noch Islam die Erbsünde, das hindert aber weder die Tora, ziemlich detaillierte Vorschriften für Sexualpraktiken zu geben, und auch nicht den Islam, patriarchale Formen geschlechtlicher Asymmetrie zu entwickeln. Die Sexbesessenheit des Religiösen ist also kein Zufall!

Sabine Maasen
Die Transzendenz der Technik – die Immanenz der Religion: Das Beispiel Digitalisierung

Digitalisierung – dieses Stichwort löst ganz verschiedene Assoziationen aus: Sie kreisen etwa um die immer wieder aufflammenden Aufregungen um Facebook, aber auch um Big Data, Industrie 4.0, algorithmisch vernetzte Patienten, e-democracy ... Manchmal handelt es sich um Visionen, an deren digitale Erfüllung man nur zu gern glauben möchte, wie es etwa bei der Aussicht auf erweiterte politische Teilhabe der Fall ist; nicht selten handelt es sich dabei jedoch auch um belächelte Verheißungen, so etwa, wenn es um die Eröffnung von Apple-Stores geht, vor denen „die Gläubigen" schon in der Nacht zuvor vor dem Eingang zelten: Dann fürchtet man mit einer grenzenlosen IT-Gläubigkeit auch eine neue technologische Religion. So oder so lässt sich beobachten, dass sich digitale Technik zunehmend mit Transzendenzverweisen auflädt und umgekehrt Religion durch digitale Welten, sei es, be- oder verdrängt, sei es, zu neuer Form gebracht wird. Hier scheint nur eines sicher: Religionen und Glaube stehen vor der Frage, wie sie mit den Herausforderungen durch die vielfältigen Erscheingsformen der Digitalisierung umgehen wollen.

Am Beispiel der Digitalisierung will der folgende Essay eine diskursanalytisch geprägte Perspektive auf die konstitutive Transzendenz der Technik eröffnen. Es handelt sich ausdrücklich um ein Gesprächsangebot, das dazu einlädt, die Transzendenzverweise der Digitalisierung ernst zu nehmen, und zwar deshalb, weil sie eine spezifische Weise darstellen, fundamentale und weitreichende Implikationen neuer Technologien auszuloten. Denn wann immer und solange es um „neue" Technologien geht, sehen wir in (digitalen!) verstärkte (und auch digitale!) Anstrengungen, sich in der Immanenz der Gesellschaft über Transzendentes, und das heißt: über Prinzipien, Ziele, Werthaltungen zu verständigen, die wir im Hinblick auf neue oder kontroverse Technologien für unverfügbar halten wollen. Dass dies nicht unbedingt im Konsens, gar im Konflikt geschieht, ist aus dieser Perspektive weniger bedeutsam, als *dass* diese Verständigungen geschehen, und das gegebenenfalls nicht nur über den, sondern auch im digitalen Raum.

Religion, so der Vorschlag, kann hier wichtige Anregungen geben: Nicht nur bietet sie hier Deutungshorizonte an, sondern darüber hinaus – und für den vorliegenden Zusammenhang wichtiger noch – ist sie selbst als eine Kulturtechnologie zu verstehen, deren spezifisches Merkmal es ist, sich in der Immanenz der Welt über Transzendentes zu verständigen.

1 Zum Umgang mit Transzendenzverweisen der Technik als „Kulturtechnologie"

Ob im Alltag, in der sozialwissenschaftlichen Deutung oder in der theologischen Selbstreflexion der Kirchen und Religionsgemeinschaften: Ziemlich regelmäßig wird ein strikter Gegensatz von Religion und Technik unterstellt. Diese Studie folgt jedoch eher jenen Hinweisen, wonach ‚Technik' und ‚Transzendenz' in einem spannungsvollen Wechselverhältnis zueinanderstehen. Dazu verhält sich etwa die These, dass die Entfaltung von methodisch-rationaler Lebensführung als Element der kapitalistischen Produktionsweise in der protestantischen Ethik und der Prädestinationslehre wurzelt;[1] dazu verhalten sich aber auch solche Stimmen, die das Deutungsmodell „Maschine" als Mythos[2] und Technik und Wissenschaft selbst als „Ideologie"[3] zu erklären versuchen.

Darüber hinaus lässt sich beobachten, dass die kulturelle Aufnahme und Verarbeitung neuer Techniken, sei es positiv oder negativ, seit der Antike in religiösen Semantiken geführt wird. Im positiven Falle findet sich das Bild der rituellen Blendung des Polyphem durch Odysseus mit einem gehärteten Holzpfahl: Hier wird die technologische Überlegenheit des homo sapiens gefeiert.[4] Im negativen Falle mag man an die Rede von der Gentechnik als einem „Eingriff in die Schöpfung" denken: In diesen und ähnlichen religiösen Termini oder Konzepten artikuliert sich eine eher technikkritische Haltung gegenüber der Atomenergie, den Bio-, Nano- sowie, *last but not least*, den Informations- und Kommunikationstechnologien.

Diese religionisierende Bezugnahme auf neue (zumeist auch umstrittene) Technologien ist nicht zufällig. Mit Christian Schwarke gehe ich davon aus, dass wir unsere durch und durch technisierte Gesellschaft, insbesondere im Feld jeweils neuer Technologien, in erheblichem Umfang auch religiös deuten, und dass umgekehrt Religion in erstaunlicher Vielfalt mit Technik interagiert.[5] Ich ergänze jedoch eine weitere Überlegung, nämlich die, dass auch Religion selbst als

---

[1] Max Weber, *Die protestantische Ethik und der Geist des Kapitalismus*. Tübingen: J. C. B. Mohr (Paul Siebeck), 1934.
[2] Lewis Mumford, *Mythos der Maschine. Kultur, Technik und Macht*. Frankfurt a. M.: Fischer, 1974.
[3] Jürgen Habermas, *Technik und Wissenschaft als „Ideologie"*. Frankfurt a. M.: Suhrkamp, 1968.
[4] Walter Burkert, „Urgeschichte der Technik im Spiegel antiker Religiosität". *Technikgeschichte* 34 (1967), 281–299; Martin Burckhardt, *Vom Geist der Maschine. Eine Geschichte kultureller Umbrüche*. Frankfurt a. M., New York: Campus-Verlag, 1999.
[5] Christian Schwarke, „Einleitung". In *Technik und Transzendenz. Zum Verhältnis von Technik, Religion und Gesellschaft*, hg. von Katharina Neumeister, Peggy Renger-Berka, Christian Schwarke. Stuttgart: W. Kohlhammer, 2012, 79–108, hier 79.

eine Technologie verstanden werden kann, die stilbildend für Umgang mit konstitutiven Transzendenzverweisen vor allem jeweils „neuer" Technologien ist.

Inwiefern jedoch darf sich Religion überhaupt als Technologie verstehen? Dazu argumentiere ich in zwei Schritten: Zunächst ist an Aristoteles zu erinnern, der ausdrücklich zwischen Technik und Technologie unterscheidet. Während danach *Technik* als ein Ensemble bestimmter Vermögen (Fertigkeiten), Handlungsschemata und technischen Fixierungen (Produkten) aufzufassen ist, richtet sich *Technologie* (gr., zusammengesetzt aus technè = Fertigkeiten und lógos = Vernunft, Rationalität) auf die mit ihnen verbundenen Rationalitäten. Technologie umfasst daher über die materiale Lösung hinaus auch die Rationalität, die bestimmte technische Verfahren oder Artefakte mit Plausibilitätskriterien versieht und die Angemessenheit der gewählten technischen Mittel im Hinblick auf die gewünschten Zwecke feststellt. Diese Rationalität betrifft wesentlich die handlungswirksamen Strategien, die sich um technische Apparaturen herum bilden, nämlich: Legitimationsstrategien (z. B. Akzeptanzbeschaffung), Durchsetzungsstrategien (z. B. Gesetzgebungsverfahren) und Befähigungsstrategien (z. B. Bedienungsanleitungen und Ausbildungsvorschriften).[6] Dieses erweiterte Technikkonzept ist nicht auf Material-/Realtechnik beschränkt, sondern schließt darüber hinaus sog. Intellektual- und Sozialtechniken ein.[7]

Im zweiten Schritt schlage ich nun vor, diesen Gedanken auf Religion zu übertragen, indem wir sie als eine Kultur*technologie* metaphorisieren, die eine ganze Reihe von Kultur*techniken* unter sich versammelt. Während der Begriff der Kulturtechnik auf den engen Zusammenhang zwischen der Benutzung von Apparaten und technischen Systemen sowie der Anwendung methodischer Verfahrensweisen verweist, richtet sich der Begriff der Kulturtechnologie in reflexiver Weise auf kulturelle Praktiken und Verfahren, die Kultur allererst hervorbringen. Die These lautet: Eine wichtige, wenn nicht die wichtigste Funktion von Religion als Kulturtechnologie mit ihren diversen Kulturtechniken wie etwa Gebet, Meditation, Tanz oder theologische Erörterung ist es, uns dazu zu befähigen, das Transzendente im Diesseits, im Diesseits unserer technomorphen Kultur[8]

---

6 Sabine Maasen, Martina Merz, „TA-SWISS erweitert seinen Blick. Sozial- und kulturwissenschaftlich ausgerichtete Technologiefolgen-Abschätzung". *TA-DT36/2006*, Projektabschlussbericht. Bern, 2006.
7 Christoph Hubig, „Kulturbegriff – Abgrenzungen, Leitdifferenzen, Perspektiven". Aufsatz, 2013. https://www.philosophie.tu-darmstadt.de/media/institut_fuer_philosophie/diesunddas/hubig/downloadshubig/kulturbegriff__abgrenzungen_leitdifferenzen_perpsektiven.pdf (zuletzt aufgerufen am 26.03.2018).
8 Hartmut Böhme, „Kulturgeschichte der Technik". In *Orientierung Kulturwissenschaft: was sie kann, was sie will*, hg. von Hartmut Böhme, Peter Matussek, Lothar Müller. Hamburg: Rowohlt, 2000, 164–178, hier 164.

zu erkennen, die dafür notwendigen religiösen Sinnstiftungsangebote durchzusetzen und (im Zuge des technisch mitgeprägten Wandels) immer aufs Neue zu legitimieren. Das Technomorphe unserer Kultur ist dabei heute in zunehmendem Maße durch Digitalisierung charakterisiert. Als ubiquitär anzutreffende, transversale, instantan und zugleich überwiegend unsichtbar funktionierende Technologie mit starkem Bezug zum Virtuellen ist sie ein überaus instruktiver Fall.

Die zentrale Aufgabe für Religion als Kulturtechnologie ist es – und hier folge ich Niklas Luhmann –, in der Immanenz unserer technomorphen Kultur die Differenz von verfügbar/unverfügbar oder Immanenz/Transzendenz[9] artikulierbar zu machen. Die Unterscheidung von Immanenz und Transzendenz in der Immanenz bewirkt dabei zweierlei: Zum einen sichert sie die Verfügbarkeit der Transzendenz in der Immanenz, zum anderen aber verletzt sie auch ihre Unzugänglichkeit. Durch ihre Verfügbarmachung wird sowohl verdeckt als auch fixiert und verdinglicht.[10] Genau diese Einheit von Immanenz und Transzendenz in der Immanenz wird von Luhmann als das Sakrale bezeichnet.

Das Problem: Das Transzendente ist unberührbar, unverfügbar, sonst wäre es nicht das Transzendente. Da Religion aber darauf abzielt, die Gleichzeitigkeit von Immanenz und Transzendenz in der Immanenz herzustellen, stehen wir vor einem Paradox: Die Transzendenz kann nicht immanent sein. Paradoxien können bekanntermaßen nicht aufgelöst, sondern nur prozessiert werden, und zwar vorzugsweise, indem sie unsichtbar gemacht werden – zum Beispiel dadurch, dass das Sakrale als Geheimnis dargestellt oder Tabus und Autoritäten installiert werden, um sich gegen Offenlegung der Paradoxie zu schützen. Die immanenten Formen des Religiösen erlauben es so, plausibel *im* Diesseits *über* das Jenseits zu kommunizieren, denn sie verhindern, dass die Differenz von Immanenz und Transzendenz in die religiöse Kommunikation eindringt und sie unplausibel macht.

In einer Kultur, die nicht nur durchgreifend, sondern mit beschleunigter Dynamik mit immer neuen Techniken und den mit ihnen verbundenen Legitimations-, Durchsetzungs- und Befähigungstechnologien durchsetzt ist, bleibt Religion als Kulturtechnologie davon nicht unaffiziert. Zwar können wir einerseits derzeit beobachten, dass es immer mehr Domänen in der Gesellschaft gibt, die sich davon emanzipieren, religiös begründet werden zu wollen. Das ist ein großer Vorteil, und zwar sowohl für die Gesellschaft als auch für die Religion. Zum Beispiel kann man, ja muss man, juristische oder politische Entscheidungen über technologische Entwicklungen ohne Gottesbezug treffen; und

---

9 Niklas Luhmann, *Funktion der Religion*. Frankfurt a. M.: Suhrkamp, 1982, 24.
10 Niklas Luhmann, *Die Religion der Gesellschaft*, Frankfurt a. M.: Suhrkamp, 2000.

man kann religiös sein, ohne gleich andere Probleme in der Gesellschaft mit lösen zu müssen.[11]

Doch andererseits: In der technomorphen Kultur sind Technik und Transzendenz weder Gegenwelten noch Paralleluniversen, auch wenn insbesondere physische Technologien wie Computer und Smartphones zunächst den Anschein erwecken mögen, als seien sie *reine Immanenz*. Sie scheinen allein dem Reich des Gemachten und dem Machbaren anzugehören, während Religion sich allein dem Reich des Unverfügbaren zuzuwenden scheint. Meine These lautet demgegenüber, dass Techn(olog)isches und Religion(en) als Kulturtechnologien *einander im Medium der Bearbeitung von Transzendenzverweisen* gegenwärtig in vielfältiger Weise durchdringen.

Ein kulturwissenschaftlich informierter Begriff der Transzendenz umfasst dabei alle Phänomene, die sich *als* unverfügbar darstellen. Dabei geht es, *nota bene*, um das, was wir als transzendent wahrnehmen und zur Sprache bringen, ob vorübergehend oder vorgetäuscht oder für immer. Es wird deshalb auch von Transzendenzverweisen gesprochen, wozu etwa auch Verweise auf ‚die Geschichte', ‚die Natur' oder ‚die Ästhetik' gehören, und zwar immer dann, wenn und insofern sie *als* unverfügbar behandelt werden. Und wann immer Transzendenzverweise vorliegen, ist ein gesellschaftlicher Umgang mit ihnen angezeigt. An dieser Stelle wird deutlich, inwiefern Religion auch eine *Kultur*technologie ist – eine Technologie, die dazu beiträgt, Irritationen durch Neues in der Gesellschaft, etwa durch Neue Technologien, zu beobachten und zu behandeln – und zwar sichtbar: in fortgesetzten Diskursen, die ihre kulturellen Implikationen spezifizieren.

Kultur hat, Dirk Baecker folgend,[12] die Funktion, „das differentielle Potential des Menschen mit dem differentiellen Potential der Gesellschaft immer wieder neu in Spannung zu versetzen und abzugleichen"[13]. Kulturalität bezeichnete dann aus dieser Perspektive die Fähigkeit oder Eigenschaft von Kulturwesen, die soziohistorisch spezifischen Bedingungen von Mensch und Gesellschaft zu neuen Knoten zu verbinden und dies unter wechselnden Kriterien für angemessen und wünschbar oder unangemessen und kritisierbar zu halten. Etwa: Woran glaubt die „Netzgemeinde", was sind ihre „Glaubensinhalte", ihre Wertevorstellungen,

---

11 Armin Nassehi, „Wie von Gott reden – in der säkularisierten Gesellschaft?", Vortrag, 08.11.2014, https://www.erzbistum-muenchen.de/cms-media/media-30505320.pdf (zuletzt aufgerufen am 26.03.2018).
12 Dirk Baecker, *Was ist Kultur, Universität Witten/Herdecke*, Stand: Oktober 2015, https://catjects.files.wordpress./2015/11/was_ist_kultur1.pdf (zuletzt aufgerufen am 4.6.2019).
13 Vgl. dazu Carol Delaney, *Investigating Culture: An Experiential Introduction to Anthropology*. Malden, MA: Blackwell, 2004.

ihre Moral? Und diese durch immer neue Technologien beschleunigte Reflexivität, aber auch Mitgestaltung ist in posttraditionalen Gesellschaften keine einmalige, sondern eine Daueraufgabe.

Dies gilt zumal in Gesellschaften, die sich zu einem erheblichen Teil über „Wissen" reproduzieren. Sog. Wissensgesellschaften definieren sich nämlich durch die Bedeutung *kognitiver Erwartungsmuster*, d. h. durch die Bereitschaft, eingelebte Wahrnehmungs- und Handlungsmuster gegebenenfalls infrage zu stellen.[14] Wissen wird deshalb als ‚lernbereites Deutungsschema' betrachtet – Deutungsschemata, die den natürlichen und sozialen Lebensbedingungen der Menschen einen Sinn geben und die ihr praktisches Verhalten regeln. Sie sind prinzipiell intersubjektiv überprüfbar und werden in der Regel auch stabilisiert, da sich kognitive Erwartungen oft bestätigen. Sie sind aber auch enttäuschbar, und zwar dann, wenn sich der Widerstand der Realität geltend macht; dann gilt es, das Deutungsschema zu ändern, d. h. zu lernen. Dieser Widerstand der Realität kann verschiedener Art sein, und etwa durch sich verändernde natürliche und soziale Lebensbedingungen ausgelöst werden. Ausgelöst werden kann es aber auch durch neue Wissensangebote und Technologien, die soziohistorisch spezifischen Bedingungen von Selbst und Gesellschaft zu neuen Knoten zu verbinden, die zudem neue Kriterien liefert, sie für angemessen oder wünschbar zu halten – oder auch nicht. Wo etwa liegen die Risiken einer vereinsamenden Kommunikation, aber auch die Chancen für Begegnung und Gemeinschaft beispielsweise mit ökumenischen Partnern weltweit?

Als Kulturtechnologie ist Religion eine reflexiv-mitgestaltende Stimme unter anderen (z. B. Technikfolgenabschätzung), jedoch eine, die ihre spezifische Virtuosität mit den transzendenten Dimensionen der Technikreflexion und -gestaltung hat. An diesem Punkt geht es deshalb um die Frage, was es mit Transzendenzdiskursen in der Gesellschaft eigentlich auf sich hat.

2 Die gesellschaftliche Bedeutung von Transzendenzdiskursen

Die hier vorgeschlagene Perspektive arbeitet zunächst mit den beiden großen Versionen der Säkularisierungsthese. Die eine geht bekanntlich auf Max We-

---

14 Martin Heidenreich, „Die Debatte um die Wissensgesellschft". In *Wissenschaft in der Wissensgesellschaft*, hg. von Stefan Böschen, Ingo Schulz-Schaeffner. Opladen: Westdeutscher Verlag, 2003, 25–51, hier 29.

ber, die andere auf Émile Durkheim zurück. Beide, Weber[15] und Durkheim[16] beobachteten an der Wende vom 19. zum 20. Jahrhundert mit der Industrialisierung den ungeheuren Umbruch der gesellschaftlichen Verhältnisse. Weber sieht einen Prozess kultureller Rationalisierung, der zur Entzauberung einer vormals magisch verklärten Welt führt und die religiösen Wurzeln unserer Lebensführung zugunsten innerweltlicher Zwecke und kalkulierenden Denkens abkappt. Religionsausübung im engen Sinne findet allenfalls im Privaten ein Refugium.

Für Durkheim dagegen stellte sich der Modernisierungsprozess vor allem als Vorgang funktionaler Ausdifferenzierung der Gesellschaft dar: In dem Maße, wie sich berufliche Rollen spezialisierten und Funktionsbereiche wie Erziehung, Politik und Recht voneinander unabhängiger wurden, büßte die Religion ihre Hoheit über diese Bereiche ein und verlor ihre welterklärende Funktion an die Wissenschaft. Weber erwartete einen Bedeutungsverlust der Religion aufgrund eines Prozesses kultureller Rationalisierung; Durkheim aufgrund der Differenzierung der Gesellschaft in getrennte Funktionssphären.

Anders als Weber war Durkheim jedoch nicht der Auffassung, dass Religion in der Moderne bestenfalls noch als Privatsache überleben kann. Er definierte Religion funktional, und zwar als das, was die gemeinsamen Überzeugungen und Werte der Gesellschaftsmitglieder zum Ausdruck bringt. Mit diesem weiten Begriff von Religion führt Modernisierung nicht zum Tod Gottes, sondern zu einem Wandel der religiösen Form.

Mit Weber und Durkheim folge ich dem Differenzierungstheorem der modernen Gesellschaft; *mit* Durkheim der Idee des Wandels religiöser Formen. Ich folge hingegen nicht der Auffassung mancher Interpreten Durkheims, dass Religion seither jeglicher Transzendenz entbehre und allein auf rationaler Basis gründe.[17] Tatsächlich ist ihre spezifische Leistung als Kulturtechnologie in dem Umstand begründet, dass sie uns – ich wiederhole – dazu befähigt, das Transzendente in der Immanenz, genauer im Diesseits unserer technomorphen Kultur[18] zu beobachten, die dafür notwendigen religiösen Sinnstiftungsangebote durchzusetzen und (im Zuge des technisch mitgeprägten Wandels) immer aufs Neue zu legitimieren. Zugleich aber – und hier ergänze ich meine These – sind vor allem neue, noch unzulänglich verstandene Techniken und deren Implikationen für Selbst

---

15   Weber, *Die protestantische Ethik und der Geist des Kapitalismus*.
16   Émile Durkheim, *Die elementaren Formen des religiösen Lebens* („Les formes élémentaires de la vie religieuse"). Neuaufl. Frankfurt a. M.: Verlag der Weltreligionen, 2007.
17   David Strecker, „Modernisierung = Säkularisierung? Betrachtungen zu einer altbekannten Gleichung", Polar #3: Religion und Kritik, http://www.polar-zeitschrift.de/polar_03.php?id=127#127, o. J. (zuletzt aufgerufen am 12.2.2018).
18   Hartmut Böhme, „Kulturgeschichte der Technik". In *Orientierung Kulturwissenschaft*. Hamburg: Rowohlts Enzyklopädie, 2000, 164–178.

und Gesellschaft geradezu darauf verwiesen, ihre Transzendenz plausibel zu kommunizieren, etwa durch Bezüge zu Hoffnungen wie Gerechtigkeit, Demokratisierung, Wohlfahrt oder Nachhaltigkeit; aber auch durch die Kommunikation von Ängsten, Risiken oder Dystopien.

Und diese Behauptung geht deutlich über die Position Peter L. Bergers hinaus, der sich auf die schiere Koexistenz von Technik und Religion beschränkt: „Es existiert in der Tat ein säkularer Diskurs, der Ergebnis der Moderne ist, aber er kann mit religiösen Diskursen, die überhaupt nicht säkular sind, koexistieren. Dieser säkulare Diskurs hat seine Wurzeln in Wissenschaft und Technik, die den treibenden Motor der Moderne darstellen. [...] der gewaltige Erfolg des Diskurses von Wissenschaft und Technik und seine Verbreitung durch Bildung, die Medien und das Recht haben dem säkularen Diskurs einen Status der Selbstverständlichkeit verliehen. Aber diese Tatsache hat die Religion keineswegs verdrängt oder ihre Glaubwürdigkeit für eine sehr große Anzahl von Menschen in den meisten Teilen der Welt auch nur vermindert".[19]

Diese Feststellung würde mir indessen nicht reichen: Ich vermute eher, dass sich die Bearbeitung des Transzendenten der Technologie in der Immanenz sowohl durch Religion als auch durch Technik vollzieht. Sowohl die Transzendenz, die eine Technologie schafft, als auch die, in der sie gründet, werden durch Religion und Technologie reflexiv. Beide praktizieren dies durch Kulturtechniken und insofern sie selbst Kulturtechnologien sind:

Nehmen wir dazu zunächst ein Beispiel von Christoph Rosol zu RFID als einer „(all)gegenwärtigen Kulturtechnologie".[20] RFID steht für Radio Freqency-Identification und meint die automatische Erfassung und Identifikation von Objekten durch hochfrequente elektromagnetische Strahlung. Diese Technik findet sich in unserem Alltag etwa als Diebstahlsicherung in Warenhäusern und Wegfahrsperren bei Autos, als Chipkarten für die personalisierte Zugangskontrolle in Firmen oder auch an Skiliften. Das Kürzel befeuert die technologischen Fantasien von Ingenieuren im gleichen Maß, wie es Datenschützerinnen Sorgen bereitet, weil sie „gläserne Konsumenten" und den „Überwachungsstaat" befürchten. Sie sind selbst Kulturtechnologien, weil die zunächst rein technische Assemblage aus *readern*, elektromagnetischen Feldern und Transpondern zu neuen Formen des Erfassens, Codierens, Abbildens und Lesens der Welt führt;

---

[19] Peter L. Berger, *Nach dem Niedergang der Säkularisierungstheorie*, mit Kommentaren von Detlef Pollack (Hg.), Thomas Großbölting, Thomas Gutmann, Marianne Heimbach-Steins, Astrid Reuter und Ulrich Willems sowie einer Replik von Peter L. Berger. Münster: Centrum für Religion und Moderne, 2013, 4.
[20] Christoph Rosol, *RFID. Vom Ursprung einer (all)gegenwärtigen Kulturtechnologie*. Berlin: Kulturverlag Kadmos, 2007.

die Zusammenführung und Verarbeitung aller Informationen macht es überdies denkbar, dass potentiell alle Subjekte und Objekte vernetzt und einer lückenlosen logistischen Kontrolle unterworfen werden können, die ihrerseits selbst die Kommunikation über sie mitprägen können.

Die mit RFID verbundenen Utopien und Dystopien totaler Kommunikation von Menschen und Dingen verhält sich beileibe nicht ornamental zu dieser Technologie, sondern ist, wie die anhaltenden Debatten um den gläsernen Konsumenten und den Überwachungsstaat bereits andeuten, zentraler Bestandteil dieser Technologie und ihrer weiteren Entwicklung. Ein weiteres Beispiel: Der intelligente Kühlschrank beispielsweise, der in der Lage ist, für den Kunden eine Einkaufsliste an die Einzelhandelsfiliale zu senden, so dass er nicht mehr einkaufen gehen muss, hat zwar besonders für ältere oder kranke Menschen Vorteile.[21] Es müssen auch keine Mitmenschen für den Einkauf bemüht werden. Der gleiche technische Wandel kann jedoch zur Folge haben, dass sich immer mehr Menschen abschotten und die Gesellschaft zunehmend vereinsamt. Die Utopien und Dystopien, mithin, die Transzendenzen, die mit diesen digitalisierten Techniken verbunden sind, artikulieren sich in einem ganzen Strauß von Praktiken und Verfahren zur Reflexion auf und Gestaltung umstrittener Technologien, so bspw. Kulturtechniken wie Technikfolgenabschätzungen, Expertenhearings oder Bürgerkonferenzen.

Die Transzendenz der digitalisierten Technologien äußert sich dabei in der Immanenz dieser Verfahren in der Regel hoch ambivalent, als Gemengelage aus Chancen und Risiken für Sicherheit, Zugangsgerechtigkeit oder körperliche Unversehrtheit, die einerseits abzuwägen sind, die aber andererseits auch die weitere technische Entwicklung beeinflussen. Im Fall von RFID wurden national und international eine ganze Reihe solcher Verfahren durchgeführt. Sie richten ihren Blick insbesondere auf nicht-intendierte Nebenfolgen dieser Technik (z. B. auf soziale oder technische Risiken) und nehmen auf die weitere Technologieentwicklung Einfluss. Bei der RFID-Technik führt dies beispielsweise gegenwärtig zum Aufbau von besseren Kommunikationschancen für betagte, behinderte oder kranke Menschen, und zwar auch *mithilfe* von RFID-Techniken. Das Stichwort lautet hier: *Ambient Assisted Living*, wozu etwa auch altersgerechte Kommunikationssysteme im häuslichen Umfeld gehören.

An diesem Beispiel sollte zunächst deutlich werden: *Als* Kulturtechnologien machen nicht nur Religion, sondern auch Technologie das für sie jeweils

---

21 Kerstin Pezoldt, Ria Gebert, „RFID im Handel – Vor- und Nachteile aus Unternehmens- und Kundensicht", *Ilmenauer Schriften zur Betriebswirtschaftslehre*, No 8/2011. Ilmenau: proWiWi e.V., 2011, https://www.econstor.eu/bitstream/10419/55682/1/667585729.pdf, 19 f. (zuletzt aufgerufen am 26.03.2018).

unhintergehbar Transzendente kommunizierbar (hier: technische Utopie oder Dystopie). Was die Technik nach Cassirer für den Menschen leistet, nämlich ihn in eine produktive Distanz zu sich selbst zu setzen, vollzieht der Blick auf das Verhältnis von Transzendenz und Technologie für das Verhältnis des Menschen, einzelner Gruppen oder ganzer Gesellschaften zur Technik. *Das ist die gesellschaftliche Bedeutung technologischer Transzendenzdiskurse* – auch wenn sie sich, wie etwa in Gestalt von Technikfolgenabschätzungen oder Bürgerdialogen *als* Transzendenzdiskurse verkennen: Zwar geht es in ihnen stets „ums Ganze" (etwa um Gerechtigkeit oder den Schutz der Privatsphäre), doch verhindert der strikte Bezug auf „Lösungen" für soziale oder ethische Probleme einer Technik, dass der Diskurs sich in Grundsatzstreitigkeiten verliert. Er muss seinen Transzendenzbezug verkennen, um zu funktionieren. Insofern sind diese Verfahren selbst Kultur*techniken* – lösungsorientierte Handlungsschemata für Transzendentes.

3 Die religiöse Bearbeitung der Transzendenz des Digitalen I

Im Folgenden möchte ich gern diese Überlegungen auf Religion erweitern: *Als Kulturtechnologie partizipieren sowohl Religion als auch Technologie an einem Markt zunehmend pluraler Sinnstiftungsangebote*, auf dem sie indessen vielfältige Bezüge zueinander aufweisen: Sie liefern einander Fragen, Formen und Techniken (!) der Sinnsuche, die teils kompetitiv und möglicherweise konflikthaft, teils aber auch konvergent und kollaborativer Art sind. „Technik speist sich nicht nur aus religiösen Motiven, sondern die Gesellschaft bedient sich religiöser Vorstellungen im weitesten Sinne, um die Einpassung neuer Techniken in ihre Rahmenordnung und den Vorstellungshorizont ihrer Kultur zu reflektieren".[22]
Man kann dabei oft eine gewisse zeitliche Dynamik beobachten: Religiöse Bezugnahmen in der Darstellung und Wahrnehmung nehmen ab, sobald neue Technologien nicht mehr neu, sondern zur Normalität geworden sind. So zeigt etwa Jeffrey Alexander anhand des Diskurses über den Computer zwischen den 1940er und 1970er Jahren, wie eschatologische und metaphysische Momente von „Frankensteins Monster" in den 1940ern bis zum Auftauchen des „Personal Computer" 1975 stetig zurückgingen.[23] Religion *als* Kulturtechnologie scheint insbesondere für neue Technologien sog. Passageriten bereitzustellen: Durch vertraute religiöse Motive werden Chancen und Risiken (noch) unbekannter Techniken und ihre (noch) unbekannten Implikationen verarbeitet.

---

22 Schwarke, „Einleitung", 16.
23 Jeffrey Alexander, „Sacred and Profane Information Machine". *Archives de sciences sociales des religions*, 35e Année, No. 69 (1990), 161–171.

Verknüpfungen von Technik und Religion begegnen uns aber nicht nur dann, wenn es um die Frage der Integrierbarkeit einer neuen Technik in einen bestimmten sozialen Kontext geht, sondern auch dann, wenn es um Großtechnologien geht. So werden stereotyp Kühltürme von Kraftwerken Kirchtürmen gegenübergestellt; gentechnische Neuerungen und kosmologische Kleinstteilchen wie Quanten oder Gene (vgl. das Gott-Genom) sind mit religiösen Aufladungen durchsetzt: Die Metapher des „Gott-Spielens" durchzieht weite Teile der kritischen Debatte. In der wortwörtlichen, also schöpfungstheologischen Bedeutung des „Playing God"-Arguments wird ausdrücklich von der Existenz Gottes bzw. einer von Gott gegebenen Schöpfung ausgegangen: Danach gibt es dem Menschen gesetzte objektive Grenzen für sein Handeln in der Schöpfung, die er nicht überschreiten darf. Durch den gentechnischen Eingriff würde der Mensch eine als göttlich, daher gut befundene Schöpfung verändern, indem beispielsweise Artgrenzen überschritten werden. Damit verbunden sind stets weitere Transzendenzverweise, wie etwa auf bestimmte Naturbilder und den Wert der Natürlichkeit an sich – eine andere die Menschlichkeit: So forderte der Dalai Lama in seiner Dankesrede anlässlich der Friedensnobelpreisverleihung am 10. Oktober 1989: „Mit immer wachsendem Einfluss der Wissenschaft auf unser Leben haben Religion und Spiritualität eine größere Rolle zu spielen, um uns an unsere Menschlichkeit zu erinnern."[24]

Das gilt auch für diejenige Technologie, die uns derzeit in der Gesellschaft enorm beschäftigt, und die bereits den Namen Digitale Revolution erhalten hat. Auch wenn es schon bald drei Dekaden her ist, dass das Internet im Jahr 1990 für die kommerzielle Nutzung freigegeben wurde, wird uns erst in den letzten Jahren so richtig klar, welche transformativen Effekte diese Querschnittstechnologie hat: Sie ist heute für Millionen Menschen einerseits ein alltägliches Instrument für Arbeit, Ausbildung und Privatleben geworden, andererseits verändert sie alle diese gesellschaftlichen Handlungsfelder auch enorm. Im Feld der Arbeit ist an Industrie 4.0 und an völlig veränderte Berufsprofile zu denken oder an den Strukturwandel des Handels durch online-Geschäfte; dass wir uns lebenslang, auch mithilfe digitaler Medien weiterbilden müssen, gehört bereits zum *common sense;* dass wir mit unseren Freunden, Partnern „chatten", „smsen", „whatsappen", sie möglicherweise im Netz überhaupt erst finden – ebenso wie den Schreiner zum Aufpolieren der Truhe, die ich von meiner Großmutter geerbt habe, ist für viele bereits völlig normal. Die enormen Chancen für politische Beteiligung, unternehmerisches Handeln, kreative Selbstgestaltung, das Zusammenfinden von Gemeinschaften mit ganz besonderen Interessen deutet einige der *Chan-*

---

[24] Dalai Lama, *Nobelpreis-Rede*. University Aula, Oslo 10. Dezember 1989, http://www.tibet office.ch/web/dalailama/nobel_speech.htm (zuletzt aufgerufen am 26.03.2018).

cen an, die mit der Digitalisierung verbunden werden. Arbeitsplatzvernichtung, Überwachung, Datenschutz oder die Google-isierung der Gesellschaft deuten einige der *Risiken und Besorgnisse* an, die mit Digitalisierung einhergehen.

Doch vielleicht nochmals genauer: Was bedeutet eigentlich Digitalisierung? Die technische Digitalisierung bezeichnet zunächst einmal zwei qualitativ unterschiedliche Vorgänge, die sich in etwa mit den Begriffen ‚Aufzeichnen' und ‚Algorithmisieren' bezeichnen lassen: Erstens handelt es sich um die Erstellung eines passiven digitalen Formats – passiv in dem Sinne, dass die Interpretationsleistung beim Betrachter liegt – in Form von digitalem Ton, Bild, Film oder Text durch z. B. eine Übertragung aus einem physischen Original. Dies ist die Digitalisierung eines Inhalts, eines Objekts oder einer konkreten Verhaltensabfolge, wie sie bereits über frühere Medien wie Schrift oder Photographie möglich wurde. Zweitens kann Digitalisierung die Überführung eines potenziell möglichen – also noch unausgeführten – analogen Verhaltens in eine digital verarbeitbare Form, in einen Algorithmus oder ein Programm bedeuten. Bei dieser zweiten Art der Digitalisierung werden also die Regeln der Entscheidungs- und Handlungsprozesse aufgezeichnet, die situationsabhängiges Verhalten allererst produzieren.

Ein Beispiel: Google ermittelt die Relevanz von Webseiten zu einem bestimmten Begriff anhand der Linkverweise von anderen, ihrerseits möglichst relevanten Webseiten darauf, ähnlich einem Studenten auf Literatursuche, der schaut, welche Werke zu einer Thematik von anderen wichtigen Werken am häufigsten zitiert werden. Was geschieht dabei? Informationen und Informationskontexte werden von ihrem materiellen Substrat, z. B. von einem Gehirn, entkoppelt und in eine immaterielle Form mathematisch ausdrückbarer Werte überführt. Dieses sog. Digitalisat ist erstens kostengünstig identisch reproduzierbar, archivierbar und distribuierbar; es ist zweitens vollständig und endlich beschreibbar und damit ebenso manipulierbar; und es kann schließlich drittens zur Ordnung oder Vermittlung auf sich selbst angewendet werden. Es geht mithin um viel mehr als nur um „Daten". Es geht, mit Friedrich Kittler gesprochen, nicht nur um viele Daten und Programme, sondern um ein ganzes „Netzwerk von Techniken und Institutionen […], die einer gegebenen Kultur die Adressierung, Speicherung und Verarbeitung relevanter Daten erlauben".[25]

Digitalisierung in diesem Verständnis ist also weit mehr als ein technischer Vorgang, sondern hat, wie einleitend bereits angedeutet, enorme Implikationen für uns individuell, für praktisch alle gesellschaftlichen Handlungsbereiche, ja, für die Gesellschaft insgesamt. Ihre Transzendenzen fordern auch Theologie, Kirche und Religionsgemeinschaften sinnstiftend heraus. Werner Thiede etwa

---

25 Friedrich Kittler, *Aufschreibesysteme 1800/1900*. München: Fink, 1985, 519.

sieht – ganz konträr zu den Freiheitsversprechen der Digitalisierung, die in Informationen über alles für alle gründet – eine ganze Reihe von „Freiheitsfallen":[26]

- *Die politische Freiheitsfalle.* Dazu zitiert er etwa den Präsidenten des Europäischen Parlaments, Martin Schulz: „Macht das Speichern von Bewegungsbildern und Kommunikationsdaten unsere Welt wirklich sicherer, wie das seit 9/11 behauptet wird, oder wird damit der Staat, der ein neues ‚Super-Grundrecht Sicherheit' schützen will, nicht vielmehr selbst zum Sicherheitsrisiko für seine Bürger?"
- *Die ökologische Freiheitsfalle.* Sie funktioniert so, dass die Vorteile für den Umweltschutz, wie ihn die digitale Revolution etwa durch eingesparte Wege mit sich bringt, gleichzeitig mit einer bemerkenswerten Umweltverschmutzung und Energievergeudung verknüpft sind. Man denke z. B. an die immer stärkere Funkstrahlung.
- *Die lebenspraktische Freiheitsfalle.* Dinge, die uns umgeben, beobachten und überwachen uns. Sie senden pausenlos Informationen über unser Tun und Lassen. Der Kühlschrank etwa weiß Bescheid über unsere Essgewohnheiten. Die vernetzte Zahnbürste über unsere Zahnhygiene. Die Dinge wirken aktiv mit an der Totalprotokollierung des Lebens. Damit werde Vertrauen vollständig durch Information und Kontrolle ersetzt.
- *Die spirituelle Freiheitsfalle*: Die ehemalige Präsidentin der Landessynode der bayerischen Landeskirche, Dorothea Deneke-Stoll, hat zwar kritisch darauf hingewiesen, dass Medien, Ökonomie und ebenso Technik inzwischen zu unbeherrschbaren Mächten geworden seien: Doch würden die ethischen und spirituellen Herausforderungen der fortschreitenden digitalen Revolution im Raum von Theologie und Kirche bislang weitgehend verkannt.

Erforderlich seien darum Kontrollmechanismen, die dafür sorgten, dass der „Mensch im Verhältnis zu Politik, Medien, Technologie und Ökonomie ein freies, urteilsfähiges Individuum bleiben kann".[27] Kurz: Thiede diagnostiziert mit diesen Freiheitsfallen den Status der Digitalisierung als „Ersatzreligion" – an dieser Stelle geht es indessen *weniger* um die Frage, ob und inwiefern diese Einschätzung gerechtfertigt ist (also um die Frage, ob es sich tatsächlich um den Ersatz der Religion, um eine neue Religion oder um etwas Religionsähnliches handelt), sondern es geht darum, *dass* hier mit religiösen Motiven die Risiken einer neuen Technologie behandelt und in eine kritische Sinnstiftung überführt werden. Da-

---

26 Werner Thiede, „Total digital: Die technologische Entwicklung als kirchliche Herausforderung". *Das Sonntagsblatt* 08/2014, (23.02.2014).
27 Ebd.

bei handelt es sich vielleicht nicht mehr um eine wirklich neue Technologie, aber doch, wie es scheint, um eine transformative Querschnittstechnologie, die sich laufend ändert und uns dauerhaft und in vielfältige Richtungen herausfordert. Deshalb wundert es nicht, dass ihre Thematisierung ebenso dauerhaft, vielfältig und umfassend ist – ein Umstand, der Religion als Virtuosin im Umgang mit Transzendenzverweisen nur allzu vertraut ist. Sie artikuliert sich unter anderem als das Verhältnis der Digitalisierung zur Spiritualität. Hier gibt es indessen weitere Hinweise, dass die Religionisierung von Transzendenzverweisen des Digitalen auch Kämpfe um Deutungshoheit beinhalten. Dies gilt insbesondere dann, wenn es sich um Phänomene handelt, die als genuin religiöser Art gelten: so etwa im Feld der Spiritualität.

4 Die religiöse Bearbeitung der Transzendenz des Digitalen II

Was lehrt uns der Diskurs um Spiritualität und Internet, bevor wir von da aus das Zusammenspiel von Religion und Technik mit Blick auf ihre immanenten Transzendenzverweise näher beleuchten? Wenn wir unter Spiritualität im spezifisch religiösen Sinn nicht nur die Vorstellung einer geistigen Verbindung zum Transzendenten verstehen, sondern die bewusste Hinwendung und das aktive Praktizieren einer spezifischen Form der Sinnstiftung, so drückt sich vielleicht hier am besten die kulturtechnologische Dimension der Transzendenzverweise von Technik und Religion aus. Bernd-Michael Haese unterscheidet zunächst zwei Formen, nämlich die Spiritualität *des* Internet sowie die Spiritualität *im* Internet.[28]

Was zunächst die Spiritualität *des* Internet betrifft, so werden in dieser Spielart dem Internet selbst spirituelle Qualitäten zugewiesen. Die Benutzung des Internet gilt als der spirituelle Akt des Medienzeitalters. Das Netz, so auch der Medienwissenschaftler Norbert Bolz, wird selbst zur transzendenten Größe, die früher noch Gott hieß, „und Religion funktioniert als Endlosschleife".[29] Unterstützt wird diese Analogisierung durch eine Übertragung von klassischen Attributen der christlichen Gotteslehre auf Eigenschaften, die nunmehr die „Me-

---

28 Bernd-Michael Haese, „Wie heilig ist der Cyberspace (2.0) – Das Internet als Ort für Spiritualität. Vortrag auf der Jahrestagung der Leiterinnen und Leiter der Telefonseelsorge, 21.–24.4.2008", http://www.uni-kiel.de/fak/theol/pt/haese/moodle/file.php/1/Heiliger_Cyberspace_2.0.pdf (zuletzt aufgerufen am 26.03.2018).
29 Norbert Bolz, „Tele! Polis!". In *Stadt am Netz. Ansichten von Telepolis*, hg. von Stefan Iglhaut, Armin Medosch, Florian Rötzer. Mannheim: Bollmann, 1996, 143–150.

taphysik des Internet"³⁰ repräsentieren: So wie Gott ist das Netz allgegenwärtig, ortsunabhängig, und es repräsentiert die moderne Form der göttlichen Allwissenheit. Im Netz gibt es keine Zeitlichkeit, es ist immer verfügbar, immer ist jemand ansprechbar und die Zeit, die man im Netz verbringt, ist nicht mit dem normalen Zeitempfinden zu erfassen – eine Ahnung von Ewigkeit. Haese weist zu Recht darauf hin, dass diese Idee durchaus nicht neu sei, denn schon Teilhard de Chardin habe die Idee der „Noosphäre" als eschatologisches Entwicklungsziel menschlicher Wissensanstrengung „Punkt Omega" genannt. Marshall McLuhan habe den Begriff in die Medienwissenschaft übernommen und die Noosphäre als durch die technischen Medien geschaffenes „Gehirn und Bewusstsein für die Menschheit" vorhergesagt. Diese moderne „Netztheologie" komme nicht selten einer gnostischen und apokalyptischen Spiritualität gleich und sei oft durch einen deutlichen Dualismus geprägt: „Die religiösen Motive des Cyberspace führen dazu, die Welt ihrem Elend zu überlassen und Cyberspace als Möglichkeit der Weltflucht in eine Sphäre des Reinen anzubieten – jenseits des endlichen Leibes und der sterbenden Erde."³¹

Ein weiteres Beispiel für einen Transzendenzverweis gibt der Begriff des „Avatar", also der digitalen Spielfigur eines Users im Netz. Für viele religiöse Beobachter ist er ein Indiz für eine Tendenz zur Selbstvergottung: Avatare bezeichnen in der indischen Mythologie die körperlichen Repräsentanzen der auf Erden wandelnden Götter – auch Bernd-Michael Haese glaubt nicht, dass diese Wortwahl zufällig ist. Die zugehörige Spiritualität brauche keine besonderen Foren und keine besonderen Angebote: Das schiere Surfen im Netz, das zeitlose Eintauchen und die unbegrenzte Teilhabe an der gigantischen Informationsflut selbst sind es, die für das Gefühl der kosmischen, alles vereinenden Netzexistenz sorgen.

Bernd-Michael Haese *beobachtet* all diese Prozessse nicht nur; als Theologie *beurteilt* er auch die, wie er es sieht, Schwäche dieser Form der Theologisierung des Internet: Die göttlichen Attribute wie Allwissenheit und Allmacht seien gerade nicht als unermessliche Steigerung ihrer menschlichen Konkretionen zu denken, sondern nur in ihrer kategorialen Verschiedenheit und vor allem in ihrer Bezogenheit auf das Wesen Gottes. Aus der von mir vorgeschlagenen Perspektive gilt allerdings: Entscheidend ist, *dass* mit Theologisierung, Spiritualisierung, Religiosität argumentiert, kritisiert, aber auch verhandelt wird: Die kritische Distanznahme, aber auch die Suche nach neuen Formen des Religiösen selbst gehen in der Auseinandersetzung mit dem Digitalen Hand in Hand. Die z. T.

---
30 Hartmut Böhme, „Zur Theologie der Telepräsenz". In Frithjof Hager (Hg.), *KörperDenken. Aufgaben der Historischen Anthropologie*. Berlin: Reimer, 1996, 237–249.
31 Böhme, „Kulturgeschichte der Technik", 257.

widerstreitenden Urteile sind jedoch wichtig, um diese Auseinandersetzung voranzutreiben. Die Verständigung über Transzendentes in der Immanenz vollzieht sich *als Diskurs*, hier: als religionisierender Diskurs.

Wenn es sodann um die Spiritualität *im* Internet geht, so fragt eine christliche Spiritualität innerhalb und außerhalb des Internet stets auch nach der religiösen Sehnsucht des spätmodernen Menschen – eine Sehnsucht, die sich aus Erfahrungen von Zerrissenheit und Aufspaltung von Identität in unserer Gesellschaft ergibt. Das Internet scheint einerseits solche spirituellen Erfahrungen neuen „Einsseins trotz Aufspaltung" bereithalten zu können. Andererseits gilt das Internet als Lebensraum, teilweise sogar selbst als *Ursache* des zerrissenen, dividierten Selbst, das zwischen verschiedenen Identitäten bis hin zum Verlust einer eigenen Identität hin- und herschaltet. Für den Theologen Haese ist klar: Dies ist „pseudo religiös"[32] – wichtig aus der von mir vorgeschlagenen Perspektive ist hier aber wiederum nicht das Urteil über *„pseudo"* – *oder richtige Religion*, das man teilen kann oder auch nicht, sondern, *dass* ein solcher Bezug zum Religiösen überhaupt hergestellt wird. Der Widerstreit der Urteile selbst ist aus dieser Sicht ein (gleichwohl wichtiges) Medium der Debatte um die Transzendenzbezüge des Digitalen.

Das Internet fordert im Gegenzug aber offenbar auch die christliche Spiritualität heraus: Dass Menschsein als *leibliche Existenz* seine Würde erfährt, ist im christlichen Bewusstsein kaum verankert. Im Gegenteil: Die gesamte westliche Geistesgeschichte nach der Aufklärung und die Theologie mit ihr haben dazu beigetragen, dass das Körperliche weitgehend zugunsten des Geistigen abgewertet wurde. Nun melden sich soeben andere Stimmen: Kritiker einer Spiritualität im Internet klagen (plötzlich!) die Körpervergessenheit digitaler Spiritualität ein. Ob und wie eine christliche Spiritualität im Lichte leiblicher Existenz sich nun mit dem Internet gestalten kann, ist zwar noch offen – entscheidend ist erneut, *dass* es diese Frage provoziert. Varianten einer Spiritualität im Internet sind vielfältig zu finden, von Webandachten bis hin zu virtuellen Gebets- und Andachtsräumen und Gottesdiensten. Neben einer Betonung des Spielerischen und der Stärkung des Narrativen ergeben sich für eine christliche Spiritualität soeben, so scheint es, neue Formationschancen von Gemeinschaftlichkeit.

Neben der Frage der Spiritualität des Internet und der Spiritualität im Internet ist schließlich auch dessen Virtualität ein weiteres wichtiges Thema theologischer Befassung: Virtuell wird häufig synonym zu ‚vorgetäuscht' ‚unecht', ‚wertlos' o. ä. benutzt und negativ konnotiert. Allerdings ist Virtualität kein ergänzender Modus des menschlichen Lebens neben anderen, sondern aus kulturwissenschaftlicher Perspektive ist menschliche Erkenntnis und Sinngebung

---

32   Haese, „Wie heilig ist der Cyberspace (2.0)", 5.

überhaupt schiere Virtualität. Zu Recht weist Haese darauf hin, dass unsere gesamte sogenannte Hochkultur von Musik, Poesie und bildender Kunst unmittelbare Konsequenz unseres Daseins als Lebewesen sei: Nicht erst moderne Gesellschaften haben Virtualität geradezu kultiviert. Vernetzte, rechnergestützte Kommunikation setzt dies (nur) fort, wenn auch in neuartigen multimedialen Erscheinungsformen und Qualitäten von Virtualität. Vor allem die zeitliche Unmittelbarkeit, die sogenannte Instantaneität des Internet,[33] hat die Metapher vom Raum plausibilisiert: Man spricht von Chaträumen, in denen sich Menschen synchron schriftlich unterhalten, von Erlebniswelten, 3D-Räumen, in denen man dann nicht nur textbasiert, sondern auch mit Hilfe von Avataren miteinander kommuniziert und kooperiert. Virtuelle Welten, die wir als Ergebnisse der Digitalisierung empfinden, sind also im Kern eine technomediale Fortführung hochkultureller Verkehrsweisen. Kurz: Menschen haben immer in verschiedenen Sphären von Virtualität gelebt und sie als hohes Kulturgut angesehen. Doch erst die Digitalisierung führt uns die Tatsache der *unvermeidlichen Virtualität* plastisch vor Augen.[34]

Diesem Transzendenzverweis auf Hochkultur fügt sich sogleich ein religiöses Pendant an: Jede religiöse Vorstellung von Transzendenz ist ohne die Fähigkeit der Virtualisierung nicht möglich. Für den Theologen ist klar: In jedem Abendmahl, das Christen miteinander feiern, begeben sie sich in die Virtualität der Gemeinschaft mit Christus, mit Hilfe ihrer Erinnerung – also virtuell –, die durch mündliche Tradition und schriftliche Fixierung, also medial vermittelt und bewahrt, mit Hilfe der stofflichen Medien Oblate/Brot und Wein, aber auch in anderen Traditionen etwa mit Meditation oder Trommeln. Eine prinzipielle theologische Disqualifikation der Virtualität auch in ihren komplexen technischen Ausprägungen ist dennoch die Regel.

5 Joint Ventures zwischen Religion und Technik im Transzendenzdiskurs?

Wo sind wir nun angekommen? Es gibt eine Diskursivierung des Transzendenten neuer Technologien in der Immanenz religiöser und außerreligiöser Praktiken und Verfahren. Während Religion in der Immanenz die Transzendenzverweise des Digitalen, wenn auch überwiegend kritisch, aber sehr explizit zu thematisie-

---

33 Marshall McLuhan, *Die magischen Kanäle – Understanding Media*. Dresden, Basel: Verlag der Kunst, 1994.
34 Sherry Turkle, *Leben im Netz. Identität in Zeiten des Internet*. Reinbek bei Hamburg: Rowohlt, 1998.

ren beginnt, geschieht dies zwar auch im Feld der Technologie, bleibt jedoch etwa in der Form von Technikfolgenabschätzungen *als* Diskursivierung von Transzendenz stets implizit. Transzendenzverweise finden sich hier ausschließlich in mundaner Fassung: *zeitlich* etwa als mitlaufender Bezug auf Zukünfte, die es zu gestalten gelte, *sachlich* als Verweis auf übergeordnete Ziele wie etwa Nachhaltigkeit, *sozial* durch die organisierte Beteiligung von Anspruchsgruppen, *normativ* durch die Berücksichtigung von Werten wie etwa Gerechtigkeit – all dies im Modus von Aushandlungsprozessen und unter Bedingungen von Unsicherheit, Nichtwissen, Risiko.

Festzuhalten bleibt: (Neue) Technologien fordern unsere Kultur(en) heraus, da sie per definitionem das Vorfindliche transzendieren. Dies geschieht heute in bereits durch und durch technisierten Gesellschaften, für die das Digitale nicht nur ein Beispiel, sondern eine Ikone geworden ist, auch deshalb, weil sie zu vielen weiteren Technologien wiederum transformative Bezüge unterhält, etwa zu den Biotechnologien. Deshalb frage ich mich am Schluss, dabei eine Formulierung von Axel Siegmund[35] variierend: Schaffen es Technologien und Religion als Kulturtechnologien, die sie beide auch sind, zum Kern der soziotechnischen Entgrenzungen vorzudringen, um dort, an der Sehnsuchtsgrenze des Realen, auf Sinndeutungen zu treffen, die wir an der Peripherie der technischen Zivilisation (Achtung: Transzendenz!) immer wieder vermissen?

Angesichts der Dynamik des soziotechnischen Wandels müssen wir uns wohl eingestehen, dass dies eine Daueraufgabe ist, die Technologie und Religion vielleicht gelegentlich einmal in engerem Bezug aufeinander betreiben sollten. Technikgestaltung könnte von Religion, der Virtuosin im Feld der Transzendenz, womöglich eine Menge lernen, und womöglich spirituell-affinere Formen der Digitalisierung entfalten, die über bloße „Jesus-Apps" oder „web-Andachten" hinausgehen ... Umgekehrt könnte sich Religion von mundanen Transzendenzdiskursen wie etwa Technikfolgenabschätzung einen unerschrockeneren Umgang mit Deutungsvielfalt abschauen. So oder so, eine fortgesetzte Diskursivierung des konstitutiv Transzendenten in neuen Technologien befähigt uns, das Diesseits unserer technomorphen Kultur[36] zu beobachten, die dafür notwendigen transzendenten Sinnstiftungsangebote zu sichten und zu bewerten und (im Zuge des technologisch mitgeprägten Wandels) immer wieder aufs Neue zu legitimieren. Natürlich auch im digitalen Raum ...!

---

35 Axel Siegemund, „Transzendenzmodifikationen in der Ökosystemrenaturierung, Technik als kreative Schöpfung?". In *Technik und Transzendenz. Zum Verhältnis von Technik, Religion und Gesellschaft*, hg. von Katharina Neumeister, Peggy Renger-Berka, Christian Schwarke. Stuttgart: W. Kohlhammer, 2012, 79–108, hier 108.
36 Böhme, „Kulturgeschichte der Technik".

Ursula Roth
Kirchliche Praxis als Akt religiöser Positionierung. Das Beispiel Bestattung

Es liegt zunächst nicht nahe, bei einem so cinemaskopisch weit gesteckten Horizont wie dem hier vorgegebenen – ‚Religion und Gesellschaft' – den Fokus ausgerechnet auf die kirchliche Bestattung zu richten. Und nimmt man den Untertitel des Themenfeldes – ‚Sinnstiftungssysteme im Konflikt' – hinzu, dann erst recht nicht. Selbst wenn die kirchliche Bestattung im weitesten Sinn irgendwie auch etwas mit Religion und Gesellschaft zu tun hat, brechen religiöse Konflikte dort eher selten auf. Dass und in welcher Hinsicht sich das Thema gleichwohl hervorragend eignet, um den Blick auf den Kontext von Religion und Gesellschaft um eine weitere Perspektive zu erweitern, sei in vier Schritten gezeigt.[1]

1 Affirmation und Integration

Dass man bei dem weiten Themenzuschnitt nicht unweigerlich an die kirchliche Bestattung denkt, hat einen triftigen Grund. Kirchliche Bestattungen sind binnenkirchliche Veranstaltungen, es sind Gemeindegottesdienste. So werden sie jedenfalls – den kirchenrechtlichen Bestimmungen entsprechend – in den einführenden Erläuterungen der lutherischen Bestattungsagende benannt.[2] Die Bestattung wird dort beschrieben als „ein Dienst, den die christliche Gemeinde ihren Gliedern erweist".[3] Das heißt, kirchlich bestattet wird, wer christlich getauft und bis ans Lebensende Mitglied der Kirche war. Wer aus der Kirche ausgetreten ist, kann höchstens in Ausnahmefällen kirchlich bestattet werden, etwa wenn die nächsten Angehörigen Kirchenmitglieder sind und zudem plausibel

---

[1] Dieser Beitrag entstand im Kontext des vom LOEWE-Programm des Hessischen Ministeriums für Wissenschaft und Kunst geförderten Forschungsschwerpunkts „Religiöse Positionierung: Modalitäten und Konstellationen in jüdischen, christlichen und islamischen Kontexten" an der Goethe-Universität Frankfurt und der Justus-Liebig-Universität Gießen.
[2] *Agende für Evangelisch-Lutherische Kirchen und Gemeinden, Band 3: Die Amtshandlungen, Teil 5: Die Bestattung*, hg. von der Kirchenleitung der Vereinigten Evangelisch-Lutherischen Kirche Deutschlands, neubearbeitete Ausgabe. Hannover: Lutherisches Verlagshaus, 1996, 12.
[3] Vgl. dazu ebd.: „Die Bestattung ist ein Dienst, den die christliche Gemeinde ihren Gliedern erweist. Er gilt allen, die getauft sind und bis an ihr Lebensende der Gemeinde angehört haben." (13)

https://doi.org/10.1515/9783110582611-0014

gemacht werden kann, dass die kirchliche Bestattung nicht im Widerstreit zur Lebenseinstellung des/der Verstorbenen steht.

Das binnenkirchliche Profil zeigt sich an der Bestattungsfeier in vielerlei Hinsicht. Der Bestattungsgottesdienst soll nicht nur theologisch als Gemeindegottesdienst verstanden sein, sondern sei auch „so zu gestalten, daß der Zusammenhang der Ausnahmesituation mit den Gottesdiensten der Gemeinde deutlich erfahren wird".[4] Die Ähnlichkeit zum Sonntagsgottesdienst wird zum einen in der Abfolge der einzelnen Abschnitte erkennbar. Zum anderen sind auch die einzelnen liturgischen Stücke – Friedensgruß, biblisches Votum, Gebete – dem Repertoire der Sonntagsagende entlehnt. Wer mit dem liturgischen Ablauf des christlichen Gottesdienstes einigermaßen vertraut ist, der wird sich auch im Ablauf der Bestattungsfeier zurechtfinden.

Die Bestattungsfeier erfüllt bereits durch diese Verwandtschaft zum sonntäglichen Gemeindegottesdienst eine integrierende, vergewissernde Funktion. Besonders markant kommt diese gemeindlich-integrative Funktion in einer charakteristischen ‚Wir-Christen'-Semantik zum Ausdruck, die insbesondere in den Bestattungsansprachen häufig begegnet.[5]

> [19] Was meinen wir damit,/ wenn wir Christen/ fest daran glauben und das verkünden,/ dass der Mensch im Tod aufersteht,/ dass der Mensch eingeht/ in die Herrlichkeit/ Gottes./ (K1)

> [41] Auch Frau Ns Lebenszeit ist, so würde es nun der Psalm ausdrücken,/ in Gottes/ Händen gestanden./ [42] Nicht in den Händen irgendwelcher Menschen/ oder eines blinden Schicksals,/ vor dem man sich fürchten müsste./ [43] Sondern in den Händen dessen,/ von dem wir Christen glauben,/ dass ER die Macht hat/ über Leben und Tod./ (E11)

> [43] Und so dürfen wir als Christen/ wissen,/ das ewige Leben/ ist nicht/ eine Hoffnung,/ nur für nach dem Tod,/ sondern sie beginnt jetzt schon./ (E17)

> [54] Wir als Christen/ glauben mit dem Apostel Paulus,/ dass/ das Vertrauen/ in Gott,/ auf den wir getauft sind, uns nicht enttäuschen wird./ [55] Wir hoffen darauf,/ dass Gottes letztes Wort über unseren Verstorbenen/ wie sein erstes in der Taufe/ ein Wort der Liebe sein möge./ (E19)

> [15] Das glauben wir als Christen,/ dass Jesus den Tod überwunden hat,/ (K8)

---

4 Ebd., 12.
5 Die folgenden Beispiele wurden im Rahmen eines bereits länger abgeschlossenen Forschungsprojekts auf Münchner Friedhöfen erhoben, vgl. Ursula Roth, *Die Beerdigungsansprache. Argumente gegen den Tod im Kontext der modernen Gesellschaft*, Praktische Theologie und Kultur, Band 6. Gütersloh: Gütersloher Verlagshaus, 2002. Bei der Transkription der Ansprachen wurden diese anonymisiert. Betonungen, Pausen, Sprachmelodie sowie weitere Textmerkmale wurden – in Anlehnung an übliche Transkriptionsregeln – im Transkript vermerkt. Unterstrichene Vokale markieren die jeweiligen Betonungen innerhalb eines Satzes, Silben oder Wörter in Großbuchstaben heben emphatische Betonungen hervor, Schrägstriche verdeutlichen die im Sprachfluss gesetzten Pausen (prosodische Zäsuren). Zu den weiteren Transkriptionsregeln vgl. Roth, *Beerdigungsansprache*, 139.

Durch diese integrative ‚Wir-Christen'-Semantik ist der Bestattung ein vergewisserndes, beheimatendes Moment eingeschrieben, das vom Wir-Gefühl des Gemeindechristentums getragen ist. Gleichwohl bleibt die kirchliche Bestattung unterbestimmt, wollte man sie allein aus dieser affirmativ-vergewissernden Perspektive begreifen. Die Bestattung, vor allem die Bestattungsansprache, ist vielmehr durch ein weiteres charakteristisches Moment geprägt. Blickt man etwa auf den Wortlaut der Ansprachen am Grab oder auf die informierenden und moderierenden Regieanmerkungen zwischen den agendarischen Stücken, zeichnet sich ein argumentatives Potential ab, das für das praktisch-theologische Verständnis der Bestattungspraxis maßgeblich ist.

2 Argumentation und Persuasion

Bestattungen sind immer auch persuasiv orientierte Praxisphänomene. Das gilt insbesondere für die interpretativen Momente der Bestattung, etwa für Bestattungsansprachen. Diese zielen in der Regel darauf ab, Hörerinnen und Hörern ein spezifisches Verständnis vom Tod und von dessen Bedeutung für das Leben plausibel zu machen.

Bestattungsansprachen ein argumentatives Potential zuzuschreiben, setzt einen spezifischen Argumentationsbegriff voraus. Der Begriff des Argumentativen verweist dabei nicht auf die rein formale Logik, auf die syllogistisch-deduktive Logik, der zufolge sich die Argumentationstheorie am Ideal der mathematischen Beweisführung auszurichten habe. Für die Rekonstruktion des argumentativen Potentials von Bestattungsansprachen gilt vielmehr, sich an der informellen Logik zu orientieren. Von ihr führen über den linguistischen Phänomenalismus und die so genannte ‚ordinary language philosophy' Linien zur Entwicklung eines Argumentationsbegriffs, der an der ‚normalen' Sprache orientiert ist. Und das heißt, an jenen unscheinbaren argumentativen Sprachmustern, die der alltäglichen Sprachpraxis zugrunde liegen.

Zur Ausarbeitung eines solchen alltagssprachlich orientierten Argumentationsbegriffs trugen Ende der 1950er Jahre vor allem der britisch-amerikanische Philosoph Stephen Toulmin (1912–2002) sowie der polnisch-belgische Jurist und Philosoph Chaïm Perelman (1912–1984) bei. Interessanterweise gingen beide dabei ganz unterschiedlich vor.

In seinem 1958 erschienenen Werk *The Uses of Argument*[6] hatte Stephen Toulmin sein Plädoyer für eine radikale Neuorientierung an den „arguments in

---

6 Stephen Toulmin, *The Uses of Argument*. Cambridge: Cambridge University Press, 1958.

practical life"[7] mit einer scharfen Kritik jener deduktiven Logik verbunden, deren Wurzeln er in den *Analytiken* des Aristoteles zu finden glaubte. Statt sich am dort entwickelten mathematischen Modell rationalen Begründens und Beweisens zu orientieren, folgt Toulmin in seinem eigenen argumentationstheoretischen Konzept dem Modell des Gerichtsverfahrens.[8] Erst die Einsicht in den engen Zusammenhang zwischen Logik und Jurisprudenz bringe zu Bewusstsein, dass jede Argumentation in einen spezifischen Kontext eingebunden ist und ihre Plausibilität nur in Bezug auf diesen Kontext, also den jeweiligen Gegenstand, die jeweilige Situation und die jeweilige Hörerschaft, entfalten kann.

Dabei übersieht Toulmin zunächst, dass er mit der Favorisierung des forensischen Modells die Argumentationstheorie de facto zu ihren antiken Wurzeln zurückführt. Denn bereits der antiken Rhetorik galt gerade das gerichtliche Verfahren, insbesondere die Gerichtsrede, als Paradigma für argumentatives Reden schlechthin.[9] Das zeigt sich markant etwa an dem zentralen Terminus der griechisch-antiken Rhetorik für ‚Argumentieren', ‚Begründen', ‚Einen-Grund-Angeben', am Ausdruck ‚lógon didónai' (λόγον διδόναι), der ursprünglich der Jurisprudenz entstammte und dort „die Einlösung bzw. Verteidigung von Rechtsansprüchen vor Gericht" benannte.[10]

1958 erscheint auch der *Traité de l'argumentation* des polnisch-belgischen Juristen und Philosophen Chaïm Perelman und seiner Mitarbeiterin Lucie Olbrechts-Tyteca. Anders als Stephen Toulmin, der bei seiner Kritik der Aristotelischen Logik die Position des Aristoteles zunächst einseitig aus dessen *Analytiken* bestimmt,[11] knüpfen Perelman und Olbrechts-Tyteca konstruktiv an Aristoteles an. Sie berücksichtigen, dass sich Aristoteles in seiner Argumentationstheorie durchaus am jeweiligen Gegenstand und der entsprechenden Situation orien-

---

7 Ebd., 248.
8 Ebd., 43, vgl. 249, sowie 147: „From the time of Aristotle logicians have found the mathematical model enticing, and a logic which modelled itself on jurisprudence rather than geometry could not hope to maintain all the mathematical elegance of their ideal. Unfortunately an idealised logic, such as the mathematical model leads us to, cannot keep in serious contact with its practical application. Rational demonstration is not a suitable subject for a timeless, axiomatic science".
9 Vgl. Josef Kopperschmidt, *Sprache und Vernunft, Band 2: Argumentation*. Stuttgart u. a.: Kohlhammer, 1980, 83 f.; ders., „Argumentationstheoretische Anfragen an die Rhetorik. Ein Rekonstruktionsversuch der antiken Rhetorik (1981)". In *Rhetorik*, Band 2, hg. von Josef Kopperschmidt. Darmstadt: Wiss. Buchgesellschaft, 1991, 359–389, hier 371 f.
10 Kopperschmidt, *Argumentation*, 83.
11 Erst in späteren Beiträgen hebt Toulmin die Bedeutung der Aristotelischen *Topik* und *Rhetorik* positiv hervor, vgl. Stephen Toulmin, „Die Verleumdung der Rhetorik". *Neue Hefte für Philosophie* 26 (1986), 55–68, hier 62 f.

tiert hatte. Aristoteles wusste argumentationstheoretisch durchaus zwischen Mathematik und Rhetorik zu unterscheiden.¹²

Perelman rekurriert bei seiner Analyse der in der Alltagswelt tatsächlich verwendeten Argumentationsformen vor allem auf die *Topik* und die *Rhetorik* des Aristoteles, in denen er verschiedene Sprachmuster unterscheidet und auf ihre Funktion hin untersucht.¹³ In der *Topik* konzipiert Aristoteles mit der ‚Dialektik' eine eigene, für das wissenschaftliche, eristische und lehrende Gespräch geeignete Methode folgerichtigen Argumentierens, den ‚dialektischen Syllogismus'.¹⁴ Dieser dialektische Schluss ist, im Gegensatz zum streng wissenschaftlichen Beweisverfahren, direkt am Rezeptionshorizont des Gesprächspartners ausgerichtet, indem er von allgemein anerkannten, ‚meinungsmäßigen' Sätzen – den sogenannten ‚endoxa' (ἔνδοξα) – ausgeht. Das sind, so Aristoteles, Annahmen, „die allen oder den meisten oder den angesehensten und namhaftesten"¹⁵ als glaubwürdig bzw. einleuchtend erscheinen. Das Interesse des Aristoteles gilt in der *Topik* also solchen Argumentationsstrategien, die zwar beim gewöhnlichen

---

12 Otfried Höffe betont, dass Aristoteles die von ihm vertretenen Prinzipien „gegenstandsgerechter Genauigkeit" und „wissenschaftstheoretischer Flexibilität" argumentationstheoretisch dergestalt umsetzt, dass die unterschiedlichen Situationen und Gegenstandsbereiche jeweils Berücksichtigung finden (Otfried Höffe, „Ethik als praktische Philosophie – Methodische Überlegungen". In *Aristoteles. Die Nikomachische Ethik*, hg. von Otfried Höffe. Berlin: Akademie-Verlag 1995, 13–38, hier 23). Vgl. dazu Aristoteles, *Die Nikomachische Ethik*, übers. u. mit einer Einf. u. Einl. versehen v. Olof Gigon. München: Deutscher Taschenbuch-Verlag, ²1995: „Denn es kennzeichnet den Gebildeten, in jedem einzelnen Gebiet nur so viel Präzision zu verlangen, als es die Natur des Gegenstandes zuläßt. Andernfalls wäre es, wie wenn man von einem Mathematiker Wahrscheinlichkeitsgründe annehmen und vom Redner zwingende Beweise fordern würde." (I 1. 1094b 23 ff.) Vgl. auch Höffe, „Ethik als praktische Philosophie": „Daß sich Mathematik und Rhetorik voneinander unterscheiden [...], besagt nun zweierlei: nicht bloß daß selbst ein guter Redner keine zwingenden Beweise vorträgt, sondern auch daß ein Redner, der einen zwingenden Beweis, eine more geometrico-Argumentation, versucht, gegen die Qualitätskriterien für eine gute Rede verstößt. Wer sich nicht auf das Entscheidende zu konzentrieren versteht, langweilt sein Publikum. Umgekehrt verfehlt ein Mathematiker seine Aufgabe, der zwar einen zündenden Vortrag hält, sich dabei aber einem zwingenden Beweis entzieht." (23) Zur Aristotelischen „Rettung der Rationalität der Lebenswelt vor den Imperativen mathematischer Rationalität" vgl. auch Wolfgang Welsch, *Unsere postmoderne Moderne*. Berlin: Akademie-Verlag, ⁴1993, Kap. X.1.: Aristoteles oder die Selbstverständlichkeit von Vielfalt, 277–284, hier 283.
13 Chaïm Perelman, *Das Reich der Rhetorik. Rhetorik und Argumentation*. München: Beck, 1980, 12 ff., 18.
14 Vgl. dazu Otfried Höffe, „Aristoteles". In *Klassiker der Philosophie*, Band 1, hg. von Otfried Höffe. München: Beck, ³1994, 63–94, hier 71 f.
15 Aristoteles, *Topik/Über die sophistischen Widerlegungsschlüsse*, griech./dt., Organon Band 1, hg., übers., mit Einl. u. Anm. vers. v. Hans Günter Zekl. Hamburg: Meiner, 1997, I 1. 100b 21–23; vgl. I 14. 105a 34–105b 1.

Diskutieren und Überzeugen üblich sind, gleichwohl aber nicht der strengen formalen Logik entsprechen.[16]

Eine andere, mit dem dialektischen Syllogismus verwandte Argumentationsform, die für die alltägliche Sprachpraxis charakteristisch ist und die Chaïm Perelman für seine ‚Neue Rhetorik' fruchtbar macht,[17] ist das ‚Enthymem',[18] das ist der sogenannte ‚rhetorische Syllogismus', dessen Bedeutung Aristoteles vor allem in seiner *Rhetorik* hervorhebt. Es handelt sich dabei um einen verkürzten Schluss, der individuell und konkret ist und dem Hörer unmittelbar einleuchtet. Auch das Enthymem ist eine Argumentationsform, die direkt am Rezipienten ausgerichtet ist, da es voraussetzt, dass der Hörer die nicht ausdrücklich genannte Prämisse oder auch die nicht explizit ausgesprochene Konklusion selbstständig ergänzt[19] und auf diese Weise den argumentativen Schluss im Rezeptionsprozess erst durchführt. Aufgabe der Rede ist damit also nicht, dem Publikum eine vollständige Beweisführung zu präsentieren, sondern dialogisch-diskursiv an den Rezeptionshorizont der Hörerinnen und Hörer anzuknüpfen und innerhalb des gemeinsamen Kommunikationsrahmens – d. h. unter der Berücksichtigung des jeweiligen Kontextes, der Situation, der Hörerschaft sowie deren Vorwissen und Vorurteilen – plausible Deutungsmuster zu entfalten und Gründe für eine bestimmte Interpretation vorzubringen.[20]

Stephen Toulmin und Chaïm Perelman arbeiteten also einen bereits in den Aristotelischen Schriften grundgelegten differenzierten Argumentationsbegriff heraus, der auch ‚flexible' Argumentationsmuster wie den dialektischen und den rhetorischen Syllogismus umfasst. Dabei lenkten sie die Aufmerksamkeit auf den argumentativen und persuasiven Charakter von Sprache jenseits ‚more geometrico' vorgeführter Beweisketten. Jeder Gesprächsbeitrag und jede Rede,

---

16 Vgl. John L. Ackrill, *Aristoteles*. Berlin, New York: Walter de Gruyter, 1985, 164.
17 Perelman, *Das Reich der Rhetorik*, 45.
18 ἐνθύμημα, dt.: im Inneren, im Herzen.
19 Im Enthymem können nicht nur eine oder zwei Prämissen ungenannt bleiben; vielmehr kann stattdessen auch die Konklusion selbst zu ergänzen sein; vgl. dazu Myles F. Burnyeat, „Enthymeme: Aristotle on the Logic of Persuasion". In: *Aristotle's Rhetoric. Philosophical Essays*, hg. von David J. Furley und Alexander Nehamas. Princeton: Princeton University Press, 1994, 3–55, hier 4 ff.
20 Vgl. Perelman, *Das Reich der Rhetorik*, 18. Dass Aristoteles in seiner *Rhetorik* „die subjektiven und die objektiven Komponenten erörtert sowie die gesellschaftliche Verflechtung der Rede berücksichtigt" und „über Stimmungen und Affekte, über Stil und Sprache, selbst über literarische Prosa spricht", begründet Otfried Höffe zufolge die „neue Aktualität" der Aristotelischen Rhetorik „für die moderne Sprach- und Kommunikationstheorie, [...] für die Sprachpragmatik, die Psycho- und die Soziolinguistik", so Höffe, „Aristoteles", 88. Zur Bedeutung der Kontextualität im Rahmen der Aristotelischen Rhetorik vgl. auch Mary Margaret McCabe, „Arguments in Context: Aristotle's Defense of Rhetoric". In *Aristotle's Rhetoric. Philosophical Essays*, hg. von David J. Furley und Alexander Nehamas. Princeton: Princeton University Press, 1994, 129–165, hier 158 ff.

die von der Intention getragen werden, die Plausibilität einer bestimmten Sicht der Dinge zu vermitteln, von einer bestimmten Deutung lebensgeschichtlicher oder lebensweltlicher Erfahrungen zu überzeugen oder ein bereits in Geltung stehendes Interpretationsmuster zu verstärken, ruhen auf mehr oder weniger unscheinbaren Argumentationsstrukturen auf.

Das gilt auch für das Praxisfeld der Bestattung. Es lässt sich zeigen, dass auch Beerdigungspredigten solche Argumentationsstrukturen zugrunde liegen. Was die Erfahrung von Sterben und Tod für das Weiterleben der Trauernden bedeutet, was angesichts des Todes geglaubt und gehofft werden kann, und was getan werden muss, um den erfahrenen Verlust bewältigen zu können – all diese Fragen stehen im Hintergrund dessen, was anlässlich eines konkreten Todesfalls gesagt und rituell vollzogen wird. Sofern all diese Fragen stets rückgebunden sind an den gesellschaftlichen Diskurs über Sterben und Tod, rekurriert jede Traueransprache – explizit oder implizit, absichtsvoll oder unbeabsichtigt – auf die gesellschaftlichen Diskursfelder zum Thema Sterben und Tod und knüpft an diese an.[21] Von dort werden Interpretationsmuster übernommen, modifiziert, revidiert und schließlich auf den konkreten Trauerfall hin transformiert. Argumente ganz unterschiedlicher Art werden in die Ansprache eingebunden, um bestimmte Deutungen von Sterben und Tod zu entkräften, andere zu stützen und dadurch insgesamt jenen Prozess der Auseinandersetzung zu fördern, an dem sowohl die trauernden Angehörigen als auch die entfernten Trauergäste in jeweils spezifischer Weise beteiligt sind. Konflikte unterschiedlicher Sinndeutungssysteme lassen sich also gerade auch auf dem Friedhof, an den Gräbern, in den Friedhofskapellen und Aussegnungshallen beobachten.

Argumentationsstrukturen lassen sich auf der Textoberfläche anhand entsprechender Markierungen auffinden. So genannte ‚surface marker' machen auf solche argumentativen Muster aufmerksam. Auskunft über die Logik eines Textes – eines wissenschaftlichen wie eines alltagssprachlichen – geben etwa Konjunktionen und Konjunktionsadverbien, wie ‚deswegen', ‚nämlich', ‚demzufolge', ‚also', ‚andernfalls', ‚trotzdem', ‚immerhin', ‚insofern', ‚allerdings', ‚hingegen', ‚jedoch', ‚indes'. Je stärker Texte nicht in Schriftsprache, sondern für die mündliche Redesituation formuliert sind, umso deutlicher zeigt sich die Logik eines Textes im Gebrauch von eher unscheinbar wirkenden Wörtern wie den Kommentaradverbien – ‚sicherlich', ‚bestimmt', ‚vielleicht', ‚wohl', ‚vermutlich',

---

21 Diese Antwort muss keine positive ‚Sinngebung' des Todes beinhalten. Auch der Verweis auf die Sinnlosigkeit des Todes ist eine Antwort auf die Frage nach dem Tod, auch der Verweis auf Klage und Protest gegen den Tod gibt eine Form des Umgangs mit dem Tod vor. Sogar mit der expliziten Verweigerung einer solchen Antwort wird die Frage nach dem Umgang mit Sterben und Tod in gewisser Weise beantwortet, indem ein bestimmtes Verhaltensmuster vermittelt wird.

'natürlich', 'hoffentlich' – oder Partikeln. Neben den Fokuspartikeln – 'wenigstens', 'nur', 'bloß' etc. – sind es vor allem die so genannten Modalpartikeln – 'doch', 'eben', 'eigentlich', 'halt', 'ja', 'mal', 'schon' –, die in den Text eine spezifische, argumentationsfördernde Intention eintragen. Bei der Textrezeption kommt aufgrund ihrer Steuerungsfunktion gerade solchen eher unauffälligen Adverbien und Partikeln eine zentrale Bedeutung zu.

Zur Veranschaulichung sind im folgenden Ausschnitt aus einer Beerdigungsansprache Konjunktionen und Konjunktionaladverbien durch Fettdruck, Kommentaradverbien sowie Fokus- und Modalpartikeln durch Kursivierung hervorgehoben:

[69]**Wenn** also/ der Johannesevangelist in diesem Brief den Versuch macht einer Definition Gottes/ **wenn** er versucht, Gott als den Ursprung, die Quelle aller Liebe/ zu/ kennzeichnen und zu definieren,/ [70]**dann** kann letztendlich dieses Gericht gar kein menschliches Strafgericht sein,/ [71]**sondern** wird sich im Gottesgericht/ sein Wesen/ widerspiegeln,/ [72]das heißt, es ist ein LiebesGericht./ [73]In Liebe zeigt er einem Menschen, was in dessen Leben nicht richtig war, damit der unvollkommene Mensch,/ das sind wir *ja* alle aufgrund unseres Menschseins,/ in der Vollkommenheit Gottes glücklich und zufrieden/ leben kann./ [74]Und **so** heißt 'Gott richtet' *eigentlich* nichts anderes/ als 'Gott macht/ richtig,/ Gott macht/ recht' was im Leben eines Menschen/ nicht/ richtig ist./ [75]Und je mehr *eben* nicht richtig war,/ umso schmerzhafter kann **dann** letztendlich diese Einsicht sein, dass ich im Leben *eigentlich* sehr sehr viel falsch/ gemacht habe./ [76]**Aber** die Liebe/ ist stärker/ als das (Ge)richt./ [77]**So** dürfen wir fest darauf vertrauen,/ dass Gott/ unsere Schwester V, die sich *ja* in ihrem Leben immer wieder um einen lebendigen Glauben bemüht hat,/ dass er jetzt an ihr wahr macht,/ was er uns verheißen hat,/ [78]dass er sie hineingeholt hat in sein Reich,/ wo es keinen Schmerz,/ keine Trauer,/ keinen Raum/ und keine Zeit/ mehr gibt./ (K1)

Argumentative Muster entstehen auch durch die Wahl von Metaphern und sprachlichen Bildern, über biografische Narrative sowie durch die Verwendung semantischer Felder. Das sei an einem weiteren Beispiel einer evangelischen Bestattungsansprache verdeutlicht. Die durch Fettdruck hervorgehobenen Stichworte verweisen dabei auf die der Textstruktur zugrunde liegenden semantischen Felder.

[1]Lieber Herr {Nachname},/ liebe Frau {Nachname},/ liebe Angehörige,/ liebe Trauergemeinde./ [2]Wir sind gekommen,/ um **Abschied** zu nehmen von Frau V N,/ die in der letzten Woche **verstorben** ist./ [3]Der **Tod** von Frau N tut Ihnen und uns allen sehr weh./ [4]Sie hatten zwar damit gerechnet,/ dass Frau N nicht mehr lange leben würde./ – [5]die Operation vor {Zahl}Jahren/ hatte ihr schwer zugesetzt,/ [6]und obwohl sie sich/ zunächst ganz gut davon erholen konnte,/ musste sie selber/ dann mit ansehen,/ wie ihre Kräfte nach und nach abbauten/ im letzten halben Jahr./ [7]und zuletzt hat sie sich sehr geplagt/ und wohl auch/ gelitten./ [8]Aber eines hatte sie sich gewünscht:/ [9]ihren 9x. Geburtstag/ noch zu erleben./ [10]Sie hat es/ geschafft./ [11]Zwei Tage danach/ ist sie/ **verstorben**./ [12]Ihre

Mutter,/ Großmutter und Urgroßmutter ist nun **nicht mehr da**;/ der gute Geist und oft auch der Mittelpunkt ihrer ganzen Familie./ [13]Sie/ und wir alle stehen nun mit **Trauer**/ vor der Aufgabe,/ von der Verstorbenen **Abschied** zu nehmen./ [14]Liebe Angehörige,/ Heinrich Heine hat einmal gesagt:/ [15]Unter jedem **Grabstein**/ liegt eine **Weltgeschichte**./ [16]Ich denke,/ er hat/ damit recht:/ [17]Jeder Mensch/ ist der Mittelpunkt seines eigenen **Universums**;/ jeder erlebt das Leben/ auf seine eigene/ und ganz persönliche Art und Weise./ [18]Mit jedem, der **stirbt**,/ geht dann auch eine ganze **Welt** von Erfahrungen/ und Erlebnissen **verloren**./ [19]Vielleicht **fällt** uns Menschen das Sterben und Loslassen deshalb auch so **schwer**:/ [20]Wir **verlieren** nicht nur ein Leben,/ sondern **eine ganze Welt** um uns herum./ [21]Eine persönliche **Weltgeschichte**/ **geht zu Ende**./ [22]Das Leben geht natürlich weiter,/ aber ein großer und wichtiger Teil/ davon **geht verloren**./ [23]Dies zu wissen,/ das bringt einen **Schatten**/ herein/ in unser Leben./ [24]Daraus wächst/ die Frage nach dem,/ was bleibt./ [25]Ich möchte einen Gedanken aufgreifen/ aus dem 31. Psalm,/ den ich vorhin gelesen habe./ [26]Es heißt dort:/ [27]**Meine Zeit/ steht**/ in deinen/ Händen./ [28]Es geht da/ um meine Zeit,/ die ich zum Leben habe./ [29]Und das ist nur **ein winziger Augenblick**,/ verglichen mit den Jahrmillionen der Weltgeschichte,/ und auch nur eines von Milliarden Menschenleben./ [30]Aber immerhin:/ [31]Es ist meine Zeit,/ die ich/ zum Leben/ habe./ [32]Es ist das eine/ Leben,/ das wir haben,/ die einmalige/ Gelegenheit,/ wir selbst/ zu sein./ [33]9x Jahre,/ das war die Zeit, die Frau V N zum Leben gehabt hat,/ [34]eine Lebenszeit, in der sie lange Jahre mit ihrem Mann in der Ehe eng verbunden war,/ [35]in der sie zwei Weltkriege/ mit all den Tiefen/ und Entbehrungen/ erlebt hatte,/ [36]in der sie viel gearbeitet hat,/ [37]in der sie viel Schönes in ihrer Familie erleben durfte,/ aber auch schwere Schicksalsschläge/ erleiden musste./ [38]Wie den **frühen Tod**/ ihres Sohnes./ [39]Mit diesem **Verlust**/ hat sie sich zeit ihres Lebens/ nie so recht/ abfinden können./ [40]Sie ist damit nie richtig fertig geworden./ [41]Auch Frau Ns Lebenszeit ist, so würde es nun der Psalm ausdrücken,/ in Gottes/ Händen **gestanden**./ [42]Nicht in den Händen irgendwelcher Menschen/ oder eines blinden Schicksals,/ vor dem man sich fürchten müsste./ [43]Sondern in den Händen dessen,/ von dem wir Christen glauben,/ dass ER die Macht hat/ über Leben und Tod./ [44]Und weil dies Gott ist, in dessen Händen wir stehen,/ darum sagt der Dichter des Psalms:/ [45]Unsere Zeit **steht**./ [46]Das ist merkwürdig, denn die **Zeit verfließt** doch./ [47]Wir können sie nicht aufhalten./ [48](Und) jeder Tag bringt uns auch dem **eigenen Tod**/ ein kleines Stückchen näher./ [49]Trotzdem heißt es:/ [50]Meine Zeit/ **steht**./ [51]Diese **verfließende Zeit**,/ vor **Gott**/ **steht** sie./ [52]Was für mich Vergangenheit ist,/ was ich als Gegenwart gerade erlebe und all das, was mich in der Zukunft noch erwartet,/ all das ist vor Gott immer NOCH/ und/ immer SCHON da./ [53]Es ist in seinen Händen/ **gut**/ **aufgehoben**./ [54]Rainer Maria Rilke hat das einmal so ausgedrückt:/ [55]Wir alle/ **fallen**./ [56]Diese Hand da **fällt**,/ [57]und sieh' dir andre an: [58]es ist in allen./ [59]Und doch ist einer, welcher dieses **Fallen**/ unendlich sanft/ in seinen Händen **hält**./ [60]Meine Zeit/ **steht**/ in deinen/ Händen,/ das heißt:/ [61]Kein Tag/ ist **verloren**,/ auch wenn er für uns längst **Vergangenheit** ist./ [62]Kein Leben ist **vergessen**,/ auch wenn es Menschen irgendwann einmal **vergessen** haben./ [63]Alle Zeit, jeder Tag,/ den wir erleben,/ ist **aufgehoben** bei Gott./ [64]Das Leben/ **steht** in Gottes Hand,/ auch dann,/ wenn wir einmal **gestorben** sind./ [65]In dieser Gewissheit/ geben wir heute Frau/ V N dahin./ [66]Amen. (E7)

Die Gesamtlogik der Ansprache entsteht durch das Gegenüber zweier Konzeptionen von ‚Zeit' – oder besser: ‚Lebenszeit'. Der Zeit, die als fließende, vergehende, verlorene und bald vom Vergessen bedrohte[22] beschrieben wird, wird jenes Bild von Zeit gegenübergestellt, dem zufolge Zeit steht, gehalten wird und aufgehoben[23] ist. Zugleich wird diese Gegenüberstellung gleichsam von innen aufgesprengt, indem bereits das erste, die Vergänglichkeit der Zeit betonende semantische Feld mit Begriffen entfaltet wird, welche mit der Vorstellung von Unvergänglichkeit und Dauer unlösbar verknüpft sind. Indem die Begriffe ‚Weltgeschichte', ‚Universum' und ‚Welt' grundsätzlich die Vorstellung von etwas Unvergänglichem, Bleibendem aufrufen, scheint das Konzept der als vergänglich erlebten Zeit von vornherein als brüchig und damit als vorläufig. Der argumentative Effekt dieser Ansprache entsteht nicht zuletzt dadurch, dass die geschichtliche Identität eines Menschen als etwas beschrieben wird, das unvergänglich ist und daher grundsätzlich nicht gänzlich ‚verlorengehen' kann.

Bestattungsansprachen sind argumentative Texte, die im Rekurs auf den gesellschaftlichen Diskurs über Sterben und Tod eine spezifische Deutung des Todes plausibel zu machen suchen. Sie sind eingebunden in den angesichts eines Todesfalls aufbrechenden Konflikt darüber, wie der Tod zu verstehen ist. Im Vollzug bezieht sich die Bestattung dabei nicht nur auf den gesellschaftlichen Diskurs über den Tod, sondern ist selbst ein Teil dieses Diskurses. Auf den Grundcharakter der Bestattung wirft das noch einmal ein neues Licht. Denn angesichts des diskursiven Moments der Bestattung wird offenkundig, dass die Bestattungspraxis nicht nur auf die Integration der Trauergemeinde abzielt. Der Bestattungspraxis ist stets auch eine korrigierende, orientierende Intention eigen. Am Grab bezieht Kirche Position.

3 Religiöse Positionierung

Angesichts des diskursiven Moments der Bestattungsansprachen stellt sich die Frage nach Intention und Adressatenkreis der Bestattungspraxis noch einmal neu. Richtet man den Blick auf die Grundsituation und den Rahmen der Bestattung, zeigt sich, dass sich die kirchliche Praxis am Grab längst nicht mehr so klar auf die binnenkirchliche Perspektive reduzieren lässt, die in den kirchenrechtlichen Texten vorgegeben ist.

---

22 Abschied (2), Tod (3), verstorben (11), Abschied (13), sterben/ verlorengehen (18), Sterben und Loslassen (19), verlieren (20), zu Ende gehen (21), verlorengehen (22), Schatten (23), winziger Augenblick (29), früher Tod (38), Verlust (39), Zeit verfließt (46), eigener Tod (48), verfließende Zeit (51), Vergangenheit, Gegenwart, Zukunft (52), fallen (55 ff.), verloren/ Vergangenheit (61), vergessen (62), gestorben (64).
23 stehende Zeit (27/41/45/50/51), gut aufgehoben (53), gehalten (59), stehende Zeit (60), alle Zeit, jeder Tag, aufgehoben bei Gott (63), Leben steht in Gottes Hand (64).

Das macht auch der bestattungstheoretische Blick auf die konkrete Situation vor Ort deutlich. Friedhöfe sind in der Regel öffentlich-rechtlich organisiert. In der überwiegenden Zahl werden die Friedhöfe von den Kommunen getragen. Der Friedhof ist ein öffentlicher Ort, im Rahmen des Bestattungsrituals bewegt sich die Kirche, genauer: bewegen sich die Vertreterinnen und Vertreter der Kirche im öffentlichen Raum. Auch die Trauergemeinde lässt sich nicht als Teilgruppe der Kirchengemeinde begreifen. Die Teilnehmer und Teilnehmerinnen des Bestattungsrituals sind hinsichtlich ihrer religiösen Prägung keine homogene Gruppe. Kriterium für die Teilnahme an der Bestattung ist längst nicht mehr die Gliedschaft in der Kirchengemeinde. In der Trauergemeinde spiegelt sich vielmehr die soziale Lebenswelt des oder der Verstorbenen wider.[24] Während die nächsten Angehörigen als Kerngruppe der Bestattung im Zentrum der Feier stehen, nehmen neben den entfernten Familienangehörigen meist auch Bekannte aus dem Freundeskreis, der Kollegenschaft, der Nachbarschaft oder aus dem Vereinsleben teil. Das Spektrum der Trauergemeinde hat sich verschoben. Die Verschiebung dieses Rezeptionskontextes lässt auch den Sinngehalt des Praxisvollzugs der Bestattung nicht unverändert.

Im konkreten Vollzug der kirchlichen Bestattungspraxis kommt aufgrund des öffentlichen Rahmens eine Logik zur Geltung, die sich von der traditionellen, binnenkirchlich orientierten, als Dienst an den Gemeindegliedern beschriebenen unterscheidet. Der öffentliche Raum wird gleichsam zur Bühne, auf der sich ‚Kirche' innerhalb des religiös-weltanschaulich pluralen Kontextes der Gesellschaft selbst positioniert. Das gilt, selbst wenn dies weder der primären, kirchenrechtlich festgelegten Praxisintention noch der subjektiven Handlungsintention der Pfarrerin entspricht. Im Vollzug der kirchlichen Praxis selbst kommt dann – zusätzlich zu den auf das Gemeindechristentum bezogenen Intentionen wie Affirmation und Integration – eine weitere Intention zur Geltung, die nach außen gerichtet ist und einen eher apologetischen Grundzug hat. Aus dieser Perspektive lässt sich das Praxisfeld der kirchlichen Bestattung insgesamt als ein Moment der religiösen Positionierung innerhalb der religiös-weltanschaulich pluralen Gesellschaft begreifen.

Das Stichwort der religiösen Positionierung mag hier ungewohnt erscheinen. Bei diesem Begriff denkt man eher an explizite Fälle von Positionierung, etwa an kirchliche Stellungnahmen zu interreligiösen Fragen oder an theologische Texte zum christlich-muslimischen oder christlich-jüdischen Dialog. Doch so interessant Texte dieser Art auch sein mögen, geben sie immer nur einen sehr

---

24 Wolfgang Steck, *Praktische Theologie. Horizonte der Religion, Konturen des neuzeitlichen Christentums, Strukturen der religiösen Lebenswelt*, Band 2. Stuttgart: Kohlhammer, 2011, 231 ff.

eingeschränkten, hypothetischen Blick darauf frei, wie sich Kirche im pluralen Feld der Gesellschaft verstehen will.

Ertragreicher scheint hier, im konkreten Praxiszusammenhang anzusetzen und die kirchliche Praxis selbst als einen Komplex von Akten religiöser Positionierung zu rekonstruieren. Zu denken wäre dabei an solche kirchlichen Praxisformate, die sich nach außen, also an Adressaten außerhalb der Organisation Kirche wenden, und das heißt wiederum: an jene, die sich selbst explizit außerhalb von Kirche positionieren, wie etwa Konfessionslose, die aus der Kirche ausgetreten sind oder nie der Kirche angehörten. Zu vermuten ist, dass sich Kirche hier, an der Grenze zwischen Kirche und Nicht-Kirche, besonders prägnant und profiliert als eine unter anderen sinndeutenden Positionen zu erkennen gibt. Was Kirche ‚ist', wofür sie steht und welche Bedeutung ihr im gesellschaftlichen Kontext zukommt, das bildet sich, so die Idee, in kirchlich mitverantworteten Praxiszusammenhängen heraus und bildet sich in ihnen zugleich ab.

Zur Rekonstruktion solcher Positionierungsmuster kämen etwa Praxisformate in Frage, die, wie beispielsweise die Arbeitsstelle „Kirche im Dialog" (Nordkirche), eigens für den Kontakt zu Konfessionslosen eingerichtet werden. Zu denken wäre auch an liturgische Feiern, die gezielt für Konfessionslose angeboten werden, etwa das so genannte „Nächtliche Weihnachtslob", das im Erfurter Dom seit 1988 eigens für Konfessionslose oder der Kirche Fernstehende gestaltet wird und seit vielen Jahren großen Zulauf erhält. Auch Wiedereintrittsliturgien der kirchlichen Eintrittsstellen ließen sich in dieser Hinsicht betrachten.

Man könnte aber auch solche Praxisformate untersuchen, deren Adressatenkreis Kirchenmitglieder *und* Nichtkirchenmitglieder umfasst, der also gemischt ist; man denke hier etwa an kirchlich mitverantwortete, häufig medial-öffentlich inszenierte Trauer- und Gedenkfeiern, die im Zusammenhang mit Staatsakten, nach schweren Unglücksfällen oder Anschlägen gestaltet werden. Doch auch in weniger medienwirksam durchgeführten Praxisformaten gibt es gemischte, Kirchenmitglieder wie Konfessionslose umfassende Teilnehmergruppen. Der Weihnachtsgottesdienst etwa, an dem aufgrund weihnachtsspezifischer Kirchgangsgewohnheiten religiös heterogen geprägter Familien immer auch Menschen teilnehmen, die der Kirche nicht angehören oder sich mit ihr nicht verbunden fühlen, bietet sich ebenfalls zur Rekonstruktion von Strategien religiöser Positionierung an. Diese Forschungsperspektive ließe sich nun auch auf die Kasualpraxis richten, vor allem auf Trauungsgottesdienste oder Bestattungsfeiern, an denen aufgrund des lebensgeschichtlichen Fokus der Feier in aller Regel auch religiös Indifferente sowie Angehörige anderer Religionen teilnehmen.

Die Rekonstruktion solcher religiöser Praxis zugrunde liegender Strategien religiös-weltanschaulich Positionierung steht noch am Anfang. Im Rahmen des kooperativ zwischen den Universitäten Frankfurt am Main und Gießen eingerichteten Forschungsschwerpunkts „Religiöse Positionierung" unternimmt es ein Teilprojekt, religiöse Praxisfelder genau daraufhin zu untersuchen. Ziel ist es, anhand ausgewählter Beispiele die in dieser Praxis selbst eingelagerten Muster von Positionierung zu rekonstruieren und daraufhin zu untersuchen, in welcher Weise sich Kirche im Kontext gesellschaftlicher Pluralität verortet und den christlichen Geltungsanspruch in Szene zu setzen sucht. Der Fokus liegt dabei nicht nur auf den gesprochenen Texten und damit auf der sprachlichen Dimension von Praxisvollzügen, sondern ebenso auf der Dimension der körperlichen Bewegung. Wie sich die am Ritual Beteiligten bewegen, welchen choreografischen Mustern die Anwesenden folgen, lässt sich, so die grundlegende Annahme, ebenfalls als Ausdruck religiöser Positionierungsakte analysieren.

4 Inklusion und Exklusion

Was zeigt sich nun, wenn wir Bestattungsansprachen auf solche Positionierungsmuster hin untersuchen? Zunächst fällt auf, dass sich die Vielschichtigkeit der Praxissituation der Bestattung mit ihren teils binnenkirchlichen, teils öffentlichen Facetten in der konkreten Sprachgestalt im Ineinandergreifen inkludierender und exkludierender Momente widerspiegelt. Auch wenn sich die kirchliche Bestattungspraxis meist nur indirekt und eher implizit auch an jene wendet, die der Kirche fernstehen, lassen sich gerade hier Strategien der Positionierung erkennen.

Am Beispiel der bereits eingangs erwähnten ‚Wir-Christen'-Semantik sei das veranschaulicht.

> [41] Auch Frau Ns Lebenszeit ist, so würde es nun der Psalm ausdrücken,/ in Gottes/ Händen gestanden./ [42] Nicht in den Händen irgendwelcher Menschen/ oder eines blinden Schicksals,/ vor dem man sich fürchten müsste./ [43] Sondern in den Händen dessen,/ von dem **wir Christen glauben,**/ dass ER die Macht hat/ über Leben und Tod./ (E11)

> [43] Und so dürfen **wir als Christen/ wissen,**/ das ewige Leben/ ist nicht/ eine Hoffnung,/ nur für nach dem Tod,/ sondern sie beginnt jetzt schon./ (E17)

> [54] **Wir als Christen/ glauben** mit dem Apostel Paulus,/ dass/ das Vertrauen/ in Gott,/ auf den wir getauft sind, uns nicht enttäuschen wird./ [55] **Wir hoffen darauf,**/ dass Gottes letztes Wort über unseren Verstorbenen/ wie sein erstes in der Taufe/ ein Wort der Liebe sein möge./ (E19)

> [15] **Das glauben wir als Christen,**/ dass Jesus den Tod überwunden hat,/ (K8)

> [18] Sie kennen die [...] Thesen alle, die sagen, ja das ist eine Vertröstung, weil für die Menschen, denen's in diesem Leben nicht so gut gegangen ist, kann ich dann aufs Jenseits vertrösten./ [19] Was meinen wir damit,/ **wenn wir Christen/ fest daran glauben und das verkünden,**/ dass der Mensch im Tod aufersteht,/ dass der Mensch eingeht/ in die Herrlichkeit/ Gottes./

²⁰Wir müssen dazu,/ um uns das zu vergegenwärtigen,/ zurückgehn/ an den Anfang der Schöpfung,/ an den Anfang all= von allem. [3] ²¹Diese Welt, so wie sie ist, ist irgendwie geworden./ ²²Es gibt (die) unterschiedlichsten Thesen,/ Sie wissen es alle, die einen werden immer verworfen, es entstehen neue Thesen./ ²³Eines lässt sich aber kaum leugnen,/ dass irgendetwas/ am Anfang gestanden haben muss,/ das das Ganze ins Leben gerufen hat./ ²⁴**Nicht-Christen** nennen das Ersturs ache,/ ²⁵wir nennen diese/ 'Sache', diese große/ Kraft, die alles ins Leben gerufen hat,/ Gott./ [...] ⁴⁸Und weil wir Menschen eben eingebunden sind in diese Schöpfungswirklichkeit,/ in all die Gegebenheiten, deshalb ist es uns nicht möglich,/ das mathematisch-physikalisch zu beweisen,/ was **wir Christen**/ mit Auferstehung/ bezeichnen. ⁴⁹Aber wir haben die sichere Gewissheit, die Botschaft, die uns Jesus Christus gebracht hat,/ dass der Mensch im Tod nicht untergeht,/ ⁵⁰sondern dass der Mensch im Tod als Individuum/ eingeht in diese neue Wirklichkeit außerhalb von Raum und Zeit,/ außerhalb von Werden und Vergehen./ (K1)

³⁷Ich möchte Ihnen dazu einen kurzen Gedanken/ aus christlicher Sicht/ vorstellen./ ³⁸Der Tod/ ist die hilfloseste Situation des Menschen./ ³⁹Und es ist (nämlich) nicht so,/ dass nur einer stirbt/ und der andere zurückbleibt,/ und nur der, der die Welt verlässt, den Tod erleidet./ ⁴⁰Wenn zwei sich geliebt haben,/ dann stirbt auch der Zurückbleibende ein Stück,/ stirbt vielleicht sogar den schlimmeren Tod./ ⁴¹**Das gilt für Ungläubige genauso wie für Christen.**/ ⁴²**Aber Christen haben eine Hoffnung.**/ ⁴³Wir sind im Tod nicht allein./ ⁴⁴**Für den Christen gilt:**/ ⁴⁵er stirbt im Herrn Jesus Christus./ ⁴⁶Das ist wirklich wörtlich zu nehmen./ ⁴⁷Er stirbt sozusagen in Einheit mit Christus,/ der (ja) schon auferstanden ist/ und uns im Tod erwartet./ ⁴⁸Er ist uns vorausgegangen./ (K2)

Bei der Durchsicht der ausgewählten Passagen fallen drei Aspekte auf. Erstens: Die Formel ‚Wir Christen' zieht eine Grenze. Zum Teil wird die Grenze ohne spezifisches Gegenüber gezogen, zum Teil verläuft sie explizit zwischen ‚Christen' und ‚Nicht-Christen' bzw. zwischen ‚Christen' und ‚Ungläubigen'. Dabei erstaunt gerade bei der letzten Gegenüberstellung, wie undifferenziert allein die Gruppe der als ‚Wir-Christen' Benannten als ‚Gläubige' identifiziert werden. Vor dem Hintergrund des vielschichtigen, teils binnenkirchlichen, teils öffentlichen Rezeptionskontextes wird hier die Ambivalenz der ‚Wir-Christen'-Semantik sichtbar. Nicht alle werden sich in dieses ‚Wir Christen' hineingenommen fühlen. Die Formulierung schillert eigentümlich zwischen einer integrativ-inklusiven und einer abgrenzend-ausgrenzenden Intention. Die Formulierung ‚Wir Christen' lässt sich ebenso in vergewissernder wie auch in abgrenzender Absicht verstehen.

Die zweite Beobachtung bezieht sich auf den inhaltlichen Aspekt der Positionierung. Die Textabschnitte machen deutlich, was die sprachlich hervorgehobene Gruppe der ‚Wir Christen' eint: „Wir Christen glauben." – „Wir Christen vertrauen." – „Wir Christen hoffen." – „Wir Christen verkünden." – Charakteristisch für Christen ist, so die Textpassagen, nicht die nominelle Zugehörigkeit zu einer christlichen Kirche. Vielmehr wird die Gruppe der ‚Wir Christen' über die rechte Einstellung und das rechte Handeln beschrieben. Christen sind jene, die von sich genau das sagen können: „wir glauben, wir vertrauen, wir hoffen." Das kann affirmativ-tröstend gehört werden, gleichsam mit der Absicht verbunden, die Zuhörer in diesem Glauben, in diesem Vertrauen, in dieser Hoffnung zu vergewissern und zu stärken. Es kann aber auch als Prüfung, als Glaubensverhör, als Zumutung gehört werden, im Sinn von: Christ ist (nur), wer wirklich glaubt, vertraut, hofft. Oder gar: Als Christ kann nur gelten, wer das auch wirklich von sich sagen kann: Ich glaube, ich vertraue, ich hoffe.

Als Inhalte des christlichen Glaubens werden – das ist die dritte Beobachtung – einzelne Aspekte näher ausgeführt.

– Gott hat Macht über Leben und Tod
– das ewige Leben/ ist nicht/ eine Hoffnung,/ nur für nach dem Tod,/ sondern sie beginnt jetzt schon
– das Vertrauen/ in Gott,/ auf den wir getauft sind, wird uns nicht enttäuschen
– Gegenstand der Hoffnung ist: dass Gottes letztes Wort über unseren Verstorbenen/ wie sein erstes in der Taufe/ ein Wort der Liebe sein möge
– Jesus hat den Tod überwunden
– der Mensch wird im Tod auferstehen,/ eingehen/ in die Herrlichkeit/ Gottes./ [...] im Tod nicht untergehen,/ sondern im Tod als Individuum/ eingehen in diese neue Wirklichkeit außerhalb von Raum und Zeit,/ außerhalb von Werden und Vergehen

Die Textbeispiele enthalten zum Teil recht traditionell-formelhafte, allgemeine Sätze des Glaubens (Macht über Leben und Tod, Vertrauen, Gottes letztes Wort über den Verstorbenen, Überwindung des Todes durch Jesus, Auferstehung). Auch wenn spezifische Aspekte der christlichen Eschatologie – etwa die Bedeutung der Auferstehung Jesu für die eigene Auferstehungshoffnung oder für das Bestehen im göttlichen Gericht – durchaus genannt werden, wirkt die christliche Vorstellung des Todes dabei doch signifikant verkürzt. Sowohl der Glaube an das Jenseits oder an die Fortexistenz nach dem Tod als auch die Vorstellung einer Auferstehung oder eines Jüngsten Gerichts sind auch in anderen Religionen durchaus vertraut. Ob das spezifisch Christliche am Verständnis von Sterben und Tod hier tatsächlich zur Geltung kommt, ließe sich kritisch diskutieren.

Die Bestattungspraxis als Akt kirchlicher Positionierung zu verstehen, erlaubt, die Praxis im Kontext jener Konfliktdynamiken zu begreifen, von der das übergeordnete Thema handelt. Zugegebenermaßen handelt es sich bei den anlässlich der kirchlichen Bestattungspraxis rekonstruierten Konfliktdynamiken der Bestattungspraxis um ‚kleine', unspektakuläre Formen von Konfliktdynamik. Immerhin bleiben diese aus der Friedhofspraxis erhobenen Auseinandersetzungen einigermaßen gewaltlos. Gleichwohl ist es bemerkenswert, wie deutlich sich in einem rituellen Praxiszusammenhang wie dem der Bestattung, der zunächst ganz auf die Auseinandersetzung mit einem individuellen Todesfall abzielt, solche Konfliktdynamiken beobachten lassen.

Strittig bleibt, wie die in diesen Textbeispielen sichtbare Gegenüberstellung eines gelebten Christentums einerseits und einer agnostisch, atheistisch geprägten, rein diesseitig orientierten Haltung andererseits zu verstehen ist. Diese Unterscheidung von christlich-religiös und ungläubig ließe sich zum einen als eine Fortschreibung der biblischen Christen-Heiden-Metaphorik lesen, die allerdings bereits am religiösen Pluralismus der antiken Welt keinerlei Anhaltspunkt hat. Dass die so genannten Heiden keineswegs religionslos waren, ist seit längerem bekannt. Die Gegenüberstellung von Christen und Ungläubigen ließe sich sodann als Zeichen einer fatalen Ignoranz deuten, in deren Schatten der christliche Glaube als einziges Bollwerk gegen eine positivistische Orientierung am Diesseits zu fassen sei. Man könnte dieses Verschweigen der tatsächlich in der Gesellschaft bestehenden religiösen Pluralität aber auch als Zeichen einer toleranten Haltung interpretieren, als Ausdruck eines religionsverbindenden und -übergreifenden Glaubens an eine den Tod übersteigende göttliche Macht. Als ob die Unterschiede zwischen den Religionen unerheblich wären im Vergleich zur Bedrohung durch rein auf das Diesseitige ausgerichtete Weltanschauungen.

Hierauf Antwort zu geben, übersteigt die Möglichkeiten, die die wenigen Textauszüge bereitstellen. Die weitere Rekonstruktion der sprachlichen und performativen Strategien religiöser Positionierung ist hier erforderlich. Dass sich allerdings diese Akte religiöser Textinszenierung auf die Frage nach den in einer Gesellschaft wirksamen religiösen Konfliktdynamiken transparent machen lässt, ist offenkundig. Die kirchliche Bestattungspraxis lässt sich auf diese Weise selbst verstehen als Praxis im Konfliktfeld der unterschiedlichen in einer Gesellschaft wirksamen Sinndeutungssysteme.

Magnus Striet
Menschenrechtsdiskurse und die Transformation der europäischen Katholizismen

1

Über Menschenrechte, d. h. über Rechte nachdenken zu können, die einem jedem Menschen zuzuschreiben sind, gehört zu den unveräußerlichen Möglichkeiten des Menschen. Präziser ist zu sagen: Wenn diese Möglichkeit als unveräußerliche Möglichkeit des Menschen ins Menschheitsbewusstsein gehoben ist und von Subjekten eingefordert und behauptet wird. Aber wie unveräußerbar geschichtlich erklärte Menschenrechte tatsächlich sind, ist eine, historisch und auf die Gegenwart bezogen betrachtet, ernüchternde Frage. Präziser zu formulieren ist deshalb: Unveräußerbar geworden im historischen Prozess ist zunächst einmal nur die Möglichkeit, über unbedingt geltende Menschenrechte nachdenken zu können oder, ins Politische gewendet, diese in Gesellschaftssystemen zu behaupten und rechtsstaatlich abzusichern, mehr noch: völkerrechtlich abzusichern. Dann herrscht nicht nur ein Bewusstsein von ihnen, sondern ein Recht auf sie.

Über Menschenrechte nachzudenken, heißt deshalb immer auch, über Freiheit zu reden. Dabei zeigt sich schnell, dass in einem *bestimmten* Verständnis von Freiheit Rechte nicht nur Rechte sind, sondern auch Verpflichtungen nach sich ziehen. Es sind Verpflichtungen, die der Freiheit aus sich selbst heraus erwachsen. Kein Mensch habe das Recht zu gehorchen, hat Hannah Arendt im Kontext der Auseinandersetzungen um ihre Eichmann-Protokolle formuliert,[1] und damit hat sie gemeint: Kein Mensch habe das Recht, sich blind der herrschenden Autorität zu beugen. Und dass Eichmann gemeint hatte, sich ausgerechnet auch noch auf Kant berufen zu dürfen, hat ihren blanken Zorn erregt. In kulturhistorischer Perspektive betrachtet, ist allerdings diese, das Denken Arendts so bestimmende Überzeugung alles andere als selbstverständlich. Sie ist als innere Möglichkeit von Selbstbestimmung geworden, die wiederum das innere Zwiegespräch voraussetzt. Diese Entdeckung des inneren Ich hat eine lange Geschichte. Sie lässt sich bis in die antike Welt zurückverfolgen.

---

[1] Vgl. Hannah Arendt, *Über das Böse. Eine Vorlesung zu Fragen der Ethik*, aus dem Nachlaß hg. von Jerome Kohn, aus dem Englischen von Ursula Ludz, Nachwort von Franziska Augstein. München, Zürich: Piper, 2007, 37. Noch ein Hinweis: Der ursprüngliche Vortragsstil wurde im hier publizierten Text beibehalten. Der Fußnotenapparat ist entsprechend schmal gehalten.

Wichtig ist festzuhalten ist, dass es eine „Genealogie der Menschenrechte" (Hans Joas) gibt, die eng verzahnt ist mit dieser Entdeckung des Ich – eines Ich, das sich selbst zu verpflichten vermag und deshalb in der Erste-Person-Perspektive zu behandeln ist. Wenn man diese grobschlächtig erinnerten Zusammenhänge beachtet, so werden Menschenrechte zu einer extrem kontingenten Angelegenheit, man könnte auch sagen: Mehr an Kontingenzbewusstsein, dies aber in praktischer Absicht, um es im Begriffsvokabular Kants zu sagen, dürfte kaum möglich sein. Dabei meint Kontingenz hier nicht Zufall, sondern bezogen auf das Menschenrechtsfeld, dass diese hervorgebracht sein müssen, damit sie sind. Menschenrechte gibt es nicht, präziser: Sie gab es nicht, deshalb mussten sie erfunden und durchgesetzt werden. Damit sind sie in ihrer Genese, aber – und das ist noch weitaus prekärer – auch, was deren normative Absicherungsstrategien angeht, als geschichtlich kontingent zu begreifen. Angesichts der Dramatik möglicher Konsequenzen für unzählige Menschen klingt der Satz zynisch, aber: In mühsamen geschichtlichen Prozessen erkämpfte, in Erklärungen und durch rechtsstaatliche Systeme abgesicherte Menschenrechte gelten, solange sie gelten. Keine Verfassung, auch kein Völkerrecht kann dauerhaft aus sich selbst heraus garantieren, dass die geschichtlichen Dynamiken sich nicht doch nochmals gegen die Vorstellung unveräußerbarer Rechte aller Menschen richten werden und diese wieder in Vergessenheit geraten lassen. Die Idee solcher Rechte wird vielmehr immer wieder neu politisch zu organisieren sein.

Beiläufig auffällig ist auch, dass mit dem Bisherigen noch nichts darüber gesagt ist, was denn Menschenrechte überhaupt seien. Um nicht einem Jargon des Konjunktivs zu verfallen, was im Übrigen auch jemandem, der im Philosophen Kant den vielleicht wichtigsten Säulenheiligen der europäischen Moderne erkennt, auch schlicht nicht erlaubt ist, verstehe ich im Folgenden das unter Menschenrechten, was im sogenannten westlichen Kontext unter diesen verstanden wird. Konzentriert bedeutet dies: Ein jeder Mensch hat das Recht auf Unversehrtheit an Leib und Leben und auf die ihm zugesprochene Würde seines Menschseins, d. h. sich individuell selbst bestimmen zu dürfen. Allerdings gilt dies und kann dies nur innerhalb der geltenden Grenzen des positiven Rechts gelten, sofern diese ausgehandelt werden. Ob diese anders, möglicherweise durch göttliches Recht abgesichert werden können, wird noch zu erörtern sein. Dies würde eine ganz andere, absolute Verbindlichkeit nach sich ziehen. Das Ergebnis wird aber ernüchternd sein. Metaphysisch-religiös sich jeglicher Gewissheit enthaltsam zeigen zu müssen, sich nicht mehr notwendig in einem Absoluten, nach gewöhnlichem Sprachgebrauch dann Gott genannt, abgesichert zu wissen, mithin sich auch nicht mehr an der Verlässlichkeit göttlicher Diktate orientieren zu können,[2] sondern selbst entscheiden zu müssen, kann zwar verunsichern. Allerdings kann diese Verunsicherung auch sehr freiheitsemanzipativ wirken, und faktisch hat sie dies – selbst in kirchlich sich verstehenden Milieus. Denn was göttliche Norm ist, könnte, nüchtern betrachtet, alles andere als feststehen.[3] Historisch und vor allem: vernunftkritisch ausgenüchtert, ist das, was als göttliche Norm festgestellt wird, nichts anderes als die diskursive Aushandlungskonsequenz in einer geschichtlich-sozialen Konstellation, und es ist damit immer auch die Konsequenz von Machtverhältnissen.

2

Gegenstand dieser Überlegungen sind aber nicht Fragen der Genese von Menschenrechten beziehungsweise ihrer normativen Begründung. Im Zentrum dieser Überlegungen steht die Frage, ob es nicht das langsame Einsickern eines bestimmten, normativ behaupteten Menschenrechtsdiskurses in die Sozialgestalt des Katholizismus römischer Ausprägung war, das dazu führte, dass der lange Schatten des 19. Jahrhunderts, der auf dem Katholizismus lag, sich auflöste. Allerdings sind solche verallgemeinernden Aussagen nur sehr vorsichtig zu nehmen. Schon wenn man sich auf die europäischen Kontexte konzentriert, zeigen sich gravierende Unterschiede. Die Entwicklungen in Spanien verliefen und verlaufen völlig anders als in Polen, und nochmals ganz anders stellen sich die Verhältnisse im Land der Reformation dar. In Spanien war der Katholizismus tief in das Franco-Regime verstrickt, und das hat Auswirkungen bis heute. In Polen unter den Vorzeichen der Sowjetherrschaft bildete der Katholizismus einen Hort polnischer Identitätssicherung. Im Prozess dieser nationalen Identitätsvergewisserung ist es fast schon überflüssig zu betonen, dass das in bestimmten Menschenrechtsdiskursen prominent verhandelte Recht auf sexuelle Selbstbestimmung, wie dies zeitgleich etwa in Frankreich und im damaligen Westdeutschland der Fall war, keine Rolle spielte. Zumal der Papst, der die Ära des Katholizismus in der Zeit nach dem Zweiten Vatikanischen Konzil prägte, der Pole Karol Woytila, in diesen Fragen eine eindeutige Position bezog. Auf den Katholizismus hierzulande wird

---

2 Vgl. beispielhaft Niklas Luhmann, *Die Moral der Gesellschaft*, hg. von Detlef Horster. Frankfurt a. M.: Suhrkamp, 2008, 229. Zur Genese der Menschenrechte und des Würdebegriffs vgl. die kritische Auseinandersetzung mit allzu theologiegenealogischen Ableitungen Friedrich Wilhelm Graf, *Missbrauchte Götter. Zum Menschenbildstreit in der Moderne*. München: C. H. Beck, 2009, 177–202.
3 Vgl. hierzu vom Verf., „Ius divinum – Freiheitsrechte. Nominalistische Dekonstruktionen in konstruktiver Absicht". In Stephan Goertz, ders., (Hg.), *Nach dem Gesetz Gottes. Autonomie als christliches Prinzip*, Katholizismus im Umbruch, Band 2. Freiburg i. Br.: Herder, 2014, 91–128.

eigens einzugehen sein. Diese wenigen, holzschnittartigen Anmerkungen sollten nur andeuten, dass es „dichter Beschreibungen" (Clifford Geertz) bräuchte, um dem Thema dieser Überlegungen gerecht zu werden. Es könnte gut sein, dass es selbst *den* europäischen Katholizismus nicht gibt, die Vorstellung eines einheitlichen, doktrinär homogenen Katholizismus immer schon eine historische Fiktion darstellt. Was es aber sehr wohl gibt, ist ein Lehramt, das normative, doktrinär homogenisiernde Ansprüche auf den weltweiten Katholizismus erhebt. Und das hat sich, vorsichtig gesagt, schwer damit getan, sich überhaupt auf das neuzeitliche Menschenrechtsdenken einzulassen.

3

Inzwischen aus dem historischen Gedächtnis der katholischen Kirche verschwunden zu sein scheint, dass es im ausgehenden 19. Jahrhundert bis in die Zeit vor dem ersten Weltkrieg zu drastischen Verurteilungen grundlegender Freiheitsrechte des Menschen durch Päpste kam. Dies hatte mehrere Gründe. Politisch war der Vatikan im Zuge der sich an die Französische Revolution anschließenden Neuordnung der Machtverhältnisse in Europa endgültig entmachtet worden. Dass dies wegen des Selbstverständnisses des Papstamtes kompliziert werden würde, war klar; allerdings handelte Pius VI. im Rückblick betrachtet relativ besonnen. Er forderte Freiheitsrechte für die Kirche ein, stellte sich aber nicht kategorisch gegen die neuen politischen Verhältnisse. Zur eigentlich schroffen Ablehnung grundlegender Freiheitsrechte kommt es unter Pius IX. in der Phase nach dem Ersten Vatikanischen Konzil. Meinungs- und Gedankenfreiheit, Gewissens- und Religionsfreit werden im sogenannten *Syllabus Errorum* ausdrücklich verurteilt. Wirklich neu war nicht, was sich hier an Verurteilungen fand. Aber im Zusammenhang mit der Unfehlbarkeitserklärung auf dem Konzil musste der Syllabus als Kampfansage an die gesamte moderne Kultur der damaligen Zeit verstanden werden, und sie war auch so gemeint. Nicht unterschätzt werden sollte aber die Bedeutung, die der nun zum Programm erhobene Antimodernismus im Klerikalmilieu, aber auch in Laienkreisen für die Vergewisserung der eigenen Identität entwickelte. Diese wurde nun über das Kontra beziehungsweise eine negative Identitätskonstruktion organisiert. Nicht zu übersehen ist aber auch, dass dadurch selbst die klerikalen Bildungseliten des Katholizismus von den intellektuellen Entwicklungen abgehängt wurden. Wer auch nur in den Geruch des Modernismus kam, wurde an den Rand gedrängt.

Gleichzeitig erkannte man in dem, was Kant als Aufklärungsprogramm ausgegeben hatte, den „Ausbruch aus selbstverschuldeter Unmündigkeit", den Grund für die Übel der neueren Zeit. Insgesamt darf man davon ausgehen, dass präzise Kenntnisse der französischen und erst recht der deutschsprachigen Philosophie weder im Vatikan noch unter den Theologen vorhanden waren. Ob sich dies verändert hat, darf gefragt werden. Noch vor nicht allzu langer Zeit zog der damalige Papst Benedikt XVI. in Regensburg in schnellen Strichen eine Linie vom historischen Nominalismus des 14. Jahrhunderts über die Reformation zu Kant – und zwar mit der These, dass mit Auflösung des mittelalterlichen Ordo-Denkens dem Irrationalismus und einem Verständnis von Freiheit, der alles erlaubt sei, philosophischer ausgedrückt: einem Verständnis von Freiheit als Willkürfreiheit der Raum eröffnet worden sei.[4] Nun ist die Dialektik der Aufklärung nicht zu bestreiten. Es gab in den letzten beiden Jahrhunderten menschenverachtende Gewaltorgien. Aber es brauchte keinen Papst und keine Kardinäle, um darauf aufmerksam zu werden. Die europäische Moderne konnte ihre eigene Dialektik selbst beobachten und hat dies in den kantaffinen intellektuellen Strömungen auch getan.[5] Lehramtstheologisch hingegen insistierte man darauf, dass die Wahrheit ein Recht auf den Menschen habe[6] und die wahre Freiheit darin bestünde, sich dieser zu unterwerfen. Deshalb kann es in dieser Logik auch nicht um Gewissensfreiheit gehen, sondern um die Bildung des Gewissens. Gleichzeitig wurde die theologische Bedeutung des Amtes weiter aufgeladen. Hier fand man nicht nur einen Identitätsmarker gegen den Protestantismus, dem man unterstellte, durch seine theologische Depotenzierung der Bedeutung der Institution Kirche und der Beförderung des Individuums dem Subjektivismus Vorschub geleistet zu haben.

4

Rein deskriptiv betrachtet, sieht sich der Katholizismus weltweit und in spezifischer Weise in Europa inzwischen heftigen Transformationsprozessen ausgesetzt. Verwundern kann dies nicht. Die Gründe hierfür sind unterschiedlich zu beschreiben. Die These dieser Überlegungen lautet, dass es die immer größere Akzeptanz des modernen Menschenrechtsdenkens war, in deren Medium sich nicht

---

4 Vgl. zur kritischen Auseinandersetzung die Beiträge in Knut Wenzel (Hg.), *Die Religionen und die Vernunft. Die Debatte um die Regensburger Rede des Papstes*. Freiburg i. Br.: Herder, 2007.
5 Siehe dazu, bis heute selbst dann lesenswert, wenn man die verabsolutierende Verfremdungslogik nicht teilt, Theodor W. Adorno, Max Horkheimer, *Die Dialektik der Aufklärung* (1944). In Max Horkheimer, *Gesammelte Schriften*, Band 5. Frankfurt a. M.: Suhrkamp, 1987.
6 Vgl. Johannes Paul II., *Enzyklika Veritatis splendor*, Verlautbarungen des Apostolischen Stuhls 111. Bonn: Sekretariat der Deutschen Bischofskonferenz, 1993. Kritisch dazu Stephan Goertz, „Wem schulden wir Achtung? Ansätze katholischer Genderethik". In Katharina Klöckner, u. a. (Hg.), *Gender – Herausforderung für die christliche Ethik*. Freiburg: Herder, 2017, 93–111.

nur die Sozialgestalt der Katholizismen wandelte, sondern auch der Differenzierungsprozess in den Milieus voranschritt und es darüber zu einer tiefgreifenden, in ihren Konsequenzen überhaupt noch nicht absehbaren Dissoziation von Lehramt – nüchtern gesprochen könnte man auch von Leitungsebene sprechen – und weiten Teilen des Katholizismus kam.

Das Zweite Vatikanische Konzil hat zunächst zu einer deutlichen Korrektur in puncto Menschenrechte gefunden und damit auch eine neue politische Agenda freigesetzt. Allerdings muss man auch hier unterscheiden. Mit der Erklärung über die Religionsfreiheit *Dignitatis Humanae*, in deren Vorfeld heftige Debatten geführt wurden, gab man zwar die antimodernistische Verketzerung der Menschenrechte auf. Das Recht auf freie Religionsausübung wurde ausdrücklich anerkannt und als Recht in der Personwürde des Menschen verankert, d. h.: ohne die Wahrheitsfrage aufzugeben, denkt man nun aus der Perspektive des Rechts der Person. Über die Frage der Religionsfreiheit hinaus kommt es auf dem Konzil zu einer bis dahin so noch nicht gekannten Würdigung der menschlichen Freiheit, aber – gegenüber dem Kern neuzeitlichen Freiheitsdenkens bleiben, vorsichtig gesagt, Ambivalenzen. Das Konzil kam zu spät; zudem wurde es in der nachkonziliaren Rezeption gerade von Kreisen, die dann massiv an Einfluss gewannen, eben nicht offensiv in die Zukunft ausgelegt. Und deshalb traten schließlich die Ungleichzeitigkeiten um so drastischer hervor. Ich muss den Rahmen erörtern, innerhalb dessen diese Ungleichzeitigkeiten überhaupt entstehen konnten. In seiner Studie *Das Recht auf Freiheit* hat der Frankfurter Sozialphilosoph Axel Honneth als den „normativen Bezugspunkt aller Konzeptionen von Gerechtigkeit in der Moderne die Idee der individuellen Selbstbestimmung" bestimmt. Die „Verschmelzung der Gerechtigkeitsvorstellung mit dem Autonomiegedanken" stelle „eine irreversible, nur um den Preis der kognitiven Barbarisierung noch einmal rückgängig zu machende Errungenschaft der Moderne dar". „Wo sich eine derartige Regression" ereigne, werde dies „moralische Empörung" „‚in den Gemütern aller Zuschauer (die nicht selbst in dieses Spiel mit verwickelt sind)'" erregen. Das letzte Zitat stammt von Kant, den Honneth hier zustimmend aufnimmt.[7] Wenn Kant von Gemüt spricht, so ist damit eines gemeint, dass sich als moralisch bestimmtes will. Hier wird ein Subjekt veranschlagt, dass sich in eigener Autonomie dazu bestimmt hat, nicht anders als nach verallgemeinerbaren Maximen leben zu wollen. Im Hintergrund dieser Neujustierung dessen, was Moralität und Ethik sind, steht aber ein Prozess, der in seinem theologischen Erregungspotenzial nicht scharf genug gesehen werden kann, d. h. das Ende des Naturrechts. Honneth weist auf einen Lernprozess, in

---

7 Axel Honneth, *Das Recht der Freiheit. Grundriß einer demokratischen Sittlichkeit*. Berlin: Suhrkamp, 2011, 40.

dem das „klassische Naturrecht zunächst aus seinem theologischen Rahmen befreit werden musste". Theologie war immer plural. Aber wird erst einmal bewusst, dass durchaus unterschiedliche theologische Überzeugungen ihre normativen Ansprüche auf den Menschen und auf Gesellschaften formulieren, so gilt es, nach einer nicht mehr theologischen, befriedenden Alternative zu suchen. Ich kann hier die verwickelten Prozesse nicht nachzeichnen, die schließlich zu der Ersetzung des Naturrechts, sei es theologischer oder auch nichttheologischer Ausformulierung, durch das Subjekt führten. Aber am Ende dieses Prozesses steht ein Subjekt, das zwar – wenn es nicht in der Hybris steht – um die Relativität des eigenen Standpunktes weiß, gleichwohl sich aber in der Rolle sieht, die in den Gesellschaftsordnungen herrschenden Normativitäten kritisch zu hinterfragen und nach „ihrer moralischen Legitimation zu verlangen"[8]. Selbst wer jetzt meint, sich auf ein Gesetz Gottes berufen zu können, gerät nun unter Legitimationsdruck. Denn nicht nur müsste zunächst einmal gezeigt werden, dass das, was als Gesetz Gottes geglaubt wird, auch tatsächlich dem Willen Gottes entspricht, sondern zunächst einmal, dass der auf den biblischen Traditionslinien vorausgesetzte Gott überhaupt existiert. Diese philosophischen Fragen dürfen hier zurückgedrängt werden, weil sie für das entwickelte Argument nicht entscheidend sind. Unter Legitimationsdruck gerät nun aber in Gesellschaften, in denen der Mehrheitswille davon bestimmt ist, dass das Recht auf Freiheit rechtsstaatlich abgesichert sein soll, derjenige oder die Institution, der beziehungsweise die an anderen wie auch immer begründeten objektiven Normen festhält.

Tatsächlich zu homogenisieren vermochte der lehramtlich verordnete Antimodernismus die katholischen Milieus nie. Im Gegenteil wird man sagen müssen, dass er Differenzierungsprozesse provozierte. Durchgriffsmöglichkeiten gab es bezogen auf den Klerus und das Ordenspersonal, intellektuell ambitionierte Laienmilieus suchten eine differenzierte Auseinandersetzung mit der kulturellen Moderne. Milieus sind aber immer Teil der einen Gesellschaft, und so kann es auch überhaupt nicht verwundern, dass in einer Gesellschaft wirksame Vorstellungen, wenn sie zu überzeugen vermögen, auch in sich als katholisch beschreibenden Milieus anzutreffen sind. Was mit Honneth als der normative Bezugspunkt moderner Gerechtigkeitsvorstellungen herausgearbeitet wurde, das Recht auf individuelle Selbstbestimmung, ist längst auch zum selbstverständlichen Grundsatz in katholischen Milieus geworden. Was nicht einfach in den rituellen Alltagsvollzug eingebettet, strittig ist, wird entschieden – und zwar autonom. Die Geschichte von *Humanae vitae* ist erst noch zu schreiben. Fakt ist aber, dass gerade im sensiblen Bereich der Sexualmoral das kirchliche Lehramt

---

8 Ebd., 38.

jede Deutungshoheit verloren hat. Es gibt meines Wissens keine empirische Studie, die die Wirkungsgeschichte von *Humanae vitae* nachzeichnet. Inzwischen ist bekannt, dass kein anderer als der bereits erwähnte damalige Kardinal Karol Woytila maßgeblich an der Entstehung dieser Enzyklika mitgewirkt hat, und: Er war dann derjenige, der als Papst Johannes Paul II. die in der Enzyklika vertretene Sexualmoral eingeschärft hat.[9] Vergeblich, wird man sagen müssen: Dass es zu einer weitgehenden Dissoziation zwischen Lehramt und den katholischen Milieus kam, selbst in innerkirchlichsten Kreisen Rom eben Rom ist, ist eine gravierende Konsequenz. Soziologisch betrachtet, wird in den sich als katholisch beschreibenden Milieus nichts anderes gelebt als die Gerechtigkeitsvorstellung, die Honneth als den normativen Kern moderner Gerechtigkeitskonzeptionen identifiziert hat.

5

Interessant ist, dass in den Milieus, in denen (ob reflexiv oder nur faktisch) dieser normative Kern selbstverständlich akzeptiert ist, längst auch der Gottesbegriff entsprechend umgebaut ist. Wobei insgesamt zu beobachten ist, dass die Gottesfrage zumal in den von Christentumstraditionen geprägten Religionsmilieus eine immer geringere Rolle spielt. Faktisch wird aber vorausgesetzt, dass der geglaubte Gott sich problemlos mit dem Kern des modernen Menschenrechts, dem Recht auf individuelle Selbstbestimmung, verbinden lässt. Philosophisch nachgebohrt, kann dies nicht verwundern. Begriffsbildungen erfolgen immer innerhalb des Konzeptrahmens, zu dem das, was Verstand und Vernunft genannt wird, imstande sind. Es gibt keinen für den Menschen einsichtigen Begriff, der sich nicht innerhalb dieses Rahmens bewegt. Was demnach als Gott geglaubt wird, ist das, was der Mensch als den Begriff Gott projiziert, so dass es nur eine Hoffnung sein kann, dass ein Gott dem Menschen den Gefallen tut, so zu existieren und zu sein, wie der Mensch ihn projiziert, man kann auch sagen ersehnt.

Diese Überlegung macht aber einsichtig, warum ein Bewusstsein, das das Recht auf individuelle Selbstbestimmung eines jeden Menschen zum Grundsatz seiner normativen Selbstbestimmung gemacht hat, keinen anderen Gott akzeptieren kann als den Gott, der dieses Recht achtet, mehr noch: der will, dass dieses Recht als das fundamentale Menschenrecht schlechthin den Raum des Po-

---

9 Vgl. hierzu Martin M. Lintner, „Humanae vitae: eine historisch-genealogische Studie". In Jörg Ernesti (Hg.), *Paolo VI e la crisi postconciliare. Giornate di Studio a Bressanone*. Brescia: Istituto Paolo VI, 2013, 16–53, hier 31–34.

litischen steuert. So versteht sich, warum es einen selbstverständlichen Einsatz von sich als religiös-katholisch fühlenden Menschen für egalitäre Menschenrechte gibt. Dies kann im explizit kirchlichen Rahmen der Fall sein, mehrheitlich dürfte dies aber nur noch in lockerer Anbindung geschehen. Aber auch erklären sich so die innerkatholischen Differenzierungsprozesse. Das Recht auf sexuelle Selbstbestimmung gehört hierzulande, aber auch in vielen anderen europäischen Gesellschaften, zum rechtsstaatlich abgesicherten Kanon der Menschenrechte. Innerhalb dieses Denkens sich bewegende Menschen geraten zwangsläufig in Kollision mit der herrschenden Lehre, wenn sie sie überhaupt noch kennen. Kennen sie diese aber, kommt es zum Konflikt, und wie dieser entschieden wird, ist völlig klar – zuungunsten der geltenden Lehre. Faktisch hat das Lehramt seine beanspruchte Deutungshoheit über den gesamten Bereich der Sexualmoral, aber auch den der reproduktiven Autonomie verloren. Das Gleiche gilt für die Frauenfrage. Der gesellschaftlich voranschreitende Prozess der Gleichstellung von Mann und Frau wird weiterhin nachhaltig Druck auf das Sozialsystem katholische Kirche, aber auch auf angeblich aus theologischen Gründen nicht veränderbare Strukturen ausüben. Allerdings ist diese Frage viel gewichtiger als der Komplex der Sexualmoral, weil er ins Institutionelle und damit in Fragen des Amtes hineinreicht. Wenn der Prozess der Zersplitterung der europäisch-katholischen Kirche aufgehalten werden soll, so wird man in der Frauenfrage eine Kehrtwendung nehmen müssen. Allerdings würde dies auch, wie es in der Christentumsgeschichte immer der Fall war, zu neuen Differenzierungsprozessen führen.

6

Modernisierung ist nie ein geradliniger, mit innerer Notwendigkeit auf ein Telos zulaufender Prozess. Beschreibbar ist, dass und wie es im geschichtlichen Prozess dazu kommt, dass sich Vorstellungen durchsetzen. Bisher wurde stark darauf abgehoben, wie die normative Idee eines Rechts auf individuelle Selbstbestimmung die Gestalt des Katholizismus von innen zu transformieren vermochte. Aber das ist nur die eine Seite. Modernitätserfahrungen sind ambivalent, und sie lösen heterogene Reaktionen aus. Damit die bisher beschriebenen Modernisierungen möglich werden konnten, musste die Vorstellung einer normativ vorgegebenen Ordnung durch die eines die Ordnung des gesellschaftlichen, sozialen und politischen Zusammenlebens allererst generierenden sozialen Subjekts ersetzt werden. Eingebettet ist dieser Prozess in die Erfahrung metaphysischer beziehungsweise religiöser Entsicherung des Menschen aus einer vorgegebenen normativen Ordnung. Wenn bei aller Reglementierung durch die Regeln, die in den sozialen und ökonomischen Ordnungen herrschen, am Ende das Subjekt Mensch sich selbst Antwort auf die in ihm aufbrechenden Erfahrungen geben muss, dann wird keine vorgegebene Ordnung mehr stabilisiert, und so kann die Frage der Stabilisierung der eigenen Identität zu einer harten Herausforderung werden. Diese Erfahrung ist nicht erst in der Gegenwart aufgebrochen. Sie bestimmt bereits die gesamte ästhetische Moderne, bringt diese hervor. Hermann Broch spricht in einer Rede zum 50. Geburtstag von James Joyce davon, dass „in religiös wertzentrierten Epochen [...] das ‚Totalitätsniveau' der Kunst von einer auffallenden Einheitlichkeit" sei, es der „große Stil" sei, der sich hier kundtue. Es sei eine „Einheitlichkeit, in der alle Kräfte der Epoche auf ihre Gesamtordnung gerichtet" seien.[10] Im „banale[n] Alltag des Ulysses-Helden Mr. Bloom" hingegen, würde die „neue Generation" nur noch die „anonymen Epochekräfte" erfühlen.[11] Die Zeit vor dem ersten Weltkrieg ist sicherlich nicht einfach mit der Gegenwart zu vergleichen. Migrationsbewegungen, vor allem aber die Digitalisierung der Lebenswelt und der Öffentlichkeit haben die Welt einerseits zusammenrücken lassen, andererseits aber neue Anonymitäten und vor allem ungeahnte, drastische Erfahrungen von Pluralität ausgelöst. Die intime Erfahrung individuell nicht mehr durchsichtig zu machender Komplexität und die immensen Pluralisierungsschübe in der einen Lebenswelt provozierten offensichtlich die Sehnsucht nach einer neuen Einfachheit, sprich: nach Gewissheit. Es war kein Zufall, dass der damals noch amtierende Kardinal Joachim Meißner gegen das in der Abstraktion gehaltene Fenster des Künstlers Gerhard Richter polterte, es sei zu islamisch. Meißner wollte stattdessen Heiligenfiguren. Religionen waren immer schon ein Medium stabiler Identitätsgewährung. Es mag das Jahr 1936 gewesen sein, dass Hermann Broch dazu verleitete zu schreiben, dass die Erkenntnis „immer wieder potentiell, in jeden Wertzerfall und Wertverfall [...] den Keim zu einer neuen religiösen Ordnung des Menschen" lege.[12] Broch hat hinzugesetzt, solange der Mensch sich nicht völlig von der Erkenntnis abkehren wolle. Wenige Jahre später sollte das Morden bis dahin ungekannte Dimensionen annehmen.

Wenn ich Hermann Broch erwähne, so möchte ich nicht falsch verstanden werden. Es braucht keine neue, gesellschaftsfundierende religiöse Ordnung, um ein dem Denken in geschichtlichen Prozessen abgewonnenes Menschenrechtsethos normativ abzusichern. Historisch betrachtet, sind die Prozesse ohnehin anders gelaufen. Wenn den geschichtlich gewordenen Religionsbeständen Vernunft eingetrieben wurde, sie eine ethische Sensibilität für den Anderen lehrten,

---

10 Hermann Broch, „James Joyce und die Gegenwart (1960)". In Ders., *Schriften zur Literatur 1. Kritik*, Kommentierte Werkausgabe, Band 9,1, hg. von Paul Michael Lützeler. Frankfurt am Main: Suhrkamp, 1975, 66.
11 Ebd., 66 f.
12 Ebd., 91.

konnten diese gerechtigkeitsstiftend wirken. Dies gilt auch für die kanonisierte Bibel. Sie mag noch so sehr als Heilige Schrift verehrt werden. Aber sie kann dies in einem normativen Sinn nur dann sein, wenn sie Zeugnis gibt von einem Gott, der moralisch integer ist und deshalb als heilig verehrt werden kann.[13] Zunächst aber einmal ist sie das Ergebnis religiöser Phantasien und des Nachdenkens von Menschen aus geschichtlichen Erfahrungen heraus. Signifikant ist aber, dass global seit langem, inzwischen aber auch in dem Europa, das massiv durch die Aufklärungsprozesse und das Programm des historischen Bewusstseins geprägt wurde, ein Christentum wächst, das den Akzent gerade nicht auf die Skepsis mitlaufen lassende, kritisch auch gegen sich selbst bleibende Reflexion setzt, sondern auf Unmittelbarkeit der Gotteserfahrung und Emotion. Dass der Umgang mit der Bibel völlig willkürlich ist, kann in diesem Christentum nicht mehr auffallen. Wer an der offenen, freiheitlichen und auf rechtsstaatlichen Prinzipien basierenden Gesellschaft hängt, bekommt in der gebrauchten Rhetorik das ganze Spektrum identitärer Politik geboten. Ein essentialistisches Verständnis von Mann und Frau ist hier ebenso selbstverständlich wie die Rede vom christlichen Abendland. Es herrscht Gewissheit, was wahr und was des Teufels ist. Soziologisch betrachtet, wird hier nichts anderes geschleift als die offene Gesellschaft oder das, was Herbert Schnädelbach, der sich selbst als Kantianer bezeichnet,[14] in ihrer Genese zwar als Schicksal beschrieben hat. Aber selbst wenn sie als Schicksal zu beschreiben wäre, ist die Moderne bezogen auf die menschliche Freiheit als normativer Gewinn zu verbuchen, weil sie um das Gewordensein von sozialen Praxen, von religiösen Überzeugungen und eines agnostischen Lebensstils weiß. Was aber als im historisch Prozess als geworden rekonstruierbar ist, kann auch relativiert beziehungsweise neuen Normierungsprozessen ausgesetzt werden. Ethisch relativistisch kann eine solche Moderne werden, aber: sie muss es nicht. Anzunehmen ist nur, dass eine solche Moderne von Ungleichzeitigkeiten und Widersprüchen bestimmt sein wird, weil die Geschichte ein offener Prozess ist. Schnädelbach besteht deshalb auch darauf, dass das Projekt der Moderne nicht vollendet werden wird, weil es nicht vollendet werden kann.[15] Um Freiheit und Gerechtigkeit wird immer wieder neu unter sich verändernden Bedingungen gerungen werden müssen.

---

13 Vgl. hierzu vom Verf., „Was macht die Bibel zu einer ‚Heiligen Schrift'? Oder: Über den Verlust von Selbstverständlichkeiten als Gewinn". *Jahrbuch für Moraltheologie* 2 (2018), 31–44.
14 Herbert Schnädelbach, „Kant – der Philosoph der Moderne". In Ders., *Philosophie in der modernen Kultur*, Vorträge und Abhandlungen 3. Frankfurt am Main: Suhrkamp, 2000, 28–42.
15 Ders., „Gescheiterte Moderne". In Ders., *Zur Rehabilitierung des animal rationale*, Vorträge und Abhandlungen 2. Frankfurt am Main: Suhrkamp, 1992, 431–446, bes. 442.

7

Ich komme zum Schluss. Wenn das Recht auf individuelle Selbstbestimmung den normativen Kern des modernen Menschenrechtsethos ausmacht, so ist die Geschichte des Katholizismus im 20. Jahrhundert nicht zu beschreiben, ohne die Oppositionshaltung zu benennen, in die schließlich ganze Milieus gegen das Lehramt gerieten. Die europäischen Katholizismen haben sich längst aus dem im 19. Jahrhundert aufgebauten Homogenitätsdruck befreit (wenn dieser Druck überhaupt so wirksam wurde); er stellt eine sichtbare Pluralität da – und er wird als dieses differenzierte Gebilde von nichteuropäischen Ortskirchen, die historisch kulturell ganz anders geprägt sind als zumal die westeuropäischen Kirchen, in ganz neue Identitätsfragen gezwungen werden.

Sich wissenschaftlich Phänomenen zuzuwenden, bedeutet, dies methodisch kontrolliert zu tun. Prophetie hat deshalb in der Wissenschaft nichts zu suchen, allenfalls können Prognosen riskiert werden, wenn man Indizien für diese hat. Nicht damit zu rechnen ist, dass die Phantasie einer sich homogen unter einem päpstlichen Diktat versammelnden Masse jemals Wirklichkeit werden wird. Die katholische Kirche ist längst angekommen in einer Moderne, in der gestritten wird, und: in der das Recht, sich äußern zu dürfen, in Anspruch genommen wird. Sie ist zu dem Debattierklub geworden, den Carl Schmitt verachtet hätte. Es herrscht das Spiel der Kräfte, und es herrscht hoffentlich auch das Prinzip des besseren Argumentes. Selbst die Piusbruderschaft, die ja in der Auseinandersetzung um Prinzipien modernen Denkens entstand, meint doch das bessere Argument zu haben, nämlich die göttliche Offenbarung und das göttliche Recht. Interessant für die Zukunft wird sein, ob es neue Allianzen zwischen auf reine Emotion setzenden, dann aber doch wieder aus der Perspektive unumstößlicher göttlicher Gewissheiten sich verstehenden ‚charismatischen' Gruppen im Katholizismus und Gruppierungen wie die der Piusbruderschaft geben wird. Eine Überschneidung gibt es. Gemeinsam stehen sie gegen das, was als Ausdruck einer bestimmten Moderne angesehen werden kann, der die Gewissheiten abhandengekommen sind. Politisch harmlos ist dies für ein säkulares Staatswesen, das auf eine Demokratie setzt, nicht. Eine rechtsstaatlich organisierte und durch regulierte Verfahren funktionierende Demokratie sorgt nicht notwendig für möglichst große Gerechtigkeit. Dazu braucht es ein verbreitetes Bewusstsein für das, was im historischen Prozess als Menschenrecht begründet wurde.

Personenregister

Ackrill, John L. 260
Adcock, Cassie S. 221
Adityanath, Mahant Yogi 228
Adorno, Theodor W. 275
Ahmad, Tariq 225
Ahmadinedjad, Mahmud 199
Al-Azmeh, Aziz 147
al-Bashir, ʿAbdallah al-Faki 164
al-Uthaymeen, Muhammad ibn 186
al-Wahhab, Muhammad ibn ʿAbd 89 f.
al-Bannā, Jamāl 24
Albrecht, Sarah 160
Alexius II. 138
Amir, Jigal 197, 199
An-Naʿim, Abdullahi Ahmed 164
an-Numairi, Jaʿfar 164
Andersen, Walter K. 218
Anderson, Benedict 205
Anschütz, Gerhard 55
Antes, Peter 26
Arafat, Jassir 199
Arendt, Hannah 271
Aristoteles 239, 258–260
Armstrong, Karen 121
Arndt, Adolf 72
Arnold, Sina 168
Arnold, Stefan 182
Asad, Talal 24 f., 116, 149, 151 f.
Assmann, Jan 189
Ataman, Ferda 184
Attar, Fariduddin 85
Augsberg, Ino 63, 75
Augstein, Franziska 271
Austin, William G. 122

Bahners, Patrick 175 f.
Baird, Robert D. 221, 223
Bajpai, Rochana 27
Baker, Wayne E. 21
Bakhle, Janaki 206 f., 211
Bálic, Smail 176
Bano, Shah 224
Bapu, Prabhu 206
Barth, Karl 191

Basu, Tapan 202, 206, 217–219
Bayly, Christopher A. 151
Beaman, Lori 22
Bebbington, David 123
Beigang, Steffen 168
Beinhauer-Köhler, Bärbel 174
Bellah, Robert N. 190
Benedikt XVI. 19, 275
Berger, Peter L. 21 f., 244
Berghahn, Sabine 178
Bergunder, Michael 151 f.
Besant, Annie 211
Beulke, Werner 173
Beyer, Peter 22, 116 f.
Bhargava, Rajeev 221
Bielefeldt, Heiner 99 f., 102, 106, 113 f., 117
Bielo, James S. 141
Bin Laden, Osama 90
Biskamp, Floris 185
Bocker, Manfred 121
Böckenförde, Ernst-Wolfgang 51 f., 56, 67
Böhme, Hartmut 239, 243, 251, 254
Böschen, Stefan 242
Bogdandy, Armin von 66
Bolden, Jane 40
Bonacker, Thorsten 123, 129
Borowski, Martin 73
Bourdieu, Pierre 7, 138
Bowering, Gerhard 147
Bowler, Kate 120
Bowler, Peter J. 132
Braun, Klaus 79
Brechmann, Winfried 76
Brink, Ulrike 76, 80
Britz, Gabriele 71, 178
Broch, Hermann 280
Brocker, Lars 76
Brodeur, Patrice C. 152
Brosius-Gersdorf, Frauke 65
Bruce, Steve 22
Brugger, Winfried 113
Bruinessen, Martin van 146
Brumlik, Micha 15, 105

Brunkhorst, Hauke 105
Brunner, Winfried 96
Burchardt, Marian 24, 26, 150, 154
Burckhardt, Martin 238
Burgers, Jan Herman 97 f.
Burkert, Walter 238
Burnyeat, Myles F. 260
Busch, Eberhard 191
Bush, Georg W. Jr. 137
Butler, Judith 17, 33–35, 231 f.

Cady, Lynn E. 27
Caesar, Peter 78
Calhoun, Craig 150
Campenhausen, Axel von 170, 178
Cartledge, Mark J. 124
Casanova, José 11, 22, 149 f., 157
Cassin, René 100
Cassirer, Ernst 246
Chang, Peng-Chun 100 f.
Chatterjee, Partha 205
Chaves, Mark 29
Chavoshian, Sana 33
Chomeini, Ruhollah Musawi 33, 87
Corbridge, Stuart 203
Coronel, Janina 135
Coser, Lewis A. 127
Coşkun, Canan 168
Cossman, Brenda 202, 221, 223–227
Coumont, Nina 177
Cuno, Kenneth M. 160
Czermak, Gerhard 49, 53, 57, 64

Dalferth, Ingolf U. 30, 121
Damle, Shridar D. 218
Danchin, Peter 100
Darwin, Charles 131, 193
Dawkins, Richard 131
Decker, Oliver 172
Delaney, Carol 241
Deoras, Madhukar, auch Balasaheb
 Deoras 225
Depenheuer, Otto 53, 60
Dewey, John 105
Dhavan, Rajeev 222
Dickersbach, Alfred 77
Dießner, Annika 173

Dijk, Pieter van 103
Dittrich, Lisa 6
Doniger, Wendy 201
Dreier, Horst 11 f.
Dressler, Markus 33
Dreyfus, Alfred 96
Droege, Michael 49, 66, 76
Droogan, Julian 228
Dudley Jenkins, Laura 225
Dünzl, Franz 193
Durkheim, Émile 32, 96, 243

Eickelman, Dale F. 42
Eißler, Friedmann 47
El Fegiery, Moataz A. 161
Eldar, Akiva 198
Elwert, Frederik 119, 125, 132
Endruweit, Günther 127
Engi, Lorenz 80
Engin, Havva 170
Engineer, Ashgar Ali 224
Ennuschat, Jörg 77 f.
Epping, Volker 173
Ernesti, Jörg 278
Ernst, Carl W. 146
Eulitz, Melanie 31

Farnsley II, Arthur E. 141
Farschid, Olaf 185
Fateh-Moghadam, Bijan 52, 56, 58, 68, 73
Feuerbach, Ludwig 192
Fischer, Claude S. 28
Fischer, Stefan 185
Flores, Alexander 156
Foroutan, Naika 168
Fortuyn, Pim 40
Foucault, Michel 233
Franzmann, Manuel 22
Freud, Sigmund 192
Frings, Dorothee 173
Froerer, Peggy 219
Frykholm, Amy Johnson 140
Führding, Steffen 26
Funke, Andreas 76
Furley, David J. 260

Gärditz, Klaus Ferdinand 53, 64

Gärtner, Christel 22
Galanter, Marc 222
Gandhi, Mohandas Karamchand 203, 206, 213, 217
Gardet, Louis 152 f.
Gasparro, Giulia Sfameni 106
Gauchet, Marcel 94
Gauck, Joachim 31
Gautam, Aavriti 228
Gebert, Ria 245
Geertz, Clifford 115, 151, 274
Geis, Max-Emanuel 76 f.
Geller, Gregor 77
Gephart, Werner 105
Gerhard, Ute 178
Gertel, Jörg 162
Gerwarth, Robert 97
Ghanea, Nazila 99 f., 102, 106, 113 f., 117
Giddens, Anthony 36 f., 41
Giesen, Bernhard 127
Gigon, Olof 259
Glendon, Mary Ann 103
Göle, Nilüfer 33
Goertz, Stephan 273, 275
Goff, Philip 139, 141
Goldstein, Baruch 197, 199
Golwalkar, Madhav Sadashiv 205, 207 f., 210, 212, 214–216, 220, 224 f.
Goodmann-Thaus, Eveline 200
Gopal, Sarvepalli 220
Gopalakrishnan, Shankar 203, 211
Goren, Shlomo 200
Grabau, Martina 183
Grabenwarter, Christoph 53
Graf, Friedrich Wilhelm 21, 68, 138, 147, 152, 273
Graham, Billy 119, 124, 126
Graham, Bruce 217
Grawert, Rolf 77
Grimm, Christoph 78
Große Kracht, Hermann-Josef 75
Große Kracht, Klaus 75
Grosz, George 83
Grzeszick, Bernd 64
Gutmann, Thomas 58 f., 63

Habermas, Jürgen 21, 27, 31, 51, 59, 61–63, 238
Häberle, Peter 49
Haenni, Patrick 162
Haese, Bernd-Michael 250–253
Hafez, Kai 168
Hager, Frithjof 251
Halbfass, Wilhelm 213
Halm, Dirk 169, 183
Hansen, Thomas B. 203, 217
Harriss, John 203
Hashemi, Nader 156 f.
Hass, Amira 200
Heckel, Martin 55 f.
Hedgewar, Keshav Baliram 207
Heidenreich, Martin 242
Heidrich, Hermann 168
Heimann, Hans Markus 80
Heimann-Jelinek, Felicitas 29
Heine, Heinrich 85
Heinig, Hans Michael 51, 58, 60 f., 64 f., 74 f.
Heiser, Ludwig 139
Heiser, Patrick 122, 135
Heit, Alexander 139
Heller, Hartmut 168
Hennecke, Frank 78 f.
Hermes, Siegfried 105
Herms, Eilert 67
Hertzke, Allen D. 108
Hesse, Konrad 171
Heun, Werner 67, 75 f.
Heusch, Andreas 76
Hexel, Ralf 162
Hildebrandt, Mathias 121
Hillgruber, Christian 11, 53, 66, 75, 173
Hirsch, Raw Moshe 199
Hirschauer, Stefan 230
Hirschle, Jochen 139
Hoberg, Verena 125
Hochgeschwender, Michael 119 f., 124
Hodgson, Marshall G. S. 147
Höffe, Otfried 259 f.
Höhn, Hans-Joachim 48
Hößl, Stefan 185
Hoevels, Niloufar 173
Hoffmann, Stefan-Ludwig 100, 105

Holt, Douglas B. 139
Holzke, Frank 50 f., 65, 72
Holzner, Thomas 77
Honneth, Axel 276 f.
Hoof, Fried van 103
Horkheimer, Max 275
Horster, Detlef 273
Hout, Michael 28
Howe, Mark de Wolfe 95
Howell, Julia Day 146
Huber, Peter M. 66
Hubig, Christoph 239
Humphrey, John 100
Hunter, Ian 37
Huster, Stefan 49, 57 f.

Ibn Baz, Abd al-Aziz 186
Inglehart, Ronald 21
Iqtidar, Humeira 42
Isensee, Josef 50, 66

Jackson, Sherman A. 26
Jäger, Friedrich 156
Jäncke, Lutz 231
Jaffrelot, Christophe 202 f., 205 f., 208–211, 217–219, 228
Jahraus, Oliver 234
Jansen, Mechthild 178
Jaraba, Mahmoud 183
Jefferson, Thomas 93
Jenkins, Philip 119 f.
Jens, Tilman 29
Jesus von Nazareth 83, 85, 88, 124 f., 236
Joas, Hans 30, 32, 100, 105, 272
Johannes Paul II. (Karol Woytila) 18 f., 273, 275, 278
Jouanjan, Olivier 65
Juergensmeyer, Mark 117 f.
Junker, Detlef 139
Jutzi, Siegfried 76

Kaden, Tom 131–133, 135, 137 f.
Kästner, Karl-Hermann 74
Kalkum, Dorian 168
Kamali, Mohammad Hashim 158, 165
Kamp, Manuel 76 f.

Kant, Immanuel 18, 191, 274–276
Kanungo, Pralay 218
Kaplan, Lawrence J. 199
Kapur, Ratna 202, 221, 223–227
Karstein, Uta 11
Katju, Manjari 219
Kaufmann, Franz-Xaver 28
Kegel, Gerhard 182
Kelsen, Hans 62
Kepel, Gilles 21
Kermani, Navid 42 f.
Kern, Thomas 135
Khorchide, Mouhanad 170
Kinitz, Daniel 24, 41 f., 156
Kippenberg, Hans G. 13, 151
Kirchhof, Paul 50, 66, 73–76
Kleine, Christoph 25
Kleinrahm, Kurt 77
Klöckner, Katharina 275
Knoblauch, Hubert 23, 40
Knöbl, Wolfgang 156
Knysh, Alexander 146
Kochhar, Sameeer 203
Köck, Nicole 22
Köhler, Bruno 30
Koenig, Matthias 40, 43
Kohn, Jerome 271
Konstantin der Große 83
Kook, Abraham Issaak 199 f.
Kopperschmidt, Josef 258
Korioth, Stefan 50, 75
Koselleck, Reinhart 16
Krämer, Gudrun 14
Kraus, Hans-Joachim 193
Krekeler, Heinz 77
Krishnaswami, Arcot 107–111, 113 f.
Krüger, Herbert 51
Krüper, Julian 50
Kühne, Jörg-Detlef 77
Kugelmann, Cilly 29
Kymlicka, Will 40

Ladeur, Karl-Heinz 63, 75
Laoust, Henri 153
Lapidus, Ira M. 26
Larson, Edward L. 132
Larson, Gerald James 223

Leavitt, June 199
Leggewie, Claus 174
Leicht, Robert 66
Leopold, Joan 208
Lerner, Daniel 155
Lerner, Natan 108–110
Levinger, Moshe 197–199
Lewicki, Aleksandra 31
Lichtblau, Klaus 105
Lienesch, Michael 132
Lindkvist, Linde 101
Lindner, Josef Franz 76
Link, Christoph 171
Lintner, Martin M. 278
Listl, Joseph 74
Llewellyn, John E. 205
Löwer, Wolfgang 77
Lombardi, Clive B. 158
Luckmann, Thomas 4, 23
Ludden, David 201
Ludwig XIV. 167
Ludwig, Christian 122, 135
Ludz, Ursula 271
Luhmann, Niklas 17, 190 f., 231 f., 240, 273
Luhrmann, Tanya M. 124
Luther, Martin 7, 167, 195

Maasen, Sabine 17 f.
Machiavelli, Niccolò 195
Maclure, Jocelyn 52, 57 f., 65, 72
Macron, Emmanuel 31
Mahmood, Saba 44 f., 101–103
Makrides, Vasilios 22
Malik, Charles Habib 100–102
Malinar, Angelika 16, 204 f., 209, 211, 213, 219, 221
Mann, Thomas 191
March, Andrew F. 26, 44 f.
Maritain, Jacques 100
Marx, Karl 192
Masing, Johannes 65
Masuzawa, Tomoko 151
Matthes, Joachim 94, 106
Matussek, Peter 239
Mazumdar, Sucheta 210
McAuliffe, Jane Dammen 148, 152

McCabe, Mary Margaret 260
McLuhan, Marshall 251, 253
Meder, Theodor 76
Meier, Heinrich 68
Meinel, Florian 18
Meißner, Joachim Kardinal 280
Merkel, Angela 31
Merten, Detlef 50
Merz, Martina 239
Meslier, Jean 85
Meßerschmidt, Klaus 60
Meyer, Hendrik 169, 183
Meyer, Michael 105
Middell, Matthias 24, 150, 154
Modi, Narendra 201, 203, 217, 228
Mody, Nawaz B. 224
Möllers, Christoph 51, 57–61, 63, 72
Möstl, Markus 76, 80
Mohammed 12 f., 26, 85, 87–89, 91, 146 f., 157, 163
Mohl, Robert von 53
Mohr, Gerhard 80
Mommsen, Wolfgang J. 105
Moore, R. Laurence 139
Morlok, Martin 50–52, 56 f., 65, 67, 71 f.
Morris, Henry M. 133
Morsink, Johannes 100, 103 f.
Moyn, Samuel 105
Muckel, Stefan 50, 56 f., 65, 72, 170, 173, 177, 179
Mückl, Stefan 50, 52 f., 56, 58, 65, 71
Müller, Bernadette 122
Müller, Lothar 239
Müller, Stefan 162
Mullally, Shioban 224
Mumford, Lewis 238
Musa, Aisha Y. 163

Naimark, Norman M. 97
Nandy, Ashis 202, 204, 218, 226
Nassehi, Armin 16, 241
Nawiasky, Hans 78
Nehamas, Alexander 260
Netanyahu, Benjamin 196
Neumaier, Anna 122, 128 f.
Neumann, Gerhard 68
Neumeister, Katharina 238

Nieuwkerk, Karin van 162
Noble, Margaret, auch Sister Nivedita 211
Nörr, Knut Wolfgang 74
Numbers, Ronald 133

Odio Benito, Elizabeth 113, 117
Oestreich, Heide 178
Özsoy, Ömer 170
Olbrechts-Tyteca, Lucie 258
Opwis, Felicitas 165
Ort, Nina 234
Osterhammel, Jürgen 151
Otto, Jan Michiel 158 f.
Otto, Rudolf 8, 84
Ouaissa, Rachid 162

Pachis, Panayotis 115
Pahlavi, Mohammad Reza 33
Pandey, Gyanendra 206–208, 214 f., 220
Papier, Hans-Jürgen 50
Patterson, Roger 136
Paulus 83
Pawlowski, Hans-Martin 78
Pečar, Andreas 150
Perelman, Chaïm 257–260
Peres, Simon 196
Pezoldt, Kerstin 245
Pfleiderer, Georg 139
Phlegm 35
Pickel, Gert 183
Picken, Gavin 153
Pink, Johanna 148
Pirson, Dietrich 74
Piscatori, James P. 42
Pius IX. 274
Pius VI. 274
Polanyi, Karl 37
Polke, Christian 66 f.
Pollack, Detlef 23, 28, 169, 244
Pruisken, Insa 135

Rabin, Yitzhak 196 f.
Radermacher, Martin 119, 125, 132
Rakow, Katja 139 f.
Ramadan, Tarik 42
Rawls, John 58 f., 61

Renck, Ludwig 50, 64, 78
Renger-Berka, Peggy 238
Reuter, Astrid 68 f.
Rivers, Julian 110
Rixecker, Roland 80
Robb, Peter 208
Robbers, Gerhard 53
Robinson, Rowena 220
Rohe, Mathias 14 f., 158
Roosevelt, Eleanor 100 f.
Roosevelt, Franklin D. 100
Rosol, Christoph 244
Rosta, Gergely 28
Roth, Ursula 18
Rox, Barbara 44 f.
Rüpke, Jörg 103, 106, 112
Rumpf, Mechthild 178
Rushdie, Salman 87

Saake, Irmhild 234
Sacksofsky, Ute 178
Sade, Donatien Alphonse François de 86
Saeed, Abdullah 161
Saeed, Hassan 161
Said, Edward W. 155
Salvatore, Armando 33
Sander, Wolfgang 162
Sarasvati, Dayananda 207
Sarkar, Sumit 202, 210
Sarkar, Tanika 219
Sauer, Martina 183
Savarkar, Vinayak Damodar 204–215, 220, 226
Schatz, David 199
Schieder, Rolf 189
Schilling, Heinz 154
Schimank, Uwe 135
Schlaich, Klaus 49, 66, 74
Schlamelcher, Jens 119, 122, 125, 128 f., 132
Schleiermacher, Friedrich Daniel Ernst 190–192
Schluchter, Wolfgang 105
Schmid, Hansjörg 170
Schmidt, Sabrina 168
Schmidt-Lux, Thomas 11
Schmidtke, Sabine 149

Schmitt, Thomas 174
Schnädelbach, Herbert 281
Schneider, Ute 156
Schönenbroicher, Klaus 76
Schröder, Gerhard 31
Schüler, Sebastian 13
Schulz, Heiko 121
Schulz-Schaeffner, Ingo 242
Schulze, Reinhard 41 f.
Schurig, Klaus 182
Schwarke, Christian 238, 246
Schwarzer, Alice 35, 176
Scopes, John T. 132
Scott, Eugenie 132
Seidel Menchi, Silvana 154
Sen, Ronojoy 222, 226
Seshadri, H. V. 226
Sethi, Manisha 219
Shakespeare, William 207
Shakman Hurt, Elizabeth 27
Simmel, Georg 8, 13, 121, 127–129, 143
Simon, Richard M. 137
Sluga, Glenda 100
Smith, Daniel E. 221
Smith, Jane I. 153
Smith, Wilfred Cantwell 116
Spinoza, Baruch de 193
Sprinzak, Ehud 196
Stark, Carsten 129
Stausberg, Michael 25
Steck, Wolfgang 265
Stettner, Rupert 78
Stievermann, Jan 139
Stolz, Jörg 139
Strecker, David 243
Striet, Magnus 18
Stroumsa, Sarah 153
Stuckrad, Kocku von 103, 106, 112
Sullivan, Donna J. 113
Sundar, Nandini 219

Taha, Mahmud Muhammad 164
Tahzib, Bahiyyih G. 107
Tajfel, Henri 122
Tarach, Tilman 198
Taylor, Charles 26, 29, 37, 52, 57 f., 65, 72, 149, 162

Tettinger, Peter J. 77
Tezcan, Levent 41
Theusen, Peter J. 141
Thiede, Werner 249
Thoma, Richard 55
Thomae, Gerd F. 185
Tibi, Bassam 155 f.
Tillmanns, Reiner 173
Tillschneider, Hans-Thomas 174
Tönnies, Ferdinand 105
Torrey, Reuben Archer 193
Toulmin, Stephen 257 f., 260
Trampedach, Kai 150
Troeltsch, Ernst 3–6, 8 f., 19
Türcke, Christoph 12 f.
Turkle, Sherry 253
Turner, John C. 122

Uhle, Arnd 75

Vajpayee, Atal Bihari 201, 203
Vanantwerpen, Jonathan 150
Villalón, Pedro Cruz 66
Voas, David 29
Volkmann, Uwe 11, 53
Vries, Hent de 150

Wagner, Richard 9
Waldhoff, Christian 57 f., 60, 64, 74 f.
Wall, Heinrich de 170, 178
Walter, Christian 58, 64, 67, 75, 96
Warner, Michael 150
Weber, Hermann 65, 76, 79
Weber, Max 8, 105, 203, 238, 242 f.
Weidel, Alice 31
Welsch, Wolfgang 259
Wendt, Rudolf 80
Wenger, Tisa 27
Wenzel, Knut 275
Westerwelle, Guido 31
Whitcomb, John C. 133
Wiebe, Donald 115
Wiener, Michael 99 f., 102, 106, 113 f., 117
Wilde, Clare 152
Wohlrab-Sahr, Monika 11, 150, 154
Wolff, Heinrich Amadeus 76
Worchel, Stephen 122

Wuthnow, Robert   108

Yassari, Nadjma   183
Yavari, Neguin   26

Zavos, John   213
Zekl, Hans Günter   259
Zertal, Idith   198
Zeynelabidin, Emel   180
Zick, Andreas   122
Zwaak, Leo   103